인공지능 시대의
IT기술의 이해

임순범 · 이상환 지음

Understanding
Information Technology

생능출판

인공지능 시대의 IT기술의 이해

초판인쇄 2024년 1월 10일
초판발행 2024년 1월 22일

지은이 임순범, 이상환
펴낸이 김승기, 김민수
펴낸곳 (주)생능출판사 / **주소** 경기도 파주시 광인사길 143
출판사 등록일 2005년 1월 21일 / **신고번호** 제406-2005-000002호
대표전화 (031)955-0761 / **팩스** (031)955-0768
홈페이지 www.booksr.co.kr

책임편집 신성민 / **편집** 이종무, 최동진 / **디자인** 유준범, 노유안
마케팅 최복락, 심수경, 차종필, 백수정, 송성환, 최태웅, 명하나, 김민정
인쇄 교보피앤비 / **제본** 일진제책사

ISBN 979-11-92932-49-1 93000
정가 30,000원

머리말

2016년 알파고라는 컴퓨터가 세계 최고의 바둑기사에게 승리한 사건으로 인공지능 기술에 대한 관심이 폭증하였고, 이후 인공지능과 딥러닝 기술은 매우 크게 발전하여 우리 생활 곳곳에 활용되고 있습니다. 자동차의 자율주행이 가능해지고, 식당에서 로봇이 음식을 서빙하는 등 인공지능이 사회 각 분야의 핵심 기술로 활용되고 있습니다. 더 나아가, 인공지능이 그림을 그리고 작곡을 하기도 하고, 챗GPT라는 기술이 보고서나 논문까지 작성해 주는 수준까지 발전하여 인공지능이 작성한 결과물의 저작권에 대해 논쟁이 벌어지고 있습니다. 이와 같은 인공지능 기술은 4차 산업혁명에서 핵심 기술로 주목받고 있습니다. 우리가 살고 있는 스마트사회는 클라우드 컴퓨팅과 사물인터넷 기술을 기반으로 한 초연결사회가 구현되어 있으며, 우리의 일상생활은 인공지능 기술을 바탕으로 빅데이터, 핀테크, 디지털 미디어, 로봇 등의 IT기술로 인해 많은 변화를 겪고 있습니다.

그러나 이와 같은 4차 산업혁명의 사회적 변화를 제대로 반영한 개론서가 부족한 실정입니다. 다수의 개론서는 컴퓨터 전공 학생의 입문용으로 저술되어 교과목 소개 위주로 구성되어 있습니다. 그러나 4차 산업혁명에서 인공지능 시대를 이해하려면 컴퓨터에 대한 이해뿐 아니라 4차 산업혁명에서 발전하고 있는 IT기술을 제대로 소개하는 개론서가 필요합니다. 또한 첨단 기술을 소개하는 IT기술 개론서는 컴퓨터나 IT공학 전공자뿐만 아니라 비전공자의 일반교양으로도 많이 필요로 하고 있습니다. 이러한 시대적 요구를 반영한 이 책의 특징은 첫째, 하드웨어 및 소프트웨어 등 컴퓨터의 기본 이해뿐 아니라 메타버스, 초현실사회, 디지털라이프 등 최신 IT기술의 영역도 많이 다루도록 구성하였습니다. 둘째, IT기술의 핵심 원리와 함께 활용 분야에 대해 최신자료를 활용하여 발전방향을 소개하도록 하였습니다. 셋째, 인공지능 시대를 살아가는 데 필요한 IT기술의 개념을 전공에 상관없이 이해하고 각 분야에서 필요한 상식을 얻어갈 수 있도록 그림과 함께 쉽게 설명하였습니다.

본 저자가 2009년 비슷한 취지로 "컴퓨터와 IT기술의 이해"라는 개론서를 출간한 바 있습니다. 그러나 십여 년간의 기술발전으로 개론서의 내용이 대폭 개선되어야만 했습니다. 특히 인공지능 기술의 소개가 필수적이며 각종 IT기술도 새롭게 발전한 부분이 많이 있습니다. 이에 지난 개론서를 재구성하여 인공지능 시대에 필요로 하는 기술을 추가하는 등 새롭게 이 책을 저술하였습니다. 이 책은 앞으로도 시대의 흐름과 기술의 발전이 신속하게 반영될 수 있도록 꾸준하게 개정할 계획입니다.

이 책은 4개의 파트에 모두 13개 장으로 구성되어 있습니다. 첫 번째 파트는 컴퓨터 기술에 대한 전반적인 이해입니다. 1장에서는 컴퓨터의 역사와 함께 정보화 사회의 발전동향, 그리고 숫자와 정보의 표현 방법을 설명하였습니다. 2장은 컴퓨터 시스템의 작동원리와 구성요소를 소개하고, 3장에서는 운영체제, 프로그래밍 언어, 데이터베이스 등의 시스템 소프트웨어를 설명하였습니다. 4장에서는 프로그램 개발에 필수적인 자료구조, 알고리즘, 소프트웨어 공학의 개념을 설명하고, 다양한 응용 소프트웨어를 소개하였습니다. 두 번째 파트는 우리가 수많은 정보를 접하는 수단인 정보통신 기술과 인터넷 기술에 대한 소개입니다. 5장에서는 정보통신기술과 컴퓨터 네트워크 및 모바일 컴퓨팅 기술을 설명하고, 6장에서는 웹의 기본 개념과 다양한 서비스를 소개하였습니다. 7장에서는 최근 사회적 이슈로 대두되고 있는 정보보안 및 정보화사회의 윤리를 다루었습니다.

세 번째 파트는 기존의 컴퓨터 개론서가 소홀히 취급하고 있는 최신 IT기술의 동향에 대한 소개입니다. 8장에서는 멀티미디어 기술과 함께 가상현실/증강현실/혼합현실과 메타버스에 대하여 소개하고, 9장에서는 4차 산업혁명에서 가장 핵심 기술인 인공지능에 대하여 이해하기 쉽게 설명하였습니다. 10장에서는 초연결사회를 구현하고 있는 사물인터넷 및 클라우드 컴퓨팅 기술과 스마트사회를 설명하고, 11장은 빅데이터, 핀테크, 디지털방송, HCI 등 디지털라이프에 관련된 기술을 소개합니다. 마지막 파트에서 12장은 디지털콘텐츠 분야에서 어떤 기술과 어떤 산업으로 구성되어 있는지 살펴보고, 13장에서는 정보화 사회와 미래의 IT산업이 어떻게 발전해 나갈지 전망하도록 하였습니다.

이 책은 인공지능 시대를 살아가야 하는 학생들에게 실시할 교양과목의 교재로 개발하였으며, 전공자나 비전공자에 관계없이 인공지능과 IT기술을 편하게 이해하고 상식을 습득할 수 있도록 저술하였으므로 IT기술을 이해하기 위한 첫 교재로서 매우 유용하리라 판단합니다. 이 책의 출간에 적극적으로 후원해 주신 생능출판사 김승기 사장님과 직원 여러분께 감사드립니다. 또한 교재 저작에 필요한 자료 및 사진을 취합하고 교정지를 같이 검토해 준 숙명여자대학교 미디어인터페이스 랩의 연구원들에게도 감사드립니다.

2024년 1월
저자 일동

차례

PART II 정보통신과 인터넷

CHAPTER 05 정보통신과 모바일 컴퓨팅

CHAPTER 06 인터넷 웹서비스

CHAPTER 07 정보보안 및 윤리

PART Ⅲ IT기술의 활용

CHAPTER 08 멀티미디어와 메타버스

CHAPTER 09 인공지능의 이해

PART IV 정보화 사회의 발전

CHAPTER 12 디지털 콘텐츠 기술과 산업

CHAPTER 13 정보화 사회의 발전과 미래

컴퓨터 기술의 이해

01 IT기술과 정보화사회

단원개요 ●

컴퓨터의 출현으로 시작된 디지털 혁명이 우리 사회를 어떻게 변화시키고 경제에 어떠한 영향을 미치는지 알아보자. 컴퓨터의 발전을 세대별로 공부하고 그 활용 분야가 어떻게 변화했는지 살펴보자. 또한 컴퓨터 및 IT기술의 활용 및 발전 방향을 설명하고 컴퓨터와 정보통신의 새로운 패러다임을 소개한다. 마지막으로 정보의 표현 단위와 표현 체계에 대하여 알아본다.

1.1 IT기술과 디지털 혁명

IT기술은 우리 사회를 변화시켰을 뿐만 아니라 인간의 의식과 생활양식에도 큰 영향을 미치고 있다. 무엇보다도 컴퓨터와 정보통신기술의 발전이 과거의 전통적 경제 패러다임을 바꾸어 21세기에 새로운 디지털경제 및 지식기반경제 시대로 변모하게 되었다. 이 절에서는 정보화사회로의 변화를 역사적 관점에서 알아보고 디지털 혁명으로 인하여 우리 사회가 어떻게 변화하고 있는지 살펴본다.

1.1.1 디지털 혁명과 정보화사회

인간이 땅을 경작하여 농경문화를 이루어 오던 이래 인류 역사는 두 가지 커다란 변혁을 겪게 되었다. 그 첫째는 증기기관의 발명으로 인한 산업혁명이고, 둘째는 20세기 중반 컴퓨터 발명으로 시작된 정보혁명이다. 전자를 인간 근육을 기계로 대체한 혁명이라 본다면 후자는 인간 두뇌의 혁명으로 인간에게 훨씬 큰 영향을 미치고 있다. 정보혁명은 산업혁명에 비해 훨씬 빠른 속도로 진행되고 있고 매우 광범위하게 모든 영역에 걸쳐 우리 사회를 근본적으로 변화시키고 있다. 정보혁명으로 인해 인간은 새로운 생활양식을 받아들이게 되었고, 정보화사회에 합당한 새로운 의식과 사고를 필요로 하게 되었으며, 그로 인해 새로운 문명이 탄생하게 되었다.

디지털 혁명과 지식기반사회

이러한 변화는 오래전부터 몇몇 선각자들에 의하여 예견되어 왔는데, 1973년 다니엘 벨 (Daniel Bell)은 『탈산업화사회의 도래(The Coming of Post-Industrial Society)』에서 컴퓨터의 발전으로 인하여 기존 제조업 위주의 산업화사회가 끝나고 정보와 서비스가 사회발전을 이끌어가는 탈산업화사회의 시작을 이야기하였다. 이것은 정보화사회의 도래를 의미하는데, 과거 산업화사회가 정보화사회를 거쳐 현재 지식기반사회로 발전하게 되었다. 과거 전통적 경제에서는 부를 창출하기 위하여 자원, 노동, 자본의 3대 요소가 필요했으나, 오늘날 지식기반경제에서는 지식과 정보가 보다 더 중요한 요소로 떠오르게 되었다. 또한 캐나다의 마샬 맥루한(Marshall McLuhan)은 통신수단의 발전으로 인하여 지구상의 모든 사람이 한 동네의 일원이라는 의식을 갖고 살아가게 된다는 생각에서 1962년 '지구촌 (Global Village)'이라는 개념을 제시하였다. 지구촌이라는 개념은 오늘날 인터넷, 웹, 휴대폰 등 다양한 정보통신 및 IT기술을 통하여 빠르게 실현되고 있다.

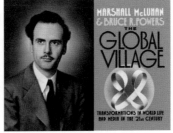

(a) 다니엘 벨과 그의 저서   (b) 마샬 맥루한과 그의 저서

그림 1-1 다니엘 벨과 마샬 맥루한 (출처: Wikipedia, Harvard University News Office, Kyobobook)

미래학자 엘빈 토플러(Alvin Toffler)는 1980년 그의 저서 『제3의 물결(The Third Wave)』에서 디지털 혁명과 통신 혁명에 대하여 잘 설명하고 있다. 인류는 원시수렵 및 채집 문명에서 벗어나 농업문명을 이루게 되었고, 18세기 후반 증기엔진의 발명으로 방직공장에서 기계를 사용한 대량생산이 가능하게 되었으며, 1850년 이후에는 증기선, 철도, 전기의 발명으로 2차 산업혁명을 맞이하게 되었다.

토플러는 농업혁명을 '제1의 물결'이라 부르고, 산업혁명을 '제2의 물결'이라 불렀다. 그는 컴퓨터 기술의 발전으로 야기된 정보혁명으로 인하여 1950년대 후반부터 탈산업화사회, 즉 정보화사회가 시작되었다고 설명하였고, 이러한 현상을 '제3의 물결'이라 이름 붙였다. 정보화사회에서는 과거 산업화사회의 핵심 개념인 대량생산, 대량분배, 대량소비에서 대량화의 탈피, 다양성, 지식기반에 의한 생산, 변화의 가속화 개념으로 변화하게 되었다.

그림 1-2 사회의 발전과 산업혁명

지식기반경제

컴퓨터 및 IT기술이 발전하면서 경제의 패러다임에도 큰 변화를 초래하였다. 전통적 경제학 이론에 따르면, 산업화시대의 자본, 노동, 자원 등 유형재화가 중요한 자산기반경제(Asset-based Economy, 또는 Old Economy)에서는 호경기와 불경기의 사이클이 존재했다. 그러나 신경제(New Economy)에서는 최신 정보통신기술의 활용에 힘입어 지속적 성장과 낮은 실업률이 동시에 가능하게 되었다. 이러한 신경제는 1990년대 후반 미국을 비롯한 선진국에서 나타난 현상으로 지식기반경제(Knowledge-based Economy)로 설명되고 있다. 지식기반경제에서는 차별적 기술력(원천기술, 특허), 프리미엄 브랜드, 지식 및 정보 자산, 강한 경영시스템과 조직문화 등의 무형자산이 경제발전의 중요한 원동력이 되고 있다. 그러나 2000년대 초 '닷컴 버블'의 붕괴로 시작된 미국경제의 위기는 신경제 개념에 대한 회의적인 시각을 초래하였다.

지식기반경제시대의 대표 산업으로는 생명공학(BT), 나노기술(NT), 정보기술(IT) 등 지식기반 하이테크산업과 컨설팅업 등 서비스 산업이 있다. 지식기반경제시대는 지식기반산업뿐 아니라 전통산업의 경쟁 패러다임도 급속히 변화하여 전통산업도 지식기반을 고도화하지 않을 경우 날로 치열해져 가는 글로벌 경쟁에서 생존하기 어렵게 되었다. 지식기반경제가 더욱 발전하여 결국에는 기업의 창의성이 강조되는 창조경제(Creative Economy) 사회로 변하게 된다.

(a) 신경제와 구경제   (b) 지식기반경제와 창조경제

그림 1-3 신경제와 지식기반경제

컴퓨터의 범용성과 융통성

오늘날 컴퓨터는 산업, 비즈니스, 금융, 교육, 과학, 의료, 서비스, 공공, 통신, 교통, 국방 등 거의 모든 분야에서 활발히 쓰이고 있다. 한 가지 예로, 은행의 컴퓨터가 한순간이라도 멈추게 되면 모든 은행 업무가 마비되어 엄청난 혼란을 겪게 된다. 이와 같이 모든 영역에서 필수적으로 쓰이는 컴퓨터는 기존의 다른 기계와 어떠한 차이점이 있는가? 기존의 모든 기계들은 특정한 한 가지 목적을 위해 개발된 데 비해 컴퓨터는 특정한 쓰임이 아닌 범용 기계(General-Purpose Machine)로 개발되었다. 컴퓨터는 믿을 수 없을 만큼 다양한 용도로 쓰이고 있는데, 간단한 세금계산에서부터 로봇의 동작제어나 감시카메라에 이르기까지 많은 분야에서 사용되고 있다. 컴퓨터가 처리하는 정보는 숫자나 문자와 같은 간단한 데이터에서부터 이미지, 사운드, 비디오와 같은 멀티미디어 정보에 이르기까지 다양한데, 컴퓨터는 이러한 정보를 복합적으로 처리할 능력을 가지고 있다. 또한 컴퓨터는 단순 계산 능력을 벗어나 인간의 지능과 사고 기능을 수행할 수 있어 때로는 인간의 두뇌를 대신하기도 한다.

그렇다면, 컴퓨터는 어떻게 이와 같이 다양한 기능(Versatility)을 소유할 수 있는가? 컴퓨터의 융통성(Flexibility)의 비밀은 컴퓨터의 하드웨어에 있는 것이 아니라 컴퓨터 프로그램, 즉 소프트웨어에 있다. 컴퓨터는 이러한 소프트웨어와 다양한 입력장치, 센서, 출력장치들을 이용함으로써 활용방식에 따라 매우 다양한 응용 분야에서 이용되고 있다.

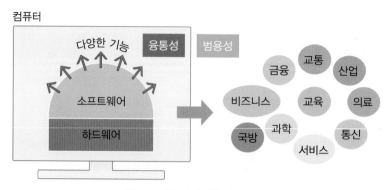

그림 1-4 컴퓨터의 범용성과 융통성

1.1.2 컴퓨터의 발전과 세대별 배경

컴퓨터가 발명된 이후 지난 80여 년을 뒤돌아보면 인류 역사 이래로 이처럼 눈부신 발전을 거듭한 기계는 없었다. 컴퓨터는 크기, 성능, 가격, 에너지 효율성 측면에서 엄청난 발전을 이루었다. 이것은 컴퓨터의 핵심소자가 제1세대의 진공관에서 시작하여 트랜지스터, IC 칩, VLSI 칩 등을 거쳐 현재는 마이크로프로세서와 메모리칩의 트랜지스터 집적도가 수십억 개 수준에 이르게 된 데 기인한다. 여기서 지난 80여 년 동안 컴퓨터 기술의 발전과 세대별 배경에 대하여 알아본다.

컴퓨터의 역사

인간이 수나 양을 표시하는 방법은 인류 역사와 함께 꾸준히 발전해 왔다. 숫자를 나무에 표시하거나 원시적 주판과 같은 도구를 이용하여 계산하였는데, 동양에서는 5천 년 전부터 숫자를 사용한 기록이 있다. 12세기 중국에서는 현대식 주판을 사용하였고, 1642년 프랑스의 수학자이며 철학자인 파스칼(Blaise Pascal)은 덧셈기라는 기계를 사용하여 계산을 수행하였다. 파스칼은 이 기계를 이용하여 그 당시 세금 계산을 직업으로 하고 있던 부친의 세금 계산을 도왔다고 하는데 이 기계는 오늘날에도 존재한다. 이 덧셈기가 나온 지 180년이 지난 후에 영국의 수학자 바비지(Charles Babbage)는 파스칼의 덧셈기보다 더 발전된 계산기를 만들었다. 이 기계는 오늘날 컴퓨터가 가지고 있는 다섯 가지 구성 요소, 즉 입력장치, 처리기, 제어기능, 기억장소 및 출력장치 등의 기능을 가진 최초의 기계로 인정되고 있다.

(a) 파스칼 덧셈기   (b) 바비지 계산기

그림 1-5 덧셈기와 계산기 (출처: Computerhistory, Wikipedia)

1936년 '튜링머신(Turing machine)'을 이론적으로 제안하여 컴퓨터의 논리적 근거를 제시한 영국의 수학자 튜링(Alan Turing)은 1943년 '콜로서스(Colossus)'라는 특수목적용 디지털 전자컴퓨터를 완성하여 제2차 세계대전 중 독일의 암호문을 성공적으로 해독할 수 있었다. 1944년 하버드 대학에서 마크 I(Mark I)이라는 전자기계식 컴퓨터를 개발하였는데, 그 길이가 15m, 높이가 2.4m에 달하였다.

(a) 콜로서스 컴퓨터   (b) Mark I

그림 1-6 콜로서스 컴퓨터와 Mark I (출처: Wikipedia, Harvardmagazine)

한편, 펜실베니아 대학에서는 제2차 세계대전 중인 1943년 대포와 미사일의 탄도를 빨리 계산할 수 있는 기계를 설계하기 시작하여 전쟁이 종료된 1946년에야 완성된 에니악(ENIAC)을 제작하였다. 에니악은 세계 최초의 범용컴퓨터였으나 기계가 유연성이 없어서 새로운 문제를 수행할 때마다 기계의 배선을 다시 해야만 하는 문제점이 있었다. 에니악은 그 길이가 30m, 높이가 3m, 무게가 무려 30톤이나 되었고, 18,000개의 진공관을 가지고 있어서 매 7분마다 고장이 발생하였다. 그 후, 에니악은 1951년 세계 최초의 상업용 범용컴퓨터라 할 수 있는 유니박 I(UNIVAC I)으로 발전하였다. 한편, 폰 노이만(John von Neumann)은 오늘날 모든 컴퓨터 설계의 근간이 된 '폰 노이만 구조(von Neumann Architecture)'를 1945년 제안하였고, 이 방식에 따라 에드박(EDVAC)이라는 컴퓨터를 1949년 완성하였다. 에니악은 수행할 프로그램과 데이터를 메모리 장치에 저장해 둠으로써 에니악에서와 같이 배선을 다시 해야 하는 불편을 해결하였다. 이러한 이유로 '폰 노이만 컴퓨터'를 '내장 프로그램 컴퓨터(Stored-program Computer)'라고도 부른다.

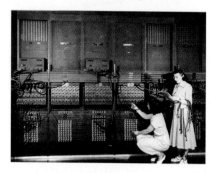
(a) 에니악

(b) 유니박 I

그림 1-7 에니악과 유니박 I (출처: Wikipedia, Wired)

초창기에 컴퓨터는 대규모 은행이나 정부기관과 같은 거대 기관만이 구입 가능한 값비싼 기계였다. 컴퓨터를 설치하기 위하여 온도 및 습도 조절을 완벽히 할 수 있는 컴퓨터 센터 시설이 필요하였고, 고가의 컴퓨터를 프로그램하고 운영할 전문운영팀이 요구되었다. 그러나 컴퓨터는 곧 과학자, 엔지니어 등 전문가들에게 없어서는 안 될 기계로 인식되게 되었다. 지난 80여 년 동안 엄청난 변화를 이룬 컴퓨터의 발전을 컴퓨터 요소 기술의 발전에 따라 4세대로 나누어 볼 수 있다.

(1) 제1세대 컴퓨터(1946~1957)

1951년 세계 최초로 개발된 상업용 디지털 전자계산기 유니박 I은 진공관을 이용하여 개발되었으며, 인구조사 자료를 처리하기 위하여 미국 인구조사국에 처음 설치되었다. 제1세대 컴퓨터의 특징은 컴퓨터 구성요소로 전구만한 크기의 진공관(Vacuum Tube)을 사용한 점이다(그림 1-8 참조). 수만 개의 진공관에서 발산되는 방대한 양의 열 때문에 온도조절 문제가 야기되었고 진공관이 자주 타서 계산 도중에 중단되는 문제점이 자주 발생하였다. 주기억 장치로는 작은 도넛 형태의 자기코어(Magnetic Core)가 구슬처럼 꿰어져 사용되었고, 입출력장치로는 천공카드가 사용되었기 때문에 입출력 속도가 매우 느렸다. 또한 컴퓨터에서 사용하는 프로그램이 고급언어가 아닌 기계어로 작성되었기 때문에 컴퓨터의 사용이 매우 어렵고 프로그래밍 시간이 매우 많이 걸렸다.

(a) 진공관   (b) 에니악에 사용된 진공관 회로

그림 1-8 진공관과 진공관 회로 (출처: Wikipedia, Computerhistory)

(2) 제2세대 컴퓨터(1958~1963)

AT&T 벨연구소(Bell Laboratories)의 세 과학자인 바딘(J. Bardeen), 브라텐(H. W. Brattain), 쇼클리(W. Shockly)는 1948년 매우 작은 전자회로 트랜지스터를 발명하였고, 이들은 이 업적으로 노벨상을 수상하였다. 트랜지스터의 출현은 전자분야 전반에 걸쳐 큰 변화를 불러일으켰는데 특히 컴퓨터에는 절대적인 영향을 미쳤다.

1956년 IBM, 버로우스(Burroughs), 콘트롤데이타(Control Data), 하니웰(Honeywell) 등의 회사에서 트랜지스터를 컴퓨터 제조에 처음으로 사용하였다. 트랜지스터의 크기는 진공관의 1/100 정도밖에 되지 않아 컴퓨터의 크기가 대폭 축소되었고, 전력소모량도 상당히 줄어들었으며, 계산속도가 빨라 컴퓨터는 높은 신뢰를 얻을 수 있었다. 가격도 진공관을 사용한 제1세대 컴퓨터 비해 저렴하게 되었고, 컴퓨터 운영비도 전보다 내려가게 되어 컴퓨터의 활용분야가 비즈니스, 산업계, 항공사, 대학교 등으로 확산되었다. 또한 제1세대 컴퓨터에서 사용하던 기계어 프로그램 대신에 포트란(FORTRAN), 코볼(COBOL) 등 고급언어를 이용하여 프로그램을 개발하게 되면서 프로그램의 개발이 훨씬 용이하게 되었다.

(a) 진공관 vs 트랜지스터   (b) 메모리보드에 사용한 트랜지스터

그림 1-9 트랜지스터 (출처: Computerhistory)

(3) 제3세대 컴퓨터(1964~1970)

텍사스 인스트루먼트(Texas Instrument)사와 페어차일드 반도체(Fairchild Semiconductor)사에서 1959~1961년 IC(Integrated Circuit) 칩을 처음 개발하였다. IC 란 실리콘으로 된 $0.8cm^2$ 크기의 조그마한 칩이 수백 개의 전자소자를 포함하고 있는 것을 말한다. 1964년경부터 컴퓨터는 기존 트랜지스터 소자가 IC 칩으로 대체되기 시작하면서 제3세대 컴퓨터 시대가 시작되었다. 작은 실리콘 IC 칩 하나가 수백 개의 트랜지스터를 대체하면서 컴퓨터의 크기가 획기적으로 축소되었고 컴퓨터의 신뢰도 및 전력소모량이 더욱 향상되었다. IC 칩이 대량생산되면서 컴퓨터의 가격이 훨씬 저렴하게 되었고 컴퓨터의 성능도 비교할 수 없을 만큼 향상되었다.

1960년대 중반에 IC 칩을 이용한 메인프레임(Mainframe) 컴퓨터가 최초로 개발되었으며, 1960년대 및 1970년대에 걸쳐 많은 종류의 컴퓨터가 개발되었다. 가장 대표적인 메인프레임 컴퓨터인 IBM System/360은 과학 계산과 비즈니스 겸용으로 쓸 수 있도록 고안되었고 중소기업이나 정부기관 등, 이전에 컴퓨터를 사용하지 않던 곳에 판매하기 위해 적극적인 공세를 편 결과 기대 이상의 성과를 보았다. 또한 제3세대 후반기에 가장 괄목할 만한 사실은 미니컴퓨터(Minicomputer)의 성장을 들 수 있다. 미니컴퓨터는 메인프레임 컴퓨터에 비해 크기는 작고 가격이 저렴하면서도 처리속도 면에서 크게 떨어지지 않는 성능을 가지고 있다. DEC사는 1968년 세계 최초의 미니컴퓨터인 PDP-8을 시작으로 다양한 PDP 계열의 미니컴퓨터를 개발하였다. 이외에도 데이타 제너럴(Data General), HP 등도 미니컴퓨터를 개발하였다.

그림 1-10 제3세대 컴퓨터 IBM 360 (출처: Wikipedia)

(4) 제4세대 컴퓨터(1971~현재)

제4세대 컴퓨터는 기술적 혁신에 의한 정의보다는 제3세대 컴퓨터에 비해 성능을 개선시키고 가격을 줄이는 형태로 발전된 상태를 말한다. 제3세대 컴퓨터가 IC칩을 이용하였으나, 이후 실리콘 칩의 트랜지스터 집적도가 지속적으로 증가하여 1970년에는 수천 개의 소자를 포함하는 LSI(Large Scale Integration)로 발전하였고, 1975년에는 집적도가 훨씬 높은 VLSI(Very Large Scale Integration)가 출현하였다. 그 후 ULSI(Ultra Large Scale Integration)로 발전하면서 칩 하나당 전자회로 소자 수가 빠르게 증가하였다. 따라서 제4세대 컴퓨터는 제3세대 메인프레임 컴퓨터와 미니컴퓨터에 비해 성능도 급격히 향상되었고 메모리 용량도 크게 증가하였다.

그림 1-11 IC, LSI, VLSI, ULSI 비교 (출처: Wekipedia, Storagereview, Leadsoc)

한편, 1970년대 후반에 애플(Apple)사 등이 개발한 마이크로 컴퓨터는 큰 붐을 일으키기 시작하였고, 1980년대에 들어서 퍼스널 컴퓨터(PC)로 발전하게 되었다. 마이크로 컴퓨터와 퍼스널 컴퓨터가 가능하게 된 배경에는 하나의 실리콘 칩에 컴퓨터의 브레인에 해당하는 중앙처리장치(CPU: Central Processing Unit)를 포함한 마이크로프로세서(Microprocessor) 칩이 개발되었기 때문이다. 첫 마이크로프로세서는 1971년 인텔(Intel)사에 의해 개발된 Intel 4004(4-bit)로, 마이크로프로세서는 컴퓨터 발전 과정에서 앞의 진공관, 트랜지스터 및 IC보다 더 지대한 영향을 끼쳤다. 마이크로프로세서가 개발됨으로써 컴퓨터는 모양, 성능, 가격 면에서 획기적인 발전을 이루었다. 그동안 기업이나 기관이 주로 컴퓨터를 사용하는 방식에서 개인이 컴퓨터를 사용하는 이른바 퍼스널 컴퓨팅(Personal Computing) 시대가 열리게 된 것이었다.

퍼스널 컴퓨터가 1977년 출현하였고, 다른 한편으로는 1976년 수퍼컴퓨터 CRAY-1이 CRAY Research사에 의해 개발되었다. 당시 CRAY-1은 800만 달러의 가격에 판매되었고, 주로 일기예보, 빠른 계산이 요구되는 과학 및 공학 분야, 컴퓨터 시뮬레이션, 군사적 응용 분야 등에서 사용되었다.

 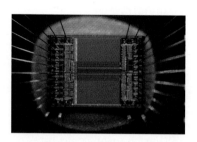

(a) 인텔 마이크로프로세서1　　　(b) 인텔 마이크로프로세서2

그림 1-12 마이크로프로세서 (출처: Wikipedia)

개인용 컴퓨터 시대

1970년대 후반 이후 가장 큰 획기적인 현상은 퍼스널 컴퓨터가 출현하면서 1980년대부터 가정용 컴퓨터 시대가 시작되었다는 사실이다. 퍼스널 컴퓨터는 컴퓨터의 대중화에 큰 기여를 했을 뿐만 아니라 컴퓨터가 대량생산되면서 가격도 획기적으로 저렴하게 되었다. 1970년대 중반 제록스(Xerox)사의 알토(ALTO), MITS사의 알테어 8800(Altair 8800) 등의 마이크로 컴퓨터가 개발되었으나, 퍼스널 컴퓨터 시대를 본격적으로 열게 된 데는 스티브 잡스(Steve Jobs)와 스티브 워즈니악(Steve Wozniak)이 같이 시작한 애플(Apple) 컴퓨터가 출현하면서부터이다. 애플(Apple)사는 1977년 애플 I(Apple I)을 판매하기 시작하였고, 곧이어 1978년 애플 II(Apple II)를 시장에 내놓았다. 한편, 메인프레임 컴퓨터의 독보적인 기업인 IBM사는 퍼스널 컴퓨터의 가능성을 인지하고 1981년 Intel 8088 칩을 기반으로 한 IBM-PC를 시장에 출시하였다. 이로써 본격적인 퍼스널 컴퓨터 시대가 개막되었다.

(a) 초기의 애플 II   (b) IBM-PC

그림 1-13 초기의 개인용 컴퓨터(PC) (출처: Wikipedia)

1980년대 퍼스널 컴퓨터는 급격히 발전하여 애플사는 1984년 그래픽 사용자 인터페이스 (GUI: Graphical User Interface)를 지원하는 리사(Lisa)와 매킨토시(Macintosh)를 개발하였고, IBM사는 1983년 IBM-PC XT를 출시하였고 1984년 Intel 80286칩을 이용한 IBM-PC AT를 시장에 내놓았다. 기술적으로는 애플사가 앞섰으나 IBM사는 'IBM'이라는 브랜드와 마케팅 능력을 앞세워 1990년대 중반에는 IBM-PC 또는 IBM-PC 호환 기종이 PC 시장의 90% 이상을 장악하였다. 그 후, PC에서 휴대성을 강조한 노트북 컴퓨터 (Notebook Computer)로 발전하였고, 최근에는 모바일 컴퓨터의 유용성이 대두되면서 스마트폰, 태블릿 PC 등이 각광을 받고 있다.

1.2 정보화사회와 컴퓨터의 활용

컴퓨터가 처음 출현한 이래 컴퓨터의 활용 방식과 영역이 크게 변화해 왔다. 이 절에서는 역사적으로 컴퓨터의 활용이 어떻게 변화해 왔는지 알아보고, 다양한 컴퓨터를 메인프레임, 수퍼컴퓨터, 서버컴퓨터, 워크스테이션, PC, 노트북, 모바일 컴퓨터 및 임베디드 컴퓨터 등으로 구분해서 설명한다. 또한 컴퓨터의 발전과 더불어 정보화사회의 실현에 가장 큰 역할을 담당한 정보통신기술, 특히 인터넷의 발전에 대하여 소개한다.

1.2.1 컴퓨터 유형의 분류

시간의 흐름에 따라 컴퓨터의 유형에는 큰 변화가 일어났고 활용 영역이 확장되어 왔다. 이제, 유형별로 컴퓨터의 특징이 무엇인지 알아보자. 각종 컴퓨터들을 성능, 크기, 용도, 가격 등에 따른 분류법(Taxonomy)에 따라서 다음의 다섯 가지 유형으로 구분할 수 있다.

1) 메인프레임 컴퓨터와 수퍼컴퓨터

메인프레임 컴퓨터는 은행, 항공사, 대기업, 정부기관과 같이 큰 조직에서 이용되며, 오늘날 메인프레임의 크기는 냉장고 정도이고 가격은 수십만~수백만 달러 내외라고 추정된다. 슈퍼컴퓨터는 일기예보, 전화망의 설계, 유전탐사, 컴퓨터 시뮬레이션, 의학 이미지처리 분야 등 매우 복잡하고 빠른 계산이 요구되는 경우에 이용되며 일반적으로 수천 개의 마이크로프로세서 칩을 이용하여 설계된다.

(a) CRAY-1 슈퍼컴퓨터   (b) Frontier 슈퍼컴퓨터

그림 1-14 슈퍼컴퓨터 (출처: ORNL)

2) 서버와 워크스테이션

서버컴퓨터(Server Computer)는 다수의 사용자를 동시에 지원하기 위한 컴퓨터로 일반적으로 미니컴퓨터나 워크스테이션이 사용된다. 워크스테이션은 계산 기능이 우수한 고성능 데스크탑 컴퓨터로, 과학자, 엔지니어, 재무 분석가, 디자이너, 애니메이션 제작자 등 주로 전문인들이 많이 사용하고 있다. 그러나 최근에는 PC의 성능이 워크스테이션에 근접하면서 워크스테이션과 PC 간의 경계가 불분명해지고 있는 추세이다. 그림 1-15(a)는 1980년대 많이 사용되던 미니컴퓨터 VAX 11/780이고, 그림 1-15(b)는 1983년 선 마이크로시스템스(Sun Microsystems)사에 의한 최초의 워크스테이션 Sun-1을 보여주고 있다.

(a) 미니컴퓨터 VAX11/780　　　(b) Sun-1 워크스테이션

그림 1-15 미니컴퓨터와 워크스테이션 (출처: Retromobe)

3) PC와 노트북

PC(Personal Computer)는 개인용 컴퓨터로 데스크탑 컴퓨터(Desktop Computer)라고
도 불린다. PC는 원칙적으로 개인이 사용할 목적으로 설계된 비교적 저렴한 가격의 컴퓨
터이다. 이에 비해, 노트북 컴퓨터는 가격이나 기능상으로는 PC와 거의 동등하나 휴대성
(Portability)이 있어서 가지고 다니기에 편리하며 랩탑 컴퓨터(Labtop Computer)라고도
불린다. 그림 1-16(a)는 애플사의 PC인 아이맥(iMac)이고, 그림 1-16(b)는 전형적인 노트
북이다.

(a) 아이맥　　　(b) 삼성 노트북

그림 1-16 PC와 노트북 (출처: Apple, 삼성)

4) 모바일 컴퓨터

모바일 컴퓨터는 한 손에 잡을 수 있는 정도의 크기를 가진 컴퓨터로 휴대성이 강조되며
포켓용 컴퓨터(Handheld Computer)라고도 부른다. 모바일 컴퓨터에는 스마트폰, 태블릿
PC, e-북 단말기 등이 있으며, 컴퓨터의 성능은 PC나 노트북에 비해 떨어지나 무선인터
넷 기능을 가짐으로써 실시간에 무선으로 인터넷 액세스가 가능하다. 또한 PC 및 노트북
과 정보 공유도 가능하다. 그림 1-17은 삼성과 애플(Apple) 사의 스마트폰과 태블릿 PC를
보여준다.

| (a) 갤럭시 Z플립과 아이폰 | (b) 아이패드 | (c) 갤럭시탭 |

그림 1-17 다양한 모바일 컴퓨터 (출처: Apple, 삼성)

5) 임베디드 컴퓨터

임베디드 컴퓨터는 특수 용도의 마이크로프로세서 칩이 손목시계, 장난감, 게임기, 스테레오 시스템, DVD 플레이어, MP3 등의 가정용 기기 또는 가전제품에 내장되어 있는 경우를 의미한다. 실제적으로 90% 이상의 마이크로프로세서 칩이 임베디드 컴퓨터 형태로 이용되고 있다. 그림 1-18은 마이크로프로세서가 내장된 임베디드 컴퓨터의 예로, 차량용 인포테인먼트와 식당 서빙로봇을 보여주고 있다.

| (a) 자동차의 내비게이션 | (b) 서빙 로봇 |

그림 1-18 임베디드 컴퓨터의 예 (출처: 배달의민족)

1.2.2 정보화사회와 정보통신

컴퓨터 이용 초기에는 한 기업이나 기관이 대용량의 메인프레임 컴퓨터를 설치하여 다양한 업무를 처리하는 중앙집중처리(Centralized Processing) 방식을 따랐다. 중앙집중처리 방식은 모든 프로그램과 데이터를 컴퓨터가 설치되어 있는 곳까지 가져와야 처리할 수 있었고, 그 결과를 다시 사용자에게 분배해야 하는 어려움이 있었다. 이에 따라 메인프레임 컴퓨터와 사용자의 단말기 사이를 전화선을 이용하여 연결하게 되었고, 그 후 이 방식이 발전하게 되었다.

시간이 흐름에 따라 독립적인 컴퓨터들을 서로 연결하여 프로세서, 기억장치, 프린터 등의 하드웨어를 공동으로 사용하고, 프로그램, 데이터 등의 소프트웨어 자원을 공유할 필요가 생겨났다. 이러한 필요에 따라 컴퓨터들을 연결함으로써 사용자 사이에 정보나 메시지를 서로 교환할 수 있게 되었다. 한 건물이나 비교적 가까운 장소에 위치한 컴퓨터들을 데이터 통신 네트워크로 연결한 것을 LAN(Local Area Network)이라 부르고, LAN들을 다시 연결하여 보다 광역화된 네트워크를 WAN(Wide Area Network)이라 부른다.

일반적으로 컴퓨터 네트워크는 설계 방식과 데이터 처리 방식이 다른 여러 가지 기종의 컴퓨터들이 연결되어 있어 이들 간에는 원활한 데이터 교환이 이루어지기 위해 데이터 교환의 표준화가 필요하게 되었다. 1969년 미국방성이 개발한 ARPAnet은 여러 종류의 컴퓨터 간에 데이터 전송을 위해 IP(Internet Protocol) 전송규약을 표준으로 채택하였다. ARPAnet은 실험적인 네트워크였으나 이것이 인터넷으로 발전하게 되었다. 그 후, Ethernet LAN, NSFnet 등 다른 네트워크들이 출현하였고, 이들이 ARPAnet과 데이터를 교환하게 됨으로써 인터넷 망이 더욱 확산되었다.

특히, 1989년 웹(WWW: World Wide Web)이 개발되면서 서로 연관성 있는 정보들을 상호 연결할 수 있게 되었고, 1994년 이후에는 웹 브라우저를 이용하여 일반인들도 인터넷을 쉽게 이용할 수 있게 되었다. 오늘날 웹은 지구상의 모든 컴퓨터가 가진 방대하고 다양한 멀티미디어 정보를 상호연관성에 따라 구축해 놓은 것이라 할 수 있다. 1994년에는 전 세계적으로 인터넷 이용자 수가 300만 명에 불과했으나, 1997년에는 5,000만 명으로, 2003년 초에는 5억 8,000만 명으로 증가하였고, 2007년 12억 명, 2011년에는 23억 명, 2015년 30억 명에 이르고 2020년에는 50억 명을 초과하였다.

초고속 인터넷 서비스

인터넷 서비스를 이용하기 위하여 초기에 대부분의 사용자는 가정에서 모뎀(Modem)을 이용해 왔으나, 최근에는 ADSL/VDSL, 케이블 모뎀 또는 광케이블을 이용함으로써 초고속 인터넷 서비스가 가능하게 되었다. 그림 1-19는 전 세계적으로 초고속 인터넷 이용자수의 분포를 보여주고 있다. 1990년대 후반부터 한국, 일본, 유럽연합(EU) 등 모든 선진국들이 인터넷 속도를 획기적으로 증가시키기 위하여 최선의 노력을 경주하고 있다. 인터넷을 통하여 정보를 초고속으로 전송하는 것이 마치 자동차가 고속도로를 질주하는 개념과 유사하다 하여 정보의 슈퍼하이웨이(Information Superhighway)라 부른다.

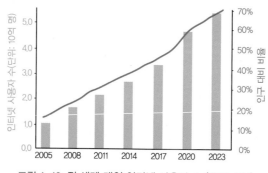

그림 1-19 전 세계 개인 인터넷 사용자 수 (출처: ITU)

인터넷을 단지 컴퓨터들을 연결하기 위한 수단으로 생각하기보다 이용자가 상호 간에 인터넷을 이용하여 의견과 생각을 중재하고 서로 협업하기 위한 환경으로 이해하는 것이 바람직하다. 인터넷의 성공은 기술적인 측면에서보다 인간이 작업하고 살아가는 방식에 지대한 변화와 영향을 주었다는 사실에 기인한다. 인터넷의 확산속도는 과거 TV, 라디오, 전화 등 어떤 미디어보다도 빠르다. 특히, 웹을 통한 전자상거래가 확산되면서 인터넷의 이용이 급속히 증가하였다. 인터넷 경제(Internet Economy)라는 용어도 생겨나게 되었고, 기업이나 조직에도 파고들어 정보처리시스템이 인터넷을 중심으로 재편되었다.

1.3 컴퓨터 시스템의 정보 표현

컴퓨터 시스템에서는 정보를 표현하기 위하여 다양한 방법을 사용한다. 이 절에서는 컴퓨터에서 정보의 표현 방법과 단위에 대하여 알아보고, 이어서 문자 표현 코드 시스템에 대하여 살펴보도록 한다.

1.3.1 2진법과 16진법 수의 체계

10진법은 일상생활에서 사용하는 숫자 체계로, 가장 오래되고 인간에게 친숙하다. 그러나 컴퓨터에서는 수 체계가 2진법에 기초를 두고 있는데, 이는 컴퓨터가 계산할 때 0과 1의 조합으로 계산하도록 설계되었기 때문이다. 현재의 컴퓨터 기술로는 2진수(Binary Number)를 기반으로 하는 기법이 컴퓨터를 동작시키는 데 가장 효율적이다.

우리가 평상시 사용하는 10진법 숫자는 0부터 9까지 10개의 기호로 표시한다. 2진수의 경우 0과 1의 기호만을 사용하여 수를 표현하므로 자릿수가 커지게 된다. 즉, 표 1-1에서 보듯이 10진수 3은 2진수 11, 10진수 5는 2진수 101, 10진수 15는 2진수 1111로 표현된다. 2진수는 다음과 같이 10진수로 변환할 수 있다.

$$11_2 = 1 \times 2^1 + 1 \times 2^0 = 2 + 1 = 3$$
$$101_2 = 1 \times 2^2 + 0 \times 2^1 + 1 \times 2^0 = 4 + 0 + 1 = 5$$
$$1111_2 = 1 \times 2^3 + 1 \times 2^2 + 1 \times 2^1 + 1 \times 2^0 = 8 + 4 + 2 + 1 = 15$$

표 1-1 10진수, 2진수, 16진수의 관계

10진수	2진수	16진수	10진수	2진수	16진수
0	0	0	8	1000	8
1	1	1	9	1001	9
2	10	2	10	1010	A
3	11	3	11	1011	B
4	100	4	12	1100	C
5	101	5	13	1101	D
6	110	6	14	1110	E
7	111	7	15	1111	F

컴퓨터 내에서는 숫자를 2진법으로 표현하지만 사람이 표기하기에는 자릿수가 커져 번거로워진다. 이에 2진수 4자리를 하나의 기호로 표현할 수 있는 16진수(Hexadecimal Number)가 자주 사용된다. 16진법의 숫자는 표 1-1에서와 같이 0부터 9 다음에 A~F의 6개 문자를 더해 모두 16개의 기호로 표시한다. 예를 들어, 2진수 1101은 16진수 E로, 2진수 10110001은 16진수 B1으로, 2진수 10001010은 16진수 8A로 표현된다. 다음과 같이 2진수에서 4자리씩 끊어서 계산하면 매우 손쉽게 16진수로 변환할 수 있다.

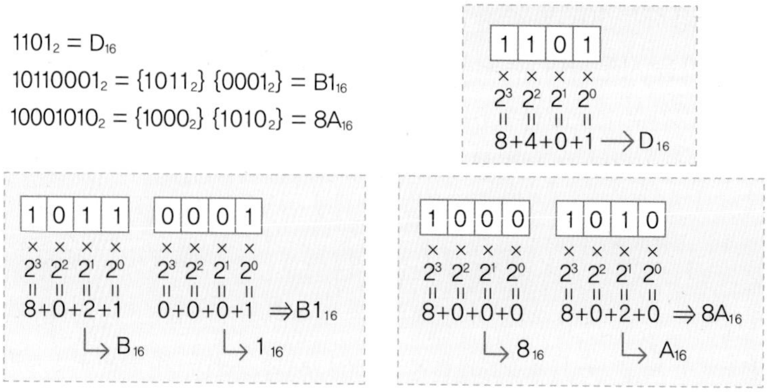

$$1101_2 = D_{16}$$
$$10110001_2 = \{1011_2\}\,\{0001_2\} = B1_{16}$$
$$10001010_2 = \{1000_2\}\,\{1010_2\} = 8A_{16}$$

$$\begin{array}{cccc} 1 & 1 & 0 & 1 \\ \times & \times & \times & \times \\ 2^3 & 2^2 & 2^1 & 2^0 \\ \| & \| & \| & \| \\ 8 & + 4 & + 0 & + 1 \end{array} \longrightarrow D_{16}$$

$$\begin{array}{cccc} 1 & 0 & 1 & 1 \\ \times & \times & \times & \times \\ 2^3 & 2^2 & 2^1 & 2^0 \\ \| & \| & \| & \| \\ 8 & + 0 & + 2 & + 1 \end{array} \quad \begin{array}{cccc} 0 & 0 & 0 & 1 \\ \times & \times & \times & \times \\ 2^3 & 2^2 & 2^1 & 2^0 \\ \| & \| & \| & \| \\ 0 & + 0 & + 0 & + 1 \end{array} \Rightarrow B1_{16}$$
$$\quad\quad \hookrightarrow B_{16} \quad\quad\quad\quad \hookrightarrow 1_{16}$$

$$\begin{array}{cccc} 1 & 0 & 0 & 0 \\ \times & \times & \times & \times \\ 2^3 & 2^2 & 2^1 & 2^0 \\ \| & \| & \| & \| \\ 8 & + 0 & + 0 & + 0 \end{array} \quad \begin{array}{cccc} 1 & 0 & 1 & 0 \\ \times & \times & \times & \times \\ 2^3 & 2^2 & 2^1 & 2^0 \\ \| & \| & \| & \| \\ 8 & + 0 & + 2 & + 0 \end{array} \Rightarrow 8A_{16}$$
$$\quad\quad \hookrightarrow 8_{16} \quad\quad\quad\quad \hookrightarrow A_{16}$$

그림 1-20 2진수를 16진수로 변환하는 과정

1.3.2 비트, 바이트, 워드

비트(Bit)란 'Binary digIT'에서 BIT로 축약하여 부르는 용어이며 2진법 숫자라는 의미이다. 하나의 비트는 컴퓨터 정보 표현의 가장 기본이 되는 단위이며, 2진법의 한 자리 숫자를 표현하여 0 또는 1만을 저장할 수 있다.

바이트(Byte)는 정보처리를 위해 사용되는 비트들의 집합이다. 바이트는 일반적으로 8비트를 의미하는데, 0과 1의 조합으로 이루어진 8자리 2진수이다. 이는 하나의 관행으로 굳어진 것으로 과거에는 하나의 바이트가 5~12비트 단위로 다양하게 구성되어 정보처리가 이루어졌으나, 1960년대 IBM System 360과 1980년대 마이크로컴퓨터 시스템들이 기본적으로 8비트 단위로 정보를 처리하게 되면서 8비트가 일반화되었다. 이는 마치 달걀 12개를 한 더즌(Dozen), 1분을 60초로 부르는 것처럼 컴퓨터 업계에서 통용되는 단위라고 생각하면 된다. 8비트로는 0에서 255까지 256가지(2^8)의 10진수를 표현할 수 있다.

워드(Word)는 컴퓨터 내에서 CPU가 한 번에 처리하는 정보의 단위로서 종류에 따라서 2바이트, 4바이트, 8바이트 등으로 구성되는데, 일반적으로 64비트(8바이트)가 많이 쓰이고 있다.

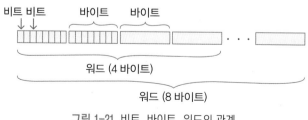

그림 1-21 비트, 바이트, 워드의 관계

한편, 컴퓨터 기술이 발전하면서 사용되는 정보의 양은 막대하게 증가하고 있다. 우리가 사용하는 메모리의 용량도 메가(M)나 기가(G) 바이트 단위에서 테라(T) 바이트 단위로 증가되고 있으며, 인터넷에서 하루에 유통되고 있는 정보의 양은 페타(P) 바이트 단위에서 엑사(E)나 제타(Z) 바이트 단위로 증가하고 있다. 이와 같은 2의 거듭제곱수를 표기하는 단위를 표 1-2에 정리하였다.

표 1-2 2의 거듭제곱수 표기법

이름	약어	십진법	이진법
킬로(kilo)	K	$10^3 = 1000^1$	$1024^1 = 2^{10} = 1,024$
메가(mega)	M	$10^6 = 1000^2$	$1024^2 = 2^{20} = 1,048,576$
기가(giga)	G	$10^9 = 1000^3$	$1024^3 = 2^{30} = 1,073,741,824$
테라(tera)	T	$10^{12} = 1000^4$	$1024^4 = 2^{40} = 1,099,511,627,776$
페타(peta)	P	$10^{15} = 1000^5$	$1024^5 = 2^{50} = 1,125,899,906,842,624$
엑사(exa)	E	$10^{18} = 1000^6$	$1024^6 = 2^{60} = 1,152,921,504,606,846,976$
제타(zetta)	Z	$10^{21} = 1000^7$	$1024^7 = 2^{70} = 1,180,591,620,717,411,303,424$

1.3.3 문자 표현 코드 시스템

아스키(ASCII) 코드

컴퓨터에서 한 글자를 컴퓨터로 표현하거나 입력하기 위해서는 그 글자가 어떤 바이트 값으로 표현되는지에 대한 정의가 필요하다. 그림 1-22에서 보듯이, 글자를 키보드로 입력하면 컴퓨터는 이에 대응되는 바이트 값으로 저장한다. 또한 컴퓨터에서 처리한 결과가 바이트 값으로 산출되면 사용자에게 보여줄 때는 이에 대응되는 글자로 바꾸어 표현해준다. 이렇게 바이트 값과 대응되는 글자 간의 관계를 기술한 코드 표준으로 ASCII(American Standard Code For Information Interchange) 코드 체계가 대표적이며 이는 8비트로 구성되어 있다.

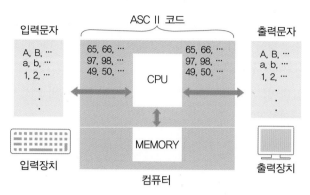

그림 1-22 ASCII 코드의 입력, 처리 및 출력 과정

대부분의 컴퓨터에서는 ASCII 코드가 표현할 수 있는 256가지의 경우의 수를 이용해서 문자를 표현하는데, 0에서 127로 알파벳을 표현하고, 128에서 255까지는 그래픽 문자 또는 영어 이외의 외국 문자를 표현하기 위한 코드로 활용하고 있다(표 1-3 참조). 이러한 문자 체계는 알파벳을 사용하는 서양 문화권에서는 아무런 불편이 없으나, 동양 문화권의 글자를 표현하기에는 큰 불편이 있다. 즉, 알파벳이나 숫자의 개수는 비교적 적으므로 256가지의 경우만으로 모든 글자를 표현할 수 있지만, 한글이나 한자의 경우에는 표현해야 할 글자의 개수가 매우 많으므로 ASCII 코드 체계에서 표현이 불가능하다.

표 1-3 ASCII 코드표

Dec	문자	Dec	문자	Dec	문자	Dec	문자	Dec	문자	Dec	문자
0	NULL	22	SYN	44	,	66	B	88	X	110	n
1	SOH	23	ETB	45	–	67	C	89	Y	111	o
2	STX	24	CAN	46	.	68	D	90	Z	112	p
3	ETX	25	EM	47	/	69	E	91	[	113	q
4	EOL	26	SUB	48	0	70	F	92	₩	114	r
5	ENQ	27	ESC	49	1	71	G	93	]	115	s
6	ACK	28	FS	50	2	72	H	94	^	116	t
7	BEL	29	GS	51	3	73	I	95	_	117	u
8	BS	30	RS	52	4	74	J	96	`	118	v
9	HT	31	US	53	5	75	K	97	a	119	w
10	LF	32	space	54	6	76	L	98	b	120	x
11	VT	33	!	55	7	77	M	99	c	121	y
12	FF	34	"	56	8	78	N	100	d	122	z
13	CR	35	#	57	9	79	O	101	e	123	{
14	SO	36	$	58	:	80	P	102	f	124		
15	SI	37	%	59	;	81	Q	103	g	125	}
16	DLE	38	&	60	〈	82	R	104	h	126	~
17	DC1	39	'	61	=	83	S	105	i	127	DEL
18	DC2	40	(	62	〉	84	T	106	j		
19	DC3	41	)	63	?	85	U	107	k		
20	DC4	42	*	64	@	86	V	108	l		
21	NAK	43	+	65	A	87	W	109	m		

유니코드

유니코드(Unicode)는 지구상에서 사용되는 모든 언어의 문자를 표현하기 위한 문자 코드를 목표로 개발되었으며, 1993년 국제 표준 ISO/IEC 10646으로 제정되었다. 유니코드는 기존 문자 체계와의 상호 호환을 위해 가변길이의 바이트 값을 인코딩하는 방식을 제공하여 전 세계의 거의 모든 문자에 고유 숫자를 부여할 수 있다.

기존의 ASCII 코드와 호환하려면 1바이트 체계, 2350자 한글코드와 호환하려면 2바이트 체계를 이용한다. 이러한 가변 인코딩 방식을 유니코드 변환형식(UTF, Unicode Transformation Format)이라고 한다. 각각 인코딩하는 비트의 수에 따라 UTF-8, UTF-16, UTF-32라고 부른다. UTF-8 인코딩에서 영어는 1바이트, 라틴 및 중동 문자는 2바이트, 아시아 문자는 3바이트를 사용한다. UTF-16 방식에서는 2바이트로 표현하여 총 65,536개(2^{16})의 서로 다른 문자를 표현할 수 있다. 기본 다국어 평면에 전 세계 대다수 언어를 배치하여 16비트로 표현하고, 추가로 인코딩하는 문자는 32비트로 표현한다. UTF-32는 메모리 효율상 많이 사용되지 않고 있다.

예를 들어, 영문 대문자 A는 UTF-8에서 16진수 표기법으로 0x41로 표현되고, UTF-16에서는 0x0041로 표현된다. 특수문자 ®은 UTF-8에서는 0xC2 0xAE의 두 바이트로 표현되고, UTF-16에서는 0x00AE로 표현된다. 한글 가의 경우에는 UTF-8에서는 0xEA 0xB0 0x80의 세 바이트로 표현되고, UTF-16에서는 0xAC00으로 표현된다.

1.3.4 한글 표현을 위한 코드

컴퓨터는 영어 문화권에서 개발되었으며, 이에 따라 컴퓨터의 언어 환경은 영어를 기반으로 하고, 그 표현할 수 있는 문자가 알파벳에 제한된다는 문제가 있다. 반면, 한글은 단순 문자의 나열에 불과한 영어와 다르게, 초성 19자, 중성 21자, 종성 27자를 가지고 11,172자라는 방대한 개수의 문자를 만들어 내므로 이러한 한글을 표현하기 위해서는 기존의 알파벳을 표현하던 코드와는 다른 코드가 필요하다. 이에 따라 컴퓨터가 국내에 대중화되던 70, 80년대부터 이를 해결하기 위한 다양한 해법이 제시되었다.

조합형 한글코드

70, 80년대에 산업체에서 모든 한글 글자를 표현하기 위하여 만들어진 것이 바로 조합형 코드이다. 2바이트 조합형 코드는 한글을 초성, 중성, 종성으로 나누어 각각 5비트씩 배정

하여 코드를 부여하고, 이 세 개를 조합하여 글자 하나에 2바이트 코드를 부여하는 방법을 사용하였다. 또한 첫 번째 비트에 1을 설정하여 한글코드임을 명시하였다. 모든 한글 글자를 표현할 수 있다는 장점이 있으나, 현재는 거의 사용되지 않고 있다.

각각의 5비트에는 현대 한글에서 사용되고 있는 초성 자음으로 19자(쌍자음 포함), 중성 모음으로 사용되는 21자(복모음 포함), 받침으로 사용되는 27자(쌍자음, 복자음 포함)를 표현하고 있다. 그래서 현대 한글에서 표현 가능한 19 × 21 × 28(받침 없는 경우 포함) = 11,172자의 모든 문자를 표현할 수 있다.

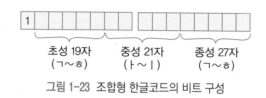

그림 1-23 조합형 한글코드의 비트 구성

완성형 한글코드

특수문자 998자, 한글 2350자, 한자 4888자 등 완성된 글자마다 각각 2바이트의 코드를 차례대로 부여한 완성형 코드로서 1974년 국가 표준인 KSC5601 규격으로 제정되었고, 이후 2004년 KS X 1001로 개정되었다. 컴퓨터 프로그램에서 한글 인코딩 방식을 EUC-KR 혹은 KSC5601로 설정하면 완성형 방식의 한글코드가 사용된다.

표현할 수 있는 한글 글자의 수는 2350자로 초성, 중성, 종성으로 조합할 수 있는 한글 11,172자에 크게 미치지 못하여 '뷁', '쓀' 등의 사용 빈도수가 낮은 글자를 사용할 수 없는 단점이 있으나, 2350자 만으로도 평소 사용하는 한글의 99.99%를 표현할 수 있으므로 실제 사용에는 큰 불편이 없다고 판단하였다. 그러나 소설 제목인 '똠방각하', 건물 이름인 '더샾' 등이 표현이 안 되는 경우가 발생하여 이 문제를 해결하기 위한 노력이 필요하였다.

유니코드 한글

유니코드에서 사용되는 한글 코드는 UTF-8 혹은 UTF-16 인코딩 방식을 사용한다. UTF-8 방식에서 기존 ASCII 코드는 1바이트, 유럽과 중동은 2바이트, 아시아권은 3바이트를 사용하여 문자가 표현된다. UTF-8 인코딩 방식은 메모리 사용량은 다소 증가하지만 기존 코드와의 호환성 때문에 많이 사용되고 있다. 현재 웹에서 사용되는 한글 문서나 프로그램의 기본 인코딩으로 UTF-8을 권장하고 있다.

UTF-16 인코딩은 국가별로 코드 페이지 공간을 할당해 주어 공간이 넘어서 확장이 필요할 경우 4바이트를 사용한다. 한글의 경우 2바이트를 사용하므로 UTF-8과 비교하여 다른 언어 인코딩과의 호환이 안 되고 순서 정렬의 어려움이 있다는 단점이 있다.

표 1-4 유니코드에서 한글코드 페이지 (U+AC00 to U+AC80)

(UTF-8 코드)	(UTF-16 코드)	0	1	2	3	4	5	6	7	8	9	A	B	C	D	E	F
UTF8: 234, 176, 128;	UTF-16: AC0	가	각	갂	갃	간	갅	갆	갇	갈	갉	갊	갋	갌	갍	갎	갏
UTF8: 234, 176, 144;	UTF-16: AC1	감	갑	값	갓	갔	강	갖	갗	갘	같	갚	갛	개	객	갞	갟
UTF8: 234, 176, 160;	UTF-16: AC2	갠	갡	갢	갣	갤	갥	갦	갧	갨	갩	갪	갫	갬	갭	갮	갯
UTF8: 234, 176, 176;	UTF-16: AC3	갰	갱	갲	갳	객	갵	갶	갷	갸	갹	갺	갻	갼	갽	갾	갿
UTF8: 234, 177, 128;	UTF-16: AC4	걀	걁	걂	걃	걄	걅	걆	걇	걈	걉	걊	걋	걌	걍	걎	걏
UTF8: 234, 177, 144;	UTF-16: AC5	걐	걑	걒	걓	걔	걕	걖	걗	걘	걙	걚	걛	걜	걝	걞	걟
UTF8: 234, 177, 160;	UTF-16: AC6	걠	걡	걢	걣	걤	걥	걦	걧	걨	걩	걪	걫	걬	걭	걮	걯
UTF8: 234, 177, 176;	UTF-16: AC7	거	걱	걲	걳	건	걵	걶	걷	걸	걹	걺	걻	걼	걽	걾	걿
. . .	. . .	. . .															

주요 개념 요약(괄호 넣기)

01 컴퓨터의 발전으로 인해 정보와 서비스가 사회발전을 이끌어가는 탈산업화사회가 시작되었다. 이는 정보화사회의 도래를 의미하며, 과거 산업화사회가 정보화사회를 거쳐 현재는 (   )로 발전하게 되었다

02 기존의 모든 기계들은 특정한 한 가지 목적을 위해 개발된 데 비해 컴퓨터는 특정한 쓰임이 아닌 (   ) 기계로 개발되었다.

03 제1세대 컴퓨터의 특징 중 하나는 컴퓨터 구성요소로 전구만한 크기의 (   )이 사용된 것이다.

04 1960년대 중반에 IC 칩을 이용한 (   ) 컴퓨터가 최초로 개발되었다. 가장 대표적인 컴퓨터인 IBM System/360은 과학 계산과 비즈니스 겸용으로 쓸 수 있도록 고안되었다.

05 (   )는 일기예보, 전화망의 설계, 유전탐사, 컴퓨터 시뮬레이션, 의학 이미지처리 분야 등 매우 복잡하고 빠른 계산이 요구되는 경우에 이용되며 일반적으로 수천 개의 마이크로프로세서 칩을 이용하여 설계된다.

06 컴퓨터 이용 초기에는 한 기업이나 기관이 대용량의 메인프레임 컴퓨터를 설치하여 다양한 업무를 처리하는 (   ) 방식을 따랐다.

07 (   )란 컴퓨터 정보 표현의 가장 기본이 되는 단위이며, 2진법의 한 자리 숫자를 표현하여 0 또는 1만을 저장할 수 있다.

08 바이트 값과 대응되는 글자 간의 관계를 기술한 영문/로마자 코드의 표준으로 (   )가 대표적이며 이는 8비트로 구성되어 있다.

01 컴퓨터는 특정한 용도가 아닌 범용 기계로 개발되어 매우 다양한 용도로 사용되고 있다. 이러한 컴퓨터의 융통성은 컴퓨터의 어느 부분으로 인해 가능하게 되는가?

02 1936년 영국의 수학자 튜링은 컴퓨터의 논리적 근거를 '튜링머신'을 통해 이론적으로 제안하였다. 이를 바탕으로 완성한 특수목적용 디지털 전자컴퓨터의 이름은 무엇인가?

03 세계 최초의 범용컴퓨터와 세계 최초의 상업용 범용컴퓨터의 이름은 무엇인가? 제작된 순서대로 각각 적어라.

04 1980년대에는 개인이 컴퓨터를 사용하는 '퍼스널 컴퓨팅(Personal Computing)' 시대가 열리게 되었다. 이러한 변화에 가장 큰 영향을 준 기술로 하나의 반도체 칩에 컴퓨터의 두뇌에 해당하는 기능을 모두 포함하였는데 이러한 반도체 칩은 무엇인가?

05 한 손에 잡을 수 있는 정도의 크기로 포켓용 컴퓨터라고도 부르며 휴대성이 강조된 컴퓨터를 무엇이라고 부르는가? 여기에는 스마트폰, 태블릿PC, 전자책 단말기 등이 포함된다.

06 1989년 인터넷 망에서 서로 연관성 있는 정보들을 상호 연결할 수 있도록 개발되었고, 1994년부터는 브라우저를 통하여 일반인도 쉽게 인터넷을 사용할 수 있게 한 인터넷 사용 방식은 무엇인가?

07 지구상에서 사용되는 모든 언어의 문자를 표현하기 위한 문자코드를 목표로 개발되었으며, 기존 문자 체계와의 상호 호환을 위해 가변 길이의 바이트 값을 인코딩하는 방식을 제공하여 전 세계의 거의 모든 문자에 고유 숫자를 부여할 수 있는 코드체계는 무엇인가?

08 현재 웹에서 사용되는 한글 문서나 프로그램의 기본 인코딩으로 유니코드 인코딩 방식 중에서 어떤 것을 권장하고 있는가?

01 오늘날 컴퓨터가 가지고 있는 구성요소가 아닌 것은?
    a. 입력장치   b. 기억장치   c. 처리기   d. 인터넷망

02 제1세대 컴퓨터가 가지고 있는 특징으로 볼 수 없는 것은?
    a. 트랜지스터   b. 자기코어   c. 천공카드   d. 기계어

03 3세대 컴퓨터 시대에 개발된 IC칩은 4세대 컴퓨터 시대로 넘어가면서 트랜지스터 집적도가 지속적으로 증가하였다. 다음 중 IC칩의 발전된 형태가 아닌 것은?

    a. LSI   b. ULSI   c. VLSI   d. WLSI

04 시간이 흐름에 따라 독립적인 컴퓨터들을 서로 연결하여 하드웨어를 공동으로 사용하고, 프로그램, 데이터 등의 소프트웨어 자원을 공유할 필요가 생겨난 데 바탕이 되는 개념은 무엇인가?

    a. 사물인터넷   b. 네트워크 보안   c. 분산 컴퓨팅   d. 가상현실

05 10진수 792를 2진수로 변환한 것으로 옳은 것은?

    a. 1010001000   b. 1100101000   c. 1100010001   d. 1100011000

06 2진수 1101010110101(2)를 10진수로 변환한 것으로 옳은 것은?

    a. 6937   b. 6803   c. 6912   d. 6837

07 다음 중 16진수 '3A9F'를 2진수로 변환한 값으로 옳은 것은?

    a. 0011 1010 1001 1101   b. 0011 1011 1001 1111

    c. 0011 1010 1001 1111   d. 0011 1010 1011 1111

08 컴퓨터 메모리나 데이터 표현에서 8비트, 즉 1바이트는 기본 단위이다. 8비트로 표현할 수 있는 10진수의 범위로 옳은 것은?

    a. −255에서 255까지   b. 0에서 255까지   c. 0에서 128까지   d. −255에서 0까지

보충 과제(주관식)

01 과거 자산기반경제(Asset-based Economy)가 지식기반경계(Knowledge Economy)로 변화하면서 1990년대 후반 신경제 개념이 나타났다. 신경제의 특성과 의미에 대하여 서술해라. 또한 IT 기술이 신경제에서 어떠한 역할과 영향을 미쳤는지 설명하라.

02 '폰 노이만 구조(von Neumann Architecture)'는 1945년에 폰 노이만이 제안한 모든 컴퓨터 설계의 근간이 되는 방식이다. 해당 구조에 대해 조사해보아라.

03 컴퓨터의 성능에서도 '규모의 경제(Economy of Scale)' 개념이 적용될 수 있는가? 예를 들어, 여러 대의 PC를 구입하여 사용하는 경우와 같은 비용으로 한 대의 메인프레인 컴퓨터를 사용하는 경우 전체 성능 면에서 어느 쪽이 더 경제적인지 논하라. 만일, 여러 대의 PC를 구입하는 것이 성능 면에서 우위에 있다면, 메인프레임을 도입하여 이용하려는 경우 그 이유를 설명하라.

04 컴퓨터 발전의 역사를 간략하게 기술하고 각 세대별 컴퓨터의 특성을 설명하라. 또한 그 당시 각 시대별로 어떠한 정보통신 인프라가 존재했는지 기술하라.

05 기술 융합(Technological Computing)의 개념을 기술하고, 기술 융합이 우리 개인 생활에 어떤 영향을 미치게 될지 설명하라.

02 컴퓨터 시스템의 이해

단원개요 ●━━━━━━━━━━━━━━━━━━━━━━━━━━━━━━━━

우리 주위에는 다양한 형태의 컴퓨터와 정보기기가 있으며, 모바일 기기 또한 널리 사용되고 있다. 그렇다면 컴퓨터 시스템은 어떻게 구성되어 있으며, 그에 따라 컴퓨터는 어떻게 동작하는지 누구나 한번쯤은 의문을 품어 보았을 것이다. 컴퓨터 시스템의 종류에는 크게는 슈퍼컴퓨터에서부터 작게는 스마트폰까지 많은 기기가 있지만 동작 원리와 기능은 유사하다.

이 장에서는 정보 기기들의 동작 원리에 대하여 알아보고, 컴퓨터 시스템의 구성에 대하여 살펴보도록 한다. 또한 미래의 컴퓨터 시스템과 기술 동향에 대해서 전망한다.

━━━━━━━━━━━━━━━━━━━━━━━━━━━━━━━━━━━━━━━●

2.1 컴퓨터 시스템의 구성

컴퓨터 시스템은 컴퓨터를 구성하는 하드웨어와 이를 작동시키기 위한 소프트웨어의 조합으로 구성되어 있다. 컴퓨터 시스템은 1946년 진공관을 이용하여 만든 최초의 전자식 컴퓨터인 에니악(ENIAC)에서 시작하여 현재 슈퍼컴퓨터인 IBM BlueGene/L까지 지속적으로 발전하여 왔다. 폰 노이만(von Neumann) 컴퓨터로 불리는 프로그램 내장방식의 컴퓨터 시스템이 개발된 이래 현재까지 대부분의 컴퓨터 시스템은 이러한 방식에 따라 설계되고 있다. 이 절에서는 컴퓨터 시스템의 기본적인 동작 원리를 살펴보고 컴퓨터 시스템을 구성하는 주요 모듈의 발전 동향에 대해 알아보도록 한다.

2.1.1 컴퓨터 시스템의 구성요소

컴퓨터 시스템의 하드웨어 구성

컴퓨터 시스템을 구성하는 하드웨어에는 아래 그림 2-1과 같이 중앙처리장치, 저장장치, 입력장치, 출력장치가 있다. 여기서는 각 하드웨어 모듈의 역할과 기능에 대해서 간단히 알아보도록 하자.

컴퓨터 시스템 하드웨어

그림 2-1 컴퓨터 시스템 하드웨어의 구성

1) 중앙처리장치(CPU: Central Processing Unit)

중앙처리장치는 컴퓨터의 두뇌에 해당한다. 제어장치, 연산장치, 레지스터 등으로 구성되며, 시스템의 연산을 처리하고 전체 시스템을 제어하는 역할을 한다. 대형 컴퓨터에서는 중앙처리장치가 보드형태로 제작이 되며, 개인용 컴퓨터나 소형 컴퓨터 등에서는 마이크로프로세서 칩의 형태로 구성된다.

2) 저장장치

컴퓨터에 필요한 정보를 저장하는 장치로 주기억장치와 보조기억장치로 나눌 수 있다. 주기억장치는 CPU에 의하여 즉시 처리할 데이터나 프로그램 코드(명령어)를 저장하며, 보조기억장치는 주기억장치를 보조하는 역할을 한다. 주기억장치로는 RAM(Random Access Memory)과 ROM(Read Only Memory), 보조기억장치로는 하드디스크, 플래시메모리, 광학디스크(CD-ROM, DVD, 블루레이 디스크) 장치 등이 있다.

3) 입력장치

컴퓨터 시스템의 외부로부터 데이터를 입력받는 장치로, 마우스, 키보드, 터치스크린, 터치패드, 바코드 리더기, 광학 스캐너, 카메라, 마이크 등이 있다. 특히 휴대용 기기인 스마트폰이나 태블릿 PC 등에서는 이동 중에 입력이 가능해야 하기 때문에 터치 패드나 햅틱 인터페이스(Haptics Interface)를 사용한 입력장치가 사용되고 있다.

4) 출력장치

출력장치는 중앙처리장치에서 처리된 결과물을 시스템 외부로 출력해주는 장치이다. 출력장치는 영상이나 인쇄, 음향 등 매우 다양한 매체를 통해 사용자에게 정보를 제공하므로 종류가 다양하다. 근래에는 멀티미디어 정보가 많아 문자, 그림, 동영상, 소리 등이 동시에 출력되는 경우가 빈번하다. 특히 게임 지원 컴퓨터 시스템에서는 시각, 청각 이외에 촉각을 활용한 출력장치까지 개발되고 있다. 대표적인 출력장치에는 프린터, 스피커, 모니터 등이 있다.

컴퓨터 시스템의 소프트웨어 구성

컴퓨터 시스템은 하드웨어만으로는 동작이 되지 않으며, 하드웨어를 작동시키기 위한 시스템 소프트웨어와 특정작업을 하기 위한 응용 소프트웨어가 필요하다. 시스템 소프트웨어는 그림 2-2에서 보듯이 운영체제와 펌웨어(Firmware)로 나눌 수 있다.

운영체제는 하드웨어와 응용 소프트웨어의 동작을 관리하는 프로그램이며, 펌웨어는 컴퓨터의 시작에 필요한 시스템 소프트웨어로 시스템의 초기동작을 제어한다. 응용 소프트웨어는 사용자가 사용하는 프로그램으로 운영체제 위에서 작동한다. 예를 들어, 인터넷을 지원하는 웹브라우저인 구글 크롬(Google Chrome), 사무 자동화 패키지인 마이크로소프트 오피스(Microsoft Office) 등의 응용 소프트웨어는 운영체제의 도움을 받아 사용자가 실행한다. 시스템 소프트웨어와 응용 소프트웨어는 각각 3장과 4장에서 자세히 소개한다.

그림 2-2 컴퓨터 시스템의 체계

컴퓨터 시스템의 작동 원리

컴퓨터 시스템을 처음 켜는 행위를 부팅(Booting)이라고 부른다. 컴퓨터에서 전원을 켜게 되면 제일 먼저 하는 작업은 시스템 내의 하드웨어를 점검하고 운영체제가 원활히 작동할 수 있도록 컴퓨터의 초기화 작업을 수행하는 것이다. 수행할 일련의 과정은 ROM 메모리에 기록되어 있어, 시스템을 켤 때 컴퓨터 시스템은 ROM으로부터 시작 프로그램을 읽게 된다. 이와 같이 컴퓨터를 작동시키기 위해 실행되는 소프트웨어를 펌웨어라고 한다.

펌웨어가 먼저 수행하는 작업은 컴퓨터 시스템 내의 하드웨어를 초기화하여 사용 가능한 상태로 만드는 것이다. 그 다음, 펌웨어는 운영체제를 주기억장치인 RAM으로 가져와서 CPU가 운영체제를 실행할 수 있도록 준비한다. 이 과정이 끝나면 시스템 초기 화면이 나타난다.

운영체제가 일단 주기억장치에 로드되면, 운영체제가 컴퓨터 시스템을 제어한다. 운영체제는 프로세서 관리, 주기억장치 관리, 디바이스 관리, 보조기억장치 관리, 응용프로그램 관리, 사용자 인터페이스 관리 등을 통해 컴퓨터 시스템을 관리한다. 이러한 컴퓨터 시스템의 작동원리는 그림 2-3에 설명되어 있다.

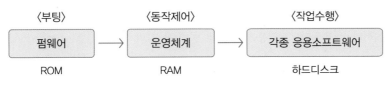

그림 2-3 컴퓨터 시스템의 작동 원리

2.1.2 개인용 컴퓨터의 구성 및 기능

일상생활에서 사용하는 가정용 전자제품인 게임기, 디지털 TV, 휴대용 전화기 등은 마이크로프로세서가 내장되어 있으므로 일종의 컴퓨터 시스템으로 볼 수 있다. 그러나 일반적으로 컴퓨터를 지칭할 때는 개인용 컴퓨터(PC: Personal Computer)를 생각하게 된다. 앞에서 설명한 컴퓨터 시스템의 구성이 개인용 컴퓨터의 경우에 구체적으로 어떻게 적용되는지 살펴보도록 하자.

개인용 컴퓨터의 구성

개인용 컴퓨터는 그림 2-4(a)와 같이 컴퓨터 모니터, 컴퓨터 본체, 컴퓨터 입출력을 지원하기 위한 각종 장치들로 구성되어 있다. 이 중 컴퓨터 본체를 구성하는 메인보드는 그림 2-4(b)와 같이 중앙처리장치(CPU), 주기억장치, 보조기억장치, 시스템 확장 카드, 입출력 장치 포트의 5가지 모듈로 나눌 수 있다.

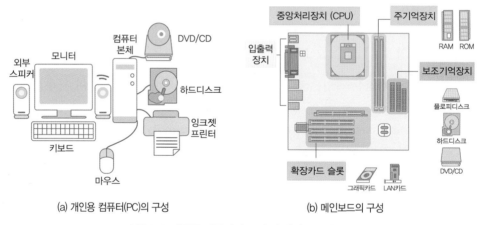

(a) 개인용 컴퓨터(PC)의 구성   (b) 메인보드의 구성

그림 2-4 개인용 컴퓨터의 구성 및 메인보드의 구성

1) 중앙처리장치(CPU)

앞에서 설명한 바와 같이 CPU는 컴퓨터 시스템의 두뇌에 해당하는 모듈로 PC에서는 마이크로프로세서가 사용된다. 개인용 컴퓨터의 종류에 따라서 Intel, Motorola, AMD사에서 만든 마이크로프로세서를 사용한다. 이에 따라 PC 메인보드의 구성이 달라진다.

2) 주기억장치(Main Memory)

CPU가 우선적으로 접근하는 메모리로 보조기억장치에 비하여 접근 속도가 빠르다는 장점이 있다. 반면에 용량이 작으므로 효율적인 메모리 관리 기법을 사용하여 컴퓨터 시스템의 동작 성능을 높인다.

- RAM(Random Access Memory): CPU가 읽기와 쓰기를 위해 직접 접근 가능한 메모리이며, CPU에서 처리할 명령어와 데이터가 저장된다.

- ROM(Read Only Memory): 읽기 전용 메모리로 컴퓨터의 동작에 필요한 시스템 소프트웨어인 펌웨어(Firmware)를 저장하는 장소이다. 앞에서 설명한 것과 같이 펌웨어는 부팅 과정에서 컴퓨터 상태를 점검하고, 운영체제의 동작을 위하여 컴퓨터 시스템이 실행 가능하도록 하는 최소한의 명령어가 내장되어 있다.

- 캐쉬메모리(Cache Memory): 일반 RAM보다 접근 속도가 빠른 고속 SRAM으로 구성되어 있고, CPU와 RAM 사이에 존재하며 CPU에서 최근 사용된 명령어와 데이터를 저장하여 메모리 접근 속도를 향상시키는 역할을 한다.

(a) RAM   (b) ROM   (c) 캐시 메모리

그림 2-5 RAM, ROM, 캐시 메모리

3) 보조기억장치

PC에서는 메인메모리인 RAM과 ROM 이외에도 대용량의 메모리가 필요하다. 이러한 대용량 보조기억장치로는 하드디스크, DVD-ROM, CD-ROM, 플로피 디스크 등이 있다. 보조기억장치를 메인보드에 연결하기 위해서는 IDE 등의 표준화된 연결방식을 사용한다. CPU는 이러한 연결 방식을 통하여 하드디스크 및 다양한 보조기억장치에 접근한다.

4) 시스템 확장 카드

시스템 확장 카드는 PC의 기능을 확장하거나 보조하기 위하여 카드 형태로 만들어진다. 사용자는 특수 목적에 맞는 확장카드를 메인보드에 부착하여 사용한다. 예를 들면, 3차원 게임 프로그램을 사용하려면, 3차원 그래픽 가속기 칩이 내장된 그래픽 카드를 메인보드에 설치하여 실시간으로 고화질 3차원 게임을 즐길 수 있다. 이때 사용되는 3차원 그래픽 칩의 예로 ATI 또는 Nvidia에서 제작된 GPU(Graphics Processing Unit)를 들 수 있다. 이러한 시스템 확장 카드로는 3D 그래픽 지원 카드 외에 통신을 지원하는 LAN 카드, 멀티미디어 지원을 위한 사운드 카드 등이 있으며, 특수 목적에 맞도록 설계된 다양한 카드가 사용된다.

그림 2-6 GPU

5) 입출력 포트

CPU는 입출력장치를 사용하여 입력된 데이터를 처리하고 처리된 데이터를 출력한다. 이러한 시스템의 입출력을 위하여 다양한 장치가 사용된다. 주요 입출력장치로는 모니터, 키보드, 마우스, 프린터, 이동형 메모리 등이 있다. 입출력 포트는 이러한 입출력장치를 컴퓨터에 연결해주는 역할을 하는데, PC에서 많이 사용되는 입출력 포트로는 병렬포트(Parallel Port), 직렬포트(Serial Port), USB(Universal Serial Bus) 포트, Firewire 포트, LAN 포트, 음향기기를 위한 입출력 포트 등이 있다. 최근에는 기존 병렬포트와 직렬포트가 USB 포트와 HDMI 포트로 대체되고 있으며 더 나아가 블루투스와 같은 무선 연결 방식으로 대체되고 있는 추세이다. 그림 2-7은 이러한 연결 방식의 변화에 대하여 설명하고 있다.

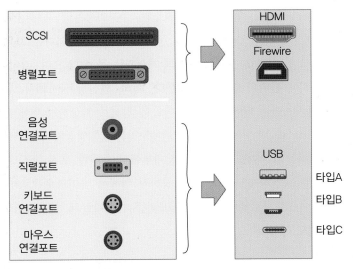

그림 2-7 새로운 연결 방식인 HDMI, USB 포트

2.2 처리장치

2.2.1 CPU와 마이크로프로세서의 기능

CPU(Central Processing Unit)는 컴퓨터 시스템 구성 요소 중 하나로, 인간의 두뇌에 해당하는 컴퓨터 하드웨어 모듈이다. CPU는 컴퓨터의 기능을 논리적인 의미를 표현할 때 사용하며, 이러한 CPU를 칩(Chip)의 형태로 만들었을 때 마이크로프로세서라는 용어를 사용한다. 마이크로프로세서는 1971년에 미국의 인텔(Intel)사에 의해 세계 최초로 만들어졌다. CPU는 한 개의 마이크로프로세서를 사용하여 만들 수도 있고 고성능 컴퓨터에서는 여러 개의 마이크로프로세서를 병렬로 연결하여 만들기도 한다.

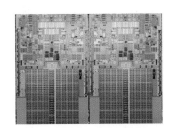

(a) 인텔사의 두 개 CPU 내장 구조(Xeon)

(b) 인텔사의 멀티 프로세싱 기능의 Xeon

그림 2-8 Intel사의 멀티 코어 CPU (출처 : 인텔사)

마이크로프로세서는 제어장치, 연산장치, 레지스터, 주기억장치로 구성되어 있다. 제어장치는 마이크로프로세서의 레지스터, 연산장치, 주기억장치에서 일어나는 모든 연산과 입출력을 제어하는 역할을 한다. 연산장치는 일종의 계산기로 볼 수 있으며, 마이크로프로세서의 모든 산술 및 논리에 관련된 연산을 수행한다. 특히, 연산장치는 레지스터를 사용하여 연산을 수행한다. 레지스터는 데이터 및 명령어들을 임시로 저장하기 위해 사용되는 저장장소이다. 레지스터보다 좀 더 큰 메모리인 캐쉬메모리는 주기억장치의 일부로 마이크로프로세서 내부에 존재하는데 마이크로프로세서 내부에서 수행할 프로그램 및 데이터를 저장한다. 주기억장치는 크기가 큰 데이터를 저장하기 위해서 마이크로프로세서 내부의 캐쉬메모리 이외에 마이크로프로세서 외부의 메모리를 사용하는데, 그에 대한 자세한 내용은 2.3절에서 설명하도록 한다.

마이크로프로세서는 기본적으로 입력된 데이터와 명령어를 프로그램에서 지정된 순서에 따라 수행한다. 그림 2-9와 같이 명령어의 수행을 위하여 4개의 사이클로 동작하며 이러한 동작을 머신 사이클이라고 부른다. 프로그램의 순서에 따라 필요한 명령어를 마이크로프로세서로 불러오는 호출(Fetch) 사이클(①), 호출된 명령어를 CPU가 해석하는 해석(Decode) 사이클(②), 해석된 명령어를 CPU의 산술논리연산장치(ALU: Arithmetic Logic Unit)에 의해 수행하는 실행(Execute) 사이클(③), 수행결과를 마이크로프로세서 외부 주기억장치에 저장하는 저장(Store) 사이클(④)이 있다. 이러한 사이클들을 프로그램에서 정의한 명령어들이 모두 수행될 때까지 계속하여 반복하게 된다. 이러한 방식을 프로그래밍 내장 방식이라고 부르며, 이를 처음으로 제안한 발명자의 이름을 따서 폰 노이만(von Neumann) 컴퓨터 구조라고 부른다.

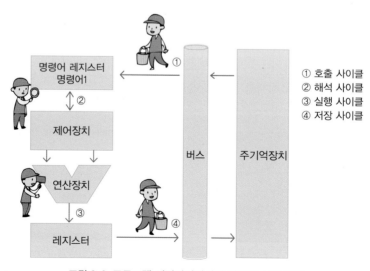

그림 2-9 프로그램 저장방식에서의 명령어 수행 과정

① 호출 사이클(Fetch Cycle): 마이크로프로세서가 명령어를 주기억장치로부터 읽어 온다.

② 해석 사이클(Decode Cycle): 불러온 명령어를 해석하여 실행을 준비한다.

③ 실행 사이클(Execute Cycle): 해석된 명령어를 산술논리연산장치를 통해 수행한다.

④ 저장 사이클(Store Cycle): 수행한 결과를 주기억장치에 저장한다.

클록(Clock)의 속도와 명령어 처리 속도

마이크로프로세서는 디지털 회로들로 구성되므로, 서로 연결된 회로들이 이상 없이 작동하도록 동작속도를 맞추어야 하며 일정한 속도를 유지하도록 관리해야 한다. 이를 위해 마이크로프로세서의 회로들은 일정한 간격의 전기적 신호인 클록에 의해서 동작이 되는데, 이는 마치 사람의 심장 박동에 비유할 수 있다. 심장 박동수는 1분에 심장이 몇 번 뛰는가를 측정하여 나타낸다. 마찬가지로 마이크로프로세서는 1초에 클록이 몇 번 발생하는지를 측정하여, 이를 클록 주파수라 부르며 MHz 또는 GHz라는 단위로 표현한다. 즉, 1초에 10^6번인 MHz단위로 또는 10^9번인 GHz단위로 발생하는지를 표현함으로써 마이크로프로세서의 수행 속도를 나타낸다. 따라서 고성능의 마이크로프로세서일수록 높은 주파수의 클록에서 동작하게 되는 경우가 많다.

2.2.2 마이크로프로세서의 발전

마이크로프로세서의 발전과 무어의 법칙

Intel사의 첫 마이크로프로세서인 Intel 4004는 4비트의 정보를 동시에 처리하는 4비트 프로세서로 1971년 개발되었으며, 그 후 8008, 8080, 8088, 80286, 80386, 80486, 펜티엄(Pentium), 아이테니엄(Itanium)으로 발전하였다. Intel 8080은 8비트 프로세서이고 16비트, 32비트로 발전하여 아이테니엄의 경우 64비트 프로세서로 발전하였다. 마이크로프로세서의 집적도도 지속적으로 증가하여 Intel 80486의 경우 100만 개의 트랜지스터로 구성되었다. 인텔 외에도 모토로라나 AMD 등에서 만들어진 마이크로프로세서도 발전을 거듭하고 있다.

(a) INTEL 4004

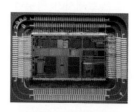
(b) Intel 80486D×2

(c) Intel Pentium 프로세서

그림 2-10 4세대 컴퓨터에서 사용되는 프로세서 칩 (출처: 인텔사)

인텔사 회장 무어(Gordon Moore)는 1965년 마이크로프로세서 집적도의 발전에 관하여 무어의 법칙(Moore's Law)을 발표하였다. 무어의 법칙에 의하면 마이크로프로세서 칩의 성능은 18개월마다 두 배씩 증가한다. 무어의 법칙은 지난 50여 년간 정확하게 맞아왔으며 앞으로도 계속 유효할 것으로 예측되고 있다. 그림 2-11은 1971년부터 최근까지 인텔사 마이크로프로세서 성능의 변화를 칩에 포함된 트랜지스터의 수로 표현한 것이다.

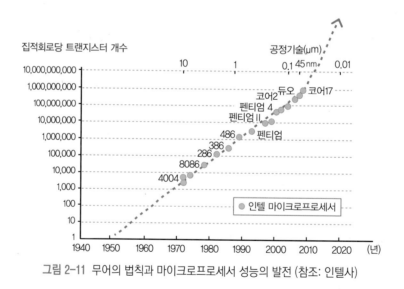

그림 2-11 무어의 법칙과 마이크로프로세서 성능의 발전 (참조: 인텔사)

다양한 기능의 프로세서 칩

컴퓨터에는 마이크로프로세서 이외에도 다양한 기능의 프로세서 칩이 사용되고 있다. 예를 들면, 3차원 그래픽을 빠르게 처리하기 위한 3차원 그래픽 가속기 프로세서, 비디오 파일을 디스플레이하기 위한 비디오 코덱(Video Codec) 프로세서, 음악을 출력하기 위한 미디어 프로세서(Media Processor), 통신용 모뎀에서 신호를 처리하기 위한 모뎀칩 등 다양한 기능을 지원하는 프로세서가 존재한다. 이와 같은 부가적인 프로세서 칩은 기존 마이크로프로세서의 기능을 보조하여 컴퓨터의 성능을 향상시키거나 응용 소프트웨어를 지원하는 역할을 한다.

일반적으로 프로세서는 제작 목적에 따라 두 가지 형태가 있는데, 하나는 시장에서 판매되는 일반제품용 칩과 특수 목적을 위해 주문 생산되는 주문형 반도체(ASIC: Application Specific Integrated Circuit)로 나눌 수 있다.

2.2.3 GPU(Graphics Processing Unit)

CPU는 컴퓨터 시스템의 두뇌를 담당하고 있고, 그래픽 처리장치인 GPU(Graphics Processing Unit)는 컴퓨터 시스템에서 그래픽 연산을 빠르게 처리하기 위한 보조적인 두뇌에 해당한다. CPU는 컴퓨터 시스템을 제어하며 일반적인 기능을 처리하는 반면, GPU는 비디오 영상에서 특정한 병렬 연산을 빠르게 처리하기 위하여 많은 수의 소형 코어로 구성되는 구조이다. 그래서 GPU는 단독으로 처리할 수 없으며 CPU에서 전체 작업을 제어하고 있다.

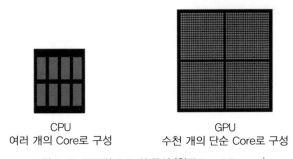

CPU
여러 개의 Core로 구성

GPU
수천 개의 단순 Core로 구성

그림 2-12 CPU와 GPU의 구성 (참조 kr.nvidia.com)

비디오 영상은 반복적인 픽셀로 구성되어 있으므로 GPU에서 대량의 비슷한 연산을 반복적으로 수행하며 이를 병렬로(Parallel) 나누어 작업하기 때문에 CPU에 비해 속도가 대단히 빠르다. 영상처리나 렌더링 등의 그래픽 작업의 경우 각 픽셀에 대해 비슷한 연산을 하기 때문에 CPU가 병렬처리 기능이 뛰어난 GPU로 데이터를 보내 더 빠르게 처리할 수 있게 한다.

'GPU'라는 용어는 1999년 엔비디아(Nvidia)에서 GeForce 256을 '세계 최초의 GPU'로

판매하면서 널리 알려졌다. 지포스 256은 단일 칩 프로세서로 구성되었고, 초당 1천만 개 이상의 다각형을 처리할 수 있는 렌더링 엔진을 갖추고 있었다. GPU는 컴퓨터 그래픽과 영상처리에 매우 효과적으로 사용되며, 고도의 병행 구조는 큰 덩어리의 영상 데이터가 병행 처리되는 알고리즘에 다용도 CPU보다 능률적이다.

최근에는 딥러닝 기계학습 데이터를 처리하는데 매우 중요하게 사용되고 있다. 영상, 음성 신호, 언어 등 수많은 학습 데이터에서 행렬이나 벡터를 GPU에서 병렬로 처리하도록 하여 매우 강력한 효과를 보고 있다. 최근에는 GPU 보드를 여러 개 장착하고 병렬 처리를 전문으로 수행하도록 GPU 서버를 구성하여 사용하고 있다. GPU는 인공지능 딥러닝 학습뿐 아니라, 임베디드 시스템, 휴대 전화, 개인용 컴퓨터, 워크스테이션, 비디오 게임 콘솔, 무인 자동차, 클라우드 컴퓨팅 등 여러 방면에 사용된다.

현재 GPU 시장은 엔비디아가 80% 이상을 차지하고, 나머지를 AMD와 인텔이 점유하고 있다. 엔비디아사의 대표적인 GPU 카드는 GeForce 시리즈이며, GeForce GTX를 거쳐 지금은 GeForce RTX 시리즈를 제작하고 있다.

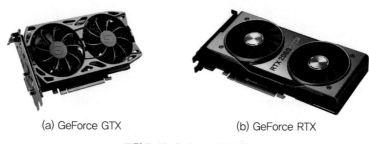

(a) GeForce GTX   (b) GeForce RTX

그림 2-13 GeForce GPU들

2.3 저장장치

컴퓨터 시스템에는 다양한 저장장치가 사용되고 있다. 최근에는 멀티미디어 정보를 지원하기 위하여 대용량 저장장치가 필요하다. 특히 USB를 이용한 대용량 착탈식 메모리가 보편화되면서 편리하게 데이터를 저장하게 되었다. 이 절에서는 메모리 시스템이 어떻게 구성되는지를 알아보도록 하자.

2.3.1 메모리 시스템의 계층적 구조

메모리 시스템의 계층적 구조는 크게 3가지로 나눌 수 있다. CPU 수행 시 필요한 데이터를 저장하는 메인 메모리, 대용량의 데이터를 저장하기 위한 2차 저장장치, 컴퓨터에 탈착이 가능한 오프라인 저장장치로 구분된다. 그림 2-14는 메모리의 계층적 구조를 보여 주고 있다.

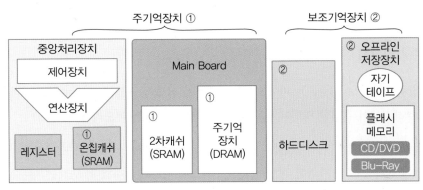

그림 2-14 메모리 시스템의 계층적 구조

주기억장치(Main Storage)

CPU가 데이터를 읽거나 쓰기 위해서 사용하는 메모리 공간이다. 주기억장치는 SRAM(Static RAM)이나 DRAM(Dynamic RAM)으로 구성되는데, SRAM을 사용하여 고속처리가 가능한 캐쉬메모리와 DRAM을 사용한 주기억장치로 되어 있다. CPU는 일차적으로 캐쉬메모리에 접근하고, SRAM 캐쉬메모리에서 찾고자 하는 데이터가 없는 경우에 DRAM 메모리로 접근한다.

보조기억장치 - 하드디스크

주기억장치는 속도가 빠른 반면 용량이 작은 단점이 있으므로, 주기억장치를 보조하는 보조기억장치가 사용된다. 보조기억장치로 주로 사용되는 메모리로 하드디스크가 있으며, 대용량의 프로그램과 데이터를 저장하고 현재 프로그램 수행에 필요한 데이터만을 주기억장치로 보내는 역할을 한다. 최근에는 USB 포트를 사용하여 착탈이 가능한 이동식 하드디스크(Portable Hard Disk)도 사용되고 있다.

보조기억장치 – 오프라인 저장장치

하드디스크와 같은 목적으로 사용되지만 컴퓨터에 고정되어 있지 않고 필요시에 컴퓨터에 연결하여 사용하는 오프라인 저장장치를 의미한다. 주로 CD나 DVD 등의 매체를 사용하며, 과거에는 테이프 레코더, 플로피 디스크 등이 사용되었다. 그 외에도 USB 메모리, SD 메모리 등을 사용하고 있다. 동작 속도가 하드디스크에 비해서 상대적으로 느리나 정보를 쉽게 저장시키고 이동하기가 편리하다는 장점이 있다.

2.3.2 주기억장치

주기억장치(Main Memory)는 마이크로프로세서가 직접 접근할 수 있는 메모리이며, 마이크로프로세서에서 수행할 명령어 또는 데이터 등을 저장하는 메모리이다.

과거에는 주기억장치의 기억매체로 자기코어(Magnetic Core)를 사용하여, 코어를 통과하는 전선에 전류를 보내 자화된 방향에 따라 0과 1을 기억하게 하였다. 현재는 대부분 반도체 기억장치를 사용하는데, 반도체 기억장치에는 전원이 끊어져도 기억된 내용이 보존되는 ROM과 전원이 꺼지면 모든 내용이 지워지는 휘발성 메모리 타입의 RAM이 있다.

RAM은 기억된 내용을 사용자가 임의로 변경할 수 있으며 프로그램이나 자료를 저장할 수 있으나 전원이 꺼지면 기억된 내용이 모두 지워진다. 이러한 이유로 RAM을 휘발성메모리라고도 한다. RAM에는 SRAM(Static RAM)과 DRAM(Dynamic RAM)이 있다. SRAM은 전원이 공급되는 동안에는 기억된 내용이 유지되나, DRAM은 전원이 공급되어도 주기적으로 충전(Refresh)을 하여 주어야 기억된 자료가 유지된다. SRAM은 동작 속도가 DRAM에 비해 빨라 주기억장치 중에서도 캐쉬 메모리에 사용된다. DRAM은 SRAM에 비해 속도가 느리나 가격이 저렴하여 주기억장치에서 일반적으로 사용되고 있다.

(a) SRAM   (b) DRAM

그림 2-15 SRAM과 DRAM

2.3.3 자기 디스크 시스템(Magnetic Disk System)

하드디스크 시스템

하드디스크는 대용량 프로그램이나 데이터 등을 저장하기 위해 사용된다. 하드디스크는 자성체를 입힌 알루미늄 디스크(원반)를 회전시키면서 그 위에 자료를 읽거나 기록하기 위한 보조기억장치이다. 내부의 구조는 그림 2-16에서 보듯이 여러 개의 원반이 하나의 축을 중심으로 약간의 간격을 두고 레코드판처럼 겹쳐 있는 구조로 되어 있다. 각 디스크 위에는 트랙이라는 동심원이 그려져 있는데, 이 동심원에 자성 헤드가 데이터를 읽거나 쓰게 된다.

하드디스크의 성능을 좌우하는 요인으로는 디스크의 회전수, 데이터 접근속도, 단위면적당 자기밀도 등을 들 수 있다.

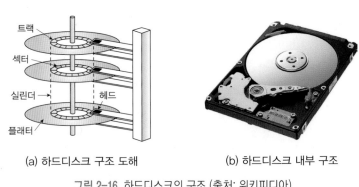

(a) 하드디스크 구조 도해   (b) 하드디스크 내부 구조

그림 2-16 하드디스크의 구조 (출처: 위키피디아)

이동식 하드디스크

과거의 하드디스크는 컴퓨터시스템 내부에 설치되어 본체로부터 분리가 되지 않는 고정형이었으나, 최근 이동식 하드디스크가 많이 사용되고 있다. 특히, 외장 하드디스크는 개인용 동영상 파일이나 대용량의 데이터를 백업하거나 파일을 이동시키는 데 많이 사용되고 있다. 그림 2-17은 이러한 이동식 하드디스크의 예를 보여준다.

(a) 주사위 크기만한 하드디스크 　　　　　 (b) 외장 하드디스크

그림 2-17　다양한 이동식 하드디스크 (출처: 도시바)

플로피 디스크

이동식 메모리로서 과거에 많이 사용된 보조기억장치로 간단한 파일 저장과 이동에 사용된 메모리이다. 플로피 디스크 시스템은 플라스틱 원반에 자성체를 입혀서 데이터를 저장하는 시스템으로 FDD(Floppy Disk Drive)로 불리기도 한다. 1.44MB의 3.5인치 디스켓에 약 500장 분량의 문서를 저장할 수 있다. 그러나 멀티미디어 파일을 저장하기에는 용량이 부족하여 USB 메모리와 CD/DVD의 등장 이후에 거의 사라졌다.

그림 2-18　플로피 디스크

2.3.4 광디스크 시스템(Optical Disk System)

광디스크(Optical Disk)는 플로피 디스크의 부족한 용량을 극복한 저장 매체로 주로 멀티미디어 데이터의 저장에 사용되고 있다. 즉, 음악, 그림, 사진, 영화 등 비교적 용량이 큰 데이터를 저장하는 데 사용되는 메모리이다. 광디스크 시스템은 레이저 광을 이용하여 음성, 문자, 영상 등의 데이터를 알루미늄 등 금속성의 원반에 기록한다. 데이터를 읽을 때에는 레이저 광선을 원반에 쏘아 알루미늄 원반에 기록된 데이터의 반사를 이용하여 데이터를 재생한다. 광디스크 시스템의 예로 CD(Compact Disk)와 DVD(Digital Video Disk)

를 들 수 있다. CD는 650MB까지 기록할 수 있으며, 백과사전 또는 셰익스피어 전집 등을 담을 수 있는 크기이다. DVD는 8.6GB까지 담을 수 있으므로 CD 13장이나 되는 대규모의 데이터를 저장할 수 있다. 이외에도 50GB의 큰 용량의 데이터를 저장할 수 있는 블루레이(Blu-ray) 디스크가 등장하였다.

(a) CD, DVD, 블루레이 디스크   (b) CD, DVD 플레이어

그림 2-19 광디스크 시스템

CD

CD는 크게 오디오 저장방식과 컴퓨터 저장방식으로 나눌 수 있다. 오디오 데이터를 저장하기 위해서는 CD-DA(Digital Audio) 포맷을 사용하며, 컴퓨터 데이터를 표현하기 위해서는 CD-ROM(Read Only Memory)을 사용한다. CD는 사용 용도에 따라 읽기 전용인 CD-ROM, 쓰기가 가능한 CD-R(Recordable), 재사용이 가능한 CD-R/W(ReWritable)로 구분할 수 있다.

DVD

DVD는 1997년에 등장하였고, 과거의 VHS 비디오테이프를 대체하여 사용되고 있다. DVD는 CD와 유사하며, 레이저 광선을 사용하여 데이터를 쓰고 읽는 광저장장치이다. CD에 비해 약 7배 정도 많은 데이터를 저장할 수 있는 대용량 저장 장치로써, 약 133분 분량의 고화질 비디오를 저장할 수 있으며, MPEG-2 형식의 영화 한 편을 저장할 수 있다.

블루레이(Blu-ray) 디스크

고선명(High Definition) 비디오의 디지털 데이터를 저장할 수 있도록 만들어진 광저장장치이다. DVD에서 사용된 적색 레이저보다 파장이 짧은 청색 레이저를 사용하므로 DVD에 비해서 더 많은 데이터를 담는 것이 가능하다. 블루 레이저를 사용하기 때문에 블루레이 메모리라 부른다. 단층 사용 시 일반 영화는 13시간, 고화질급(HDTV) 영상은 2시간

분량에 해당하는 25GB의 데이터 저장 능력이 있다. 복층 사용 시에는 50GB의 데이터를 저장할 수 있다.

표 2-1 광디스크의 각 세대별 주요 특성

세대	제1세대	제2세대	제3세대	제4세대
시기	1970~	1980~	1995~	2000~
종류	LP	CD	DVD	Blu-ray
주요 특성	• 단면 40분 • 양면 80분	• 650MB	• 1층 4.7GB • 2층 8.5GB • 양면 9.4GB/17GB	• 단면 27GB • 양면 50GB
크기	30cm/25cm	12cm	12cm	12cm

2.3.5 기타 저장장치 시스템

최근에는 광디스크나 자기 디스크 장치에 비해 사이즈가 매우 작아 휴대하기 편리한 소형 플래시메모리가 널리 쓰이고 있다. 플래시메모리는 1984년 도시바(Toshiba)사의 마수오카 박사가 고안한 반도체 메모리로, 비휘발성 메모리이며 전기적으로 지우거나 다시 쓸 수 있는 반도체 메모리이다. 발명할 당시 카메라의 플래시 라이트를 연상시킨다는 의미에서 플래시메모리라고 부르게 되었다. 플래시메모리는 디지털 카메라, 홈 비디오, 게임 콘솔, MP3 플레이어 등에 활용되고 있으며, 컴퓨터 시스템에서도 중요한 저장장치로 자리잡고 있다. 이 절에서는 플래시메모리를 이용한 USB 메모리, 메모리카드를 중심으로 그 특성을 살펴본다.

USB 메모리

USB 메모리는 플래시메모리와 USB 포트가 결합한 저장장치로, 그림 2-20에서 보는 바와 같이 휴대가 간편하고 사용이 편리해서 널리 쓰이고 있다. 단순한 저장장치 기능 이외에도 MP3 플레이어 기능을 제공할 수 있도록 음악재생 칩이 내장된 제품도 있으며, 소형이면서 휴대성이 뛰어나기 때문에 다양한 형태로 응용되고 있다. USB 메모리는 1GB에서 2TB(즉, 2,000GB)까지 다양한 용량이 존재한다.

그림 2-20 다양한 USB 메모리

메모리카드

메모리카드는 디지털카메라 또는 캠코더에 사용되는 플래시메모리로 카드 형태로 제작된다. 디지털 카메라 제조사에 따라 규격이 다르며, 다음과 같은 메모리가 사용되고 있다.

- SD(Secure Digital) 메모리카드: 1999년에 마츠시타(Matsushita), 샌디스크(SanDisk), 도시바(Toshiba)가 공동 제안한 메모리 카드로, 플래시메모리를 사용하고 있으며 SD, 미니 SD, 마이크로 SD 등의 메모리 규격을 제공하고 있다(그림 2-21(a)).

- CF(Compact Flash) 카드: 샌디스크(SanDisk)사가 개발한 플래시메모리로 NEC, 캐논(Canon), 앱손(Epson) 등 12개 회사가 연합하여 만든 메모리이다. 주로 디지털 카메라에 많이 쓰이고 있다(그림 2-21(b)).

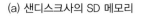

(a) 샌디스크사의 SD 메모리   (b) 샌디스크사의 CF 카드

그림 2-21 메모리 카드의 종류 (출처: 샌디스크)

2.4 컴퓨터 주변기기

2008년 CES 전시회의 개막연설에서 빌 게이츠는 "앞으로 10년의 디지털 기술의 변화는 마우스와 키보드 방식의 기존의 컴퓨터에서 음성과 터치 방식을 이용하는 인간 친화형 기술로 바뀌게 될 것이다."라고 예측했다. 현재 멀티 터치스크린을 채택한 애플 아이폰 및 아

이패드, 움직임 센서 기반의 닌텐도 Wii 스테이션 게임기 등은 이미 기존 입력 시스템의 변화가 시작되었다는 것을 보여 주고 있다.

컴퓨터 시스템에서 사용자 및 다른 정보기기와 정보를 주고받기 위해서 입출력장치가 사용된다. 이러한 입출력장치는 매우 다양한 형태로 되어 있으며 인간과 컴퓨터 상호 간에 밀접한 관계가 있다. 이러한 이유로 입출력장치는 HCI(Human Computer Interaction) 학문과 결합하여 활발하게 연구되고 있다.

이 절에서는 입력(Input)과 출력(Output)의 기본 동작 원리에 대하여 살펴보고 미래의 입출력장치에 대하여 알아보도록 하자.

2.4.1 입력장치

자판(Keyboard)

가장 기본적인 입력장치로 타자기의 자판에서 기원을 찾을 수 있다. 자판은 사용자가 누르는 버튼에 해당되는 신호를 컴퓨터로 전송하는 역할을 한다. 운영체제는 이 신호를 적절한 문자코드(예, ASCII, EBCDIC, 유니코드 등)나 제어문자로 변환하여 응용프로그램으로 전달하거나 처리한다.

자판 배열방식에 따라 쿼티(QWERTY), 드보락 등 여러 가지 방식으로 분류한다. 현재 가장 널리 사용되는 방식은 쿼티 방식(그림 2-22)으로, 특수문자와 기능키(Function key)를 포함하여 총 104개 이상의 키 버튼이 있고, 자판 배열은 좌상단에 Q, W, E, R, T, Y로 시작한다.

한글 키보드는 기본적인 영문 키보드의 하단에 한/영키와 한자 변환키를 추가하여 한글 입력 시 이 키를 눌러 한글/영문 모드를 전환한다. 한글 키보드는 2벌식과 3벌식으로 나뉘며 주로 2벌식 자판이 사용된다.

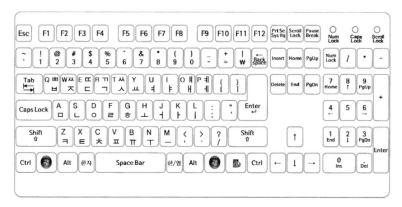

그림 2-22 QWERTY 키보드 자판 배열

모바일 기기의 자판

휴대전화나 PDA와 같은 휴대용 기기는 크기가 작기 때문에 문자를 입력하기가 어렵다. 따라서 제한된 작은 공간에서 정보를 입력할 수 있도록 특수자판이 사용된다. 그림 2-23에서 보듯이 숫자판을 이용하여 문자를 입력하는 천지인 방식(그림 2-23(a)), 이지한글 방식(그림 2-23(b)), 10개의 키를 이용한 입력 방식, 휴대용 자판기 등의 방식이 있다. 하지만 모바일 기기의 화면이 충분히 커짐에 따라 작은 형태의 쿼티(QWERTY) 방식(그림 2-23(c))의 키가 가장 많이 사용되고 있다.

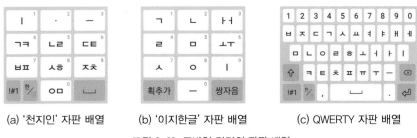

(a) '천지인' 자판 배열   (b) '이지한글' 자판 배열   (c) QWERTY 자판 배열

그림 2-23 모바일 기기의 자판 배열

마우스

화면에서 어떠한 위치를 지정하는 장치, 즉 포인팅 장치의 대명사인 마우스는 엥겔바트(D. Engelbart)가 최초로 고안하였다. 엥겔바트는 흔히 'HCI의 아버지'라고 불리는데, 현재의 마이크로소프트사의 윈도우즈나 애플사의 Mac OS에서 사용되는 그래픽 사용자 인터페이스(GUI: Graphic User Interface)를 1969년에 처음 개발하였을 뿐만 아니라 이에 사용되는 마우스도 함께 개발하여 시연하였다.

볼 마우스는 최초의 마우스와 가장 유사한 원리로 동작한다. 볼 마우스에는 X축과 Y축의 움직임을 감지할 수는 두 개의 휠이 있어 각 휠이 단위시간당 회전한 회수를 이동 거리로 환산하여 화면의 포인터를 이동시킨다. 근래에는 레이저로 움직임을 감지하고 블루투스 통신을 이용한 무선 마우스가 개발되어 널리 사용되고 있다.

(a) 엥겔바트가 고안한 최초의 마우스　　　　　　(b) 현재의 마우스

그림 2-24 최초의 마우스와 현재 마우스 (출처: Bootstrap, 애플)

조이스틱

그림 2-25와 같이 360° 자유롭게 움직이는 스틱을 이용하여, 사용자가 누르는 압력을 단계별로 인식하여 전달하는 기기이다. 자유로우면서도 정확한 입력으로 인하여 게임, 3D 내비게이션, 로봇 제어 등의 응용 프로그램에서 사용되고 있다. 최근에는 실감나는 반응을 제공하기 위하여 진동기를 내장하여 사용자에게 물리적 반응을 제공한다.

(a) 다양한 종류의 조이스틱/조이패드 기기들　　　　　　(b) 닌텐도 Wii

그림 2-25 다양한 조이스틱 기기들 (출처: 닌텐도사)

펜 타입 입력장치

인간에게 가장 오래되고 친숙한 필기도구는 펜이다. 펜 타입 입력장치는 터치패드 화면에서 펜 형태의 장치를 통해 사용자가 직접 입력하는 장치이다. 따라서 필기체 문자를 직접

화면을 통해서 입력할 수 있다. 병원에서의 차트 정리 등에 많이 사용되고 있으며, 모바일 기기와 태블릿에서 편리한 인터페이스로 사용되고 있다.

2.4.2 출력장치

출력장치는 크게 영상 출력장치, 인쇄 장치, 햅틱장치나 사운드 장치 등으로 나눌 수 있다.

(1) 영상 출력장치

영상 출력장치는 흔히 디스플레이라고도 하며 컴퓨터 장치에서 처리된 정보를 영상의 형태로 출력해주는 장치를 의미한다. 이러한 장치에는 TV, 모니터, 차세대 디스플레이, 빔프로젝터 등이 있다. 이 중 TV와 모니터는 가장 흔히 볼 수 있는 영상 출력장치인데, 과거에는 주로 브라운관 혹은 CRT라고 불리는 음극선관(Cathode-Ray Tube)을 이용하였으나, 근래에는 LCD(Liquid Crystal Display)나 LED(Light Emitting Diod) 등으로 대체되고 있다.

LCD 디스플레이

LCD는 액정 디스플레이로서 LED와 함께 근래 가장 빠르게 확산되고 있는 디스플레이로 모니터와 TV, 휴대전화 화면 등에 널리 사용된다. LCD의 기본 원리는 두 개의 편광 유리판 사이에 액체 상태의 결정(액정)을 주입하고, 이 사이에 전압의 세기에 따라 빛을 투과시켜서 영상을 출력한다. 화면의 두께가 얇아지고 가격이 저렴하면서도 좋은 화질을 표현할 수 있다. 그러나 액정화면을 비추는 백라이트를 사용해야 하며, 에너지 효율성은 좋은 편은 아니다.

LED 디스플레이

LED는 발광 다이오드 소자를 이용하여 화면에 배열시킨 디스플레이로서 화면을 구성하는 각 어레이 소자들이 전기가 흐르는 것에 따라 자체적으로 빛을 발산한다. LED를 사용하여 더 나은 화질과 밝기를 표현할 수 있으며, LCD와 마찬가지로 두께가 매우 얇다. LCD보다 가격은 약간 높은 편이지만 백라이트가 필요 없어 에너지를 적게 소요한다.

(a) LCD 모니터   (b) LED 모니터

그림 2-26 영상 출력장치

차세대 디스플레이

차세대 디스플레이 기술의 한 종류인 OLED(Organic Light-Emitting Diode) 디스플레이(그림 2-27(a))는 반도체 다이오드 소자 대신 유기물로 구성된 발광 소자를 사용한 것으로 두께가 더 얇고 유연하여 휘어지는 화면도 제작할 수 있다. 반응시간이 빠르고, 해상도가 높아 선명한 색상을 표현하며, 전력 소모가 적어서 미래의 각종 모니터와 TV 디스플레이를 대체할 것으로 기대되고 있다.

또한 그림 2-27(c)와 같이 전자 잉크(e-Ink)를 사용하는 전자 종이(e-Paper), 두루마리 디스플레이 등은 종이처럼 매우 얇고 가벼우며 휘어지는 장점이 있고 전력 소모가 적어 차세대 디스플레이로써 손색이 없다.

(a) 초박형 TV   (b) OLED를 이용한 접는 폴더폰   (c) 전자잉크 디스플레이

그림 2-27 미래형 출력장치 (출처: e-Ink사, 소니사, 삼성전자)

(2) 인쇄 장치

일반적으로 종이나 천 등에 정보를 출력하기 위한 것으로 프린터와 플로터가 많이 이용된다. 프린터의 경우에는 그림 2-28과 같이 도트 프린터, 잉크젯 프린터, 레이저 프린터 등이 있다. 근래에는 주로 잉크젯과 레이저 프린터를 많이 사용하고 있다.

1) 도트 프린터

도트 프린터는 프린터 헤드에서 전기적 신호에 따라 알맞은 글자 모양으로 핀들이 튀어나오고, 이것이 종이와 헤드 사이의 잉크 리본이나 먹지를 누르면서 핀 모양으로 잉크가 종이에 묻게 된다. 신용카드 영수증과 같이 카본 종이를 이용하여 복사본을 만드는 경우에 유리하다.

2) 잉크젯 프린터

잉크젯 프린터는 프린터 헤드에 핀 대신 미세한 잉크 방울을 뿜어 낼 수 있는 구멍들이 있는데, 출력할 형태에 따라 해당하는 구멍들이 잉크 방울을 만들어 내보냄으로써 종이에 인쇄하는 것이 일반적인 방식이다. 때로는 열을 가해 잉크를 녹여 출력하는 열전사 방식도 잉크젯 프린터에 적용된다.

3) 레이저 프린터

레이저 프린터는 복사기의 인쇄 방식과 유사하다. 즉, 롤러 모양으로 생긴 드럼에 인쇄할 모양으로 감광을 한 후, 드럼에 토너를 묻히면 그 모양대로 드럼에 남게 되는데, 드럼에 종이를 밀착하고 열과 압력을 가해 토너가 종이에 옮겨 붙게 한다.

(a) 도트 프린터　　　　(b) 잉크젯 프린터　　　　(c) 레이저 프린터

그림 2-28 다양한 프린터 종류 (출처: 엡손)

(3) 기타 출력장치

시각적인 출력장치 이외에 음향이나 햅틱장치 등도 출력장치로 사용되고 있다. 음향장치로는 흔히 볼 수 있는 이어폰, 헤드폰, 스피커 등이 있으며, 햅틱장치로는 진동 장치가 있다. 근래에는 음향장치의 중요성이 강조되고 있는데, 홈시어터 시스템 등에는 5.1 채널(5개의 스피커와 하나의 우퍼 스피커) 이상의 음향장치가 지원된다. 5.1채널이란 2개의 전방 스피커, 2개의 후방 스피커, 중앙 스피커, 중저음 보강용 우퍼 스피커로 구성되는 스피커 세트

를 말하는데, 근래에는 6.1 채널이나 7.1 채널 등도 사용되고 있다.

햅틱 인터페이스는 주로 촉감이나 진동, 혹은 압력 등의 촉각을 지원하는 인터페이스를 의미한다. 휴대전화의 진동 기능에 사용되며, Wii, XBOX360, PS3 등 콘솔 게임기에서 사용자에게 실감나는 경험을 제공하기 위해 많이 사용되고 있다.

(a) 5.1 채널 스피커

(b) 미래형 출력장치인 HMD

그림 2-29 다양한 출력장치들

연습문제

01 컴퓨터 시스템은 하드웨어만으로는 동작이 되지 않으며, 하드웨어를 작동시키기 위한 시스템 소프트웨어는 운영체제와 (   )로 나눌 수 있다.

02 주기억장치의 일종인 (   )은 CPU에서 처리할 명령어와 데이터기 저장되는 읽기와 쓰기가 가능한 휘발성메모리이며, (   )은 펌웨어를 저장되는 읽기 전용 메모리이다.

03 RAM에는 전원이 공급되는 동안에는 기억된 내용이 유지되는 (   )과 전원이 공급되어도 주기적으로 충전을 해야 기억된 자료가 유지되는 (   )이 있다.

04 컴퓨터 시스템을 처음 켜는 행위를 (   )이라고 하며, 이 때 수행되는 하드웨어 점검과 초기화 작업에 해당되는 소프트웨어인 펌웨어는 (   )에 기록되어 있다.

05 CPU를 칩의 형태로 만든 것을 (   )라고 하며, 이것은 1971년에 미국의 인텔(Intel)사에 의해 세계 최초로 만들어졌다.

06 마이크로프로세서 칩의 성능이 18개월마다 두 배씩 증가한다는 법칙을 (   )이라고 하며, 지난 50여 년간 이 법칙에 맞게 마이크로프로세서의 집적도는 계속 증가해왔다.

07 마이크로프로세서의 머신 사이클은 프로그램의 순서에 따라 필요한 명령어를 마이크로프로세서로 불러오는 (   )사이클, 호출된 명령어를 CPU가 해석하는 해석 사이클, 해석된 명령어를 CPU의 산술논리연산장치에 의해 수행하는 (   )사이클, 수행결과를 마이크로프로세서 외부 주기억장치에 저장하는 저장 사이클로 구성된다.

08 영상처리나 렌더링 등의 그래픽 작업의 경우 각 픽셀에 대해 비슷한 연산을 하기 때문에 CPU가 (   ) 기능이 뛰어난 GPU로 데이터를 보내 더 빠르게 처리할 수 있다.

09 광디스크 시스템의 일종인 (   )는 적색 레이저보다 파장이 짧은 청색 레이저를 사용하여 50GB에 달하는 대용량 데이터를 저장할 수 있다.

10 롤러 모양으로 생긴 드럼에 인쇄할 모양으로 감광한 후, 드럼에 토너를 묻힌 다음, 드럼에 종이를 밀착하고 열과 압력을 가해 토너가 종이에 옮겨 붙게 하는 프린터 종류를 (   )라고 한다.

주요 개념 확인(단답식)

01 일반 RAM보다 접근 속도가 빠른 고속 SRAM으로 구성되어 있고, CPU에서 최근 사용된 명령어와 데이터를 저장하여 데이터 접근 속도를 향상시키는 역할을 하는 메모리는?

02 CPU가 우선적으로 접근하는 메모리로, 보조기억장치에 비해 접근 속도가 빠르다는 장점이 있는 메모리는 무엇인가?

03 GPU, LAN, 사운드 카드와 같이 PC의 기능을 확장하거나 보조하기 위해 사용자가 메인보드에 부착하여 사용하는 것을 무엇이라고 하는가?

04 마이크로프로세서의 구성요소로, 데이터 및 명령어들을 임시로 저장하기 위해 사용되는 저장장소를 무엇인가?

05 마이크로프로세서는 디지털 회로들로 구성되므로, 서로 연결된 회로들이 이상 없이 동작하도록 동작속도를 맞추어야 한다. 마이크로프로세서의 회로들이 동작하게 되는 일정한 간격의 전기적 신호를 무엇이라고 하는가?

06 자성체를 입힌 알루미늄 디스크를 회전시키면서 그 위에 자료를 읽거나 기록하는 보조기억장치로써, 여러 개의 원반이 하나의 축을 중심으로 약간의 간격을 두고 레코드판처럼 겹쳐 있는 구조로 된 것은?

07 플라스틱 원반에 자성체를 입혀서 데이터를 저장하는 방식이 사용되고, 과거에 간단한 파일 저장과 이동에 많이 사용되었던 보조기억장치는?

08 CD에 비해 약 7배 정도 많은 데이터를 저장할 수 있는 대용량 저장 장치로써, 적색 레이저 광선을 사용하여 데이터를 쓰고 읽는 광저장장치는?

09 두 개의 편광 유리판 사이에 액체 상태의 결정을 주입하고, 이 사이의 전압의 세기에 따라 빛을 투과시켜서 영상을 출력하는 영상 출력장치는 무엇인가?

10 360도 자유롭게 움직이는 스틱을 이용하여, 사용자가 누르는 압력을 단계별로 인식하여 전달하는 기기는 무엇인가?

01 주기억장치는 CPU가 우선적으로 접근하는 메모리로 보조기억장치에 비하여 접근 속도가 빠르다는 장점이 있다. 다음 중 주기억장치에 해당되지 않는 것은?

    a. 하드 디스크   b. RAM   c. ROM   d. 캐시 메모리

02 다음 중 주기억장치에 대한 설명으로 옳지 않은 것은?

    a. RAM은 기억된 내용을 사용자 임의로 변경할 수 있으며, 프로그램이나 자료를 저장할 수 있으나 전원이 꺼지면 기억된 내용이 모두 지워진다.

    b. SRAM은 전원이 공급되는 동안에는 기억된 내용이 유지된다.

    c. DRAM은 SRAM에 비해 속도가 빠르고 가격이 비싸다.

    d. 주기억장치는 마이크로프로세서가 직접 접근할 수 있는 메모리이다.

03 최근 딥러닝에 많이 사용된다는 특징이 있으며, 비디오 영상에서 특정한 병렬 연산을 빠르게 처리하기 위해 많은 수의 소형 코어로 구성되는 구조의 장치는?

    a. CPU   b. GPU   c. CD   d. DVD

04 다음 중 CPU가 데이터를 찾고자 할 때 가장 먼저 접근하는 메모리 공간이며, 주기억장치의 일종인 메모리의 이름은?

    a. 캐시 메모리   b. RAM   c. USB 메모리   d. SD 메모리

05 CPU는 1개의 마이크로프로세서로 만들어지거나 여러 개의 마이크로프로세서가 병렬로 연결되어 만들어진다. 다음 중 마이크로프로세서의 구성요소가 아닌 것은?

    a. 제어장치   b. 레지스터   c. 주기억장치   d. 입력장치

06 하드디스크는 대용량 프로그램이나 데이터 등을 저장하기 위해 사용된다. 하드디스크 내부 구조에서 하드디스크의 트랙에 데이터를 읽거나 쓰는 역할을 하는 것은?

    a. 섹터   b. 실린더   c. 헤드   d. 축

07 플래시메모리는 비휘발성 메모리이며 전기적으로 지우거나 다시 쓸 수 있는 반도체 메모리이다. 다음 중 플래시메모리와 가장 관련이 적은 것은?

    a. USB 메모리   b. SD 메모리카드   c. CF 카드   d. 플로피 디스크

08 컴퓨터 시스템에서 사용자 및 다른 정보기기와 정보를 주고받기 위해서 입출력장치가 사용된다. 다음 중 입력장치에 해당하지 않는 것은?

    a. 키보드 자판   b. 헤드셋   c. 마우스   d. 조이스틱

09 다음 중 발광 다이오드 소자를 이용했으며, 화면을 구성하는 어레이 소자들이 전기가 흐름에 따라 자체적으로 빛을 발산하는 디스플레이 방식은?

    a. CRT   b. LCD   c. LED   d. e-Ink

10 다음 중 프린터 헤드에서 전기적 신호에 따라 글자 모양으로 핀들이 튀어 나오고 핀 모양으로 잉크가 종이에 묻게 되는 프린터 방식은?

    a. 플로터   b. 도트 프린터   c. 잉크젯 프린터   d. 레이저 프린터

보충 과제(주관식)

01 CPU와 GPU 사이의 작업 분산 및 협업 방식에 대해 조사하여 어떻게 컴퓨팅 성능이 향상되는지 설명하라.

02 현재 자신이 사용하고 있는 PC의 클록 스피드에 대해서 조사하고 노트북과 데스크톱에서 사용되고 있는 마이크로프로세서의 클록 스피드에 대하여 조사하라. 또한 전력소모와 클록 스피드의 상관관계에 대하여 조사하라.

03 디스크의 회전수, 데이터 접근속도, 단위면적당 자기 밀도가 각각 하드디스크의 성능에 어떻게 영향을 미치는지 조사하라.

04 메인 메모리와 캐시 메모리의 역할과 구성에 대하여 설명하고, 최근 PC에 사용되고 있는 메인 메모리와 캐시 메모리의 스펙에 대하여 조사하라. 또한 게임용 PC와 같이 고성능을 요구하는 PC와 일반용 저가용 PC에서 사용하는 스펙에 대하여 조사하고 차이점에 대하여 설명하라.

05 컴퓨터 시스템에서는 컴퓨터 성능 향상을 위해서 메모리 계층 구조를 사용하고 있다. 자신이 사용하고 있는 컴퓨터의 메모리 계층 구조에 대하여 조사하고 메모리 확장 시에 어떠한 메모리를 확장시켜야 되는지에 대하여 설명하라.

03 시스템 소프트웨어의 구성

단원개요 ●

앞 장에서는 컴퓨터의 구성 요소와 주변 기기 등 여러 가지 하드웨어 장치에 대해 소개하였다. 컴퓨터 하드웨어를 동작시키는 데에는 프로그램으로 작성된 소프트웨어가 필요하다. 이 장에서는 컴퓨터 시스템을 작동시키고 컴퓨터의 여러 자원들을 관리하는 데 기본적으로 필요한 시스템 소프트웨어를 소개하고, 다음 장에서는 사용자가 원하는 작업을 처리해주는 응용 소프트웨어를 소개한다.

시스템 소프트웨어 중에서 우선 컴퓨터 시스템을 작동시키고 시스템 자원을 관리해주는 운영체제에 대하여 설명한다. 그리고 응용 소프트웨어를 개발하기 위하여 필요한 시스템 소프트웨어인 각종 프로그래밍 언어에 대하여 소개한다. 다음으로는 응용 소프트웨어에서 대용량의 데이터를 저장하고 관리하기 위해 필요로 하는 데이터베이스 시스템에 대하여 설명한다.

3.1 시스템 소프트웨어의 체계

이 절에서는 시스템 소프트웨어가 필요한 이유와 개념에 대하여 설명한다. 그리고 시스템 소프트웨어의 범주에 포함되는 소프트웨어들이 각각 어떤 기능을 담당하고 있는지 계층적인 구성과 역할을 살펴본다.

3.1.1 소프트웨어의 개념

컴퓨터 하드웨어는 스스로 작동하는 것이 아니라 하드웨어 장치를 작동시키고 원하는 작업을 수행하기 위한 여러 가지 프로그램들이 필요하다. 컴퓨터 하드웨어는 앞 장에서 설명한 바와 같이 컴퓨터를 구성하는 기기나 장치를 의미하며, 컴퓨터 소프트웨어는 컴퓨터 시스템이나 주변기기 등의 하드웨어를 작동시켜 원하는 작업 결과를 얻기 위해 실행되는 프로그램이나 명령어들을 의미한다. 소프트웨어는 컴퓨터 시스템의 하드디스크에 미리 설치하여 제공되거나 CD나 DVD에 수록하여 제공되는 경우도 있고, 인터넷을 통해 다운로드받아서 설치하는 경우도 있다. 필요한 소프트웨어는 일단 설치하고(Install) 원할 때 실행하여(Run) 결과를 얻는다.

컴퓨터에서 가장 흔히 하는 작업으로는 한글 문서작성이나 그림을 그리는 경우이다. 이러한 작업을 하기 위하여 문서작성기나 그림판과 같은 응용 프로그램을 실행시키는데, 이들 응용 소프트웨어는 컴퓨터에서 단독으로 실행되는 것이 아니다. 그림 3-1에서 보듯이 MS Windows나 UNIX 등의 운영체제가 먼저 실행되고 나서 문서작성기나 포토샵과 같은 응용 프로그램이 실행될 수 있다. 또한 주변장치를 관리하는 드라이버 프로그램이 있어야 프린터에서 원하는 출력을 얻을 수 있으며, 인터넷 접속 등 네트워크 프로그램이 먼저 실행되어야 인터넷 브라우저가 작동될 수 있다.

그림 3-1 시스템 소프트웨어의 역할

소프트웨어의 종류를 구분해 보면 그림 3-1에서 보듯이 운영체제나 네트워크 프로그램과 같은 시스템 소프트웨어가 있고, 문서작성기와 그림편집기와 같은 응용 소프트웨어가 있다. 시스템 소프트웨어는 응용 소프트웨어가 실행될 때 컴퓨터 하드웨어를 효율적으로 사용하도록 CPU나 메모리 등의 컴퓨터 자원을 배치하고 관리해주는 기능을 수행한다. 또 다른 예를 살펴보면, 우리가 프린터를 사용하는 경우 운영체제에서는 해당 프린터를 작동시키기 위한 드라이버 프로그램이 필요하다. 이와 같이 하드웨어와 응용 소프트웨어 사이에서 인터페이스 역할을 하는 프로그램이 시스템 소프트웨어이다.

3.1.2 시스템 소프트웨어의 계층적 체계와 기능

시스템 소프트웨어에는 여러 가지 종류의 프로그램이 있다. 하드웨어를 작동시키고 자원을 관리해주는 운영체제, 응용 프로그램을 개발하기 위한 컴파일러, 대용량의 데이터를 관리하기 위한 데이터베이스, 프린터 드라이버나 네트워크 접속 프로그램 등의 유틸리티 소프트웨어가 있다. 그림 3-2에서는 이들 시스템 소프트웨어와 하드웨어, 응용 소프트웨어의 계층적인 관계를 보여주고 있다.

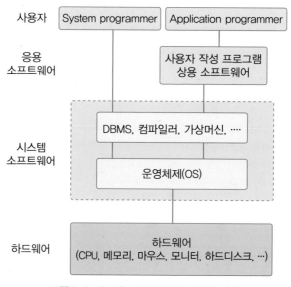

그림 3-2 시스템 소프트웨어의 계층적 체계

시스템 소프트웨어의 계층적 구조에서 하드웨어를 직접 제어하고 자원을 관리해주는 계층을 운영체제라고 한다. 응용 프로그램들은 하드웨어에서 직접 실행되는 것이 아니라 운영체제라는 시스템 소프트웨어가 바로 실행환경이 된다. 운영체제는 다른 응용 프로그램들이 실행되는 기반이라는 의미로 플랫폼(Platform)이라고도 불린다.

또 다른 시스템 소프트웨어로는 응용 소프트웨어를 개발하거나 사용자 자신의 프로그램을 개발하기 위하여 컴퓨터가 이해하는 언어로 번역해주는 소프트웨어인 컴파일러나 인터프리터가 있다. 프로그래밍 언어는 컴퓨터가 읽고 사용하는 명령이나 코드의 집합으로 BASIC, C/C++, Java, Python 등의 언어가 있으며 원하는 프로그램을 개발하는 데 사용된다. 작성된 프로그램은 컴파일러, 즉 번역기 프로그램을 통하여 사람이 작성하기 쉬운 형태에서 컴퓨터가 이해하고 실행 가능한 형태로 변환된다. 또한 데이터베이스 관리시스템도 응용 소프트웨어와 운영체제 사이에서 대용량 데이터를 효율적으로 관리하기 위한 시스템 소프트웨어로 간주될 수 있다.

유틸리티 소프트웨어는 사용자가 시스템을 사용하기 편리하게 도움을 주는 프로그램으로 파일관리, 파일설치, 압축, 보안, 네트워크 등의 기능을 수행하는 다양한 프로그램들이다. 이러한 유틸리티 프로그램은 운영체제 위에서 실행되며 주로 시스템 관리나 유지 보수를 위하여 사용자가 직접 사용하는 경우가 많다. 경우에 따라서는 시스템 소프트웨어와 응용 소프트웨어를 구별하기 어려운 경우도 있다. 예를 들어, MS Windows에서는 웹브라우저, 메모장, 그림판, 계산기 등 다수의 응용 프로그램을 운영체제에 기본적으로 포함하고 있어서 이런 경우 시스템 소프트웨어와 응용 소프트웨어를 구분하기 모호하다.

3.2 운영체제(OS)

그동안 컴퓨터 시스템이 발전하였듯이 컴퓨터 시스템에 맞는 다양한 운영체제(OS: Operating System)도 함께 발전하였다. 이 절에서는 운영체제가 어떻게 발전하였는지 살펴보고 운영체제의 주요 기능을 설명한다. 그리고 실제로 사용되고 있는 대표적인 운영체제를 소개한다.

3.2.1 운영체제의 개념과 발전

앞의 3.1.1절에서 보았던 예와 같이 사용자가 문서를 작성하고 프린터에 인쇄를 하고자 할 때에 운영체제가 하는 역할을 살펴보자. 제일 먼저 사용자가 컴퓨터의 전원을 켜면 운영체제가 컴퓨터 시스템을 시동시키고 입출력 제어 등의 기본적인 프로그램을 작동시킨다. 사용자가 원하는 작업을 하기 위하여 문서작성기 프로그램의 시작하기를 하면 운영체제가 CPU와 메모리를 할당하여 문서작성기 프로그램을 실행시킨다. 문서를 입력하거나 편집하는 등 문서작성기의 고유 기능은 응용 프로그램 내에서 실행된다. 사용자가 인쇄 명령을 내리면 우선 문서작성기가 인쇄할 데이터를 생성하고 난 후 운영체제가 인쇄 데이터를 프린터로 전송해 주어 프린터가 인쇄 작업을 실행할 수 있도록 해준다.

이와 같이 운영체제는 사용자의 작업명령이나 응용 소프트웨어의 실행을 위해 하드웨어 자원을 할당하고 제어하는 프로그램으로 컴퓨터 시스템 내에서 플랫폼 역할을 한다. 그림 3-3에서 보듯이 운영체제는 컴퓨터의 시동을 관장하며, 사용자 인터페이스를 제공하고, 프로그램을 실행시킬 뿐만 아니라, 메모리나 파일을 관리하고, 주변기기를 관리하며, 네트워크에 연결하는 등의 작업을 수행한다. 운영체제의 각 기능에 대해서는 다음 절에서 자세히 설명한다.

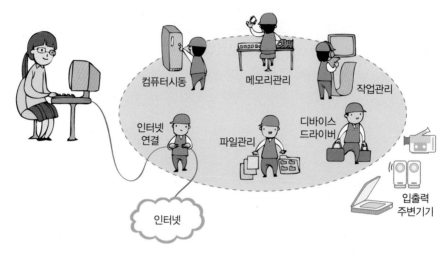

그림 3-3 운영체제의 역할

초창기 컴퓨터 시스템에서는 별도의 운영체제 개념이 적용되지 않았다. 그러나 1960년대 IBM System/360 시리즈에서 유사한 기종에 같은 시스템 소프트웨어를 적용함으로써 메인프레임 컴퓨터 시스템에서 운영체제의 개념이 태동하게 되었다. 이후 1970년대에 미니컴퓨터에서 UNIX, VMS, 마이크로컴퓨터에서 CP/M, DOS, Mac OS 등의 운영체제가 탄생하였다. 1990년대에는 MS Windows와 같은 그래픽 인터페이스 방식의 운영체제가 주류를 이루었으며, 2000년대에는 모바일 기기 등 소형기기에 사용되는 임베디드 운영체제도 선보이고 있다. 운영체제는 대부분의 경우 하드디스크에 미리 설치되어 제공되고 있으며 업데이트나 재설치를 위해 운영체제를 저장한 CD나 DVD를 별도로 제공하기도 한다.

운영체제는 컴퓨터의 크기별 종류에 따라 구분되기도 한다. 메인프레임용 운영체제, 미니컴퓨터 및 워크스테이션용 운영체제, PC용 운영체제, 모바일 운영체제에 따라 시스템 소프트웨어의 규모 및 특성을 달리하고 있다. 대부분의 운영체제는 컴퓨터 하드웨어에 종속적이며, 경우에 따라서는 특정 시스템 전용으로 개발된 경우도 있다. 한편 같은 유형의 시스템이라도 컴퓨터 기종에 따라 혹은 사용자 선택에 따라 각기 다른 운영체제를 사용하기도 한다. 예를 들어, 데스크탑 PC인 경우에도 MS Windows, Linux, Mac OS 등 다른 운영체제를 사용하고 있다. 한편 응용 프로그램은 운영체제에 종속적이기 때문에 특정 시스템에서 실행되는 프로그램이 다른 운영체제에서는 실행되지 않는 경우가 많다. 이와 같이 응용 소프트웨어의 개발과 판매는 어느 운영체제를 플랫폼으로 하느냐에 종속되므로 운영체제 간에 시장을 점유하기 위한 치열한 경쟁을 하고 있다.

그러나 Linux의 예와 같이 만약 같은 운영체제가 다양한 종류의 컴퓨터 시스템에서 작동된다면 하나의 응용 프로그램이 다양한 기종의 여러 시스템에서 사용할 수 있다는 장점이 된다. 더 나아가 응용 소프트웨어를 개발할 때 여러 종류의 운영체제에서 공통으로 실행되는 크로스-플랫폼(Cross-platform) 프로그램으로 개발하면 컴퓨터 시스템이나 운영체제를 바꾸더라도 사용하던 응용 프로그램이나 데이터를 그대로 사용할 수 있다는 장점이 있다.

3.2.2 운영체제의 기능

앞 절에서 간단히 언급하였듯이 운영체제는 컴퓨터의 시동을 관장하고, 사용자 인터페이스를 제공하며, 프로그램의 실행이나 컴퓨터의 각종 자원을 관리한다. 여기서는 운영체제의 각 기능들을 자세히 살펴본다.

1) 컴퓨터의 시동(Booting)

컴퓨터 시스템을 사용할 때 사용자가 제일 먼저 하는 일은 컴퓨터를 시동시키는 일인데, 운영체제의 가장 기본적인 기능 중 하나이다. 컴퓨터를 시동시키는 방법으로는 전원 버튼을 누름으로써 전원을 연결시켜 컴퓨터를 시작시키는 콜드부팅(Cold-booting)과 운영체제에서 컴퓨터를 재시작시키는 웜부팅(Warm-booting)이 있다. MS Windows의 경우 시작메뉴에서 '다시시작' 버튼메뉴를 수행하는 경우가 웜부팅에 해당한다.

컴퓨터를 시동시키는 부팅기능은 컴퓨터에 전원이 들어와서 처음 작동되는 부분이므로 하드디스크에 일반 소프트웨어 형태로 저장할 수가 없다. 하드디스크에 있는 프로그램은 누군가 읽어와서 메모리에 로드하고 실행할 환경을 준비해주어야 한다. 따라서 컴퓨터를 부팅시키는 프로그램은 하드웨어에 종속적인 형태로 작성하여 하드웨어에서 직접 읽어올 수 있는 ROM 방식의 메모리에 저장한다. 이와 같이 하드웨어를 직접 제어하는 프로그램을 소프트웨어와 하드웨어의 중간쯤 된다는 개념을 적용하여 펌웨어(Firmware)라고도 부른다.

컴퓨터가 시동되고 나면 하드디스크에 있던 운영체제 프로그램 중에서 핵심이 되는 소프트웨어 부분인 커널(Kernel)이 주메모리에 로드되어 기본 작업을 수행한다. 커널 부분은 메모리 상주 프로그램 형태로 실행되어 눈에 보이지 않고 백그라운드에서 작업을 수행하며 운영체제의 나머지 기능은 필요할 때 해당 부분을 로드하여 실행한다. 또한 컴퓨터가 시동되면 운영체제에서 하드웨어의 연결 상태를 확인하여 시스템의 구성목록을 관리한다. 주변기기를 사용하려면 장치를 제어해주는 장치 드라이버가 필요한데, 요즘은 주변기기를 연결하면 해당 드라이버를 자동으로 찾아서 연결해주는 플러그앤플레이(Plug & Play) 기능을 제공하고 있다.

2) 사용자 인터페이스 제공

운영체제의 기본적인 기능의 하나로 사용자 인터페이스를 제공하는 작업이 있다. 우리가 컴퓨터 시스템이나 소프트웨어와 대화하려면 사용자 인터페이스를 통해야만 하는데, 사용자의 명령이나 데이터를 입력받으면 운영체제는 입력된 데이터를 컴퓨터가 이해할 수 있는 형태로 변환을 해주고 처리 결과를 사용자가 알 수 있도록 화면에 다양한 형태로 출력해준다. 사용자 인터페이스의 유형으로는 명령어(Command Line) 방식, 텍스트 UI(TUI: Text based User Interface), 그래픽 UI(GUI: Graphical User Interface) 방식이 있다.

명령어 방식은 사용자가 키보드에서 문자 형태의 명령을 직접 타이핑하여 입력하는 방식으로 예전에 많이 사용되었으며, 현재 그림 3-4(a)와 같이 UNIX 등에서 일부 사용되고 있다. 텍스트 UI는 명령어를 직접 문자로 입력하는 것 대신에 그림 3-4(b)에서 보듯이 명령어에 해당하는 화면의 메뉴항목을 선택하여 실행하는 방식이다. 요즘에는 그림 3-4(c)와 같이 입력과 출력을 모두 그림으로 표현해주는 GUI 방식이 많이 사용되고 있다.

(a) 명령어 방식

(b) 텍스트 UI

(c) 그래픽 UI

그림 3-4 사용자 인터페이스의 예 (출처: 나무위키, 위키백과)

3) 프로그램 실행관리

운영체제의 주요 기능으로 시스템 자원을 프로그램이나 주변기기에 할당하여 실행을 제어하는 프로그램의 실행관리 또는 자원관리라고 불리는 작업이 있다. 한 명의 사용자가 작업을 한 가지만 할 경우에는 그다지 복잡한 일이 아니지만, 다수의 사용자가 여러 개의 프로그램을 동시에 실행하거나 하나의 프로그램을 더 빠르게 실행하고자 하는 경우에는 다양한 기술이 필요하다. 예를 들어, PC에서 음악을 틀어 놓은 채로 문서작성 작업과 그림편집 작업을 동시에 하고 백그라운드 작업으로 이메일 수신까지 하는 경우가 있다. 이와 같이 여러 개의 프로그램을 동시에 실행하는 것을 다중작업(Multitasking)이라 한다.

CPU가 하나인 PC에서 한순간에는 하나의 작업만이 실행 가능하므로 여러 개의 작업을 시간을 분할하여 순서대로 돌아가며 실행하는 시분할(Time Sharing) 기법을 적용한다. 그림 3-5(a)에서는 4개의 프로그램 A, B, C, D가 작은 단위의 작업인{(A$_1$, A$_2$, …), (B$_1$, B$_2$, …), (C$_1$, C$_2$, …) (D$_1$, D$_2$, …)}으로 나뉘어 순서대로 실행되는 과정을 설명하고 있다. 한편, CPU가 여러 개인 경우에는 프로그램의 실행제어가 더욱 다양하다. 그림 3-5(b)와 같이 하나의 프로그램 A를 여러 개의 작업 {A$_1$, A$_2$, …, A$_6$}로 분할하여 몇 개의 CPU에 할당하면 하나의 프로그램에 대해 빠른 실행결과를 얻을 수 있다. 이와 같이 하나의 작업을 여러 개의 CPU가 실행하여 더 빠르게 하는 기술을 병렬처리(Parallel Processing)라고 한다. 그림 3-5(c)에서는 여러 개의 프로그램을 여러 개의 CPU가 실행하여 전체적인 성능을 향상시키는 기술을 설명하고 있으며, 이를 다중처리(Multiprocessing)라고 한다.

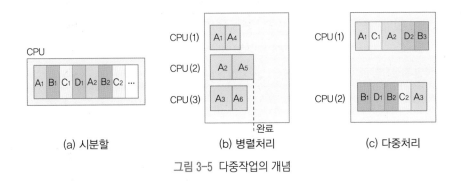

(a) 시분할   (b) 병렬처리   (c) 다중처리

그림 3-5 다중작업의 개념

4) 메모리 관리

메모리를 관리하는 작업 역시 운영체제의 주요한 기능 중 하나이다. CPU 내에 있는 빠른 속도의 레지스터와 캐쉬메모리, 주메모리인 RAM 및 하드디스크 등의 메모리 사용을 최적화하는 것이 목적이다. 현재 수행 중인 작업에서 프로그램과 데이터를 적절한 메모리 영역

에 할당하고 프로그램의 실행이 완료된 후에는 이들을 제거하는 일을 한다. 운영체제에서 커널 부분과 상황에 따라 필요한 기능, 실행 중인 프로그램, 작업 중인 데이터 등을 주메모리인 RAM에 할당시켜야 하는데 경우에 따라서 RAM 용량이 부족한 경우가 있다. 이런 경우 하드디스크 일부를 RAM처럼 활용하는 가상메모리(Virtual Memory) 기법을 적용한다. 실행 중인 프로그램을 적당한 크기로 나누어 현재 실행에 꼭 필요한 부분은 RAM에 배치하고 당장 필요하지 않는 부분은 하드디스크에 배치하였다가 필요하게 되면 바꾸어 로드하여 RAM 용량이 훨씬 큰 것처럼 느끼도록 처리한다.

5) 파일관리

파일관리 기능은 하드디스크에 파일을 계층적 구조의 폴더로 저장시키는 역할을 한다. 파일경로라는 것은 하드디스크의 계층적 구조에서 찾고자 하는 파일의 위치를 표현한 것이다. 예를 들어, 디스크 C:에 있는 파일의 경로를 UNIX의 경우에는

C://Introduction to Computers/text/ch03_software.ppt

MS DOS의 경우에는

C:\컴퓨터 개론\text\03장_software.hwp

와 같은 형식으로 적을 수 있다. 일반적으로 파일이름은 문자나 숫자 등으로 구성되며, 이름 끝에 점(.) 다음에는 파일의 종류를 알 수 있도록 확장자를 붙인다. 파일 확장자로는 표 3-1의 예에서 보듯이 실행프로그램의 경우 .exe, 한글 문서의 경우 .hwp, 웹문서의 경우 .html 등이 있다. 표 3-1에는 종류별로 자주 사용되는 파일형식의 확장자를 나열하였다.

표 3-1 파일 확장자의 예

파일의 종류	확장자
프로그램	.exe, .com, .bat, .dll
문서	.hwp, .doc, .ppt, .txt, .pdf, .html, .xml
멀티미디어	.bmp, .jpg, .gif, .wav, .au, .mp3, .mpeg
압축	.zip, .alz

6) 기타 기능

그 외에도 운영체제의 주요 기능으로 허락받지 못한 사용자의 접근을 방지하는 보안 기능, 암호화 및 압축 기능, 인터넷 연결 작업, 네트워크 제어 기능, 성능 모니터링 등의 기능이 있다.

3.2.3 운영체제의 분류 및 사례

운영체제의 종류를 구분해보면 우선 인터페이스 유형에 따라 문자로 입출력하는 명령어 방식과 그래픽으로 처리하는 GUI 방식이 있다. 한편, 개인용 운영체제와 여러 사람이 사용하는 네트워크 운영체제로 구분할 수도 있다. 이 절에서는 컴퓨터의 사용 목적에 따라 데스크탑용, 네트워크 기반, 메인프레임용, 모바일 기기용 임베디드 운영체제로 구분하여 대표적인 운영체제를 소개한다.

데스크탑 운영체제

데스크탑에서 사용되는 대표적인 운영체제로는 도스(DOS), MS윈도우즈(MS Windows), 맥 OS(Mac OS), 유닉스(UNIX), 리눅스(Linux) 등이 있다. 1980년대 초반 IBM PC가 등장하면서 사용된 도스(DOS)는 1990년대 초반까지 PC에서 널리 사용되었다. 마이크로소프트사의 초기 제품인 MS-DOS는 그림 3-6에서 보듯이 명령어 방식의 인터페이스를 지니고 있었다. 예를 들어, 파일의 목록을 보려면 키보드에서 'dir'이라는 명령을 입력해야 하며, 파일을 삭제하려면 'del ⟨파일이름⟩'이라는 명령을 입력해야 한다.

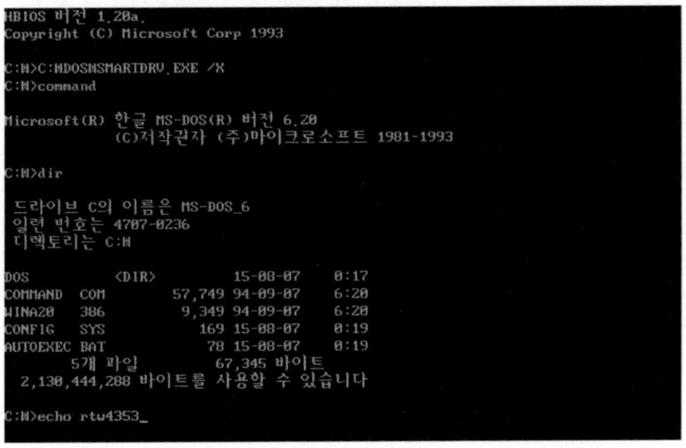

그림 3-6 DOS 운영체제의 실행화면 (출처: 나무위키)

1980년대 후반 마이크로소프트사가 개발한 MS 윈도우즈는 대표적인 GUI 방식 운영체제이며, 현재 대부분의 PC에서 널리 사용되고 있다. 오히려 대부분의 PC에서 독점적으로 사용되고 있기 때문에 미국에서는 독점규제 대상이 되고 있다. 윈도우즈 2.0, 3.0 버전을 거쳐 윈도우즈 95 버전부터 매킨토시의 인터페이스와 유사하게 개발되어 현재와 같은 모습의 GUI 개념이 적용되고 있다. 이후 윈도우즈 98, 2000, XP, 비스타(Vista) 버전을 거쳐 2015년 윈도우즈 10 버전이 발표되었다(그림 3-7 참조).

(a) Windows 실행화면　　　　　　　　(b) 맥 OS 실행화면

그림 3-7 Windows와 맥 OS 운영체제의 실행화면 (출처: 마이크로소프트, 애플)

맥 OS는 애플사에서 1984년 매킨토시 기종에 초기부터 사용한 운영체제로, 2007년 레오 파드(Leopard) 버전이 발표되었다(그림 3-8 참조). 맥 OS는 발표 초기부터 요즘 널리 사용하고 있는 GUI 방식의 인터페이스를 최초로 탑재한 운영체제라는 데 매우 큰 의미가 있다. 맥 OS 인터페이스의 주요 특징으로는 데스크탑 메타포를 적용하여 마치 책상 위에서 서류와 폴더들을 나열해놓고 작업을 처리하듯이 컴퓨터 화면을 구성하였다. 또 다른 특징으로는 아이콘을 더블클릭하거나 드래그&드롭 개념으로 프로그램을 실행할 수 있다.

유닉스(UNIX)는 1970년대 초반 AT&T 벨 연구소에서 개발한 운영체제로 다른 개발자에게 무상으로 제공되어 현재 다양한 컴퓨터 기종에서 구현이 되고 있다. 여러 사람이 동시에 사용할 수 있도록 다중사용자 및 다중작업 기능을 지원하는 대표적인 운영체제이며, 명령어 방식의 인터페이스를 기본으로 한다. 예를 들어, 파일의 목록을 보려면 'ls'라는 명령을 입력해야 하며, 파일을 삭제하려면 'rm'이라는 명령을 입력해야 한다. 1980년대부터는 업체에 사용권을 판매하여 다양한 버전으로 개조되어 판매되고 있으며, 대표적인 유닉스 계열의 상업용 운영체제로는 HP-UX, 썬 마이크로시스템즈의 솔라리스(Solaris) 등이 있다.

(a) 유닉스 로고　　　　　　　　(b) 솔라리스 로고

그림 3-8 유닉스, 솔라리스 로고 (출처: 나무위키)

리눅스(Linux)는 유닉스 계열의 운영체제 중 대표적인 공개 소프트웨어로서, 1991년 당시 핀란드 헬싱키 대학의 대학원생이던 리누스 토발즈(Linus Torvalds)가 개발하였다. 원래

공개 소프트웨어 운동은 MIT의 리차드 스톨만(Richard Stallman) 교수가 유닉스와 유사한 운영체제인 GNU를 공개 소프트웨어로 개발하면서 시작하였다. 당시 GNU 운영체제에는 커널이 제대로 개발되지 못했는데 바로 리눅스가 최초의 공개소스 운영체제의 커널로 개발된 것이다. 공개 소스 소프트웨어 운동이란 소스코드를 모든 사람에게 공개하고 각자 수정한 결과를 또다시 공유하자는 취지로서 '오픈소스(Open Source)'라는 용어도 탄생시켰다. 오픈소스는 사용하는 것은 물론 수정하거나 재배포하고 심지어 최종상품으로 판매하는 것까지 가능하다. 한편, 리눅스의 배포는 대표적으로 레드햇(RedHat)사에서 배포판을 제작하여 오픈소스 비즈니스를 전개하고 있다.

(a) GNU 로고

(b) Linux 로고

(c) RedHat 로고

그림 3-9 리눅스 관련 로고 (출처: 위키피디아)

네트워크 기반 및 메인 프레임 운영체제

데스크탑용 운영체제에서는 한 대의 컴퓨터 시스템을 대상으로 하지만 여러 대의 컴퓨터가 네트워크로 연결되어 프로그램이나 데이터가 서로 연동되는 시스템은 네트워크 기반 운영체제를 필요로 한다. 1980년대 중반 노벨(Novell)사에서 개발한 넷웨어(Netware)가 대표적인 네트워크 운영체제로서 클라이언트 서버 컴퓨팅 환경에서 많이 사용되고 있다. 이외에도 네트워크 서버용 운영체제로는 윈도우즈 NT, SUN 솔라리스, IBM OS/2 등이 있으며, 유닉스나 리눅스도 워크스테이션 및 PC 서버 등에서 네트워크 서버용 운영체제로 사용된다.

한편, 메인프레임 컴퓨터에서는 시스템 자체의 규모가 대형이고 시스템을 구성하는 기술이 기종마다 많은 차이가 있으므로 각 기종의 종류에 따라 독자적인 운영체제를 사용하고 있다. 대표적인 사례로 IBM 컴퓨터의 경우 1960년대 IBM System/360 기종부터 시작하여 현재 IBM System z까지 기종에 따라 다양한 운영체제를 사용하고 있다. 메인프레임 운영체제에서는 거대 용량의 디스크 스토리지 기기의 관리나 다중사용자 및 다중작업 처리 기능이 매우 중요하다.

모바일 기기용 임베디드(Embedded) 운영체제

휴대폰, TV 셋톱박스, 산업용 전자기기, 로봇과 같은 장치에서는 컴퓨터 프로세서와 같은 칩이 장착되어(Embedded) 있으며, 이들 장치의 작동을 위하여 컴퓨터와 마찬가지로 운영체제가 필요하다. 그러나 컴퓨터에 비교하여 장치의 규모가 작으며 각 기기의 특수한 상황에서의 기능을 주로 요구하므로 운영체제의 핵심 기능만 필요하다. 이와 같이 임베디드 장치에 필요한 핵심적인 시스템 소프트웨어 부분을 임베디드 운영체제라고 부르며 윈도우즈 CE(Windows CE)와 임베디드 리눅스(Embedded Linux)가 많이 사용된다. 윈도우즈 CE와 임베디드 리눅스는 기존 운영체제의 기능을 축소하여 작은 기기에 사용할 목적으로 개발되어 PDA나 휴대폰 외에도 산업용 제어기기, 셋톱박스, 로봇, 내비게이션 시스템, 미디어 플레이어, 티켓 머신 등에 사용된다.

(a) PDA   (b) 셋톱박스   (c) 내비게이션

그림 3-10 임베디드 운영체제가 사용되는 모바일 기기 (출처: 나무위키)

한편, 최근의 스마트폰이나 태블릿 등의 모바일 기기에는 일반 운영체제보다는 작지만, 모바일 환경에 특화된 모바일 운영체제가 사용되고 있다. 2007년 애플사의 아이폰이 개발되고, 구글사는 안드로이드(Android)라는 개방형 모바일 운영체제를 개발하면서 스마트폰 및 태블릿 PC의 운영체제로는 구글의 안드로이드와 애플의 iOS가 대부분을 차지하고 있다. 그림 3-11에서는 모바일 운영체제가 적용된 휴대폰 및 태블릿을 보여주고 있다.

(a) 안드로이드 폰   (b) 아이폰   (c) 안드로이드 태블릿   (d) 아이패드

그림 3-11 다양한 모바일 기기용 OS의 실행화면 (출처: 삼성, 애플)

3.3 프로그래밍 언어 및 컴파일러

시스템 소프트웨어나 응용 소프트웨어를 개발하려면 원하는 기능을 수행하는 프로그램을 작성하여야 한다. 이 절에서는 프로그램을 작성하는 언어와 작성된 프로그램을 컴퓨터가 이해할 수 있도록 해석해주는 컴파일러의 개념을 설명하고, 각종 프로그래밍 언어를 발전 동향에 따라 소개한다.

3.3.1 프로그래밍 언어와 컴파일러의 기능

앞의 3.1.1절의 예에서 보듯이 문서작성을 하고 그림을 그리고 출력을 하려면 프로그램이 있어야 한다. 이러한 프로그램을 개발하기 위해서는 프로그램 언어가 있어야 한다. 개발자 인 프로그래머는 프로그래밍 언어를 사용하여 프로그램을 작성하거나 수정한다. 프로그래 밍 언어에는 다양한 종류가 있으며, 이를 언어표현의 난이도 수준에 따라 기계가 이해하기 쉬운 저수준언어와 사람이 이해하기 쉬운 고수준언어로 구분할 수 있다. 또는 컴퓨터의 해 석 방식에 따라 컴파일러 방식과 인터프리터 방식으로도 구분할 수 있다.

저수준(Low-level) 언어와 고수준(High-level) 언어

컴퓨터가 이해하기 쉽도록 고안된 저수준 컴퓨터 언어로는 기계어(Machine Language) 와 어셈블리 언어(Assembly Language)가 있다. 기계어는 컴퓨터 하드웨어에서 자료 표 현의 기본 단위인 비트의 값 0과 1로 그대로 표기하는 언어이다. 기계어는 컴퓨터 CPU에 서 명령을 수행하기 위해 반드시 필요하며 CPU의 종류에 따라 각기 고유한 명령어로 구성 되어 있다. 컴퓨터는 기계어로 작성된 프로그램을 직접 수행할 수 있으므로 컴퓨터 실행에 는 효율적이지만, 그림 3-12(a)에서 보듯이 사람이 작성하기에는 불편하여 매우 많은 시간 과 노력이 있어야 한다.

어셈블리 언어는 컴퓨터 고유의 기계어 명령을 사람이 어느 정도 해독할 수 있도록 문자 화하거나 기호화한 형태이다. 그림 3-12에서 (b)의 어셈블리 프로그램은 (a)의 기계어 프 로그램과 동일한 내용을 수행하는 명령으로 0과 1로 구성된 기계어를 문자 형태로 그대로 대응시킨 것이다. 따라서 어셈블리 언어는 기계어와 마찬가지로 CPU 종류에 따라 명령어 가 다르게 되어 있다. 한편, 어셈블리 프로그램이 실행될 때에는 일단 기계어로 번역되는 과정을 거쳐야 컴퓨터에서 실행이 가능하다.

Addr	Objec code				Label	Instruction
						.begin
					a_start	.equ 3000
2048						ld length,%
2064						be done
2068	00000010	10000000	00000000	00000110		addcc %r1,-4, %r1
2072	10000010	10000000	01111111	11111100		addcc %r1, %r2, %r4
2076	10001000	10000000	01000000	00000000		ld %r4, %r5
2080	11001010	00000001	00000000	00000000		ba loop
2084	00010000	10111111	11111111	11111011		addcc %r3, %r5, %r3
2088	10000110	10000000	11000000	00000101	done:	jmpl %r15+4, %r0
2092	10000001	11000011	11100000	00000100	length:	20
2096	00000000	00000000	00000000	00010100	address:	a_start
3000	00000000	00000000	00001011	10111000	a:	

(a) 기계어 프로그램의 예   (b) 어셈블리 프로그램의 예

그림 3-12 저수준 컴퓨터 언어 프로그램의 예

어셈블리 언어도 사람이 프로그램을 작성하기에는 결코 쉽지가 않으며 컴퓨터 CPU의 종류에 따라 다르다는 단점이 있다. 고수준 프로그래밍 언어는 프로그램 작성이 보다 쉽도록 명령어를 일상적으로 사용하는 문장에 가깝게 만들어서 코딩 부분이 훨씬 줄어들게 하였다. 그림 3-13의 예는 데이터 20개의 합과 평균을 구하는 C언어 프로그램의 일부분으로 사람이 쉽게 작성하고 이해할 수 있다. 물론 고수준 언어는 기계어로 번역하는 복잡한 과정을 거쳐야 하지만 컴퓨터 하드웨어에 독립적이므로 프로그래밍 과정은 더욱 간단해진다.

```
sum = 0.0;
for (i=0; i<20; i++)
        sum = sum + data[i];
if(sum>0.0)
        average = sum/20;
```

그림 3-13 고수준 컴퓨터 언어 프로그램의 예

고수준 언어로는 실행할 작업의 목적이나 성격에 따라 다양한 언어가 사용되고 있으며 그동안 기술의 발전에 따라 많이 진화되어 왔다. 일반적인 프로그램을 작성하는 절차적 (Procedural) 언어로는 포트란(FORTRAN), 코볼(COBOL), C, 파스칼(Pascal), 베이직 (BASIC) 등이 대표적이며, 최근에는 C++, 자바(Java), 파이썬(Python) 등의 객체지향 언어가 많이 사용되고 있다.

컴파일러(Compiler)와 인터프리터(Interpreter)

기계어는 컴퓨터가 직접 해석하여 처리할 수 있는 언어이며 고수준 프로그래밍 언어는 사람이 쉽게 사용할 수 있도록 만들어진 언어이다. 따라서 기계어 이외의 다른 언어로 작성된 모든 프로그램은 일단 기계어로 번역되어야 프로그램의 실행이 가능하다. 고수준의 컴퓨터 프로그램을 번역하는 데에는 컴파일러와 인터프리터의 두 가지 방식이 있다.

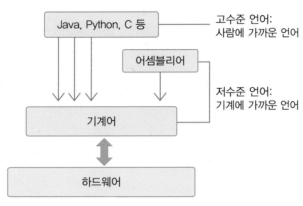

그림 3-14 저수준 언어와 고수준 언어

컴파일러는 고수준 프로그램 언어로 작성된 소스 프로그램(Source Program)을 기계어로 번역하여 그 결과를 오브젝트 코드(Object Code)라 불리는 실행 가능한 프로그램으로 저장해 둔다. 일단 오브젝트 코드로 존재하는 프로그램은 항상 컴퓨터에서 실행이 가능하다. *.exe 또는 *.com 파일이 이에 해당하며 대부분의 응용 프로그램들이 이런 방식으로 컴파일되어 실행파일 형태로 제공된다. 프로그램이 실행될 때에는 번역이 필요 없으므로 실행 속도도 빠르며 번역된 기계어는 사람의 해독이 어려워 소스코드의 보안에도 좋다. 그러나 일단 컴파일하여 제공되므로 오류가 발생하거나 새로운 내용으로 변경하고자 할 때 즉시 적용하는 것은 곤란하다.

반면에 인터프리터는 미리 번역을 해두는 것이 아니라 실행할 때마다 소스 프로그램을 한 줄씩 기계어로 해석하여 바로 실행을 하는 방식이다. 베이직(BASIC)이 대표적인 인터프리터 방식의 언어이며 웹페이지에 많이 사용되는 스크립트 언어(Script Language)들도 인터프리터 방식을 따르고 있다. 실행 속도는 약간 느리더라도 특별히 문제가 안 되는 분야에서 많이 사용되며, 장점으로는 개발이나 업데이트가 쉽다는 점이 있다.

그림 3-15에서는 어셈블러, 인터프리터, 컴파일러에서 프로그램 처리과정을 보여주고 있다. (a)에서는 어셈블리 언어로 작성된 프로그램이 어셈블러에 의해 기계어로 변환되어 실

행되는 과정을 설명한다. (b)에서는 고수준 언어로 작성된 프로그램을 인터프리터가 해석하여 바로 실행되는 과정을 보여주고 있으며, (c)에서는 일단 컴파일러에 의해 오브젝트 코드로 번역되어 보관되었다가 필요할 때 실행하는 과정을 설명하고 있다.

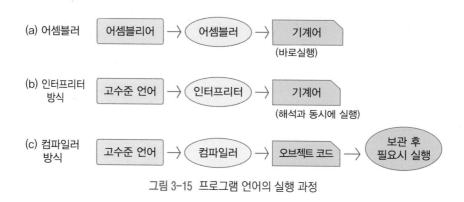

그림 3-15 프로그램 언어의 실행 과정

3.3.2 초기 프로그래밍 언어

컴퓨터에서 원하는 작업을 수행하기 위해 기계어로 프로그램을 작성하는 것은 매우 곤혹스러운 일이므로, 앞 절에서 설명한 바와 같이 어셈블리 언어가 등장하게 되었다. 어셈블리 언어는 기계어를 그대로 기호화하여 0과 1의 숫자 대신 더하기의 경우 A(Add), 곱하기는 M(Multiply), 문자열 비교의 경우 C(Compare), 데이터 로드할 때 L(Load) 등의 명령을 사용한다. 메모리 주소도 번지수 대신에 기호로 된 이름을 사용할 수 있다.

어셈블리 언어는 기계어에 비해 사용하기 쉬우나 역시 배우기는 어려우며, 컴퓨터 CPU 종류에 따라 해당하는 어셈블리 언어가 다르다. 산업기계 제어용 프로그램에서는 프로세서의 속도를 증가시키기 위하여 프로그램을 주로 어셈블리 언어로 작성하고 있다. 그러나 최근에는 프로세서의 성능이 향상됨에 따라 기계제어용 프로그램에서도 C 또는 자바(Java) 등의 고수준 언어를 사용하는 추세이다.

컴퓨터 기종에 독립적인 일반 프로그램 언어로는 1954년 과학이나 공학 계산을 위한 프로그램용으로 개발된 최초의 고수준 프로그래밍 언어인 포트란(FORTRAN, FORmular TRANslator)이 있다. 원래의 개발 목적이 그렇듯이 과학공식의 표현을 쉽게 할 수 있는데, 예를 들어 2차 방정식 $y = x^2 + 5x + 9$의 경우 Y = X**2+5*X+9와 같이 표기할 수 있다. 그림 3-16(a)에서는 데이터를 입력받아 합계와 평균값을 구하는 간단한 포트란(FORTRAN) 프로그램 예를 보여준다. 우주선의 궤도를 계산하거나 자동차 및 선박의 설계 분야 등에 많이 사용되었으며, 아직도 선박설계용으로 사용하는 경우가 있다.

```
C     FORTRAN PROGRAM
C     AVERAGE OF INPUT NUMBERS
      SUM = 0
      READ (5,50) NUMBER
2     IF (NUMBER .EQ. 999) GO TO 3
      SUM = SUM + NUMBER
      COUNT = COUNT + 1
      WRITE (6,60)
      READ (5,50) NUMBER
      GO TO 2
3     AVER = SUM / COUNT
      WRITE(6,70) AVER
50    FORMAT (I3)
60    FORMAT (1X, 'ENTER : ')
70    FORMAT (1X, 'AVERAGE = ', F6.2)
      STOP
      END
```

```
IDENTIFICATION DIVISION.
PROGRAM-ID.  SAMPLE
* Example COBOL program using MULTIPLY

DATA DIVISION.
WORKING-STORAGE SECTION.
01  Num1        PIC 9  VALUE ZEROS.
01  Num2        PIC 9  VALUE ZEROS.
01  Result      PIC 99 VALUE ZEROS.

PROCEDURE DIVISION.
    DISPLAY "Enter 1st number (1 digit): ".
    ACCEPT Num1.
    DISPLAY "Enter 2nd number (1 digit): ".
    ACCEPT Num2.
    MULTIPLY Num1 BY Num2 GIVING Result.
    DISPLAY "Result is = ", Result.
    STOP RUN.
```

(a) 포트란 프로그램   (b) 코볼 프로그램

그림 3-16 포트란 및 코볼 프로그램의 예

코볼(COBOL) 언어는 1960년대 초반 데이터 처리를 주 목적으로 여군으로 활동 중이던 컴퓨터과학자 그레이스 호퍼(Grace Hopper)가 개발하였다. 그림 3-16(b)의 예에서 보듯이 영어 표기와 유사하며, 읽기 쉽고 작성하기 쉬우며, 유지하기 용이하다는 장점이 있다. 회계처리나 상거래와 같은 비즈니스 응용에서 많이 사용되었다.

(a) 포트란의 창시자 존 배커스   (b) 코볼의 창시자 그레이스호퍼

그림 3-17 포트란과 코볼의 창시자

3.3.3 절차적 프로그래밍 언어

1970년대에 들어와 소프트웨어의 개발이 활발해지면서 작성이 용이하고 체계적인 프로그래밍 언어의 요구가 증가되었다. 특히 컴퓨터가 수행할 작업의 내용을 순서대로 작성해주

는 절차적 언어(Procedural Language)의 필요성이 대두되었다. 컴퓨터의 수행 작업은 주로 입력, 계산, 데이터 처리 및 저장, 출력 등의 작업이 반복되는 것이다. 이를 체계적인 구조로 표현하기 위하여 구조적 프로그래밍(Structured Programming) 개념을 프로그램 언어에 적용하였다. 구조적 프로그래밍에서는 프로그램의 반복 및 제어 구조의 표현을 체계적으로 할 수 있다는 점이 가장 큰 특징으로, 반복구조를 위해 for, while, do while 문장이 있고, 선택 구조를 위해 if 문이나 switch case 문이 있다. 그림 3-19에서 보듯이 이러한 구조문은 언어에 따라 문법만 다를 뿐 제어구조의 기본 개념은 동일하다. 대표적인 절차적 프로그래밍 언어로는 C, 파스칼(Pascal), 베이직(BASIC), PL/I, 에이다(Ada) 등이 있다.

(a) C 로고

(b) 파스칼 로고

(c) 베이직 로고

그림 3-18 프로그래밍 언어 로고 (출처: 나무위키, 해시넷)

C 언어는 1970년대 초반 AT&T 벨 연구소에서 유닉스 운영체제 프로그램을 작성하기 위하여 개발한 언어로, 요즘은 각종 응용 소프트웨어의 개발에 널리 사용되고 있다. C 언어는 고수준 프로그램뿐만 아니라 저수준의 하드웨어 제어 프로그램의 작성에도 편리하므로 응용 프로그램의 개발은 물론이고 시스템 프로그램이나 산업기계 제어 프로그램의 개발까지 폭넓게 사용되고 있다.

베이직(BASIC, Beginner's All purpose Symbolic Instruction Code)은 간단한 계산을 위하여 초보자용으로 개발된 언어로 배우기 쉽고 작성이 용이하다는 장점이 있다. 1980년대 및 1990년대 PC에서부터 널리 활용되어 왔다. 그림 3-19는 합계와 평균을 구하는 동일한 내용을 수행하는 프로그램으로 각각 C 언어와 베이직(BASIC) 언어로 작성되었다.

```
/* C language program        */
main () {
    int number, count=0, sum=0;
    float   aver;
    scanf("Enter : %d", &number);
    while (number < 999) {
        sum += number;
        count++;
        scanf("Enter : %d", &number);
    }
    if (count > 0)
        aver = (float)sum / count;
    printf("\n Average = %.2f ", aver);
}
```

```
'EXAMPLE BASIC PROGRAM
SUM = 0
COUNT = 0
PRINT "ENTER A NUMBER"
INPUT NUMBER
DO WHILE NUMBER < 999
        SUM = SUM + NUMBER
        COUNT = COUNT + 1
        PRINT "ENTER A NUMBER"
LOOP
IF COUNT > 0 THEN AVER = SUM / COUNT
PRINT "AVERAGE = "; AVER
```

(a) C 언어 프로그램   (b) 베이직 프로그램

그림 3-19 절차적 프로그램 언어의 예

3.3.4 객체지향 언어

절차적 프로그래밍 언어는 컴퓨터가 수행할 작업 순서대로 프로그램을 작성하지만 객체지향(Object Oriented) 언어는 인간이 이해하기 쉬운 사물이나 개념을 객체(Object)로 표현하고 이들 객체 위주로 프로그램을 작성하는 것이다. 객체지향 언어에서는 객체(데이터)의 형식을 의미하는 클래스(Class)와 그 객체의 처리방법을 한 묶음으로 표현한다. 절차적 언어에서는 프로그램의 시작부터 끝날 때까지의 작업절차를 표현하고 있지만 객체지향 언어에서는 객체의 처리방법을 클래스에 정의하고 있다가 필요시(이벤트 발생 시) 호출하여 해당 작업만을 수행한다. 이를 이벤트기반(Event Driven) 프로그래밍 기법이라고 한다. 객체지향 언어에서는 프로그램을 객체별로 분리하여 취급할 수 있으므로 재사용과 수정이 용이하다. 대표적인 객체지향 언어로는 스몰토크(SmallTalk), C++, 자바(Java), 파이썬(Python) 등이 있다.

(a) C++ 로고   (b) 파이썬 로고   (c) 자바 로고

그림 3-20 프로그래밍 언어 로고 (출처: 위키백과, 나무위키)

C++ 언어는 1980년대 AT&T 벨 연구소에서 C 언어를 확장하여 클래스, 객체, 이벤트 등의 객체지향 개념을 적용하도록 만든 언어이다. 데이터베이스에서의 활용이나 웹 어플리케이션의 개발뿐만 아니라 각종 응용 프로그램 개발에 많이 사용되고 있다. 한편 C# 언어는 마이크로소프트사에서 웹 서비스 어플리케이션에 적합하도록 C++를 확장하여 개발한 객체지향 언어이다.

자바(Java) 언어는 1991년 썬 마이크로시스템즈사가 차세대 프로그래밍 언어로 개발한 대표적인 객체지향 언어로 현재 웹 어플리케이션뿐만 아니라 일반 어플리케이션이나 소형 가전기기에도 사용되고 있다. 자바(Java) 컴파일러는 일종의 중간 형태의 기계어인 바이트코드(Byte Code) 형태로 번역하고, 실행 시에는 자바 가상 머신(JVM, Java Virtual Machine)에서 바이트코드를 해석하여 작업을 수행한다. 그래서 자바 응용 프로그램이 수행되려면 사용자의 시스템에 JVM이 설치되어 있어야 한다.

파이썬(Python) 언어는 1991년 귀도 반 로썸(Guido van Rossum)이라는 프로그래머가 발표하고 비영리 기관인 파이썬 소프트웨어 재단이 관리하고 있다. 플랫폼에 독립적인 대화식 객체지향 언어로서 자바(Java)와 유사하게 바이트코드 형태의 중간코드로 번역해 놓는 인터프리터 방식이며, 실행 시 데이터형을 검사하는 동적 타이핑(Dynamic Typing) 기능이 특징이다. 파이썬은 작성하기가 쉬우며 라이브러리가 풍부하여 현재 외국에서 학습 목적뿐 아니라 실용적인 목적으로 초보자부터 전문가까지 폭넓게 사용되고 있다. 그림 3-21은 자바 및 파이썬으로 작성된 프로그램으로 앞의 예와 마찬가지로 합계와 평균을 구하는 프로그램이다.

```
/* Java language program        */
public static void main(Sting args[]) {
    int    number, count=0, sum=0;
    float  aver;
    DataInputStream dis =
        new DataInputStream();
    System.out.println("Enter : ");
    while ((number=dis.readInt())< 999) {
        sum += number;
        count++;
        System.out.println("Enter : ");
    }
    if (count > 0)
        aver = (float)sum / count;
    System.out.println("Average = "+aver);
    dis.close;
}
```

(a) 자바 프로그램

```
sum, count = 0, 0
number = eval(input("Enter : "))

while number < 999:
    sum += number
    count += 1
    number = eval(input("Enter : "))

print("\n Sum = %.2f," %(sum), end=" ")

if count > 0:
    aver = sum / count
print("Average = %.2f " %(aver))
```

(b) 파이썬 프로그램

그림 3-21 자바 및 파이썬 언어 프로그램의 예

3.3.5 제4세대 언어 및 기타 언어

기계어를 제1세대 언어로 간주하면 어셈블리 언어가 제2세대 언어이며 고수준의 프로그래밍 언어가 제3세대 언어라 말할 수 있다. 제4세대 언어는 일반적인 프로그래밍에서 더욱 발전하여 프로그램을 더 간결하게 작성할 수 있거나 특수한 목적에 맞도록 프로그램할 수 있도록 하자는 취지에서 개발되었다.

제4세대 언어는 초 고수준 언어(Very High Level Language)로 선언적 언어(Declarative Language)라는 특성을 가지고 있다. 절차적 언어에서는 작업의 방법(How to do)을 표현하지만 선언적 언어에서는 해야 할 작업의 대상(What to do)을 표현하는 방식으로, 데이터베이스에서 질의어인 SQL이나 보고서 작성언어인 RPG가 대표적인 제4세대 언어이다. 또한 제4세대의 일반 프로그래밍 언어는 그래픽 프로그래밍 환경을 제공하는 것이 추세이다. 보통 비주얼 프로그래밍 환경이라 불리며 비주얼베이직(Visual Basic)과 비주얼 C++(Visual C++) 등이 포함된 비주얼스튜디오(Visual Studio), 델파이(Delphi), 파워빌더(PowerBuilder) 등이 많이 알려져 있다.

한편, 일반적인 프로그래밍 언어와는 별도로 다양한 분야에서 자신들의 목적에 맞는 특수 목적의 언어가 발전해 왔다. 대표적인 사례로 인공지능 분야에서 사용되는 언어로 리스프(LISP)과 프롤로그(Prolog)가 있다. 웹 환경의 개발용 언어로는 웹 문서나 데이터를 표현해주는 HTML, XML 등의 마크업 언어와 사용자 인터랙션을 표현할 수 있는 자바스크립트(Javascript), 펄(Perl), 루비(Ruby) 등의 스크립트 언어가 많이 사용되고 있다. 이들 웹 언어의 특징에 대해서는 6장 인터넷에서 자세히 설명한다.

3.4 데이터베이스 관리시스템(DBMS)

대부분의 응용 소프트웨어는 데이터를 처리한다. 특히 정보처리가 목적인 소프트웨어는 일반적으로 대용량의 데이터, 즉 데이터베이스(Database)가 필요하다. 이 절에서는 데이터베이스의 개념과 원리, 활용 분야에 대하여 알아본다.

3.4.1 데이터베이스의 개념

컴퓨터와 인터넷이 일상화되어 있는 요즘의 지식정보사회에서는 사용하거나 필요한 정보의 양이 매우 방대하다. 예를 들어, 우리나라 전국의 행정기관 컴퓨터가 연결되어 있는 행정 전산망의 경우 전 국민의 주민 정보가 데이터베이스에 수록되어 있다. 거주지 주소나 가족 관계, 병역관계, 심지어 부동산 재산까지도 데이터베이스에 수록되어 전국의 동사무소 어디에서나 민원서류 발급이 가능하다. 국세청이나 교육기관 등 다른 국가 전산망과도 연동되어 데이터베이스에 저장되어 있는 막대한 분량의 정보가 필요할 때마다 수정되거나 검색되는 등 서비스되고 있다.

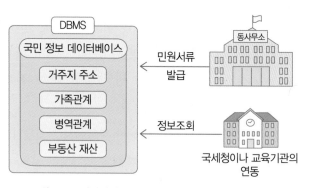

그림 3-22 데이터베이스 기반의 행정 및 국민 정보 관리

또 다른 예로 웹에서의 정보검색이 있다. 우리가 늘 보고 있는 포털사이트의 뉴스 검색이나 지식 검색에도 방대한 분량의 정보가 해당하는 웹 데이터베이스에 저장이 되어 있어야 한다. 웹 데이터의 경우에는 텍스트 이외에도 이미지나 동영상 등 멀티미디어 정보를 가지고 있다. 뉴스의 경우만 해도 매일 사진을 포함한 수백 개의 데이터가 생산되므로 막대한 용량의 데이터 보관과 검색이 필요하다.

일반적으로 데이터는 텍스트, 숫자, 이미지, 비디오 등으로 입력받은 자료를 디스크와 같은 저장매체에 기록해둔 것을 의미하며, 반면에 정보는 데이터를 처리해서 사람이 이해하기 적합한 형태로 의미 있게 만든 것을 뜻한다. 즉, 정보는 데이터가 구조화되어 의미 있고 유용성 있게 처리된 결과라고 말할 수 있다. 방대한 분량의 데이터를 저장하거나 서로 연관된 정보를 검색하는 데에 데이터베이스는 매우 필요하다. 많은 분량의 데이터를 수집하여 데이터베이스에 체계적으로 정리해두면 데이터의 보관이나 원하는 정보의 검색을 쉽게 수행할 수 있게 된다.

대부분의 데이터베이스는 한 가지 종류의 정보가 아니라 여러 가지 유형의 정보가 연동되어 있다. 예를 들어, 학교에서는 학생 신상정보, 수업 및 성적 정보, 교수정보, 행정정보 등 여러 가지 데이터베이스가 운영되고 있다. 그림 3-23에서는 성적에 대한 면담기록이 학생의 신상정보와, 수업 및 성적 정보, 담당 교수의 데이터베이스에서 추출된 정보에 연동되어 이메일로 보내지는 과정을 보여준다. 이와 유사한 예로 백화점에서 상품 정보와 고객정보, 판매정보 등을 연동하고, 기업이나 은행에서도 고객 및 거래 정보 등을 데이터베이스에 보관하여 정보를 처리하는 것을 볼 수 있다.

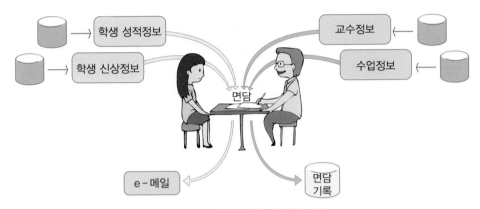

그림 3-23 데이터베이스의 적용 사례

이상과 같이 데이터베이스는 필요한 정보를 쉽게 검색하거나 사용할 수 있도록 데이터를 구조화하여 모아놓은 것이라고 정의할 수 있다. 일반적으로 데이터베이스는 일관된 형식으로 저장되어 다수의 사용자나 다수의 응용 프로그램이 공유할 수 있다. 컴퓨터 기술의 발전으로 데이터의 양이 폭발적으로 증가하고 있지만 저장비용은 꾸준히 감소하고 있고, 데이터나 정보의 가치는 점차 중요해지고 있어 데이터베이스의 필요성은 더욱 증가되고 있다. 실 예로 미국의 유통마켓인 월마트(Walmart)사나 택배업체인 페덱스(Fedex)사의 경우 상품관리 및 매장관리에 수억 개 이상의 레코드가 존재하고 수십 테라바이트 크기의 데이터베이스를 사용하고 있다.

일반적인 파일 시스템에서는 데이터를 관리할 때 데이터가 중복되거나 데이터를 찾지 못해 고립되는 경우가 발생할 수 있다. 데이터가 중복으로 저장되어 있다면 한쪽만 수정이 되어 데이터의 일관성을 잃어버릴 위험이 있다. 그러나 데이터베이스에서는 데이터의 공유를 위하여 데이터 중복을 최소화하며, 데이터 접근을 용이하게 할 뿐 아니라 응용 소프트웨어의 개발시간도 단축할 수 있다.

3.4.2 DBMS의 원리

가장 일반적으로 사용되고 있는 관계형(Relational) 데이터베이스의 경우 데이터는 계층적인 구조를 가진다. 여기에서는 관계형 데이터베이스의 계층적 구조에서 데이터의 구성 방법에 대해 설명한다. 그리고 데이터베이스를 관리해주는 소프트웨어인 DBMS의 특징을 설명한다.

데이터베이스의 계층적 구성

관계형 데이터베이스에서 데이터의 가장 기본적인 단위는 문자 또는 숫자이며, 이들 문자 또는 숫자가 필드(Field)를 구성하고 있으며, 각 필드는 필드명, 데이터형, 크기 등을 지정해 주어야 한다. 예를 들어, 그림 3-24에서 보여주는 데이터베이스 테이블의 각 칸이 필드에 해당하며, '학생정보' 테이블에서 첫 번째 세로 열에 있는 필드는 필드명이 '학생ID'이며, 데이터형은 문자로서 크기가 7개로 지정되어 있다. '과목별_성적부' 테이블의 예에서 필드명이 '학점'이나 '성적'으로 되어 있는 필드의 데이터형은 정수로 지정되어 있다. 데이터베이스 테이블에서 각각의 가로 행에 해당하는 한 줄의 필드를 레코드(Record)라고 하며, 이들 필드들은 서로 연관된 데이터를 가지고 있다. 예를 들어, '학생정보' 테이블에서 각 행은 학생에 대한 정보를 가지고 있는 각 학생정보의 레코드이다.

테이블에서 특정한 필드 값을 가지는 레코드를 검색하기 위해서 인덱스 키(Index Key)를 사용하며, 중복된 값을 가지지 않는 필드를 인덱스 키로 지정한다. 만약 하나의 필드로 충분하지 않으면 중복이 발생하지 않도록 복수 개의 필드를 인덱스로 지정한다. '학생정보'의 경우 '학생ID' 필드의 경우 중복된 값이 없으므로 인덱스로 사용하면 좋다. 한편, '과목별_성적부'의 인덱스 키로는 '과목코드'와 '학생ID', '이수학기'가 동시에 사용되어야 원하는 레코드를 정확히 찾을 수 있다. '과목별 성적부'의 경우에 각 학생의 과목성적이 레코드로 정의되어 있는데, 각 레코드에 과목정보 및 성적을 기록하는 것과 병행하여 학생정보와 교수정보를 기록해야 한다. 이 예제의 경우 '학생정보'에서는 '학생ID'와 '이름'을, '교수정보'에서는 '교수ID'를 기록하였다. 이와 같이 다른 테이블에 있는 레코드에 대해 인덱스 키를 기록해두면 언제나 필요한 정보를 추적하여 찾아볼 수 있으며 데이터 중복이 방지되므로 데이터 관리도 훨씬 편리해진다.

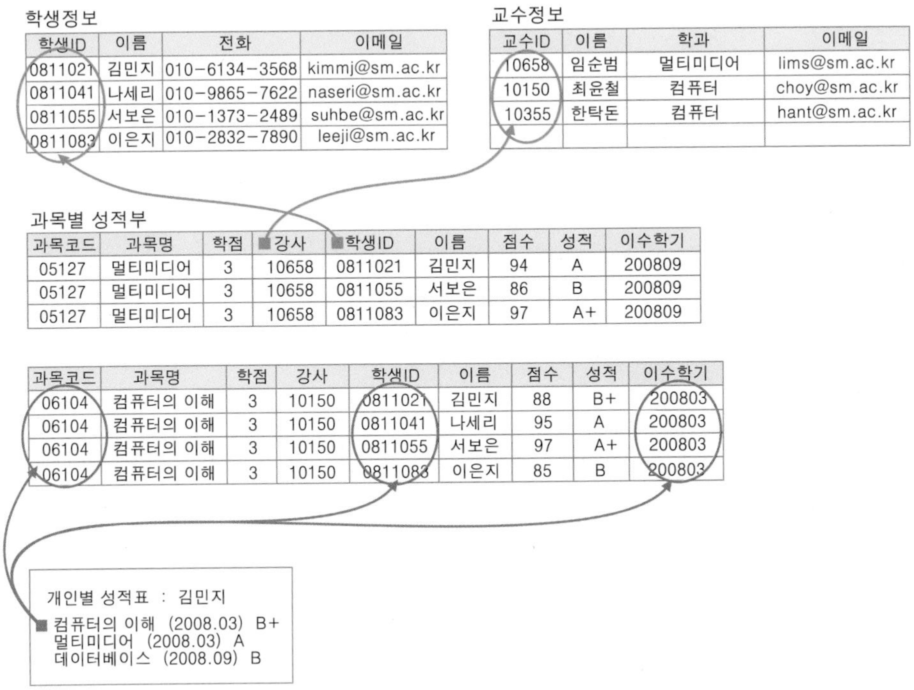

학생정보

학생ID	이름	전화	이메일
0811021	김민지	010-6134-3568	kimmj@sm.ac.kr
0811041	나세리	010-9865-7622	naseri@sm.ac.kr
0811055	서보은	010-1373-2489	suhbe@sm.ac.kr
0811083	이은지	010-2832-7890	leeji@sm.ac.kr

교수정보

교수ID	이름	학과	이메일
10658	임순범	멀티미디어	lims@sm.ac.kr
10150	최윤철	컴퓨터	choy@sm.ac.kr
10355	한탁돈	컴퓨터	hant@sm.ac.kr

과목별 성적부

과목코드	과목명	학점	강사	학생ID	이름	점수	성적	이수학기
05127	멀티미디어	3	10658	0811021	김민지	94	A	200809
05127	멀티미디어	3	10658	0811055	서보은	86	B	200809
05127	멀티미디어	3	10658	0811083	이은지	97	A+	200809

과목코드	과목명	학점	강사	학생ID	이름	점수	성적	이수학기
06104	컴퓨터의 이해	3	10150	0811021	김민지	88	B+	200803
06104	컴퓨터의 이해	3	10150	0811041	나세리	95	A	200803
06104	컴퓨터의 이해	3	10150	0811055	서보은	97	A+	200803
06104	컴퓨터의 이해	3	10150	0811083	이은지	85	B	200803

개인별 성적표 : 김민지
- 컴퓨터의 이해 (2008.03) B+
- 멀티미디어 (2008.03) A
- 데이터베이스 (2008.09) B

그림 3-24 데이터베이스 구성의 예

앞의 예에서 보듯이 필드는 문자 또는 숫자 값으로 구성되고, 레코드는 필드의 조합으로 구성되며, 레코드가 모여서 각각의 데이터베이스 테이블을 구성하여 데이터베이스 파일에 저장하게 된다. 이와 같이 데이터베이스는 계층적 구조로 이루어져 있으며, 데이터베이스의 전체적인 구조와 데이터 간의 관계는 데이터베이스 스키마(Database Schema)로 정의하여 표현한다. 앞의 예의 경우 데이터베이스 파일은 3개 테이블로 구성되어 있으며 테이블과 필드의 관계는 다음과 같은 구조의 데이터베이스 스키마로 정의될 수 있다. 이때 각 테이블의 인덱스 키는 밑줄로 표시하였다.

> 학생정보 (학생ID, 이름, 전화, 이메일)
> 교수정보 (교수ID, 이름, 학과, 이메일)
> 과목별_성적부 (과목코드, 과목명, 학점, 강사, 학생ID, 이름, 점수, 성적, 이수학기)

각 필드에 대해서는 사용되는 데이터의 속성을 정의하며, 몇 개의 예를 보면 다음과 같다.

> 학생ID (문자, 8개)
> 과목명 (문자, 제한없음)

이메일 (문자, 제한없음)

학점 (숫자, 0..30)

성적 (숫자, 0..100)

데이터베이스 관리시스템의 특징

일반적으로 데이터베이스에 보관된 데이터는 지속적으로 레코드를 추가하거나 수정 또는 삭제하는 일이 빈번하게 일어난다. '과목별 성적표'의 경우 매학기 새로운 표를 작성하여야 하며, '학생정보'의 경우 신입생이 들어오거나 졸업하게 되면 레코드를 추가 또는 삭제하여야 한다. 물론 항목의 내용이 바뀌는 경우에는 필드 값을 수정해 주어야 한다. 경우에 따라서는 새로운 스키마의 테이블을 추가하거나 스키마 정보를 변경해야 하는 일도 발생하고, 원하는 정보를 검색하거나 추출하기 위한 질의어도 필요하다.

이와 같은 추가, 수정, 검색 등의 작업을 하기 위한 시스템 인터페이스를 제공하며 데이터베이스를 관리해주는 소프트웨어를 데이터베이스 관리시스템(DBMS: Database Management System)이라고 한다. 그림 3-25에서 보듯이 DBMS의 시스템 인터페이스는 응용 소프트웨어가 데이터베이스에 접속하여 사용하는 경우가 많이 있으며, 오퍼레이터나 일반 사용자가 데이터베이스를 관리하는 데 필요하기도 하다.

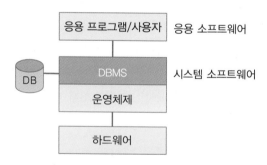

그림 3-25 컴퓨터 시스템에서 DBMS의 역할

DBMS의 가장 큰 특징은 데이터를 효율적으로 관리할 수 있다는 점이다. 응용 프로그램과 데이터베이스의 관리는 독립적으로 이루어지며, 데이터를 통합하여 관리하므로 데이터의 일관성 유지가 용이해진다. 또 다른 특징은 데이터 접근을 효율적으로 관리할 수 있다는 점이다. 여러 사람이 동시에 한 데이터에 접근하더라도 혼자 사용하는 것처럼 동시접근을 제어하며, 권한 없는 사용자로부터 접근을 차단하여 데이터를 지킬 수 있다. 한편, 질의어를 통해 효율적인 데이터 검색이 가능하며 보고서 작성기를 통하여 원하는 형태의 보고서를 바로 작성하는 기능을 제공한다. 또한 시스템 오류 등의 경우를 대비하여 백업 및 복구 기능을 갖추었으며, 앞서 설명한 바와 같이 다양한 사용자 인터페이스를 제공하고 있다.

질의어(Query Language)는 데이터베이스에서 특정한 정보를 요청하는 질문을 수행하기에 최적화된 언어로서 SQL(Structured Query Language)이 널리 사용되고 있다. 테이블이나 레코드의 내용을 수정하고, 원하는 레코드나 필드에 대해 검색하며, 결과를 원하는 리포트 형태로도 작성해 준다. SQL 명령을 이용하여 테이블을 생성하고 원하는 레코드의 내용을 기록하는 사용 예는 다음과 같다.

```
CREATE TABLE 학생정보 {                              // 학생정보 Table 생성하기
        학생ID varchar(8), 이름 varchar(20),
        전화 varchar(MAX), 이메일 varchar(MAX),
        primary key(학생ID)
}
INSERT INTO 학생정보 (학생ID, 이름, 전화, 이메일)        // 레코드 정보 삽입하기
        VALUES ('0811021', '김민지', '010-6134-3568', 'kimmj@sm.ac.kr')
```

데이터베이스 테이블에서 원하는 정보를 검색하기 위한 SQL의 사용 예는 다음과 같다.

```
SELECT 이름 FROM 학생정보              // 학번이 0811021인 학생의 이름
        WHERE 학생ID = '0811021'
SELECT 학생ID FROM 과목별_성적부      // 멀티미디어 과목 성적이 90점 이상인 학생ID
        WHERE 과목명 = '멀티미디어' AND 점수 >= '90'
SELECT 이메일                        // 컴퓨터의 이해 수업을 듣는 학생의 이메일 주소
        FROM 학생정보 a, 과목별성적부 b
        WHERE b.과목명 = '컴퓨터의 이해' AND a.학생ID = b.학생ID
```

3.4.3 DBMS의 종류 및 활용

DBMS의 종류

DBMS 중에서 가장 널리 사용되는 방식은 관계형 데이터베이스(Relational Database)이다. 앞 절에서 보았듯이 관계형 데이터베이스는 테이블을 기반으로 하는 데이터 모델로, 표

현이 간단하며 구조를 이해하거나 사용하기 쉽다는 장점이 있다. 1970년 IBM 연구소의 에드가 카드(E. F. Codd)가 제안하였고 초창기에는 Ingres와 System R이 대표적인 시스템이었으며 질의어로 SQL을 사용하였다. 현재 판매되는 대표적인 DBMS로는 MS Access, MySQL, Oracle, Informix 등이 있다.

1980년대에는 객체지향 프로그래밍 패러다임을 기반으로 하는 객체지향 데이터베이스 (Object-oriented Database) 모델이 등장하였다. 관계형 데이터베이스는 그림 3-26(a)와 같이 테이블로 표현되는 텍스트 데이터의 경우 데이터베이스 테이블에 저장하거나 처리하기가 매우 효율적이다. 그러나 텍스트와 이미지 동영상 등이 섞여 있거나 용량이 매우 큰 데이터는 관계형 데이터베이스에서 테이블의 각 필드에 저장하기 곤란하다. 또한 그림 3-26(b)에서 보는 바와 같은 트리 구조의 경우처럼 구조가 동일하지 않은 비정형적인 구조의 데이터도 관계형 데이터베이스의 일반적인 테이블 구조로 표현하기 곤란하다. 이와 같이 멀티미디어 데이터베이스 또는 복잡한 구조의 데이터를 저장하고 관리하기 위하여 객체지향 데이터베이스가 사용되었다.

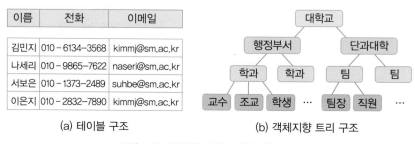

(a) 테이블 구조 (b) 객체지향 트리 구조

그림 3-26 관계형 모델과 객체지향 모델

그러나 2000년대 들어서 웹2.0 환경과 빅데이터의 필요성이 대두되면서 한 대에서 처리하도록 설계된 관계형 데이터베이스에서 대량의 데이터를 처리하는 비용이 문제가 되었다. 데이터와 트래픽의 양이 기하급수적으로 증가함에 따라 여러 대의 컴퓨터에 데이터를 분산 저장하고 처리하는데 편리한 NoSQL 데이터베이스 모델이 등장하였다.

NoSQL 데이터베이스

NoSQL(non SQL 또는 non relational) 데이터베이스는 기존의 관계형 데이터베이스 보다 관계형 형식에 덜 제한적인 모델을 지원한다. NoSQL 데이터베이스는 클라우드 환경에서 단순한 검색 및 추가 작업을 위해 매우 최적화된 키-값 저장 모델을 제공한다. 다음 그림 3-27에서는 NoSQL 데이터베이스의 가장 대표적인 4가지 자료 구조인 문서 (Document), 키-값(Key-Value), 와이드 컬럼(Wide-Column), 그래프(Graph) 모델의 개념을 보여주고 있다.

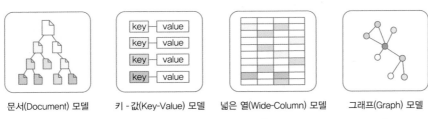

문서(Document) 모델   키 - 값(Key-Value) 모델   넓은 열(Wide-Column) 모델   그래프(Graph) 모델

그림 3-27 NoSQL 데이터베이스의 데이터 모델 (출처: learn.microsoft.com)

NoSQL이란 말은 데이터베이스에서 데이터를 저장하고 검색하는 데 사용되는 쿼리언어로 SQL 외에 다른 방법이 있다는 의미에서 "Not Only SQL"이라는 표현에 가깝다. 실제로 MongoDB에서 사용하는 쿼리언어와 CouchDB에서 사용하는 쿼리언어는 서로 다르다. 또한 NoSQL이 반드시 관계형 데이터베이스와 다르다는 것을 의미하지는 않는다. 즉, NoSQL이 NoRDBMS를 의미하지는 않으며, 반대로 NoRDBMS라고 해서 NoSQL인 것도 아니다. 모델이 서로 혼재되어 있는 경우도 있으며 아직까지 NoSQL에 대해 구체적으로 정의된 바는 없다.

NoSQL이라고 분류되는 데이터베이스들은 다음과 같은 성격을 공유하고 있다. 우선, 대부분 클러스터 환경에서 데이터베이스를 실행하기 위하여 만들어졌기 때문에 관계형 모델을 사용하지 않는 경우가 많다. 스키마(Schema) 없이 데이터베이스를 설계하고 생성하며, 스키마 구조 정의를 변경하지 않고도 데이터베이스 레코드에 필드를 자유롭게 추가 혹은 삭제할 수 있다. 다음의 특징은 대부분 오픈소스(Open Source)라는 것이다. 2000년대 초반 웹 환경에서 시작되어 그 이후에 개발된 시스템만을 NoSQL로 간주하고 있다.

DBMS의 활용

대용량의 데이터 관리나 정보 검색을 요구하는 주로 전통적인 정보처리 분야에서 DBMS를 다양하게 활용하고 있다. 개인이나 SOHO(Small Office Home Office)응용에서는 재고관리, 고객관리, 회계 및 재무 관리, 물류관리 등을 위하여 데이터베이스를 사용하며, 일반 기업에서는 ERP 시스템이나 상거래 시스템을 위한 데이터베이스를 사용하고 있다. 또한 국가기관이나 공공기관 등에서 추진하는 대형 SI(시스템 통합) 사업에서는 대규모 데이터베이스 구축이 필수작업이 되고 있는데, 대표적인 사례로서 행정전산망, 교육전산망,

금융전산망 등의 대규모 국가정책사업이 있다.

한편, 기술발전에 따라 새롭게 등장하는 응용분야에서는 기존의 텍스트 위주의 데이터베이스에서 벗어나서 비정형화된 구조와 다양한 표현형식을 갖는 데이터를 저장하고 검색하는 경우가 많다. 이미지, 그래픽, 오디오, 비디오 등의 데이터를 요구하는 CAD 및 멀티미디어 데이터베이스가 여러 분야에서 필요로 하며 웹 검색 데이터베이스가 대표적인 사례이다. GIS 분야에서는 공간정보와 관리정보를 연동해서 처리하는 데이터베이스를 사용하며, 소프트웨어 공학 라이브러리의 경우에는 프로그램을 데이터베이스에 저장하여 응용분야에서 사용하기도 한다.

데이터베이스 관리자 및 설계자

DBMS에 관련된 인력을 살펴보면 여러 유형의 기술자나 운영자를 필요로 하고 있음을 알 수 있다. DBMS 자체를 개발하는 인력은 제외하더라도 DBMS 운영 및 관리에 필요한 인력은 우선 데이터베이스 관리자로부터 응용 프로그래머, 데이터베이스 설계자, 오퍼레이터, 일반 사용자가 있다.

데이터베이스 관리자(Database Administrator)는 데이터베이스를 사용하고 있는 조직에서 여러 부서의 다양한 요구를 만족시키기 위해 일관성 있는 데이터베이스를 생성하고 관리하는 일을 결정하고 총괄하는 사람을 말한다. 응용 프로그래머는 요구되는 작업을 수행하기 위하여 데이터베이스를 사용하는 특정 응용 프로그램이나 인터페이스를 구현하는 사람이다. 앞 절의 예에서 필요한 성적표 관리 프로그램이나 학적관리, 교원정보관리 등의 프로그램을 C, 코볼(COBOL), 자바(Java) 등의 언어를 사용하여 개발한다.

한편, 데이터베이스 설계자는 데이터 모델을 분석하여 데이터베이스 모델을 설계하고 수정이나 보완 작업을 직접 수행하는 사람이며, 오퍼레이터는 DBMS가 실행되는 컴퓨터를 관리하는 사람을 말한다. 마지막으로는 데이터를 질의하거나 보고서를 생성하기 위하여 데이터베이스를 사용하는 일반 사용자가 있다. 앞의 예인 경우 학생처나 교무처에서 성적처리, 입시처리, 급여처리 등을 위해 데이터베이스 인터페이스를 통해 데이터질의나 보고서 작성을 수행한다.

연습문제

주요 개념 요약(괄호 넣기)

01 하드웨어와 응용소프트웨어 사이에서 인터페이스 역할을 하는 프로그램으로 운영체제, 데이터베이스, 유틸리티 소프트웨어 등을 포함하는 소프트웨어를 (   )라고 한다.

02 애플사에서 1984년 매킨토시 기종에 초기부터 사용한 운영체제로 요즘 널리 사용하고 있는 GUI 방식의 인터페이스를 최초로 탑재한 운영체제는 (   )이다.

03 하나의 작업을 여러 개의 CPU가 실행하여 더 빠르게 하는 기술을 (   )라고 하며 여러 개의 프로그램을 여러 개의 CPU가 실행하여 전체적인 성능을 향상시키는 기술을 (   )라고 한다.

04 컴퓨터 하드웨어에서 자료 표현의 기본 단위인 비트의 값 0과 1로 그대로 표기하는 언어로 저수준 언어에 해당되는 언어는 (   )이다.

05 고수준 프로그램 언어로 작성된 소스 프로그램(Source Program)을 기계어로 번역하여 그 결과를 오브젝트 코드(Object Code)라 불리는 실행 가능한 프로그램으로 저장해 두는 방식을 (   ) 방식이라고 한다.

06 C, 파스칼(Pascal), 베이직(BASIC), PL/I, 에이다(Ada) 등 컴퓨터가 수행할 작업의 내용을 순서대로 작성해주는 언어를 (   )라고 한다.

07 데이터베이스 테이블에서 각각의 가로 행에 해당하는 한 줄의 필드를 (   )라고 하며, 이들 필드들은 서로 연관된 데이터를 가지고 있다.

08 데이터베이스 테이블에서 특정한 필드 값을 가지는 레코드를 검색하기 위해서 사용하며, 중복된 값을 가지지 않는 필드를 (   )라고 한다.

09 추가, 수정, 검색 등의 작업을 하기 위한 시스템 인터페이스를 제공하며 데이터베이스를 관리해주는 소프트웨어를 (   )이라고 한다.

10 기존의 관계형 데이터베이스 보다 관계형 형식에 덜 제한적인 모델을 지원하며 클라우드 환경에서 단순한 검색 및 추가 작업을 위해 매우 최적화된 키 값 저장 모델을 제공하는 데이터베이스를 (   )이라고 한다.

주요 개념 확인(단답식)

01 다른 응용 프로그램들이 실행되는 기반이라는 의미로 플랫폼(Platform)이라고도 불리며, 컴퓨터의 시동을 관장하고, 사용자 인터페이스를 제공하며, 프로그램의 실행이나 컴퓨터의 각종 자원을 관리하는 것은 무엇인가?

02 운영체제의 가장 기본적인 기능 중 하나로 컴퓨터 시동이 있다. 컴퓨터를 시동시키는 방법으로는 전원 버튼을 누름으로써 전원을 연결시켜 컴퓨터를 시작시키는 방식을 무엇이라고 하는가?

03 실행 중인 프로그램을 적당한 크기로 나누어 현재 실행에 꼭 필요한 부분은 RAM에 배치하고 당장 필요하지 않는 부분은 하드디스크에 배치하였다가 필요하게 되면 바꾸어 로드하여 RAM 용량이 훨씬 큰 것처럼 느끼도록 처리하는 기법은 무엇인가?

04 컴퓨터가 수행할 작업 순서대로 프로그램을 작성하는 것이 아닌 인간이 이해하기 쉬운 사물이나 개념을 객체(Object)로 표현하고 이들 객체 위주로 프로그램을 작성하는 언어를 무엇이라고 하는가?

05 프로그램을 기계어로 바꾸는 방식 중에서 실행할 때마다 소스 프로그램을 한 줄씩 기계어로 해석하여 바로 실행을 하는 방식은 무엇인가?

06 사용자 인터페이스의 종류로, 사용자가 키보드에서 문자 형태의 명령을 직접 타이핑하여 입력하는 방식을 뭐라고 하는가?

07 유닉스 계열의 운영체제 중 대표적인 공개 소프트웨어로서, 1991년 당시 핀란드 헬싱키 대학의 대학원생이던 토발즈(Torvalds)가 개발한 운영체제의 이름은?

08 휴대폰, TV 셋톱박스, 산업용 전자기기, 로봇 등과 같이 규모가 작은 장치들의 작동에 필요한 운영체제를 무엇이라고 하는가?

09 1991년 썬 마이크로시스템즈사가 차세대 프로그래밍 언어로 개발한 대표적인 객체지향 언어로 실행 시에 JVM을 사용하여 바이트코드를 해석하는 언어는?

10 데이터베이스에서 특정한 정보를 요청하는 질문을 수행하기에 최적화된 언어로서 테이블이나 레코드의 내용을 수정하고, 원하는 레코드나 필드에 대해 검색하며, 결과를 원하는 리포트 형태로도 작성해 주는 가장 널리 사용되는 질의어를 무엇이라고 하는가?

사고 능력 함양(객관식)

01 소프트웨어의 종류에는 응용 소프트웨어와 시스템 소프트웨어가 있다. 다음 중 시스템 소프트웨어에 속하지 않는 것은?

    a. 유틸리티 소프트웨어   b. 컴파일러

    c. DBMS   d. 상용 소프트웨어

02 시스템 소프트웨어의 계층적 구조에서 하드웨어를 직접 제어하고 자원을 관리해주는 계층을 운영체제라고 한다. 이러한 운영체제의 역할로 거리가 먼 것은?

    a. 메모리 및 파일 관리   b. 사용자 인터페이스 제공

    c. 컴퓨터 시동   d. 응용 프로그램 유지 보수

03 운영체제의 기본적인 기능의 하나로 사용자 인터페이스를 제공하는 작업이 있다. 사용자 인터페이스의 유형 중 사용자가 키보드에서 문자 형태의 명령을 직접 타이핑하여 입력하는 방식을 뭐라고 하는가?

    a. 자연적 UI(NUI)   b. 그래픽 UI(GUI)

    c. 명령어(Command Line) 방식   d. 음성 UI

04 다수의 사용자가 여러 개의 프로그램을 동시에 실행하거나 하나의 프로그램을 더 빠르게 실행하고자 하는 경우에 다양한 기술이 필요하다. 여러 개의 프로그램을 동시에 실행하는 다중작업(Multitasking) 기술에 대한 설명 중 틀린 설명은?

    a. CPU가 하나인 PC에서 여러 개의 작업을 시간을 분할하여 순서대로 돌아가며 실행하는 기술을 시분할 기법이라고 한다.

    b. 운영체제의 주요 기능으로 시스템 자원을 프로그램이나 주변기기에 할당하여 실행을 제어하는 프로그램의 실행관리 또는 자원관리라고 불리는 작업에 해당한다.

    c. 여러 개의 작업을 한 개의 CPU가 실행하여 처리하는 기술을 병렬처리라고 한다.

    d. 여러 개의 프로그램을 여러 개의 CPU가 실행하여 전체적인 성능을 향상시키는 기술을 다중처리라고 한다.

05 일반적으로 파일이름은 문자나 숫자 등으로 구성되며, 이름 끝에 점(.) 다음에는 파일의 종류를 알 수 있도록 확장자를 붙인다. 다음 중 문서에 해당하는 파일 확장자가 아닌 것은?

    a. .hwp   b. .exe   c. .doc   d. .html

06 1970년대에 들어와 소프트웨어의 개발이 활발해지면서 작성이 용이하고 체계적인 프로그래밍 언어의 요구가 증가되었다. 특히 컴퓨터가 수행할 작업의 내용을 순서대로 작성해주는 절차적 언어의 필요성이 대두되었다. 다음 중 절차적 프로그래밍 언어가 아닌 것은?

    a. 파스칼   b. C++   c. 베이직   d. C

07 파이썬(Python) 언어는 1991년 귀도 반 로썸(Guido van Rossum)이라는 프로그래머가 발표하고 비영리 기관인 파이썬 소프트웨어 재단이 관리하고 있다. 파이썬과 가장 관련 없는 키워드는?

    a. 풍부한 라이브러리   b. 객체 지향 언어   c. 동적 타이핑   d. 컴파일러

08 데이터베이스에 보관된 데이터를 추가, 수정, 검색 등의 작업을 하기 위한 시스템 인터페이스를 제공하며 데이터베이스를 관리해주는 소프트웨어를 데이터베이스 관리시스템(DBMS)이라고 한다. 데이터베이스 관리시스템에 대한 설명으로 올바르지 않은 것은?

    a. 여러 사람이 동시에 한 데이터에 접근하면 모든 접근을 차단한다.

    b. 데이터를 효율적으로 관리할 수 있으며 다양한 사용자 인터페이스를 제공한다.

    c. 질의어를 통해 효율적인 데이터 검색이 가능하며 보고서 작성기를 통하여 원하는 형태의 보고서를 바로 작성하는 기능을 제공한다.

    d. 시스템 오류 등의 경우를 대비하여 백업 및 복구 기능을 갖추었다.

09 테이블에서 특정한 필드 값을 가지는 레코드를 검색하기 위해서 인덱스 키(Index Key)를 사용하며, 중복된 값을 가지지 않는 필드를 인덱스 키로 지정한다. 다음 중 각 테이블의 인덱스 키로 가장 적당하지 않은 것은? (인덱스 키는 밑줄로 표시함)

    a. 학생정보 (<u>학생ID</u>, 이름, 전화, 이메일)

    b. 교수정보 (<u>교수ID</u>, 이름, 학과, 이메일)

    c. 과목별_성적부 (<u>과목코드</u>, 과목명, <u>학점</u>, 강사, 학생ID, 이름, 점수, 성적, 이수학기)

    d. 수강정보(<u>학생ID</u>, 학생이름, <u>과목코드</u>, 과목명)

10 NoSQL 데이터베이스는 기존의 관계형 데이터베이스 보다 관계형 형식에 덜 제한적인 모델을 지원한다. NoSQL 데이터베이스는 클라우드 환경에서 단순한 검색 및 추가 작업을 위해 매우 최적화된 키 값 저장 모델을 제공한다. NoSQL의 자료구조가 아닌 것은?

    a. 스키마   b. 그래프   c. 문서   d. 와이드 컬럼

01 컴퓨터 하드웨어를 동작시키려면 프로그램으로 작성된 소프트웨어가 필요하며, 소프트웨어는 시스템 소프트웨어와 응용 소프트웨어로 구분할 수 있다. 시스템 소프트웨어와 응용 소프트웨어의 각각의 기능과 차이점은 무엇인지 설명하라.

02 프로그래밍 언어를 해석하여 컴퓨터에서 실행시키는 방법으로 컴파일러와 인터프리터 방식이 있다. 두 방식의 차이점을 설명하라.

03 초기의 고수준 프로그래밍 언어로는 포트란(FORTRAN)이나 코볼(COBOL)이 많이 사용되었다. 그 후 절차적 언어로는 C와 베이직(BASIC)이 많이 사용되고 있으며, 객체지향 언어로는 C++ 및 자바(Java)가 많이 사용되고 있다. 초기 고수준 언어, 절차적 언어, 객체지향 언어의 특징을 설명하고 차이점을 비교하라.

04 데이터베이스의 유형 중에서 현재 가장 널리 사용되고 있는 관계형 데이터베이스의 특징은 무엇인가? 관계형 데이터베이스에 적합한 데이터의 종류에는 어떠한 것이 있는지 예를 들어 설명하라.

05 데이터와 트래픽의 양이 기하급수적으로 증가함에 따라 여러 대의 컴퓨터에 데이터를 분산 저장하고 처리하는데 편리한 NoSQL 데이터베이스 모델의 장점과 어디에 사용되는지 예를 들어 설명하라.

04

프로그램 개발과 응용 소프트웨어

단원개요 ●───

컴퓨터를 작동시키는 데에는 시스템 소프트웨어가 필요하고 사용자가 원하는 작업을 하는 데에는 응용 소프트웨어가 필요하다. 이러한 소프트웨어를 개발하려면 컴퓨터 프로그램을 작성하여 원하는 작업을 하도록 해야 한다. 이 장에서는 우선 프로그램 개발에 가장 기본이 되는 자료구조와 알고리즘에 대해서 배우고, 간단한 프로그램 코딩이 아닌 특정 목적을 수행할 수 있는 시스템으로 개발하기 위한 소프트웨어 개발 방법론을 소개한다. 그리고 응용 소프트웨어를 몇 가지 방법으로 분류하여 살펴보고 사무용과 비즈니스용으로 흔히 접하는 소프트웨어를 소개한다.

4.1 자료구조와 알고리즘

프로그램을 작성하기 위해서는 우선 프로그래밍 언어를 알아야 하지만, 제대로 된 프로그램을 작성하려면 자료구조와 알고리즘에 대한 이해가 있어야 한다. 이 절에서는 프로그래밍의 가장 기본 지식이 되는 자료구조와 알고리즘에 대해 개념과 종류를 배워본다.

4.1.1 프로그래밍의 기초

프로그램(Program)의 본질

컴퓨터 프로그램이 하는 가장 기본적인 일은 입력된 데이터를 표현하고, 그렇게 표현된 데이터를 처리하여 결과물을 출력하는 것이다. 프로그램에서 입력된 데이터를 상황에 맞는 구조로 저장하기 위해 자료구조를 선택하여 데이터를 표현하고, 자료구조(Data Structure)에 있는 데이터에 대해 주어진 문제를 해결하는 방법을 알고리즘(Algorithm)

으로 정리해야 한다. 즉, 프로그램의 본질은 데이터를 처리하고 저장하기 위한 데이터 구성 방법인 자료구조와 이런 자료구조를 활용하여 데이터를 활용할 수 있는 절차인 알고리즘의 집합이라고 할 수 있다. 예를 들어, 성적처리 프로그램에서는 각 학생의 정보과 성적 등을 1차원 혹은 2차원 배열의 자료구조에 저장하고, 합계를 구하거나 이름순서 혹은 성적순서 대로 정렬하는 알고리즘을 적용하여 원하는 처리 결과를 구한다.

그림 4-1 프로그램 = 자료구조 + 알고리즘

최근 다수의 IT기업들이 프로그래머를 채용할 때 자료구조나 알고리즘에 대한 이론 시험 및 코딩 테스트를 진행하는 경우가 많다. 자료구조와 알고리즘은 프로그램 개발에 기본이 되기 때문에 이를 잘 모르면 단순 기능공과 같이 코딩만 할 줄 아는 단순 프로그래머이므로 익숙한 개발 환경이 변경될 경우 제대로 된 프로그램을 개발하기 쉽지 않다. 자료구조와 알고리즘에 대한 기본 이해와 지식이 있으면 개발 언어나 환경에 의존성이 없는 프로그램의 본질을 개발하는 능력을 갖출 수 있으므로 컴퓨터 소프트웨어 관련 학과에서는 기초 과목으로 가르치고 있다.

자료구조(Data Structure)

자료구조는 프로그램에서 데이터의 접근 및 수정을 가능케 하는 데이터들의 구성, 관리, 저장하는 방법을 의미한다. 더 구체적으로 자료구조는 데이터 값의 모임, 데이터 간의 관계, 그리고 데이터에 적용할 수 있는 함수나 명령을 포함한다. 적절히 선택한 자료구조는 프로그램 내에서 효율적인 알고리즘 적용이 가능하게 되어 원하는 결과를 신속하게 얻을 수 있게 한다.

동네 커피숍에서 고객의 쿠폰카드를 보관하는 방법을 그림 4-2에서와 같이 살펴보자.

(a) 고객카드가 많지 않은 경우 별다른 생각 없이 쿠폰카드를 상자에 넣어 둘 수 있지만 고객이 많아지면 카드를 찾을 때 번거로워진다.

(b) 많은 카드를 효율적으로 보관하는 방법 중에 하나는 가나다 순으로 정렬하여 상자에

보관하는 방법이다.

ⓒ 상자에 칸이 여러 개라면 더욱 효율적으로 보관하고 찾을 수 있을 것이다. 이와 같이 자료를 저장하는 방법이 자료구조이며 그 자료구조에 따라 보관 및 검색 등 자료 처리를 쉽게 할 수 있다.

(a) 순서없이 보관   (b) 이름 순서대로 보관   (c) 상자 두 개에 몇 개의
                                              칸으로 나누어 보관

그림 4-2 고객카드를 보관하는 방법

프로그램을 제대로 설계하려면 적절한 자료구조의 선택이 우선되어야 한다. 최종 프로그램의 성능은 자료구조의 선택에 따라 좌우되기 때문이다. 자료구조가 결정되면 적용할 알고리즘이 구체화될 수 있거나, 반대로 알고리즘에 따라 자료구조가 결정되기도 한다. 앞 고객카드 예에서 보관 방법에 따라 원하는 고객의 카드를 찾는 방법이 다르게 된다. 카드를 보관하는 자료구조가 효율적이면 카드를 검색하는 알고리즘도 더욱 효율적으로 될 수 있다.

알고리즘(Algorithm)

알고리즘이란 어떤 문제를 풀기 위한 일련의 절차나 방법을 공식화한 형태로 표현한 것을 의미한다. 예를 들어 고객카드가 성씨에 따라 두 개 상자에 각각 세 개의 칸에 나누어져 있는 경우 카드를 찾는 방법을 생각해보자. 우선 첫 번째 상자에서 'ㄱ'으로 시작하는 이름은 첫 번째 칸에 있고, 'ㄴ'부터 'ㅁ'은 두 번째 칸, 'ㅂ'과 'ㅅ'은 세 번째 칸에 있으며 두 번째 상자에는 'ㅇ'이 첫 번째 칸, 'ㅈ'은 두 번째 칸, 나머지가 세 번째 칸에 있다고 하자. 만약에 고객의 성씨가 'ㅇ'보다 앞이면 첫 번째 상자에서 찾고 아니면 두 번째 상자에서 찾는다. 다시 성씨에 따라 어느 칸인지 찾은 다음 칸 내에서 순서대로 찾으면 된다. 이러한 과정을 특정한 형태로 표현 한 것이 알고리즘이며, 간단히 순서도로 표현하면 다음 그림 4-3과 같다.

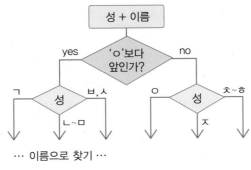

그림 4-3 고객카드를 찾는 알고리즘

4.1.2 자료구조의 유형

컴퓨터 프로그램에서 자료구조는 데이터를 효율적으로 다룰 수 있도록 데이터 저장방법과 데이터에 대한 연산 방법을 포함한 개념이다. 예를 들어, 프로그램에서 단순 정수를 나타내는 int라는 자료형은 32비트 공간 사용방법과 이에 대한 산술연산 및 논리연산 방법을 정의해 놓고 있다. 프로그래밍 언어에서 자료구조는 int와 같이 데이터형(Data type)으로만 구분되는 단순 자료구조와 복합 자료구조로 구분된다. 단순 자료구조는 정수, 실수, 문자, 문자열 등 데이터의 값을 처리하도록 일반적으로 프로그램 언어에서 제공하고 있다. 복합 자료구조에는 다음 그림 4-4와 같이 선형구조와 비선형구조 및 파일구조로 구분된다. 이 중에서 대표적으로 많이 사용되는 자료구조의 유형을 소개한다.

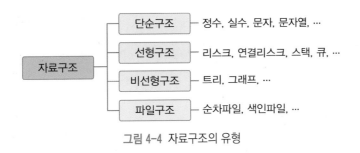

그림 4-4 자료구조의 유형

선형(Linear) 자료구조

해당 자료구조에 속해있는 데이터들 사이에 앞뒤 관계가 1:1인 경우로 데이터 요소들이 순차적으로 나열되어 있는 자료구조이다. 선형 자료구조에는 대표적으로 배열(Array), 스택(Stack), 큐(Queue) 등이 있다.

배열(Array)은 가장 기본적인 자료구조로서 데이터 요소들을 단순히 순차적으로 저장한 구조로서 리스트(List)라고도 한다. 배열로 저장한 데이터 요소들은 인덱스 번호로 구분하고 접근할 수 있다. 예를 들어, 20명으로 구성된 어느 학급의 학생명단을 Students[20]이라는 배열에 저장되어 있고, 1번이 '강해린'이고 8번이 '김민지'라고 하자. 이 경우 Students[0]에 '강해린'이 저장되어 있고, Students[7]에 '김민지'가 저장되어 있어서, 필요할 때 배열의 인덱스 번호를 이용하여 데이터 요소에 항상 접근할 수 있다. 프로그램 언어에서 처리 과정의 효율을 위해 배열의 인덱스 번호는 0부터 시작하는 경우가 많다.

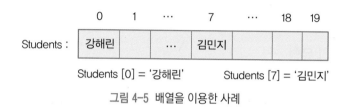

그림 4-5 배열을 이용한 사례

스택(Stack)은 데이터를 순차적으로 저장하는 점에서는 배열과 비슷하지만 데이터 요소에 접근하는 방식이 다르다. 배열은 인덱스 번호로 데이터 요소에 접근하는 대신 스택은 항상 마지막에 저장한 데이터만 꺼내어 사용할 수 있다. 우리가 뷔페에서 사용하는 접시를 쌓아두는 스택과 같은 개념이다. 스택은 여러 프로그램에서 다양하게 사용되고 있는데, 한 예로 데이터의 순서를 바꿀 때 긴요하게 사용될 수 있다. '거꾸로'라는 단어를 앞뒤 순서를 바꾸어 '로꾸거'라는 단어로 만들고 싶을 때 그림 4-6에서와 같이 스택 자료구조에 넣었다가 꺼내면 역순으로 바뀐다.

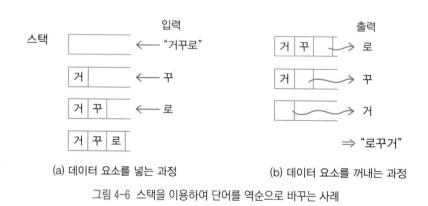

(a) 데이터 요소를 넣는 과정   (b) 데이터 요소를 꺼내는 과정

그림 4-6 스택을 이용하여 단어를 역순으로 바꾸는 사례

큐(Queue)는 스택과 반대로 먼저 저장한 데이터 요소가 먼저 나오는 자료구조이다. 공연장이나 식당, 은행 등 복잡한 장소에서 입장하고 일을 처리할 때 줄서는 것과 같은 이치이다. 운영체제나 업무처리 프로그램에서 먼저 의뢰된 일을 먼저 처리하고자 할 때 요청사항을 큐에 저장해 놓고 순서대로 꺼내어 일을 처리해 줄 수 있다. 다음 그림 4-7에서는 큐를 이용하여 식당에서 주문 요청을 접수하여 순서대로 처리하는 과정을 보여주고 있다.

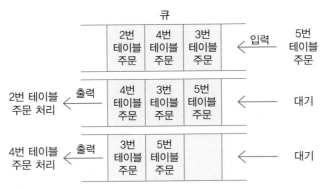

그림 4-7 큐를 이용하여 순서대로 일을 처리하는 사례

비선형(Non-Linear) 자료구조

자료구조에 속해있는 데이터들이 한 데이터 요소에서 여러 데이터 요소로 연결되기도 하고, 여러 데이터 요소가 하나의 데이터 요소로 연결되기도 하는 비선형 관계를 가지고 있다. 데이터 요소들이 순차적이지 않고 복잡한 연결 구조로 표현되는 자료구조이다. 비선형 자료구조에는 대표적으로 트리(Tree), 그래프(Graph) 등이 있다.

트리(Tree)는 맨 꼭대기에 있는 부모 노드 밑에 여러 자식 노드가 연결되는 구조로, 자식 노드가 부모가 되어 다시 각각의 자식 노드가 연결되는 반복적인 형태의 자료구조이다. 자식이 항상 두 개 이내인 경우에는 이진트리(Binary Tree)라고 한다. 트리는 매우 다양하게 사용하는 자료구조로서 우리가 사용하는 PC에서 파일들의 폴더 구조를 표현하거나 검색을 효율적으로 하기 위한 자료 보관에도 매우 유용하게 사용되고 있다. 그림 4-8(a)에서 보듯이 각 저장장치의 루트 폴더/디렉터리 밑에 사용자가 작성한 폴더가 트리구조 형태로 표현된다. 그림 4-8(b) 한글 문서편집기의 도움말을 작성하기 위해 상단 메뉴에 있는 명령을 가나다 순으로 이진트리에 저장해 놓은 것을 보여주고 있다. 부모 노드보다 왼쪽 자식 노드는 가나다 순에서 항상 앞쪽이고 오른쪽 자식 노드는 항상 뒤쪽이므로, 검색할 때 매우 편리하게 원하는 단어를 찾아갈 수 있다.

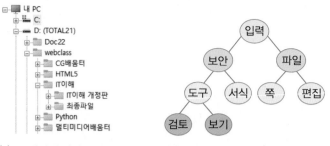

(a) PC에서 폴더의 트리 구조   (b) 메뉴의 명령을 이진트리에 보관

그림 4-8 트리 구조의 사용 사례

또한 프로그램을 컴파일하여 실행시킬 때 프로그램에 포함되어 있는 수식을 트리로 표현하면 수식의 계산을 편리하게 할 수 있다. 예를 들어, $3x^2 + (y + 1)^2$ 라는 2차 방정식이 있다면 우선 2차 방정식이 그림 4-9(a)와 같이 이진트리로 표현할 수 있다. 만약 x가 3이고 y가 4인 경우 수식을 계산하려면 그림 4-9(b)에서와 같이 가장 아래쪽의 노드부터 차례대로 계산하면서 루트 노드까지 올라가면 된다.

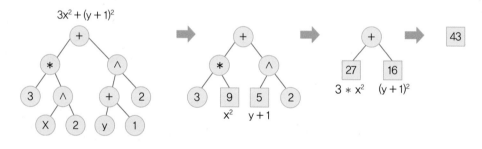

(a) 수식을 이진트리로 표현   (b) 수식을 트리에서 계산하는 과정 (x = 3, y = 4인 경우)

그림 4-9 수식을 이진트리로 처리하는 과정

그래프(Graph)는 트리와 달리 루트 노드가 없이 노드 간에 임의의 방향으로 서로 연결되어 있는 자료구조이다. 노드는 꼭지점(Vertex)라고도 불리며 노드와 노드 사이의 연결선은 변 또는 엣지(Edge)라 불리며 변에도 값을 할당할 수 있다. 그래프의 유형으로는 변에 방향성이 있는 경우와 없는 경우 등 다양한 구조로 설계될 수 있다. 그래프 자료구조는 인터넷 서버 연결과 같은 컴퓨터 네트워크의 연결 상태를 표현하는데 매우 적격이다. 그림 4-10(a)와 같이 도시나 지역 간에 거리를 저장하고 교통량에 따라 최적의 경로를 찾는 내비게이션 응용에도 효율적인 자료구조로 사용되고 있다. 또한, SNS에서 친구 추천을 위한

팔로우 관계 표현에 방향성 있는 그래프가 사용되기도 한다. 그림 4-10(b)에서 보듯이 민지나 혜인은 지윤을 직접 팔로우하지 않지만 여라나 하니를 통해 연결되어 있으므로 친구 추천을 받도록 하고 있다.

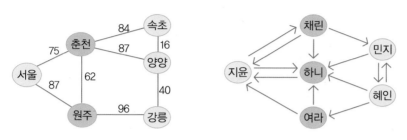

(a) 도시간 거리를 나타내는 그래프   (b) SNS 친구 팔로우를 표현하는 방향 그래프

그림 4-10 그래프의 사용 예

4.1.3 알고리즘의 개념

알고리즘의 정의

알고리즘이란 어떠한 문제를 해결하기 위한 절차나 방법을 표현한 것이다. 더 구체적으로 설명하면 수학이나 컴퓨터 프로그램에서 어떤 문제를 풀기 위한 일련의 단계적 절차를 공식화한 방법으로 표기한 것이다. 알고리즘은 경우에 따라서 애매하게 표현되는 것이 아니라, 어떠한 입력 따라 절차를 명확하게 실행하여 입력에 따른 결과물을 효과적으로 도출할 수 있어야 한다. 이를 정리하면 다음과 같다.

- 입력(Input): 0개 또는 그 이상의 입력 데이터가 있어야 한다.
- 출력(Output): 하나 이상의 처리 결과가 있어야 한다.
- 명확성(Definiteness): 각 처리 단계는 모호함이 없이 명확해야 한다.
- 유한성(Finiteness): 각 단계가 유한한 횟수로 수행되어 문제를 해결하고 종료해야 한다.
- 효과성(Effectiveness): 모든 연산이나 처리 단계들이 사람들이 손으로 유한한 시간 안에 수행할 수 있을 정도로 충분히 단순해야 한다.

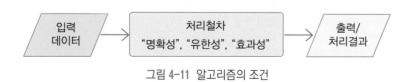

그림 4-11 알고리즘의 조건

컴퓨터 프로그램은 하나 또는 여러 개의 정교한 알고리즘의 집합이라고 할 수 있으며, 알고리즘은 반복되는 문제를 풀기 위한 처리절차인 프로시저를 의미한다. 알고리즘 자체는 반드시 컴퓨터에서 실행되는 것만이 아니라 컴퓨터가 등장하기 이전부터도 존재했다. 사람이 손으로 주어진 문제를 일정한 절차로 풀더라도 알고리즘에 해당한다. 다만, 컴퓨터의 발전과 함께 알고리즘 역시 급속도로 발전하게 된 것이다.

알고리즘(Algorithm)이란 말은 지금은 우즈베키스탄이지만 9세기 페르시아의 수학자 알콰리즈미(Al-Khwarizmi)의 이름에서 유래되어 한글로 알고리듬 혹은 알고리즘으로 표기한다. 수학에서 숫자를 세는 방법인 기수법을 알고리즘(Algorism)이라고 하는데 두 개의 단어는 서로 다르므로 구별해야 한다.

알고리즘의 표현 방법

알고리즘을 표현하는 데에는 크게 자연어, 의사코드, 순서도의 3가지 방법이 많이 사용된다.

- 자연어: 사람이 이해하기 쉽도록 일반적인 언어로 설명되어 있는 형태이다. 일상적인 언어를 사용하여 쉽게 표현할 수 있지만 모호하게 표현될 수 있다는 단점이 있다.
- 의사코드(Pseudocode): 자연어도 아니고 프로그래밍 언어도 아닌 중간 단계의 언어로 형식적이고 명확한 제어 구조는 갖추고 있으나 상세 구현 절차까지는 표현하지 않는다. 의사코드는 실제 프로그램이 아니므로 컴퓨터에서 실행할 수는 없지만 알고리즘을 대략적으로 모델링하는데 많이 사용되고 있다. 의사코드는 실제 프로그래밍 언어처럼 특정 문법에 따르는 것이 아니라 다양한 방법으로 작성되고 있다.
- 순서도(Flowchart): 주어진 문제를 해결하는 절차를 약속된 기호로 나타낸 다이어그램이다. 여러 종류의 상자와 이를 이어주는 화살표를 이용해 주어진 문제에 대한 처리 절차를 보여준다.

예제(1): 최대값 찾기 알고리즘

여기서는 두 가지 간단한 예제를 통하여 알고리즘의 표현 방식을 살펴보기로 하자. 우선 주어진 배열에서 최대값을 찾는 매우 간단한 알고리즘을 살펴보자. 먼저 첫 번째 데이터를 임시로 max에 저장한 후 두 번째부터 서로 비교하면서 큰 것을 max에 저장하면 된다. 이를 자연어, 의사코드, 순서도로 표현하면 다음의 그림 4-12와 같다.

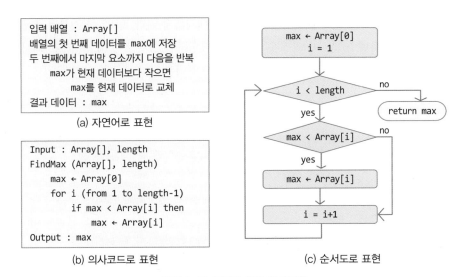

```
입력 배열 : Array[]
배열의 첫 번째 데이터를 max에 저장
두 번째에서 마지막 요소까지 다음을 반복
    max가 현재 데이터보다 작으면
        max를 현재 데이터로 교체
결과 데이터 : max
```

(a) 자연어로 표현

```
Input : Array[], length
FindMax (Array[], length)
    max ← Array[0]
    for i (from 1 to length-1)
        if max < Array[i] then
            max ← Array[i]
Output : max
```

(b) 의사코드로 표현

(c) 순서도로 표현

그림 4-12 최대값 찾기 알고리즘

많이 사용하는 프로그래밍 언어인 파이썬과 C언어를 이용하여 최대값 찾기 알고리즘을 프로그램으로 코딩하면 다음 그림 4-13과 같이 작성할 수 있다.

```python
# Python Code
Array = []

def FindMax (Array)
    max = Array[0]
    length = len(Array)
    for i in range(length):
        if max < Array[i]:
            max = Array[i]
    return max
```

(a) 파이썬 함수로 코딩

```c
// C Language Code
int FindMax (int Array[], int length)
    max = Array[0]
    for (int i=0; i<length; i++) {
        if (max < Array[i]) {
            max = Array[i];
        }
    }
    return max
}
```

(b) C언어 함수로 코딩

그림 4-13 최대값 찾기 알고리즘을 프로그램으로 코딩

예제(2): 버블 정렬(Bubble Sort) 알고리즘

두 번째 사례로 보여주는 버블 정렬 알고리즘은 정렬 알고리즘 중에서 상당히 느린 편이지만 코드가 간단하여 많이 사용된다. 첫 번째 단계에서는 배열에 있는 n개의 데이터에 대해 바로 이웃끼리 비교하면서 최대값을 구한다. 배열의 첫 번째 데이터부터 다음의 데이터를 비교하여 큰 것을 뒤로 놓으면 맨 마지막 데이터가 최대값이 된다. 다음 단계에서는 마지막 데이터를 제외하고 n-1개 데이터에 대해 최대값을 마지막 항목에 구해 놓는다. 매번 마지

막 1개씩을 줄여 나가면 전체 배열이 크기 순서로 배치하게 된다. 만약 큰 것부터 정렬시키려면 최소값을 구하면 된다. 이 과정을 자연어로 표현하면 그림 4-14(a)와 같고 의사코드로 표현하면 4-14(b), 흐름도로 표현하면 4-14(c)와 같다.

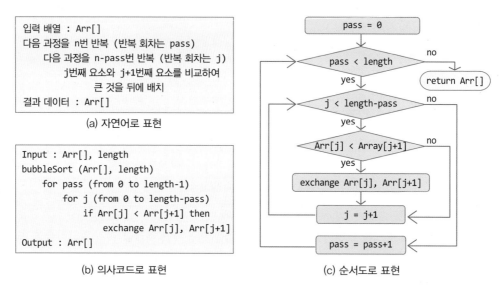

```
입력 배열 : Arr[]
다음 과정을 n번 반복 (반복 회차는 pass)
    다음 과정을 n-pass번 반복 (반복 회차는 j)
        j번째 요소와 j+1번째 요소를 비교하여
        큰 것을 뒤에 배치
결과 데이터 : Arr[]
```

(a) 자연어로 표현

```
Input : Arr[], length
bubbleSort (Arr[], length)
    for pass (from 0 to length-1)
        for j (from 0 to length-pass)
            if Arr[j] < Arr[j+1] then
                exchange Arr[j], Arr[j+1]
Output : Arr[]
```

(b) 의사코드로 표현

(c) 순서도로 표현

그림 4-14 버블 정렬 알고리즘

많이 사용하는 프로그래밍 언어인 파이썬과 C언어를 이용하여 버블 정렬 알고리즘을 프로그램으로 코딩하면 다음 그림 4-15와 같이 작성할 수 있다.

```
# Python Code
Arr = []

def bubbleSort(Arr):
    length = len(x)-1
    for pass in range(length):
        for j in range(length-pass):
            if Arr[j] > Arr[j+1]:
                Arr[j], Arr[j+1] = Arr[j+1], Arr[j]
    return Arr
```

(a) 파이썬 함수로 코딩

```
// C Language Code
int* bubbleSort(int Arr[], int length) {
    int size, j, temp;
    for (size=length-1; size>0; size--) {
        for (j=0; j<size; j++) {
            if (Arr[j] > Arr[j+1]) {
                temp = Arr[j];
                Arr[j] = Arr[j+1];
                Arr[j+1] = temp;
            }
        }
    }
    return Arr;
}
```

(b) C언어 함수로 코딩

그림 4-15 버블 정렬 알고리즘을 프로그램으로 코딩

알고리즘의 활용

최근 국내 대형 포털 기업에서 인터넷 뉴스 추천 서비스에 추천 알고리즘의 공정성이 국회에서까지 문제가 된 적이 있었다. 또한 우리가 쇼핑몰이나 도서판매 사이트에서 물품을 검색하다 보면 내가 관심 있는 물품을 계속 추천해 주는 경우도 있다. 대표적으로 동영상 공유 사이트인 유튜브를 보다 보면 내 취향에 맞추어 동영상을 추천해 주는 알고리즘이 적용된 서비스가 있어서 시간 가는 줄 모르고 보게 되는 경우가 있다. 최근에는 알고리즘에 인공지능 기술이 더해져서 더욱 효과적인 추천 서비스가 이루어지고 있다.

(a) 뉴스 추천   (b) 도서검색 추천   (c) 유튜브 추천

그림 4-16 다양한 알고리즘의 사례 (출처: 네이버, 유튜브 공식 블로그)

이러한 알고리즘은 매우 다양한 분야에서 사용이 되고 있는데, 기본적인 알고리즘의 유형을 살펴보면 탐색, 문자열, 정렬, 그래프 등의 알고리즘이 있다.

- 탐색 알고리즘(Searching Algorithm): 정렬되어 있는 배열 또는 리스트에서 어떤 요소의 위치나 존재 유무를 찾는 알고리즘이다. 순서대로 찾는 순차 탐색(Sequential Search), 절반씩 나누어 찾는 이진 탐색(Binary Search) 등 자료구조 형태에 따라 다양한 알고리즘이 있다.
- 문자열 매칭 알고리즘(String Matching Algorithm): 긴 문장에서 주어진 문자열 패턴이 어디 있는지 찾는 알고리즘으로 문서에서 단어를 검색하거나 인터넷에서 뉴스를 검색하는 등 처리 대상이 문자열인 경우 매우 다양한 방법으로 적용되고 있다.
- 정렬 알고리즘(Sorting Algorithm): 주어진 데이터를 특정 목적에 맞게 순서대로 배치하는 알고리즘으로 사용하는 자료구조나 목적에 따라 버블 정렬(Bubble Sort), 삽입 정렬(Insertion Sort), 퀵 정렬(Quick Sort) 등 다양한 알고리즘이 있다.
- 그래프 알고리즘(Graph Algorithm): 그래프 형태의 자료구조로 표현된 문제를 푸는 방법으로 그래프에서 원하는 노드를 찾아가는 탐색(Graph Search), 모든 노드를 순회하는 그래프 순회(Graph Traversal), 두 지점간 최단 경로(Shortest Path)를 찾는 등 다양한 알고리즘이 있다.

4.2 소프트웨어 개발 방법론

우리가 사용하는 소프트웨어는 프로그램 몇 줄로 이루어진 것이 아니라 경우에 따라서는 매우 방대하고 복잡한 프로그램으로 구성되어 있다. 이러한 소프트웨어를 개발할 때는 간단한 프로그램을 작성할 때와는 다르게 소프트웨어의 설계부터, 구현, 유지보수 방법까지 고려해야 한다. 이 절에서는 이러한 소프트웨어 개발 방법론에 대해 소개한다.

4.2.1 소프트웨어 공학

프로그램의 개발에는 다른 공학 분야에서처럼 체계적인 공법이 없을 뿐 아니라 눈에 보이지 않는 부분이므로 일반적인 정보시스템 개발에서 가장 어려운 부분이 소프트웨어의 개발이다. 대부분의 프로젝트에서 소프트웨어의 개발 일정과 소요 비용을 예측하는 것은 언제나 부정확하다. 또한 소프트웨어는 처음 개발하는 비용보다도 유지보수하는 비용이 훨씬 더 크다는 사실이 보편적으로 인정되고 있다. 이를 뒤집어 말하면 만약 소프트웨어를 처음 설계할 때부터 체계적으로 진행한다면 유지보수 비용이 매우 줄어 들 수 있으며, 개발일정이나 소요비용을 많이 줄일 수 있을 것이다.

소프트웨어 공학(Software Engineering)의 정의

소프트웨어 공학이란 소프트웨어를 개발하기 위하여 공학적인 방법에 기반하여 체계적인 접근을 하고 원리를 적용하는 학문분야이다. 즉, 소프트웨어의 개발, 운용, 유지보수 등 생명주기(Life Sycle) 전반을 체계적이고 서술적이며 정량적으로 다루는 학문이다. 이런 목적을 위하여 소프트웨어 공학에서는 프로그램의 개발 방법론이나 설계방법론, 품질 보증, 프로젝트 관리 및 개발 도구와 같은 소프트웨어 개발 환경들에 대해 연구하고 있다(그림 4-17 참고).

그림 4-17 소프트웨어 공학에서 다루는 내용

소프트웨어 공학의 필요성 및 목표

현재 우리 사회의 많은 시스템들이 소프트웨어에 의존하고 있으며, 하드웨어 시스템의 비용보다 소프트웨어 비용이 점차로 더 큰 비중을 차지하고 있다. 특히 소프트웨어는 개발도 비용이 많이 들어가지만 유지보수에 더 큰 비용을 소요하고 있다. 따라서 소프트웨어 공학은 좋은 품질의 소프트웨어를 최소의 비용으로 계획된 일정에 맞추어 개발하기 위하여 필요하다. 소프트웨어 공학의 궁극적인 목표를 살펴보면 다음과 같다.

- 복잡도 개선: 대규모의 소프트웨어 프로젝트는 복잡하고 개발하기 어렵다. 소프트웨어 공학은 대규모 프로젝트를 소규모로 나누어 개발하는 방법을 제시하므로 복잡도를 줄이기 위한 좋은 해결책이다.
- 비용 최소화: 프로그램 작성 시 불필요하거나 중복되는 일을 최소화하며 개발 인력이나 시간 등의 비용을 최소화한다.
- 개발기간 단축: 프로젝트 일정의 계획을 세우고 체계적인 관리를 통해 전체 개발 기간을 단축할 수 있다.
- 대규모 프로젝트 관리: 소프트웨어 공학에서 제공하는 프로젝트의 계획 및 관리 방법은 대규모 프로젝트의 경우에 더욱 효과를 볼 수 있다.
- 고품질 소프트웨어: 작성된 소프트웨어가 오류 없이 작동된다는 신뢰성을 보장하기 위하여 다양한 기법의 시험과 유지보수를 실행한다.
- 효율성: 소프트웨어 개발 및 관리 방법을 표준화하여 작업의 효율을 높인다.

4.2.2 소프트웨어 개발 단계 및 도구

소프트웨어 개발 단계

소프트웨어 개발 과정에 전통적으로 많이 적용하는 모델은 프로그램개발 생명주기(PDLC: Program Development Life Cycle) 개념으로 요구분석, 설계, 구현, 테스트, 유지보수 단계가 체계적으로 진행되어 소프트웨어 개발 완성도를 높이는 것이다.

- 요구분석(Requirement Analysis): 첫 번째는 프로그램의 사용자가 원하는 것을 정확히 파악하는 요구 분석 단계로서 사용자의 요구사항과 시스템의 기능을 명세서(Specification)로 문서화한다.
- 프로그램 설계(Program Design): 문제분석을 통하여 프로그램의 목표가 정확히 설정되면 다음으로는 프로그램의 설계에 들어간다. 프로그램 설계는 우선 사용자 인터페이스의 외부설계를 먼저하고 나서 프로그램의 내부 구성을 위한 상세설계를 한다.
- 프로그램 구현(Program Coding): 설계를 충분히 검토하고 난 뒤에 프로그램 코딩을 한다. 설계과정이 충실하다면 프로그램 구현은 상대적으로 쉬워진다.
- 테스트&수정(Testing & Debugging): 테스트를 충실히 하여야 소프트웨어 개발을 완료한 후 실제로 사용할 때 오류가 줄어들 것이다. 일반적으로 개발부서 또는 개발회사 내부에서 진행하는 것을 알파테스트라 하고, 회사 외부에서 일반사용자를 대상으로 진행하는 것을 베타테스트라고 부른다.
- 유지보수(Program Maintenance): 마지막 단계는 문서화 작업을 마무리한 후 필요에 따라 변경 요청 사항을 수정하거나 새로운 기능을 추가하는 등의 유지보수를 한다.

그림 4-18 프로그램 개발 생명주기(PDLC)의 각 단계

소프트웨어 개발 도구

소프트웨어의 개발은 노동집약적이며 개발공정의 관리가 쉽지 않으면서, 반면에 다양한 프로그램 개발 도구로 구성된 개발환경을 필요로 한다. 프로그램 개발 생명주기의 전 과정을 효율적으로 진행하고 개발 과정을 최대한 자동화하려는 경우에 CASE(Computer Aided Software Engineering) 도구들을 사용한다. CASE 도구에는 전체 공정에 걸쳐 요구사항을 정리해주는 도구로부터, 문제를 분석하고 프로그램을 설계하는 모델링도구, 프로그램 코딩을 위한 컴파일러 및 각종 도구, 테스트도구, 자료나 문서파일 등의 관리도구까지 다양한 도구들이 사용되고 있다.

초기의 소프트웨어 개발공정은 하드웨어 개발에서 아이디어를 빌려왔지만 1970년대부터 구조적 프로그래밍 개념의 발전과 더불어 구조화된 개발방법론이 발전해왔다. 최근에는 비주얼 프로그래밍과 객체지향 프로그래밍의 개념이 적용되어 CASE 도구들이 개발되고 있으며, 객체지향 개념을 바탕으로 하는 컴포넌트 기반 소프트웨어 개발 방법론이 많은 주목을 받고 있다. 이러한 구조화된 개발방법은 프로그램 코드는 물론 설계의 재사용도 가능하여 비용의 절감이나 품질개선의 효과를 얻을 수 있다. 그림 4-19에서는 프로그램개발 생명주기에서 각 단계에 따라 적용되는 CASE 도구들의 적용범위를 보여주고 있다.

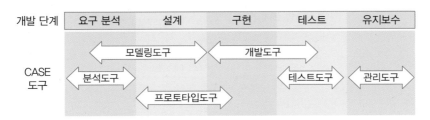

그림 4-19 프로그램 개발 생명주기(PDLC)과 CASE 도구

4.2.3 소프트웨어 프로세스 모델

일반적으로 일을 처리하는 순서나 과정을 프로세스(Process)라고 한다. 소프트웨어 개발 프로세스는 소프트웨어 개발 생명주기의 각 단계의 절차를 언제 어떻게 할 것인지 정의해 놓은 것이다. 소프트웨어 개발의 전채 진행과정을 체계화한 개념이 소프트웨어 개발 프로세스 모델로서 폭포수 모델, 프로토타이핑 모델, 나선형 모델, 애자일 모델이 많이 사용되고 있다.

폭포수(Waterfall) 모델

고전적인 모델로 그림 4-20에서 보듯이 소프트웨어 개발 단계를 순차적으로 진행한다. 소프트웨어 개발 생명주기(SDLC)의 각 단계들이 하향식으로 진행되며 병행하거나 거슬러 올라가지 않는다는 의미로 폭포수(Waterfall) 라는 명칭이 붙었다. 각 단계에서의 결과가 확정된 뒤에야 다음 단계로 넘어갈 수 있으며 각 단계별로 보고서 등의 문서로 결과물을 확인한다.

폭포수 모델은 각 단계가 명확하여 프로젝트의 진행관리가 쉬우며 체계적으로 문서화 작업을 하기 용이하고, 각 단계가 순차적으로 진행되므로 각 작업별로 전문적인 직능 중심의 프로젝트 조직이 가능해진다. 폭포수 모델은 국가 정보시스템 구축과 같은 규모가 크고 복잡하며 장기간 지속되는 프로젝트에 적합하다. 반면, 초기 단계부터 많은 분량의 문서 작업이 요구되므로 실제 구현 단계가 늦어질 수 있으며, 이전 단계로 돌아갈 수 없으므로 전 단계에서의 요구사항 변경은 해결할 수 없다. 최종결과물이 나오기 전까지 중간에 가시적인 결과를 볼 수 없으므로 많은 경험이 있는 프로젝트 리더가 필요하다.

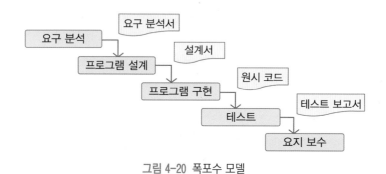

그림 4-20 폭포수 모델

프로토타이핑(Prototyping) 모델

요구사항 변화에 대처하기 힘든 폭포수 모델의 문제점에 대응하기 위하여 개선된 모델이다. 정식 버전의 소프트웨어 개발에 앞서서 사용자 요구사항을 정확히 판단하기 위한 시제품, 즉 프로토타입(Prototype)을 만들어 사용자 요구사항 피드백을 받아 반영한다. 그림 4-21에서 보듯이 프로토타입을 통하여 사용자 요구사항을 최종 확정하고 난 후 정식 버전의 개발이 진행된다.

프로토타입을 통해 개발자와 사용자의 의견교환 등 의사소통이 가능하므로 복잡한 사용자 인터페이스가 포함된 제품 개발에 효과적이며 사용자 요구사항을 충분히 반영하므로 제품의 만족도를 높일 수 있다. 그러나 반복적인 개발로 인해 소요 인력과 비용이 증가할 수 있고, 프로토타입 개발 과정에서 과도한 요구를 하는 등 프로젝트의 통제나 관리가 어려울 수도 있다.

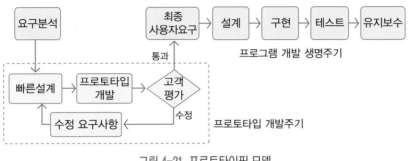

그림 4-21 프로토타이핑 모델

나선형(Spiral) 프로세스 모델

기존 프로토타이핑 모델에 위험분석 단계를 추가하여 그림 4-22에서와 같이 각 단계를 반복 순환하면서 시스템의 완성도를 높여 나가는 모델이다. 반복 과정을 거치면서 사용자의 요구가 충분히 반영되고 시스템이 더욱 구체화되므로 소프트웨어의 품질 및 만족도를 높일 수 있다. 그러나 프로젝트 기간이 길어질 수 있고 반복 횟수가 늘어남에 따라 프로젝트 관리가 어려워진다. 또한 위험분석 단계가 포함되므로 위험관리 전문가가 참여해야 한다.

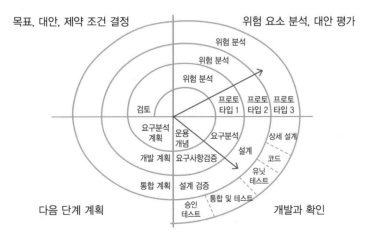

그림 4-22 나선형 프로세스 모델

애자일(Agile) 프로세스 모델

애자일 모델은 기존의 프로세스 모델에서 사용자 요구사항의 변경 요청을 처리하기 어렵다는 단점을 보완하기 위하여 짧은 개발 주기를 반복하여 사용자 요구사항 변경에 민첩하게 (Agile) 대응할 수 있도록 하였다(그림 4-23 참조). 전체적인 계획을 수립하여 문서를 통해 진행하던 폭포수 모델과는 달리 여러 번의 주기로 프로토타입을 만들어가며 필요할 때마다 요구사항을 더하여 시스템을 완성해 나간다. 최근 게임이나 모바일 앱 개발의 경우와 같이 적용할 기술이 불확실하고 변경이 많은 요구사항을 소규모 개발 조직에서 수행할 때 적절한 방식이다. 그러나 대규모의 프로젝트나 많은 인원의 팀에서는 프로젝트 관리가 쉽지 않아 적합하지 않다.

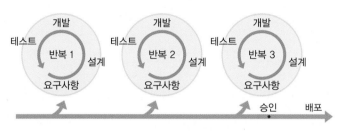

그림 4-23 애자일 프로세스 모델

4.3 응용 소프트웨어의 분류

단순히 데이터를 저장하고 파일을 관리하는 것만으로는 컴퓨터를 사용한다고 하지 않는다. 컴퓨터를 사용하는 궁극적인 목적은 특정한 업무를 처리하는 것이다. 예를 들어, 컴퓨터를 사용하여 결재 문서를 작성한다든지 영업실적을 집계하고 회계처리를 하는 간단한 것에서부터 국가기간 전산망 등 대규모 정보시스템까지 다양한 업무를 처리하는 것이다. 컴퓨터를 구동하는 운영체제나 시스템 관리를 위한 유틸리티 등 컴퓨터의 기본 기능을 수행하는 시스템 소프트웨어와 비교하여 응용 소프트웨어는 사용자가 요구하는 특정한 업무를 처리하기 위하여 작성된 프로그램이라고 할 수 있다. 사용자는 응용 소프트웨어의 도움을 받아 자신이 처리하려는 업무를 훨씬 효율적으로 수행함으로써 업무생산성을 높일 수 있다.

4.3.1 응용 소프트웨어의 활용 및 배포

응용 소프트웨어가 많이 활용되고 있는 분야를 그림 4-24와 같이 정리해 볼 수 있다. 우선 사무 생산성 향상을 위한 개인 사무용 소프트웨어 분야로 우리가 쉽게 접할 수 있는 문서작성, 표계산을 위한 스프레드시트, 프리젠테이션 등이 있다. 다음으로는 수학계산이나 통계분석, 데이터 시각화 등 과학 분석용 소프트웨어가 있다. 응용 소프트웨어의 가장 중요한 활용 분야는 무엇보다도 기업 비즈니스 및 정보시스템에서의 활용이라 할 수 있다. 전자상거래, ERP, SCM, CRM 등 비즈니스 활용을 위한 기업용 소프트웨어 분야가 있으며, 국가 기간 전산망 등의 정보시스템 분야가 있다. 그 외에도 그래픽스, 미디어, 게임 등 멀티미디어 분야, CAD/CAM 등 산업용, 교육용, 군사용, 가정용 등 다양한 분야에서 응용 소프트웨어가 사용되고 있다.

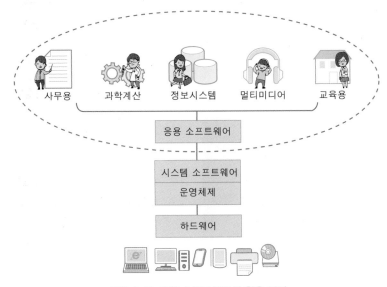

그림 4-24 응용 소프트웨어의 활용 분야

응용 소프트웨어의 배포방식

응용 소프트웨어는 사용자에 의해 직접 작성되기도 하지만, 사용자가 프로그램을 개발하는 것은 대단히 번거로운 작업이므로 대개의 경우 각 분야의 전문가나 기업에서 제작하여 제공하는 것을 사용한다. 이러한 응용 소프트웨어를 일반사용자에게 전달하는 방식으로는 번들 소프트웨어, 패키지 소프트웨어, 웹 다운로드 방식, 맞춤형 방식이 있다.

PC가 출현하기 이전인 1970년대까지의 대형 컴퓨터 시대에는 대부분의 소프트웨어가 컴퓨터와 같이 공급되었다. 컴퓨터 기종별로 하드웨어에 맞는 소프트웨어가 개발되어 컴퓨터 시스템에 내장된 후 통합된 시스템으로 제공되는 형태가 주류를 이루었다. 또한 근래에 PC의 경우에도 운영체제나 문서작성기 등 컴퓨터 시스템에 기본적으로 필요한 프로그램이 미리 설치되어 공급된다. 이렇게 하드웨어와 함께 제공되는 경우에 묶어서 함께 판매된다는 의미로 번들(Bundled) 소프트웨어라고 부른다.

그러나 PC가 출현한 이후 응용 소프트웨어를 별도의 패키지로 포장하여 판매하기 시작하였고, 이를 패키지(Package) 소프트웨어라고 부른다. 일반 사무용이나 그래픽 및 멀티미디어 소프트웨어의 경우 사용자 개인 또는 사무실에서 필요할 때 별도로 패키지 소프트웨어를 구매하여 설치하는 경우가 일반적이다. 최근에는 컴퓨터 관련 매장뿐 아니라 서점이나 사무용품 매장에서도 패키지 소프트웨어를 판매하고 있다. 패키지 소프트웨어로써 최초의 '킬러 어플리케이션(Killer Application)'은 1978년 애플 II 컴퓨터에서 표계산용 스프레드시트로 개발된 비지칼크(VisiCalc)라는 제품이다(그림 4-25 참조). 비지칼크는 지속적으로 발전하여 소프트웨어를 별도로 판매하는 기틀을 다져 나갔으며, 결국 비지칼크와 같은 응용 소프트웨어의 개발이 PC를 개인 업무의 필수품으로, 그리고 PC 산업을 전세계에서 가장 각광받는 비즈니스로 만든 계기가 되었다.

(a) 개발자 대니얼 브리클린과 로버트 프랭스턴   (b) 1979년 비자칼크 초기 버전의 광고

그림 4-25 비지칼크(Visicalc) 개발자와 초기 버전의 광고

웹 다운로드(Web Download) 소프트웨어 배포방식은 인터넷에서 사용자가 응용 프로그램의 전체 또는 일부분을 다운로드받아 실행한다. 주로 웹 환경에서 실행되는 프로그램을 웹에서 구매하여 곧바로 다운받기도 하고 별도로 구매한 응용 소프트웨어의 업그레이드 버전을 서비스로 다운로드받는 경우가 많다. 한편, 최근에는 응용 소프트웨어를 별도 구매하지 않고 필요할 때 마다 웹에 접속하여 서버에서 실행되는 프로그램을 자신의 PC에서 사용한 후 접속시간에 따라 비용을 지불하는 SaaS(Software as a Service) 방식도 등장하였다. 빈번히 사용하지 않는 고가의 응용 소프트웨어의 경우에는 구입 또는 사용 비용이 많이 줄어들 수 있다.

맞춤형(Custom) 소프트웨어 배포방식은 사용자 요구에 맞추어 직접 응용 소프트웨어를 개발해주는 방식이다. 대량 판매가 가능한 경우에는 패키지 소프트웨어나 웹방식의 판매가 가능하지만, 고객이 제한되어 있는 대규모 응용 소프트웨어의 경우에는 미리 개발하여 판매하기가 곤란하다. ERP, SCM, MIS와 같은 정보시스템의 경우 기본 기능을 포함하는 공통부분을 미리 개발하고 고객에게 알맞은 기능 및 인터페이스는 계약이 체결된 후 개발을 마무리하여 고객에게 제공하는 방식을 따른다.

<table>
<tr><td>(a) 번들 소프트웨어</td><td>(b) 패키지 소프트웨어</td></tr>
<tr><td>(c) 웹 다운로드 소프트웨어</td><td>(d) 맞춤형 소프트웨어</td></tr>
</table>

그림 4-26 응용 소프트웨어의 배포방식

응용 소프트웨어의 소유권/저작권에 따른 분류

응용 소프트웨어 개발 및 보급이 활성화되기 위해서는 무엇보다도 일반 사용자들이 적절한 대가를 지불하여 저작권보호가 보장되는 분위기가 형성되어야 한다. 그래야 관련 산업이 제대로 유지될 수 있다. 응용 소프트웨어를 저작권이나 소유권에 따라 구분해보면 상용 소프트웨어, 쉐어웨어, 프리웨어 및 공개 소프트웨어가 있다.

상용(Commercial) 소프트웨어는 제작자가 이윤을 얻기 위해 개발하여 판매하는 컴퓨터 프로그램을 말한다. 패키지 형태의 소프트웨어 판매는 주로 단일 사용자에게 사용권을 주는 형태이며, 단체 사용자에게는 여러 명이 사용할 수 있도록 사이트 사용권을 판매하기도 한다.

한편, 소프트웨어가 배포되어 사용자에게 전달될 때 구매하는 것이 아니라 일단 사용해본 후 구입하도록 하는 데모(Demo) 버전 또는 시험(Trial) 버전이 있는데 이들은 보통 쉐어웨어라고 불린다. 쉐어웨어(Shareware)는 판매를 목적으로 개발되었지만 사용자들이 일단 사용해본 후 마음에 들면 구매하는 소프트웨어이다. 대개 일정기간 동안 무료로 사용해보고 계속 사용할 마음이 있으면 정식 사용자로 등록하여 비용을 지불하는 형태로 국내에서는 평가판이라 부르기도 한다. 쉐어웨어는 제작회사로부터 직접 구하거나 홈페이지를 통해서 구할 수도 있고 인터넷 공개 자료실에서 구할 수도 있다.

프리웨어(Freeware)는 개발자가 저작권은 가지고 있지만 누구나 무료로 사용할 수 있도록 배포하는 소프트웨어로, 국내에서는 공개판이라고 부르기도 한다. 프리웨어의 경우 사용자가 사용하는 비용을 지불할 필요는 없지만 판매를 목적으로 재배포하는 것이 금지되어 있다. 다른 사용자에게 직접 판매하는 것은 물론 영리를 목적으로 하는 다른 응용 소프트웨어에 포함되는 것도 허용되지 않는다.

이에 반해 공개(Public Domain) 소프트웨어는 원 개발자가 자신의 저작권을 주장하지 않고 공개한 소프트웨어이므로 누구나 무료로 사용할 수 있을 뿐 아니라 아무런 제약 없이 복제하여 배포하는 것까지 가능하다. 오픈소스(Open Source) 소프트웨어는 소스코드까지 공개하여 일반 사용자들이 아무런 제약 없이 배포하는 것은 물론이고 소프트웨어를 수정하여 영리를 목적으로 배포하는 것도 가능하다.

그림 4-27은 저작권의 소유형태에 따라 소프트웨어의 다양한 배포방식을 보여주고 있다. 소프트웨어를 사용하거나 배포할 때 제작자가 저작권을 소유하고 있는지, 무료사용이 가능한지, 재배포가 가능한지와 같은 구분에 따라 적절히 저작권 보호를 해주어야 한다. 만약 임의로 사용하거나 배포하는 경우 소프트웨어 불법복제가 되며 이는 범죄행위로 처벌받을 수 있다.

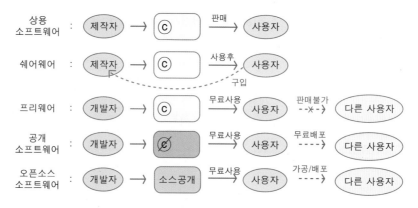

그림 4-27 저작권의 소유형태에 따른 응용 소프트웨어의 배포

4.3.2 사무용 소프트웨어

1980년대 PC의 보급과 함께 급속히 확산된 사무자동화라는 단어는 현재 사무실의 업무처리를 위해 너무도 당연한 개념으로 간주되고 있다.

사무 생산성의 향상을 위해 문서작업은 물론이고 데이터관리, 회계관리, 일정관리 등 비즈니스에 필요한 작업을 수행하며, 비즈니스에 관련된 정보수집이나 의견교환을 위한 통신환경까지 제공한다. 문서처리 작업은 다양한 형식의 문서를 작성하여 배포하고 저장하는 작업을 수행하며, 발표를 위한 프리젠테이션 문서도 작성한다. 통신 환경으로는 e-메일은 기본이고 메세징, 온라인 회의, 재택근무, 공동협업 작업 등의 기능을 지원한다. 이외의 기능으로는 자료분석 소프트웨어, 비즈니스 처리나 멀티미디어 처리 소프트웨어를 포함하는 경우도 있다.

문서작성기(Word Processor)

일반 사용자들이 PC에서 가장 기본적으로 수행하는 작업 중의 하나가 문서작성이다. 학생들은 과제물이나 논문을 작성하고, 사무실에서는 각종 공문이나 보고서를 작성하며, 일반 사용자들은 다양한 종류의 문서를 작성한다. 초창기인 1980년대까지 문서작성기는 텍스트 기반의 편집방식을 따랐으며 최종 출력모양을 화면에서 표시할 수 없었고 포맷팅 명령을 텍스트 형식으로 표현하였다.

1990년대 그래픽스 기술의 발달로 명령어 메뉴가 GUI(Graphical User Interface) 형태로 제공되고 화면에서 최종 출력모양을 보면서 포맷팅까지 직접 편집할 수 있는 WYSIWYG(What You See Is What You Get) 방식의 인터페이스가 널리 보급되었다. 텍스트의 편집 기능 이외에도 문단이나 표의 작성, 그림 그리기, 페이지 레이아웃 편집 등 다양한 기능을 포함하고 있다. 대표적인 소프트웨어로는 한글과컴퓨터사의 한글, MS 워드(Word), PDF 문서를 편집하는 어도비(Adobe)사의 아크로뱃(Acrobat) 등이 있다.

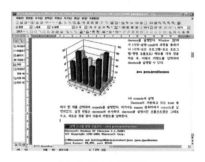

(a) 한글의 실행화면   (b) MS 위드의 실행화면

그림 4-28 문서작성기의 실행화면

표계산 스프레드시트(Spreadsheet)

프로젝트를 진행하면서 비용을 계산하거나 설문조사 데이터를 처리하고 성적처리를 위해 점수를 계산할 때 표계산 기능이 있는 프로그램을 사용하면 업무가 매우 수월해진다. 이 와 같이 회계 처리나 데이터 처리 등의 계산을 위해 표 형식의 계산용지를 컴퓨터에서 사 용하도록 구현한 표계산 프로그램을 스프레드시트라고 한다. 스프레드시트에서 기본 문서 인 시트는 표로 구성되어 있으며, 각 표는 가로 세로로 구성된 셀로 이루어져 있다. 각 셀 에 데이터를 입력하고 셀 간에 관계를 계산식으로 표현하여 주면 계산한 결과가 나오는데, 성적 계산이나 봉급 계산 등에 활용할 수 있다.

최초의 스프레드시트로 개발된 프로그램은 애플 II에서 실행되었던 비지칼크(VisiCalc)로 써 일반 사용자가 널리 사용한 최초의 응용 소프트웨어였다. 당시 스프레드시트가 PC의 주요 소프트웨어로 사용되면서 이에 힘입어 PC의 보급률도 크게 증가하였다. 요즘 사용 되는 대표적인 스프레드시트 소프트웨어로는 MS 엑셀(MS Excel), 로터스 1-2-3(Lotus 1-2-3), 한컴 넥셀 등이 있다.

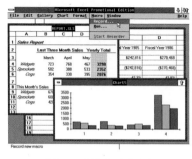

(a) MS 엑셀의 실행화면   (b) 한컴 넥셀의 실행화면

그림 4-29 스프레드시트의 실행화면

프리젠테이션 그래픽스(Presentation Graphics)

회의에서 보고서를 발표하거나 강의를 할 때 슬라이드 쇼 형식을 이용하여 진행하면 전달 효과가 훨씬 높아진다. 프리젠테이션 소프트웨어는 발표용 슬라이드를 편집하며 쇼 디스플레이 기능을 설정하고 제어하는 프로그램이다. 슬라이드의 내용은 텍스트, 이미지, 도표, 그래픽, 오디오/비디오 클립 등 다양한 요소를 이용하여 편집할 수 있으며 다양한 스타일 템플릿을 제공하므로 마음에 드는 레이아웃을 쉽게 편집할 수 있다. 슬라이드 쇼 실행을 할 때 페이지의 변환이나 글자나 그림의 출현방식이 다양하고 애니메이션 기능도 제공하여 사용자가 원하는 다양한 슬라이드 쇼를 구성할 수 있다. 가장 대표적인 프리젠테이션 소프트웨어로 마이크로소프트사의 파워포인트(MS Powerpoint)가 있다.

(a) 파워포인트의 편집화면   (b) 쇼 보여주기

그림 4-30 프리젠테이션 소프트웨어의 실행

통계 소프트웨어

기업이나 교육기관, 금융기관, 정부기관 등에서 보고서를 작성할 때 통계 데이터 분석이 필요한 경우가 많이 있다. 마케팅조사, 여론조사, 품질관리, 실험결과분석 등을 위하여 통계 데이터를 집계하고 자료분석을 수행하며 보고서를 위한 도표까지 생성해 주는 통계 소프트웨어가 필요하다.

널리 사용되는 통계 소프트웨어로는 SPSS, SAS, R 등이 있다. SPSS(Statistical Package for the Social Sciences)는 사회과학분야의 데이터분석을 위해 시작하였는데, 현재 통계분석 및 비즈니스 보고서 작성 등에 널리 사용되고 있다. SAS (Statistical Analysis System)는 통계데이터의 컴퓨터 처리를 위한 통계분석 패키지 소프트웨어로 개발되어 최근 각종 통계 분석 및 데이터 분석에 광범위하게 사용되고 있다. 한편 GNU 프로젝트에서 공개 소프트웨어로 개발된 R은 통계 계산을 위한 소프트웨어 환경이자 프로그래밍 언어이다. R은 명령어 방식으로 통계 계산이나 그래픽 처리를 할 수도 있고, 프로그램을 작성하여 통계처리 소프트웨어나 데이터 분석에 많이 사용되고 있다.

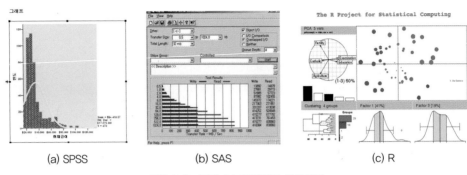

|(a) SPSS|(b) SAS|(c) R|

그림 4-31 통계 소프트웨어의 실행화면

4.3.3 전자상거래

전자상거래의 유형

최근 고객들은 인터넷 쇼핑몰에서 전자제품을 사거나 옷이나 신발을 사는 경우가 자주 있으며, 심지어 온라인으로 피자를 주문하거나 동네 슈퍼에 생활필수품을 주문하는 경우도 있다. 최근, 인터넷에서 가상 상점을 구축하여 물품을 판매하거나 거래하는 서비스를 제공하는 사이버 쇼핑몰이 관심을 많이 끌고 있다. 이와 같이 인터넷이나 통신망 등 IT기술의 환경을 통해 진행되는 모든 상거래를 전자상거래(e-Commerce 또는 e-Business)라고 한다. 모바일 환경의 상거래인 경우 m-커머스, TV의 경우 t-커머스, 유비쿼터스 환경의 경우에는 u-커머스라 부르기도 한다.

전자상거래는 일반 사용자가 인터넷 쇼핑몰에서 상품을 구매하는 것에 국한되지 않고 다양한 유형의 서비스를 지원한다. 기업과 개인 간의 상거래인 B2C(Business to Customer) 유형은 인터넷 쇼핑몰에서 기업이 제공하는 상품이나 서비스를 일반소비자가 구매하는 형태이며, 기업 간 전자상거래인 B2B(Business to Business) 유형은 기업과 기업 간에 이루어지는 제품이나 서비스에 대한 상거래이다. 초기의 전자상거래에서 관심은 인터넷상의 소매거래인 B2C에 초점이 맞추어졌지만, 지금은 B2B 유형의 거래가 B2C의 규모를 훨씬 초과하여 전자상거래에서 B2B의 역할이 한층 증가하였다. 기업과 정부 간 전자상거래인 B2G(Business to Government) 유형은 B2B에서 발전된 형태로 기업과 정부기관이 인터넷을 이용하여 보다 효과적으로 정보를 교환하거나 상거래를 하자는 취지이다. 한편 C2C(Customer to Customer) 유형은 일반 소비자 간의 상거래이며, 옥션, 장터 등이 대표적인 사례이다. 이들 전자상거래의 유형 간의 관계를 그림 4-32에 정리하였다.

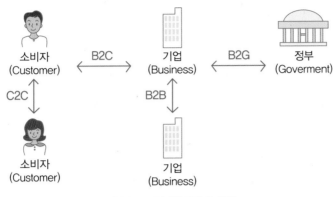

그림 4-32 전자상거래의 유형

전자상거래의 인증 및 대금결제

전자상거래를 통해 판매자는 경비를 줄이거나 소비자의 만족도를 높여서 결과적으로 매출을 증가시킬 수 있다는 이점이 있다. 소비자는 직접 매장에 가지 않아도 되므로 훨씬 편리하면서도 쇼핑 물품 간의 다양한 비교를 할 수 있으므로 선택의 만족도를 높일 수 있다는 이점이 있다. 한편, 전자상거래의 문제점으로는 온라인 접속이나 연결이 가능할 때에만 상거래를 할 수 있다는 점이다. 접속이 되지 않는 지역에 있거나 통신 장애가 발생하는 경우 거래를 할 수 없으며, 컴퓨터에 익숙하지 않은 구세대는 사용하기 어렵다는 단점이 있다. 소비자 입장에서는 실제 제품을 눈으로 보지 않고 구매하기 때문에 전자상거래 사기의 위험이 있으며 거래 시 보안문제가 심각하게 대두될 수 있다.

전자상거래에서는 무엇보다도 거래상의 안전보장을 위한 사용자 인증기능과 대금결제 기능으로서 고도의 암호화 기술이 필요하다. 전자 인증 시스템으로는 넷스케이프사의 SSL(Secure Sockets Layer)과 Terisa Systems사의 S-HTTP(Secure HTTP), 마이크로소프트사의 STT(Secure Transaction Technology)가 많이 사용된다.

4.3.4 기업관리 시스템 : ERP, CRM, SCM

기업의 거래처리 시스템의 경우에 각 시스템이 별도로 구축되어 있어서 필요한 경우 각 시스템 간에 자료를 공유해야 한다. 자재관리로부터 생산관리, 영업관리, 자금관리, 급여관리까지 각 부문의 처리시스템에서 발생된 데이터는 다음 시스템에서 연계하여 사용하게 된다. 기업이나 조직의 경영에서 다양한 거래처리시스템을 사용하게 되는 경우 효율적인 데이터의 관리와 일관성 유지를 위하여 통합 관리의 필요성이 대두되었다. 기업에서 발생되는 온갖 데이터를 통합하여 관리하자는 목적으로 ERP 시스템이 시작되었고, 공급망 및 고객자료까지 통합하여 계획을 수립하려는 추세로 SCM 및 CRM 개념이 적용되었으며, 더 나아가 응용 프로그램까지 모두 통합하자는 EAI 개념이 등장하였다. 이들 개념 간의 관계를 도식화하면 다음 그림 4-33과 같다.

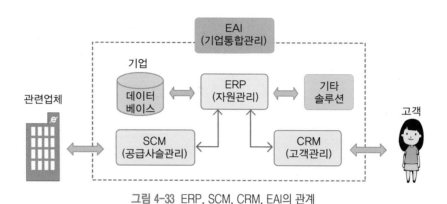

그림 4-33 ERP, SCM, CRM, EAI의 관계

기업자원관리: ERP(Enterprise Resource Planning)

기업자원관리를 위한 ERP 시스템은 기업이나 조직에서 사용되는 모든 인적자원 및 물적자원을 효율적으로 관리하기 위하여 구축된다. 기업에서 통합 데이터베이스를 구축하여 구매, 생산, 재고, 판매, 인사, 고객 관리 등 기업의 모든 업무 프로세스를 통합적으로 관리하여 정보를 공유함으로써 효율적인 업무처리를 하여 최적화된 기업활동을 추구하는 것이 목적이다. ERP는 자재관리를 위한 MRP(Material Requirements Planning), 모든 생산과정의 관리를 위한 MRP2(생산자원관리) 등의 자원관리 기법을 거치면서 발전하였다. 1990년대 선진 기업들이 경영혁신을 위한 종합적인 정보시스템을 구축하면서 도입함으로써 보급되었고, 대표적인 시스템으로 독일 SAP사, Oracle사, 미국 SSA사의 제품이 있다.

공급사슬관리: SCM(Supply Chain Management)

이전의 기업관리 시스템은 자재의 구입에서부터 생산, 판매, 고객 등의 일련의 정보흐름에서 각종 데이터의 연동을 위한 통합을 목표로 하였다. 여기에서 한발 더 나아가 이러한 업무의 흐름을 일련의 공급사슬의 관점에서 재정리하자는 것이 공급사슬관리인 SCM이다.

기업에서 생산, 유통 등 각 공급사슬 단계를 최적화하기 위하여 제품, 정보, 재정의 흐름을 적절한 시간과 적절한 장소에 배치하여 수요자의 요구에 대응하도록 하는 것이다. ERP는 단순히 데이터를 처리하는 것이 목적인 데 비해 SCM에서는 ERP에 업무의 효율을 추구하는 기능이 추가되었다고 볼 수 있다. 한편, 기존의 SCM 기술이 인터넷 환경에서도 수행될 수 있도록 구현되어 있는 것을 e-SCM이라고 부른다.

고객관계관리 : CRM(Customer Relationship Management)

기업의 비즈니스뿐 아니라 우리의 대외적인 활동이 성공적으로 이끌기를 원한다면 고객을 행복하게 만드는 것이 지름길이다. 기업 내에서 취급하고 있는 자료 중에서 고객과 관련된 자료를 통합하고 분석하여 고객의 특성에 맞는 마케팅 활동을 지원하자는 경영기법을 고객관계관리(CRM)라고 한다. 이와 같은 목적으로 기업이 고객관계를 관리해 나가기 위한 CRM 소프트웨어를 개발하여 적용하고 있으며, 인터넷 환경에서 지원하는 것을 e-CRM이라고 한다.

기업통합관리 : EAI(Enterprise Application Integration)

앞에서 설명한 바와 같이 그동안 기업이나 조직에서 경영에 대한 정보화 작업이 추진되어 다양한 정보시스템의 도입이 이루어졌다. 개별 처리시스템인 TPS로부터 시작되어 MRP를 거쳐 ERP, SCM, CRM으로 발전한 시스템 들이 다양하게 이용되고 있다. 따라서 기업 내에서 여러 가지 어플리케이션들이나 각종 데이터를 비즈니스 프로세스를 중심으로 상호 연동이 되도록 통합하여 조정하는 기능이 요구되고 있으며, 이러한 기법이나 도구들을 기업통합관리(EAI)라고 한다. 일반적으로 새로운 어플리케이션을 적용할 때 기존에 사용해 오던 프로그램이나 데이터베이스를 서비스가 중단되지 않고 효과적으로 재사용할 수 있도록 통합하는 방향으로 EAI를 추구하고 있다.

주요 개념 요약(괄호 넣기)

01 운영체제나 문서작성기 등 컴퓨터 시스템에 기본적으로 필요한 프로그램이 미리 설치되어 공급되는 소프트웨어의 유형을 (   )라고 한다.

02 판매를 목적으로 개발되었지만 사용자들이 일단 사용해본 후 마음에 들면 구매하는 소프트웨어를 (   )라고 한다.

03 기업 내에서 여러 가지 어플리케이션들이나 각종 데이터를 비즈니스 프로세스를 중심으로 상호 연동이 되도록 통합하여 조정하는 기능이 요구되고 있으며, 이러한 기법이나 도구들을 (   )라고 한다.

04 (   )는 프로그램에서 데이터의 접근 및 수정을 가능케 하는 데이터들의 구성, 관리, 저장하는 방법을 의미하며 (   )은 어떤 문제를 풀기 위한 일련의 절차나 방법을 공식화한 형태로 표현한 것을 의미한다.

05 배열은 인덱스 번호로 데이터 요소에 접근하는 대신 (   )은/는 항상 먼저 저장한 데이터 요소가 먼저 나오는 자료구조이다. 이와 반대로 (   )은/는 항상 마지막에 저장한 데이터만 꺼내어 사용할 수 있다.

06 트리는 맨 꼭대기에 있는 부모 노드 밑에 여러 자식 노드가 연결되는 구조로, 자식 노드가 부모가되어 다시 각각의 자식 노드가 연결되는 반복적인 형태의 자료구조이다. 이 때 자식이 항상 두 개 이내인 경우에는 (   )라고 한다.

07 알고리즘을 표현하는 방식 중 하나로 여러 종류의 상자와 이를 이어주는 화살표를 이용해 주어진 문제에 대한 처리 절차를 보여주는 방식을 (   )라고 한다.

08 배열은 인덱스 번호로 데이터 요소에 접근하는 대신 (   )은 항상 마지막에 저장한 데이터만 꺼내어 사용할 수 있고 (   )는 반대로 먼저 저장한 데이터 요소가 먼저 나오는 자료구조이다.

09 소프트웨어의 개발, 운용, 유지보수 등 생명주기 전반을 체계적이고 서술적이며 정량적으로 다루는 학문을 (   )이라고 한다.

10 기존의 프로세스 모델에서 사용자 요구사항의 변경 요청을 처리하기 어렵다는 단점을 보완하기 위하여 짧은 개발 주기를 반복하여 사용자 요구사항 변경에 민첩하게 대응할 수 있도록 한 소프트웨어 개발 프로세스 모델을 (   ) 프로세스 모델이라고 한다.

주요 개념 확인(단답식)

01 인터넷에서 사용자가 응용 프로그램의 전체 또는 일부분을 다운로드받아 실행하며 주로 웹 환경에서 실행되는 프로그램을 웹에서 구매하여 곧바로 다운받기도 하고 별도로 구매한 응용 소프트웨어의 업그레이드 버전을 서비스로 다운로드받는 경우가 많은 소프트웨어 배포방식은?

02 ERP, SCM, MIS와 같은 정보시스템의 경우 기본 기능을 포함하는 공통부분을 미리 개발하고 고객에게 알맞은 기능 및 인터페이스는 계약이 체결된 후 개발을 마무리하여 고객에게 제공하는 방식을 따른다. 이처럼 사용자 요구에 맞추어 직접 응용 소프트웨어를 개발해주는 배포방식을 무엇이라고 하는가?

03 기업에서 생산, 유통 등 각 공급사슬 단계를 최적화하기 위하여 제품, 정보, 재정의 흐름을 적절한 시간과 적절한 장소에 배치하여 수요자의 요구에 대응하도록 하는 것을 무엇이라고 하는가?

04 데이터 요소들이 순차적이지 않고 복잡한 연결 구조로 표현되는 자료구조로 대표적으로 트리, 그래프 등이 있는 자료구조는 무엇인가?

05 그래프 자료구조에서 노드 사이의 연결선을 무엇이라고 부르는가?

06 알고리즘을 표현하는 방식 중 하나로 자연어도 아니고 프로그래밍 언어도 아닌 중간 단계의 언어로 형식적이고 명확한 제어 구조는 갖추고 있으나 상세 구현 절차까지는 표현하지 않는 방식은 무엇인가?

07 긴 문장에서 주어진 문자열 패턴이 어디 있는지 찾는 알고리즘으로 문서에서 단어를 검색하거나 인터넷에서 뉴스를 검색하는 등 처리 대상이 문자열인 경우 매우 다양한 방법으로 적용되고 있는 알고리즘을 무엇이라고 하는가?

08 프로그램 개발 생명주기의 전 과정을 효율적으로 진행하고 개발 과정을 최대한 자동화하려는 경우에 사용되는 도구를 무엇이라고 하는가?

09 소프트웨어 개발 생명주기의 각 단계들이 하향식으로 진행되며 병행하거나 거슬러 올라가지 않는 고전적인 소프트웨어 개발 프로세스 모델은?

10 기존 프로토타이핑 모델에 위험분석 단계를 추가하여 각 단계를 반복 순환하면서 시스템의 완성도를 높여 나가는 모델로 위험분석 단계가 포함되므로 위험관리 전문가가 참여해야 하는 소프트웨어 개발 프로세스 모델은?

사고 능력 함양(객관식)

01 소프트웨어를 사용하거나 배포할 때 제작자가 저작권을 소유하고 있는지, 무료사용이 가능한지, 재배포가 가능한지와 같은 구분에 따라 적절히 저작권 보호를 해주어야 한다. 다음 중 응용 소프트웨어의 소유권/저작권에 따른 분류에 대한 설명으로 옳지 않은 것은?

   a. 상용 소프트웨어는 제작자가 이윤을 얻기 위해 개발하여 판매하는 컴퓨터 프로그램이다.

   b. 쉐어웨어는 판매 목적으로 개발했지만 사용자가 일단 사용해본 후 마음에 들면 구매한다.

   c. 프리웨어는 개발자가 저작권은 가지고 있지만 누구나 무료로 사용할 수 있도록 배포한다.

   d. 공개 소프트웨어는 누구나 무료로 사용할 수 있지만 아무런 제약 없이 복제하여 배포하는 것은 불가능하다.

02 응용 소프트웨어는 사용자에 의해 직접 작성되기도 하지만, 사용자가 프로그램을 개발하는 것은 대단히 번거로운 작업이므로 대개의 경우 각 분야의 전문가나 기업에서 제작하여 제공하는 것을 사용한다. 이러한 응용 소프트웨어의 배포방식에 대한 설명으로 옳지 않은 것은?

   a. 맞춤형 소프트웨어 배포방식은 사용자 요구에 맞추어 직접 응용 소프트웨어를 개발해주는 방식으로 대량 판매가 가능한 경우에 사용한다.

   b. 번들 소프트웨어는 하드웨어와 함께 제공되는 경우에 묶어서 함께 판매된다.

   c. PC가 출현한 이후 응용 소프트웨어를 별도의 패키지로 포장하여 판매하기 시작하였고, 이를 패키지 소프트웨어라고 부른다.

   d. 웹 다운로드 소프트웨어 배포방식은 인터넷에서 사용자가 응용 프로그램의 전체 또는 일부분을 다운로드받아 실행한다.

03 기업의 거래처리시스템의 경우에 각 시스템이 별도로 구축되어 있어서 필요한 경우 각 시스템 간에 자료를 공유해야 한다. 기업 관리 시스템과 가장 관련 없는 키워드는?

   a. SAS   b. ERP   c. CRM   d. SCM

04 복합 자료구조는 선형구조와 비선형구조 및 파일구조로 구분된다. 다음 중 선형 자료구조가 아닌 것은?

a. 리스트　　　　　b. 큐　　　　　c. 트리　　　　　d. 스택

05 도시나 지역 간에 거리를 저장하고 교통량에 따라 최적의 경로를 찾는 경우에 사용되는 가장 효율적인 자료구조는?

a. 연결리스트　　　　b. 큐　　　　　c. 그래프　　　　d. 트리

06 알고리즘의 조건으로 가장 적절하지 않은 것은?

a. 무한성　　　　　b. 입력　　　　　c. 출력　　　　　d. 명확성

07 정렬되어 있는 배열 또는 리스트에서 어떤 요소의 위치나 존재 유무를 찾는 알고리즘은 무엇인가?

a. 그리디 알고리즘　　　　　　　b. 탐색 알고리즘
c. 문자열 매칭 알고리즘　　　　　d. 그래프 알고리즘

08 소프트웨어 수명주기 모형 중 폭포수 모형에 대한 설명으로 가장 옳지 않은 것은?

a. 요구사항의 변경이 용이하다.
b. 단계별 정의가 분명하며 산출물이 명확하다.
c. 많은 경험이 있는 프로젝트 리더가 필요하다.
d. 각 단계들이 하향식으로 진행된다.

09 소프트웨어의 개발 단계로 옳은 것은?

a. 프로그램 설계 → 요구분석 → 프로그램 구현 → 테스트&수정 → 유지보수
b. 요구분석 → 프로그램 설계 → 프로그램 구현 → 테스트&수정 → 유지보수
c. 요구분석 → 프로그램 설계 → 프로그램 구현 → 유지보수 → 테스트&수정
d. 프로그램 설계 → 프로그램 구현 → 요구분석 → 테스트&수정 → 유지보수

10 애자일 모델은 기존의 프로세스 모델에서 사용자 요구사항의 변경 요청을 처리하기 어렵다는 단점을 보완하기 위하여 사용자 요구사항 변경에 민첩하게(Agile) 대응할 수 있도록 하였다. 애자일 프로세스 모델과 가장 관련 없는 키워드는?

a. 짧은 개발 주기　　　　　　　b. 요구사항 변경에 민첩
c. 문서 중심　　　　　　　　　d. 소규모 개발 조직

01 일반 사용자가 소프트웨어를 구매하거나 배포 받으려면 어떠한 방법이 있는지 조사하라. 그중에서 패키지 소프트웨어란 무엇인가 설명하고, 왜 PC가 보급된 이후에 패키지 소프트웨어의 판매가 활성화되었는지 논하라.

02 많은 사용자들이 특정 조건하에 무료로 사용하는 소프트웨어인 쉐어웨어를 사용하고 있다. 현재 보급되어 여러분이 사용하고 있는 쉐어웨어에서 어떠한 조건들을 제시하고 있는지 구체적으로 조사하라.

03 인터넷 전자상거래의 유형은 거래주체가 개인이냐 기업이냐에 따라 B2C, B2B, C2C, B2G 등으로 구분된다. 이들 각 유형에 대하여 인터넷에서 사용되고 있는 국내 및 해외의 웹사이트 사례를 조사하여 열거하라.

04 다음과 같은 자료를 버블정렬을 이용하여 오름차순으로 정렬할 때의 과정을 순서대로 나열하여라.

$$4,7,3,1,5,8,2,6$$

05 최근 소프트웨어를 개발할 때 CASE(Computer Aided Software Engineering) 도구들을 사용한다. 소프트웨어 개발 단계별로 사용되는 CASE 도구들의 특징을 설명하라.

PART **II**

정보통신과 인터넷

CHAPTER

05 정보통신과 모바일 컴퓨팅

단원개요 ●━━

정보화시대에 우리는 매일 수많은 정보를 접한다. 인터넷을 통하여 정보를 검색하고, 물품을 구입하며, 멀티미디어 자료를 주고받고, 전 세계 누구와도 메신저를 사용하여 실시간 화상회의를 하게 되었다. 이러한 서비스가 가능하게 된 것은 정보통신기술이 뒷받침되기 때문이다. 이 장에서는 정보통신의 요소기술을 이해하고 정보통신망에서 가장 중요한 역할을 하는 인터넷망과 컴퓨터망에 대하여 알아보도록 하자.

또한, 모바일 컴퓨팅 환경이 어떻게 발전해 왔는지 살펴보고, 모바일 기기의 플랫폼과 모바일 콘텐츠의 특성을 알아본다. 그리고 우리 생활이 스마트폰의 영향을 많이 받아서 스마트 라이프라고도 불리고 있는데, 이러한 모바일 인터넷이 우리 생활에 얼마나 영향을 미치는지 살펴보기로 한다.

━━●

5.1 통신과 네트워크

이 절에서는 정보의 개념에 대하여 알아보고, 정보통신의 의미와 활용 분야에 대하여 살펴보도록 하자. 그리고 컴퓨터 네트워크의 종류에 대하여 살펴보고 데이터전송이 어떻게 동작되는지 이해하도록 하자.

5.1.1 정보통신이란?

정보통신이란 통신기술을 활용하여 정보를 전송하거나 정보를 검색하고 자료를 공유하며, 이를 토대로 새로운 정보를 생성하는 일련의 과정이라 정의할 수 있다. 이러한 정보통신기술은 정보화사회를 만드는 데 중요한 역할을 담당하고 있다. 정보가 어떻게 생성되고, 매년 어느 정도 늘어나고 있는지는 정보통신의 개념과 흐름을 이해하는 데 중요한 단서가 된다.

정보의 개념

정보란 어떠한 자료나 지식을 표현하는 데이터를 의미한다. 캘리포니아 공대의 윌리엄스(Roy Williams) 교수는 정보의 양을 구체적으로 표현하는 연구를 수행하였다. A4 용지 한 장의 정보량은 약 2KBytes(1KBytes=10^3Bytes), 소설 한 권은 약 1MBytes(1MBytes=10^6Bytes), 한 장의 사진은 약 2MBytes로 표현된다. 미국 시장조사기관 IDC에 따르면 2020년 전 세계 디지털 정보량을 90제타바이트(ZB)로, 이는 99조기가바이트(GB)에 해당한다.

정보량이 이렇게 급격하게 팽창하는 이유는 최근에 사진, 영상, 음성 정보 등이 주류를 이루고 있기 때문이다. 이와 같은 이유에서 정보의 양은 매년 20% 이상 증가할 것으로 IDC는 예측하고 있다. 이런 양의 정보를 전송하기 위해서 정보통신기술은 계속해서 발전해야 하며, 이를 위한 새로운 IT 기기들이 등장하게 될 것이다.

정보통신의 개념

통신이란 멀리 떨어진 두 개 이상의 개체 사이에 정보를 주고받는 행위라고 정의할 수 있다. 인류는 정보 전달을 위해서 선사시대 이후로 불, 연기, 소리, 문자와 그림 등 다양한 수단을 활용하여 왔고, 최근에는 전화 등의 유선통신, 위성과 같은 무선 통신 등의 발전된 수단을 이용하고 있다. 이러한 통신이라는 개념을 자세히 살펴보면 전달되는 '정보'와 그것을 전달하는 데 필요한 '수단'이라는 두 가지 개념이 공존함을 알 수 있다.

예를 들어, 전화의 경우 '음성'이라는 형태의 정보를 '전화기와 전화망을 통해 전달하는 형태'라고 할 수 있다. 정보인 음성은 전화기에 의해 전기적인 신호로 바뀌고, 이 신호는 전화선을 통해서 전화국의 교환기에 전달된다. 이후에 교환기에서 수신자에게 연결된 전화선을 거쳐 상대방의 전화기에 도달하며, 이 전기적 신호는 전화기에서 음성으로 변환되어 상대방에게 전달된다. 이렇듯 전화를 이용해서 통신할 때에는 전화기와 전화선을 비롯하여 각종 장치들을 이용하여야 하는데, 이러한 것들을 흔히 전화망이라고 한다.

마찬가지로 컴퓨터 통신이란 서로 다른 컴퓨터 사이에서 정보를 주고받는 행위라고 정의된다. 따라서 컴퓨터 통신을 위해서도 컴퓨터와 컴퓨터들을 연결해주는 선로(Cable), 통신제어에 필요한 장치 등이 필요하다. 일반적으로 이와 같이 컴퓨터 통신을 위해 연결된 컴퓨터들의 집합을 컴퓨터 통신망 혹은 컴퓨터 네트워크(Computer Network)라고 부른다.

그렇다면 이와 같이 컴퓨터 네트워크를 구성하는 데 필요한 요소들에는 무엇이 있는지 알아보도록 하자. 그림 5-1에서 보듯이 우선 A라는 컴퓨터에서 B라는 컴퓨터에게 정보를 전달하기 위해서는 우편배달과 똑같은 과정이 필요하다. 즉, 원하는 곳에 정보를 보내고 싶다면, A, B는 각자 우편주소가 있어야 한다. 이는 전달될 위치를 정확히 알 수 있고, 반송될 경우에 A가 확인할 수 있기 때문이다. 또한 편지를 '규격봉투에 넣고 우표를 붙여서' 우체통에 넣는 과정이 필요하다. 이러한 규격봉투와 우표는 우편배달을 위한 약속이다. 이러한 약속을 이행한다면 우편물은 우편망을 통해 원하는 곳까지 배달된다.

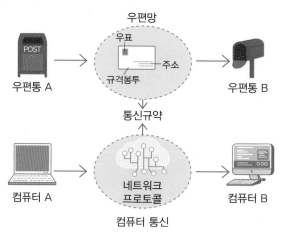

그림 5-1 우편망과 컴퓨터 통신

컴퓨터 네트워크도 같은 요소들이 필요하다. 각 컴퓨터들은 주소(Address)를 가지고 있으며 서로 전송 케이블을 통해 연결되어 있다. 이러한 연결은 직접 전용 케이블을 이용하거나 패킷교환데이터통신망(PSDN: Packet Switched Data Network)과 같은 공중망을 이용한다. 또한 정보의 전송은 네트워크 프로토콜(Network Protocol)이라는 통신규약에 따라 이루어진다. 다만 이런 프로토콜은 하나로 통일되어 있지 않고 여러 가지 종류가 있어서 이에 대한 국제적 표준들이 정해져 있는데, 주로 ISO(International Standard Organization)와 CCITT(Consultative Committee International Telegraph and Telephone)에서 제정된 것들이 이용된다. 인터넷망은 이러한 프로토콜 중에서 TCP/IP 라는 규약을 이용하여 정보를 교환하는 컴퓨터 네트워크라고 이해할 수 있다.

5.1.2 컴퓨터 네트워크

컴퓨터 네트워크는 컴퓨터 및 각종 정보장치(스캐너, 모바일기기 등) 간에 데이터통신을 위한 연결망을 말한다.

컴퓨터 네트워크의 구성요소

서로 다른 정보기기들 사이에서 데이터를 주고받기 위해서는 다음과 같은 네트워크의 구성요소가 필요하다. 그림 5-2는 이러한 구성요소를 그림으로 표현하고 있다.

그림 5-2 네트워크 구성요소

1) 송수신 정보기기: 컴퓨터 네트워크의 단말기로 전송매체를 통하여 전송을 시작하거나 수신하는 역할을 담당하며 사용자와의 상호작용이 이루어지는 기기들이다. 대표적으로 컴퓨터, 프린터, 스캐너, 팩시밀리, 모바일 기기들이 있다.

2) 전송매체: 메시지의 전송이 이루어지는 매체를 의미하며 네트워크의 전송 방식과 구성에 따라 종류가 다양하다. 유선 네트워크에서는 동축 케이블이나 광섬유 케이블 등을 사용하며, 무선 네트워크에서는 전파를 사용하여 정보를 전송한다.

3) 데이터: 전송매체를 통하여 송수신 정보기기 사이에 전달되는 각종 정보를 의미한다. 문서정보, 사진 및 영상데이터, 동영상데이터, 음성데이터 등이 이에 해당된다.

4) 통신 프로토콜: 통신 프로토콜이란 송수신기 사이의 전송 규칙을 의미한다. 데이터는 이러한 프로토콜에 의해서 전송매체를 통하여 이동되며 다양한 통신 프로토콜이 있다.

아날로그와 디지털 신호

아날로그 신호와 디지털 신호의 큰 차이점은 정보의 표현 방식이다. 아날로그 신호는 정보의 연속성을 기반으로 표시되는 데 비해 디지털 정보는 0과 1의 값으로 표현이 되며, 0과 1 사이에는 다른 값이 존재하지 않는다. 즉, 불연속성의 정보로 표현이 되고 있다. 시계를 예로 들어 설명하면, 아날로그 시계는 초침이 연속성을 갖고 이동하는 형태를 보여주며, 디지털 시계는 매 초마다 해당되는 시간의 숫자를 불연속적으로 보여준다. 즉, 아날로그는 연속된 곡선의 형태로 신호가 생성되며, 디지털은 신호가 존재하느냐 존재하지 않느냐에 따라 'On'과 'Off' 방식의 정보로 표현된다. 정보 통신방식은 전송되는 신호의 형태에 따라 아날로그 통신방식과 디지털 통신방식으로 나눌 수 있다. 그림 5-3은 아날로그 통신방식과 디지털 통신방식의 전송 개념을 보여 주고 있다.

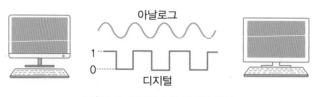

그림 5-3 아날로그와 디지털 통신

병렬 및 직렬 전송(Parallel and Serial Transmission)

그림 5-4와 같이 직렬 전송방식은 메시지 전송 시 비트(bit)를 순서에 따라 단일 선로로 한 비트(bit)씩 차례로 보내는 방식으로, 설치가 간단하고 비용이 저렴한 반면 전송 속도가 느리다는 단점이 있다. 병렬 전송은 메시지를 구성하는 여러 비트를 서로 다른 선로에 의해 동시에 보내는 방식으로, 비용이 비싸고 짧은 거리를 보낼 때 사용하는 방식이다. 대표적인 병렬 전송의 사례로 컴퓨터와 프린터 사이에 데이터를 보내는 것을 들 수 있다.

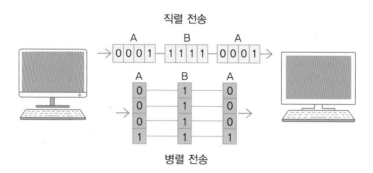

그림 5-4 병렬 전송 및 직렬 전송 비교

대역폭 및 전송 속도

컴퓨터망에서 데이터 전송을 할 때 단일 시간에 보내는 데이터의 양을 대역폭(Band width)이라 한다. 대역폭을 사용하여 네트워크의 전송 속도를 나타낸다. 전송 속도는 1초에 몇 비트(bit)를 보낼 수 있는지 표시하는데 전송 속도의 단위는 다음과 같다.

- bps − Bit Per Second
- Mbps − Mega Bit Per Second
- Gbps − Giga Bit Per Second

5.1.3 컴퓨터망의 구성

컴퓨터 네트워크의 구성은 크게 운영형태에 의한 분류와 데이터 전송방식에 의한 분류로 구분할 수 있다.

운영형태에 의한 컴퓨터 네트워크의 분류

1) 클라이언트-서버 모델

클라이언트 노드에서 서비스의 요청을 서버로 보내고, 서버는 요청에 따라 서비스를 클라이언트에게 보내는 역할을 한다. 가장 대표적인 클라이언트-서버 모델로 인터넷을 들 수 있다. 인터넷상에서 연결된 모든 컴퓨터는 서버나 클라이언트 노드 중의 하나이다. 서비스나 정보를 제공하는 컴퓨터를 서버라 부르고, 서버에 연결되어 서비스를 요구하는 컴퓨터를 클라이언트라고 부른다. 서버의 종류에는 웹서버, e-메일 서버, FTP 서버 등이 있다. 예를 들어, 사용자의 컴퓨터가 www.google.com에 연결하면 Google 웹서버에서 초기 웹 페이지를 클라이언트인 사용자 컴퓨터에게 보내게 된다.

2) P2P(Peer-to-Peer) 모델

P2P 망은 클라이언트 서버망과는 달리 컴퓨터 사이에 서버 기능을 하는 컴퓨터 없이 망을 구성하는 형태의 네트워크를 의미한다. 즉, Peer의 개념은 네트워크상에서 컴퓨터와 컴퓨터가 종속적 관계가 아니라 동등한 위치로 연결되어 있다는 의미이다. 클라이언트 서버 모델은 서버의 수가 클라이언트에 비해서 상대적으로 적을 경우에 적용하는 모델이다. 그러나 인터넷에서 오디오나 비디오 등 멀티미디어 콘텐츠들이 Peer 컴퓨터에 저장되어 있는 경우에 Peer 컴퓨터 사이에 콘텐츠를 공유하기 위해서는 클라이언트-서버 모델보다는 P2P 모델이 더 적합하다.

3) 애드혹(Ad-Hoc) 네트워크 모델

애드혹(Ad-Hoc) 네트워크는 최근 유비쿼터스 센서 네트워크에서 이용되는 방식으로 수많은 센서를 서로 연결하여 사용하는 네트워크이다. 센서와 주변의 센서들이 서로 통신하면서 자신이 수집한 정보를 주변의 다른 센서들에게 전파한다. 환경 변화나 응급상황을 센서가 감지하면 주변의 센서노드를 통해 응급상황에 대한 정보를 보내고 이를 통하여 상황을 인지하게 된다.

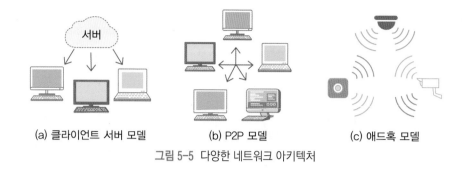

| (a) 클라이언트 서버 모델 | (b) P2P 모델 | (c) 애드혹 모델 |

그림 5-5 다양한 네트워크 아키텍처

데이터 전송방식에 따른 분류

1) 패킷(Packet) 스위칭

패킷 스위칭은 그림 5-6(a)에서 보는 바와 같이 메시지를 패킷 단위로 분리하여 보내는 전송방식이다. 패킷을 보낼 때 트래픽이 덜 붐비는 경로로 데이터를 전송하며, 가장 빠르게 도달하는 경로를 탐색하여 보내기 때문에 전송 효율이 높다는 장점을 가지고 있다. 따라서 매번 전송되는 패킷의 경로가 바뀔 수 있다.

2) 서킷(Circuit) 스위칭

서킷 스위칭은 그림 5-6(b)에서 보는 바와 같이 데이터를 전송하기 전에 시작점과 도착점

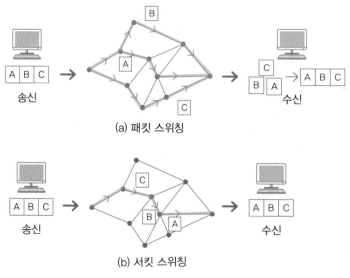

(a) 패킷 스위칭

(b) 서킷 스위칭

그림 5-6 패킷 스위칭과 서킷 스위칭 비교

사이에 회선을 구성한 뒤 데이터를 보내는 방식이다. 일단 회선이 구성되면 데이터를 전송하지 않는 기간에도 회선을 유지해야 하기 때문에 효율이 떨어질 수 있다. 반면에 일단 설정된 회선은 외부의 간섭 없이 안정적으로 통신을 할 수 있다는 장점이 있다.

5.1.4 네트워크의 종류

컴퓨터 네트워크의 종류는 서비스 범위에 따라서 PAN, LAN, WAN으로 나눌 수 있으며 망의 연결 방식에 따라서 유선망, 무선망, 모바일망으로 구분할 수 있다.

서비스의 범위에 따른 정보 통신망의 구분

1) 개인영역 통신망(PAN: Personal Area Network)

개인 정보기기 간의 통신을 지원하기 위한 컴퓨터 네트워크이다. 수 미터(m) 이내에서 동작하는 네트워크이며, 주로 휴대용 기기를 지원한다. 유선 PAN으로는 디지털 카메라와 컴퓨터 사이의 통신이나 MP3와 컴퓨터 사이의 통신을 지원하기 위한 망이 있으며, USB 또는 Firewire를 이용한다. 무선 PAN은 적외선 통신(Infra Red), 블루투스(Bluetooth), ZigBee, UWB(Ultra-WideBand) 등을 이용하여 데이터를 전송한다. 무선 PAN의 예로는 핸드프리 이어폰과 모바일폰, 컴퓨터 본체와 무선 키보드, 무선 마우스의 연결을 들 수 있다.

(a) 유선 MP3 플레리어   (b) 무선 블루투스 키보드   (c) 무선 블루투스 이어폰

그림 5-7 다양한 PAN 기반 통신 기기

2) 근거리 통신망(LAN: Local Area Network)

LAN으로 불리는 근거리 통신망은 집이나 건물과 같이 소규모의 지역을 지원하는 컴퓨터 네트워크이다. 일반적으로 데이터의 속도가 10Mbps~10Gbps 정도로 매우 빠르며 디지털 신호를 주고받는다. LAN은 1964년에 Lawrence 연구소에서 핵무기 개발을 지원하기 위

한 목적으로 탄생되었다. LAN은 1970년대 후반부터 일반분야에 빠르게 적용되기 시작하였다. 유선 LAN과 무선 LAN이 사용되는데, 유선 LAN으로는 Ethernet이 사용되고 있고, 무선 LAN으로는 Wi-Fi가 사용되고 있다.

3) 원거리 통신망(WAN: Wide Area Network)

원거리 통신망은 근거리 통신망에 비해 비교적 넓은 지역을 지원하는 컴퓨터 통신망이다. 시나 도 범위의 지역, 국가 간의 지역을 연결한다. 원거리 통신망은 근거리 통신망 또는 다른 형태의 네트워크를 서로 연결한다. 예를 들면, 원거리 통신망을 통하여 한국과 일본 사이의 사용자 간의 정보를 교환할 수 있다. 가장 크고 잘 알려진 원거리 통신망은 인터넷이다.

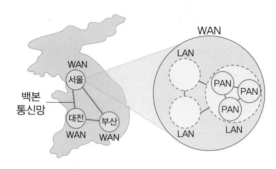

그림 5-8 영역에 따른 네트워크 종류

4) 백본 통신망(Backbone Network)

백본 통신망은 기간망이라고도 하며 네트워크의 최상위 레벨로, 네트워크의 중심을 이루는 주요 통신망이다. 이 백본 통신망을 통하여 멀리 떨어진 근거리 통신망이나 원거리 통신망을 연결하여서 정보를 교환한다. 따라서 백본 통신망의 속도에 의해 근거리 통신망과 원거리 통신망의 전송 속도가 좌우되는데, 보통 128Mbps~10Gbps 이상의 속도를 가진다. 국가 단위에서 시행하는 초고속 정보통신망은 백본 통신망을 사용하여 기간망을 구성한다.

연결 방식에 따른 정보통신망의 구분

1) 유선망

컴퓨터 네트워크 중에서 유선 LAN은 Ethernet을 들 수 있다. Ethernet은 IEEE 802.3 표준으로 제정되어 있다. 선이 없는 무선망에 비하여 속도가 빠르고 보안 측면에서 안전하다는 장점이 있는 반면, 선을 연결하기 위해서 벽을 뚫는 등 설치비용이 비싸다는 단점이 있다. 연결선으로는 트위스트 페어(Twisted Pair) 케이블이나, 동축 케이블(Coaxial Cable), 광섬유 케이블(Fiber Optics Cable) 등이 사용된다. 트위스트 페어 케이블은 여러 가닥의 구리선을 꼬아서 만든 선으로 주로 전화선 등에서 사용된다. 선을 꼬는 이유는 간섭현상(Noise)을 줄이기 위한 목적이다. 동축 케이블은 하나의 굵은 중심선을 이용하며 케이블 TV 연결에 주로 사용되고, 트위스트 페어 케이블보다 먼 거리를 전송할 수 있다. 광섬유 케이블은 수십 개 또는 수백 개의 광섬유 선으로 연결된 케이블로, 데이터를 보낼 수 있는 대역폭이 동축 케이블이나 트위스트 페어 케이블에 비해서 수십에서 수백 배로 높을 뿐만 아니라 잡음이 적고 전송 속도가 빠르며 선의 무게가 가볍다는 특징이 있다.

(a) 트위스트 페어 케이블   (b) 동축 케이블   (c) 광섬유 케이블

그림 5-9 유선망 케이블의 예

2) 무선망

무선망이란 선이 없이 구성된 형태의 컴퓨터망이다. 무선 인터넷망을 일명 Wi-Fi망으로 부르기도 한다. 케이블의 연결이 불필요하므로 설치가 쉽고 설치비용이 저렴하다는 장점이 있다. 핫스팟(Hotspot)은 AP(Access Point)라는 무선안테나를 중심으로 반경 수십 미터 내에서 컴퓨터가 신호를 받을 수 있는 지역을 말한다. 컴퓨터는 핫스팟 내에서 무선 연결을 통하여 인터넷망에 접속한다.

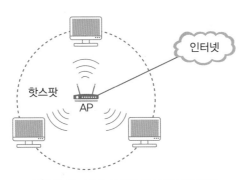

그림 5-10 AP를 사용한 무선 통신망 구조

3) 모바일망

무선망은 수십 미터 반경의 핫스팟 지역에서만 인터넷을 사용할 수 있다. 따라서 이동 중에는 이용할 수 없으며 광범위한 지역을 지원하는 데 어려움이 있다. 이런 단점을 해결하기 위해 셀 형태의 모바일망이 이동 통신 시스템에서 사용되는 중요한 구조가 되고 있다. 셀 형태의 모바일망이란 모바일 네트워크를 여러 지역으로 분할하고, 각 지역을 작은 셀로 나누어 관리하는 방식을 말한다. 주로 GSM(Global System for Mobile Communications), CDMA(Code Division Multiple Access), LTE(Long-Term Evolution), 5G 등과 같은 다양한 이동 통신 기술에서 사용된다. 이는 효율적인 주파수 스펙트럼 활용과 무선 통신의 안정성을 제공하며, 사용자들에게 연속적이고 원활한 통신 서비스를 제공하는 데 중요한 역할을 한다.

표 5-1 연결 형태에 따른 다양한 네트워크의 종류

	유선망	무선망	모바일망
매개체	트위스트 페어케이블, 동축 케이블, 광섬유 케이블	전파	전파
표준	Ethernet	Wi-Fi Bluetooth 등	WiBro LTE
최고 전송 속도	40Gbps(광섬유 케이블)	300Mbps(Wi-Fi)	50Mbps

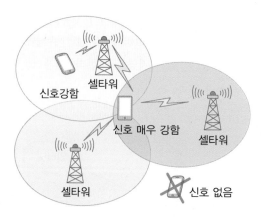

그림 5-11 모바일망의 연결 구성

5.2 인터넷망

인터넷(Internet)이란 'Inter'와 'Network'이 합성된 단어로 여러 네트워크들이 연결되어 형성된 네트워크(Network of Network)이다. 인터넷은 1969년 미국방성의 주도로 4개의 대학을 연결하는 ARPANET을 모태로 시작되어 1996년 미국에서 정보 수퍼하이웨이를 제창하고 고속 백본 인터넷망을 구축하면서 급속도로 발전하였다. 이후 정부, 대학 및 교육기관, 개인이 인터넷을 통하여 서로 연결하여 정보를 공유 이용할 수 있게 되었고, 이로 인하여 정보산업의 발전이 가속화되었다. 이 절에서는 인터넷망의 구성과 인터넷망에서 데이터 전송방식을 알아보고, 홈네트워크에서 사용되는 인터넷망의 구성에 대하여 살펴보기로 하자.

5.2.1 인터넷 인프라의 구성

인터넷이란 크고 작은 네트워크를 결합하여 사용하는 네트워크이다. 개인 또는 LAN에 연결된 사무실 등에서 인터넷을 사용하려면 먼저 인터넷 서비스를 제공하는 ISP(Internet Service Provider: 인터넷 서비스 공급자)에 가입해야 한다. ISP란 고속 인터넷 회선에 직접 연결되어 인터넷 서비스를 제공하는 기관을 의미하며 학술기관과 관공서, 상업적인 인터넷 서비스 업체(예: SK 텔리콤, KT, LG 유플러스)로 구분할 수 있다. ISP에 가입한 사용자는 ISP의 호스트 컴퓨터에 접속함으로써 인터넷 서비스를 이용할 수 있다. 인터넷을 사용하기 위해서 초기에는 복잡한 네트워크 환경 설정이 필요했지만, 근래에는 거의 모든 ISP가 사용자에게 자동으로 인터넷에 접속을 해주는 프로그램을 제공하고 있다. 따라서 쉽게 ISP의 호스트에 접속할 수 있고, 연결된 이후에는 ISP에서 제공하는 서비스들을 이용할 수 있다.

네트워크 계층적 구조

인터넷에 접속된 모든 컴퓨터는 LAN의 일부이다. 예를 들어, 사용자가 ISP인 SK 텔레콤에 가입하면 SK 텔레콤 LAN의 일부분이 된다. 가정에서 인터넷망을 통해 우리 대학교의 홈페이지에 접속하면 내 컴퓨터는 대학교 LAN의 일부가 된다. 인터넷 ISP는 다시 상위계층의 큰 네트워크의 일부로 연결되며, 이러한 연결을 통하여 서로 다른 네트워크와 연결되어 인터넷을 형성하게 된다. 그림 5-12는 가정이나 회사에서 인터넷에 연결되는 과정을 보여주고 있다. 일반 가정이나 회사는 전화선, 케이블 TV선, 광섬유선 등을 통해서 ISP에 연결된다. ISP는 전용선을 통하여 인터넷에 연결이 되며 최상위에서는 백본망을 통하여 지역 간을 연결하게 된다(그림 5-12 참조).

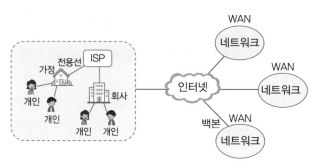

그림 5-12 인터넷 접속 방법

TCP/IP 인터넷 프로토콜

인터넷의 특징은 패킷(Packet)을 사용한다는 점이다. 패킷이란 인터넷에서 주고받는 정보의 단위라고 할 수 있다. 패킷의 구성은 주소와 정보인데, 각각의 패킷은 주소를 이용하여 상대방의 컴퓨터에 전달된다. 따라서 정보가 큰 경우에는 작은 단위로 나누어 전송하기 때문에 회선을 독점하지 않고 공유할 수 있으며 다양한 경로를 사용할 수 있다. 인터넷의 특징은 이러한 패킷을 생성하고 전송하기 위한 TCP와 IP 프로토콜에 있다. 정보를 전송하기 위한 호스트의 TCP 프로토콜은 1,500바이트 단위로 정보를 묶어서 패킷을 만들고 IP층에 전달하는 역할을 한다. IP 프로토콜은 패킷을 받아서 주소를 해석하고 다음 경로를 결정하여 전송하는 역할을 한다. 그림 5-13은 TCP/IP 프로토콜의 역할에 대하여 설명하고 있다.

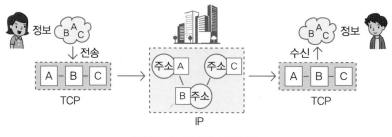

그림 5-13 TCP와 IP의 역할

5.2.2 무선 인터넷망과 모바일 인터넷망

Wi-Fi(Wireless Fidelity) 무선 인터넷망(고정형 무선 인터넷)

무선 LAN은 AP라는 일종의 무선 안테나를 통해서 인터넷에 접속하는 방식이다. AP를 중심으로 수십 미터를 주파수 도달거리로 설정하여 핫스팟이라는 지역을 만든다. 무선모뎀이 장착된 노트북이 핫스팟 지역에 들어오면 무선 LAN에 접속을 할 수 있다(그림 5.14(a) 참조). 이는 고정된 상태에서 AP에 접속되기 때문에 고정형 무선 인터넷이라고 부른다.

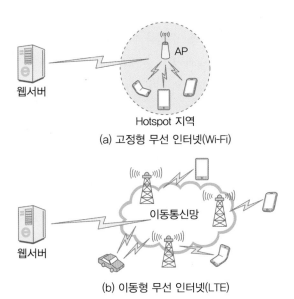

(a) 고정형 무선 인터넷(Wi-Fi)

(b) 이동형 무선 인터넷(LTE)

그림 5-14 고정형과 이동형 무선 인터넷 (참조: 모바일 멀티미디어)

무선 LAN에서 노트북과 AP 사이의 통신을 지원하기 위해 IEEE 802.11 또는 일명 Wi-Fi라는 프로토콜을 사용한다. Wi-Fi의 대중화로 무선 인터넷망을 Wi-Fi망이라고 부르기도 한다.

무선 모바일 인터넷망(이동형 무선인터넷)

무선 LAN인 Wi-Fi망은 통신거리가 수십 미터인 핫스팟에서만 인터넷 접속이 가능하다. Wi-Fi망은 건물 내에서 사용하도록 개발되어 도시나 넓은 지역을 지원하는 데 어려움이 있다. LTE(Long Term Evolution)와 5G(5th Generation)는 수십 킬로미터 지역에서 인터넷 접속이 가능한 모바일망이다. 이동 중에도 인터넷을 사용할 수 있으므로 이동형 무선인터넷으로 불린다. 현재 4.5G의 LTE와 5G 기술이 이동 통신 시스템의 중심 역할을 하며, 스마트폰 및 모바일 디바이스를 통한 무선 데이터 통신에 널리 사용된다.

5.2.3 홈네트워크에서 인터넷망의 구성

대부분의 가정에서는 여러 대의 컴퓨터나 프린터를 사용하고 있다. 컴퓨터와 프린터는 홈네트워크를 통해 연결이 되며 홈네트워크로 구성되기 위해서 다음의 다양한 컴포넌트들이 필요하다.

1) 케이블(Cable) 또는 ADSL 모뎀

케이블 또는 ADSL(Asymmetric Digital Subscriber Line) 모뎀은 홈네트워크에서 인터넷 서비스 제공자(ISP)까지 신호를 송, 수신하기 위해서 사용된다. 인터넷 회선이 케이블이면 케이블 모뎀을 사용하고, 음성망과 같이 사용되는 광대역망이면 광대역 모뎀인 ADSL 모뎀을 사용한다. 그림 5-15는 홈네트워크가 케이블 또는 ADSL 모뎀을 통해서 인터넷에 연결되는 상황을 보여주고 있으며, 그림 5-16은 홈네트워크에 사용되는 구성 컴포넌트의 사진을 보여주고 있다.

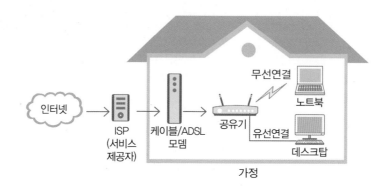

그림 5-15 홈네트워크에서 ADSL과 케이블 모뎀과 공유기의 작동 원리

(a) 케이블 모뎀   (b) 라우터   (c) 모뎀/라우터 통합기기   (d) WiBro 모뎀

그림 5-16 홈네트워크 구성 컴포넌트 (출처: Linksys사)

2) 공유기(Router)

일단 케이블/ADSL 모뎀으로 인터넷에 연결되면, 공유기를 통하여 컴퓨터나 프린터들을

연결시킨다. 공유기란 인터넷 회선에 한 개 이상의 컴퓨터와 프린터들이 공유하도록 하는 장치이며 일명 라우터라 부르기도 한다. 컴퓨터와 프린터는 유선 또는 무선으로 공유기에 연결시킬 수 있다. 무선으로 연결시킬 때에는 Wi-Fi 공유기를 사용하고 유선으로 연결할 때에는 Ethernet 공유기를 사용한다. 최근 출시되는 공유기는 유선과 무선을 함께 지원하고 있다. 무선 공유기인 경우 이를 AP(Access Point)라고도 부른다. 최근에는 케이블/ADSL 모뎀과 공유기가 하나로 통합되는 추세이다.

3) 중계기(Repeater)

네트워크 중계기는 수신된 전기신호를 다시 증폭해서 보내는 역할을 한다. 무선 환경에서 사용되는 무선라우터(Wi-Fi 라우터)는 반경 10~15미터 지역을 커버하는데, 그 이상의 거리에서 네트워크를 연결하려면 중계기를 사용한다.

4) 핫스팟(Hotspot)과 셀(Cell)의 개념

홈네트워크에서 무선 모뎀이 장착된 컴퓨터를 켜면 핫스팟 안에 있는 무선공유기를 검색하여 자신이 등록된 네트워크를 통해 인터넷에 연결된다. 그림 5-17에서 설명하듯이 컴퓨터가 홈네트워크의 공유기에 접속하기 위해서는 핫스팟 지역 내에 들어와야 하며 공유기를 통해 인터넷망에 접속하게 된다. 그러나 홈네트워크의 범위는 수십 미터이기 때문에 건물 밖으로 나가게 되면 인터넷을 사용하지 못하게 된다. 이러한 문제점을 해결하기 위한 방안으로 모바일 인터넷망이 등장하였다. 모바일 인터넷망에서는 셀의 반경 내에서 컴퓨터는 모뎀을 통하여 인터넷에 연결된다. 공원이나 지하철, 길거리 등에서 사용할 수 있다는 장점이 있다.

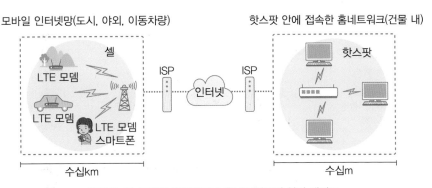

그림 5-17 모바일 인터넷망과 홈네트워크의 연결 개념도

5.3 모바일 컴퓨팅 환경의 발전

지금까지는 PC가 디지털 정보 활용의 중심에 있었지만, 이제는 모바일 기기가 중심이 되어 인터넷을 이용하고 비즈니스를 처리하는 '모바일 혁명' 시대가 되었고, 더 나아가 다양한 스마트 기기의 활용으로 '스마트 혁명' 시대로 진입하였다. 이 절에서는 모바일 컴퓨팅 환경을 이해하기 위해 우선 인터넷 환경의 발전과 이동통신 기술의 발전현황을 소개하고, 무선 인터넷의 구성요소를 살펴보기로 한다.

5.3.1 인터넷 환경의 발전과 모바일 혁명

정보사회의 흐름은 1960~1970년대의 메인프레임 컴퓨터로부터 시작하여 다양한 컴퓨팅 환경의 발전에 따라 변화해왔다. 1980년대에는 워크스테이션을 이용한 정보처리가 주요한 역할을 하였고, 1980~1990년대에는 일반 대중들에게 PC의 활용이 확산되었다. 한편 정보통신 환경은 컴퓨터와 통신망 기술의 발전에 따라 그림 5-18과 같이 진화를 해왔다. 1980년에는 주로 전화망을 이용하여 PC 통신이나 초기 형태의 인터넷으로 사용자 간에 정보를 교환하였다. 1990년대 초반에 웹 방식의 인터넷이 보급됨에 따라 우리 사회는 인터넷 혁명이라고 할 수 있는 큰 변화를 가져왔다. 그러나 2000년대 들어서는 모바일 기기가 보급되면서 인터넷에서 정보를 주고받는 방식이 크게 변하였으며, 2010년대에 스마트 기기가 널리 보급되면서 모바일 인터넷 시대가 만개하고 있다.

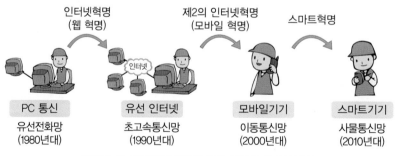

그림 5-18 정보통신 환경에 따른 인터넷 환경의 발전

2007년 6월 애플사가 아이폰을 출시하면서 본격적으로 스마트폰 시대가 전개되었으며, 이후 스마트폰 사용자 비율은 계속 증가하는 추세로서 오히려 음성통화 시장은 감소되지만 모바일 인터넷을 이용한 데이터 서비스의 요구는 급증될 것으로 예상되고 있다. 특히,

2010년대에는 스마트폰뿐만 아니라 우리 주변의 다양한 기기나 사물 간에도 인터넷 접속이 가능한 사물인터넷(IoT, Internet of Things) 환경까지 제공되어 본격적인 스마트 라이프 시대를 맞이하고 있다.

5.3.2 이동통신 기술의 발전

이동통신 기술은 모토롤라(Motorola)사가 개발한 세계최초의 휴대폰인 DanaTac이 1983년 상용화된 이후 매우 빠르게 발전을 이루어 왔다. 국제전기통합연합 ITU는 이동통신 서비스를 4세대로 구분하여 규정하고 있다. 그림 5-19는 우리나라의 이동통신 발전 상황에 따른 각 세대별 통신망 기술과 대표적인 서비스를 보여주고 있다.

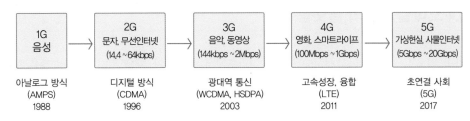

그림 5-19 정보통신 기술에 따른 인터넷 현상의 발전

1세대인 아날로그 방식은 음성통화를 목적으로 개발되었으며, 1990년대 초에 상용화된 2세대 디지털 방식에서는 음성 이외에 데이터의 송수신이 가능하다. 2G 이동통신은 우리나라 및 태평양 지역에서 사용하는 CDMA 방식과 유럽에서 사용하는 GSM 방식이 대표적이다. 2000년대 들어서면서 기술적으로 한 단계 진화되어 모바일 기기에서 문자위주의 무선인터넷 서비스가 시작되면서 모바일 인터넷 시대가 개막되었다.

2003년경 3세대 이동통신 시대로 접어들면서 음악이나 동영상과 같은 멀티미디어 서비스가 가능하게 되어 본격적인 모바일 인터넷의 활용이 가능해졌다. 3G 이동통신 기술은 IMT-2000이라 명명되었으며 우리나라 및 미국에서 사용되는 CDMA2000 방식과 유럽에서 사용되는 W-CDMA 방식이 대표적이다. 그러나 3G 기술의 전송속도(최대 2Mbps)로는 사용자가 원하는 품질의 멀티미디어 서비스를 만족시키기에는 미흡하여 2007년부터 HSDPA라고 불리는 3.5G 서비스를 시작하였다. HSDPA는 전송속도를 획기적으로 개선하여 최대 다운로드 속도 14Mbps와 업로드 속도 5.76Mbps를 지원하였다. 한편 이동 중에도 연속적인 무선인터넷 접속이 가능하도록 하는 LTE 및 WiBro 기술도 개발되었다.

ITU의 정의에 따르면 4세대 이동통신은 정지 시 1Gbps 및 고속 이동 시 100Mbps의 데이터 전송속도를 지원하는 것으로 규정하였다. 국내에서는 2011년 7월 SK텔레콤과 LGU+에서 4G LTE(Long Term Evolution) 서비스를 시작하고 2012년 1월 KTF에서 4G WiBro 서비스를 시작하면서 4G 이동통신 시대가 개막되었다. 4G 통신망에서는 높은 전송속도를 지원하여 온라인 게임, 모바일 TV, 각종 스트리밍 콘텐츠 등의 초고속의 초고화질 멀티미디어 서비스가 가능해졌다. 현재 이동통신이 4G에서 5G로 진화하면서 10Gbps의 높은 데이터 전송률과 1밀리초의 더 낮은 지연 시간을 제공하고 있으며, 이로써 더 다양한 응용 프로그램과 서비스를 지원할 수 있게 되었다.

5.4 모바일 기기와 플랫폼

모바일 컴퓨팅 서비스를 구성하고 있는 요소 중에서 사용자가 처음 접하게 되는 것은 모바일 단말기이며, 이를 사용하려면 모바일 플랫폼과 애플리케이션 등 모바일 소프트웨어를 접하게 된다. 이 절에서는 다양한 모바일 단말기와 여기에 탑재되어 있는 모바일 소프트웨어의 역할에 대해 이해하도록 한다.

5.4.1 모바일 플랫폼의 활용

모바일 단말기가 구동하기 위해서는 일반적인 컴퓨터 시스템과 마찬가지로 모바일 단말기용 시스템 소프트웨어를 필요로 하며 이 역할을 모바일 운영체제(OS)에서 수행하고 있다. 모바일 기기에서 실행되는 콘텐츠는 그림 5-20에서 보듯이 다음의 세 가지로 구분할 수 있다. 다운로드 애플리케이션은 사용자가 인터넷 사이트나 앱스토어에서 직접 다운로드하여 실행하는 소프트웨어로서 게임, 음악, e러닝, 교통정보 등 다양한 종류의 앱(App)이 있으며 모바일 운영체제 상에서 실행되고 있다. 모바일 웹브라우저는 모바일 기기에서 실행되는 웹브라우저로서 인터넷 서버로부터 각종 모바일 콘텐츠를 제공하는 역할을 한다. 단말기 고유의 내장 애플리케이션은 모바일 운영체제 위에서 직접 구현된 프로그램으로 바탕화면 등 휴대폰 자체에 내장된 기능을 위하여 사용된다.

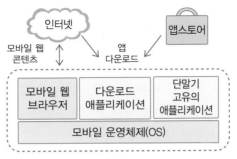

그림 5-20 모바일 기기 소프트웨어의 구성

모바일 운영체제(OS)는 휴대폰에서 PC의 운영체제와 같은 역할을 수행하며 스마트폰을 구성하고 있는 프로세서, 메모리, 화면 등의 하드웨어를 관리하고 운영하는 프로그램으로서 모바일 플랫폼이라고도 불린다. 운영체제의 역할은 하드웨어 구동 이외에 다양한 응용 서비스를 포함하는 모바일 애플리케이션이 실행되는 소프트웨어 플랫폼 역할을 하며, 스마트폰 출현 이후 모바일 플랫폼으로서 더욱 중요한 위치를 차지하고 있다.

스마트폰 이전의 모바일 운영체제는 이동통신 사업자나 단말기에 종속되어 폐쇄적인 형태로 일부 단말기 모델들에 적용되었으나, 최근에는 플랫폼 역할을 하는 공개형(Open) 모바일 운영체제가 대세로 자리잡고 있다. 폐쇄형 플랫폼에서는 모바일 애플리케이션을 개발하는데 필요한 운영체제의 API(Application Program Interface)를 이동통신사로부터 허락받은 사람만이 접근이 가능했지만, 공개형 플랫폼에서는 API를 공개함으로써 누구나 해당 플랫폼의 애플리케이션을 개발하는 것이 가능해졌다. 애플, 구글, 마이크로소프트 등 모바일 운영체제 사업자들은 개발자들에게 API 및 개발도구를 무료로 제공해주어 자신의 모바일 운영체제에 실행되는 애플리케이션이 더 많이 개발되도록 공개 전략을 추진하고 있다.

5.4.2 모바일 운영체제

모바일 운영체제 시장에서 구글 안드로이드(Android) 플랫폼을 탑재한 안드로이드 폰의 비중이 매우 큰 것으로 조사되고 있다. 시장조사기관 StatCounter에 따르면 2023년 스마트폰 판매량에서 안드로이드를 탑재한 폰이 전체의 71%를 차지하고, 다음으로 애플의 아이폰이 28% 정도를 차지하였다.

그림 5-21 대표적인 모바일 운영체제

애플 iOS

애플사의 iOS는 아이폰과 아이패드에 탑재된 모바일 운영체제로서 키패드 없이 멀티터치, 큰 화면, 다중작업 기능이 주요 특징으로 단말기 및 인터페이스 디자인이 큰 경쟁력을 가지고 있다. 특히, 애플리케이션 개발을 위한 API를 공개하고 앱스토어(AppStore)를 통해 일반 개발자들이 제작한 애플리케이션을 일반 고객이 구매할 수 있도록 하여 이동통신사에 종속적이던 모바일 앱 시장의 주도권이 모바일 플랫폼 위주로 이동하도록 하였다. 또한, 아이팟부터, 아이폰, 아이패드까지 같은 운영체제로 연결되는 수직계열화를 통해 하나의 애플리케이션이 애플사의 여러 단말기에서 실행이 되도록 하여 사용자에게 편리하고 차별화된 서비스를 제공하고 있다. 그러나, iOS는 애플사 제품에만 탑재하는 방식의 폐쇄적인 독점 전략을 추진하고 있다.

구글 안드로이드(Android)

반면 구글사의 안드로이드 운영체제는 오픈소스(Open Source) 전략을 통하여 여러 단말기 공급사로부터 모바일 플랫폼으로 채택하도록 유도하여 큰 성과를 보이고 있다. 안드로이드 API와 개발도구를 무료로 제공하고 앱스토어와 유사한 안드로이드 마켓을 통해 일반 개발자들의 애플리케이션이 완전 개방적으로 일반 고객에게 판매가 되도록 하고 있다. 이러한 개방정책을 통해 다수의 단말기 공급사, 이동통신 사업자, 일반 개발자에게 많은 수익이 돌아갈 수 있으므로 모바일 플랫폼 경쟁에서 안드로이드가 큰 우위를 차지할 수 있었다. 구글사 입장에서는 운영체제나 앱 판매의 수익 보다는 구글사의 타 제품과의 연계와 광고수익의 증대 효과가 있으므로 이러한 개방 정책이 가능한 것이다. 그 이외에 한 가지 재미있는 사실은 안드로이드 운영체제는 그림 5-22와 같이 버전별 알파벳 순서로 아이스크림이나 젤리빈 등 귀여운 별명을 부여하고 있다.

그림 5-22 안드로이드 운영체제의 버전별 별명

5.4.3 모바일 웹브라우저

휴대폰에서 애플리케이션이 실행되는 운영체제 이외에 또 하나의 중요한 플랫폼은 웹 콘텐츠를 볼 수 있는 모바일 웹브라우저이다. 모바일 브라우저 혹은 모바일 웹브라우저는 휴대폰이나 PDA, 태블릿 PC와 같은 모바일 기기에서 이용할 수 있도록 설계되어 인터넷의 자료나 모바일 웹 서비스에 접속할 수 있도록 한다.

초기 2G 내지 2.5G 휴대폰에서 인터넷을 웹 방식으로 접속하기에는 프로세서의 속도나 화면의 크기 등 모바일 단말기의 성능이 너무 부족하였다. 그 후 3G 및 3.5G 휴대폰에서는 기기의 성능이 어느 정도 발전하였지만, 휴대폰에서 데스크톱 화면을 그대로 보여주기에는 화면이 작고 속도가 느리며 일부 호환이 되지 않는 콘텐츠가 있어서 불편함이 있었다.

이후 스마트폰이 출현하면서 진정한 의미의 모바일 웹브라우징이 가능하게 되었다. 모바일 단말기 특징에 맞추어 작은 화면에 최적화된 인터페이스로 구현하였으며 모바일 기기의 특성에 맞추어 빠른 속도로 인터넷 브라우징이 가능하게 되었다. 이제는 단순히 인터넷 정보에 접근하는 도구 역할에서 더욱 발전하여 인터넷 상에서 각종 서비스를 제공해주는 역할을 하고 있다. 향후에는 모바일 웹브라우저에 HTML5 기능을 완전히 탑재하여 모바일 기기의 하드웨어까지 제어가 가능한 각종 모바일 웹 애플리케이션 실행이 가능해질 것으로 기대되고 있다.

대부분의 사용자들은 모바일 웹에 접속하기 위해 스마트폰에 기본적으로 내장되어 있는 웹브라우저를 사용하고 있다. 안드로이드 휴대폰에서는 데스크톱 환경과 마찬가지로 모바일 버전의 크롬 브라우저가 가장 널리 사용되어 있어서 구글의 영향력이 커지고 있다. Statcounter에 의하면 2023년도 브라우저 사용량은 크롬이 1위로 65%, 사파리가 다음으로 25% 사용되고 있고, 이외에는 삼성인터넷, UC브라우저, 오페라 등이 있다.

(a) 사파리　　　　(b) 모바일 크롬　　　　(c) 안드로이드

그림 5-23 주요 모바일 웹브라우저의 아이콘

5.5 모바일 애플리케이션

모바일 애플리케이션이란 휴대폰이나 태블릿 PC 등 모바일 기기의 플랫폼에서 실행되는 소프트웨어로서 최근 스마트폰의 확산에 힘입어 우리의 일상생활을 바꾸어 놓고 있다. 모바일 애플리케이션을 크게 구분해 보면 모바일 네이티브(Native) 애플리케이션과 모바일 웹 애플리케이션, 그리고 두 방식을 혼합한 모바일 하이브리드 애플리케이션의 3가지로 구분할 수 있다. 이 절에서는 모바일 애플리케이션의 개발 방법 및 배포를 위한 모바일 앱 마켓, 그리고 모바일 환경에 특화된 모바일 애플리케이션의 특징 및 해당 서비스를 소개한다.

5.5.1 모바일 앱, 모바일 웹, 하이브리드 앱

(1) 모바일 앱(Mobile App)

모바일 네이티브 애플리케이션은 아이폰이나 안드로이드 등 특정 운영체제에서 제공하는 환경에서 개발된 애플리케이션으로 보통 줄여서 모바일 앱(App)이라고 부른다. 안드로이드 앱 개발에는 주로 Java 언어가 사용되고 있으며, iOS에서는 Objective-C 언어가 많이 사용되다가 최근 선보인 Swift 언어가 앱개발에 효율적이라고 많은 주목을 받고 있다. 모바일 앱은 이와 같이 특정 운영체제에 종속되어 개발되어야 하므로 개발 비용과 시간이 많이 소요된다는 단점이 있지만 모바일 단말기의 기능에 최적화된 애플리케이션 개발이 가능하며 사용하기 편리하다는 장점으로 다양한 앱이 개발되어 있다. 실제로 단말기의 카메라나 GPS 기능을 제어하고 단말기에 저장된 사진이나 주소록 등의 데이터에 접근하는 애플리케이션을 별 어려움 없이 개발할 수 있다.

이러한 모바일 앱은 각 플랫폼 업체들이 운영하는 모바일 앱 마켓에서 원하는 앱을 다운로드 받아 실행할 수 있다. 모바일 애플리케이션 마켓으로 널리 알려져 있는 앱스토어(App Store)는 'Application Store'의 준말로 모바일 앱을 자유롭게 사고 팔 수 있는 온라인 상의 장터(Market Place)를 의미한다. 2008년 7월 애플사가 아이폰 3G를 출시하면서 서비스를 시작한 앱스토어는 아이폰 및 아이패드용 애플리케이션을 이동통신사가 아니라 누구나 등록하여 판매할 수 있도록 되어 있다.

앱 마켓은 운영사가 모바일 플랫폼의 API(Application Program Interface)와 SDK(Software Development Kit)를 제공하여 일반 개발자들이 만든 애플리케이션을 등록하면 누구나 무선통신에 접속하여 자신이 원하는 애플리케이션을 휴대폰에 다운로드 받을 수 있다. 애플리케이션 판매수익은 개발자와 앱 마켓 운영사가 7:3정도의 비율로 분배하며, 애플의 앱스토어가 큰 성공을 거두자 다른 플랫폼 개발사나 이동통신 사업자들도 자신들의 앱 마켓을 구축에 나섰다.

2022년 국내 앱마켓 시장의 구성은 안드로이드 운영체제의 영향력이 큼에 따라 안드로이드 앱마켓인 구글의 Play가 74.6%, 애플의 앱스토어가 11.6%, 그리고 국내 이동통신 3개사가 통합하여 운영하는 원스토어가 13.8%의 비중을 차지하고 있다. 글로벌 마켓의 경우에는 애플의 앱스토어가 45%, 구글 Play가 37.5%, 기타 앱마켓이 18%의 점유율을 보이고 있다.

(a) 애플의 앱스토어　　　(b) 구글 Play　　　(c) 원스토어

그림 5-24 국내 주요 앱마켓 서비스

(2) 모바일 웹(Mobile Web)

앞 절에서 언급한 바와 같이 모바일 앱은 인터넷이나 앱스토어를 통해 다운로드하여 모바일 단말기에 설치한 후 콘텐츠를 사용하게 된다. 반면에 모바일 웹은 웹브라우저를 통해 애플리케이션에 접속하여 콘텐츠를 이용하게 된다. 모바일 앱이라 불리는 네이티브 애플리케이션은 각 운영체제에 따라 해당하는 프로그램으로 실행이 되며, 모바일 웹 애플리케이션은 HTML5, CSS, Javascript, PHP 등의 웹 표준기술을 이용하여 작성되고 웹브라우저를 기반으로 실행이 된다. 모바일 웹은 사용자가 애플리케이션을 서버에서 다운로드 받아서 실행하는 것이 아니라 모바일 웹브라우저에서 접속하여 서버의 데이터를 이용하게 된다.

모바일 앱은 모바일 미디어에 최적화하여 처리속도가 빠르며 모바일 단말기의 기능을 효율적으로 제어하는 등 많은 장점이 있다. 그러나, 모바일 앱이 특정 운영체제에서만 실행되는 단점이 있는 반면, 모바일 웹은 플랫폼에 종속적이지 않고 웹 표준을 따르므로 다수의 단말기를 보유한 사용자들이 여러 플랫폼에서 동일한 웹 애플리케이션을 이용할 수 있다. 이러한 장단점에 따라 현재 일반 사용자들은 모바일 앱과 모바일 웹을 상호 보완적으로

사용하고 있다. 일정관리, 온라인뱅킹, 뉴스서비스, 지도, 이메일, SNS 등은 모바일 앱을 선호하며 쇼핑, 정보검색, 엔터테인먼트 등의 서비스는 모바일 웹을 더 선호하는 편이다.

(3) 하이브리드 앱(Hybrid App)

한편, 모바일 웹과 모바일 앱 방식의 장점을 최대한 살린 하이브리드 앱 방식이 등장하였다. 다양한 모바일 플랫폼에서 실행이 가능한 모바일 웹 방식과 모바일 단말기의 특성을 극대화하고 쉽게 배포가 가능한 모바일 앱 방식을 절충한 것이다. 웹 기술을 주로 이용하여 애플리케이션의 내부 구조와 인터페이스를 작성하고 단말기 센서 등 단말기 제어 기능은 전용 API를 사용하여 코딩한 후, 일반 모바일 앱처럼 단말기에서 실행이 되도록 패키징을 한 것이다. 즉, 알맹이는 웹이고 포장은 일반 앱의 형태로 개발이나 배포가 쉬우면서도 여러 플랫폼에서 핵심 기능을 같이 사용한다는 장점이 있다.

표 5-2에는 모바일 웹, 모바일 앱, 그리고 하이브리드 앱의 특징을 표로 비교하였다. 사용자 입장에서 실행 절차는 그림 5-25에서도 보듯이 모바일 웹은 다운로드 없이 모바일 웹 브라우저로 접속하여 실행하고, 원하는 모바일 앱은 다운로드받아 설치 후 실행하면 된다. 하이브리드 앱은 모바일 앱처럼 앱 마켓에서 다운로드하여 설치하지만 앱이 시작되고 나면 모바일 웹과 마찬가지의 방식으로 작동된다.

표 5-2 모바일 웹과 모바일 앱의 비교

	모바일 웹	모바일 앱 (네이티브 앱)	하이브리드 앱
구현방식	유선 웹과 동등한 기술 (HTML, CSS, Javascript 등)	단말기에서 지원하는 언어로 개발 (Java, Objective-C, Swift 등)	핵심은 웹, 포장은 앱
개발	웹 표준으로 개발	플랫폼에 따라 별도 개발	웹과 앱 방식 모두 포함
배포	웹브라우저로 접속하여 실행	앱마켓에서 앱을 다운로드	앱마켓에서 다운로드
설치	별도의 설치 과정 필요 없음	단말기에 다운로드 설치 후 실행	다운로드 설치 후 실행
업데이트	유지 관리, 서비스 변경이 용이	개정판 배포, 설치에 시간 소요	유지관리, 변경 용이
실행속도	네트워크 접속으로 상대적 느림	단말기에 최적화되어 성능 우수	중간 정도
기기 연동	단말기 기능 제어 및 데이터 저장 불가능	단말기의 기능 제어 및 데이터 사용 가능	단말기 제어 및 데이터 사용 가능

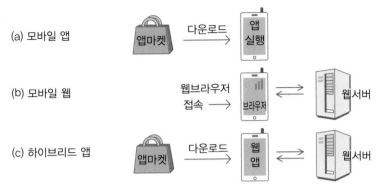

그림 5-25 모바일 앱, 모바일 웹, 하이브리드 앱의 실행 과정

5.5.2 주요 모바일 서비스

기존의 데스크톱 애플리케이션에 비교하여 모바일 애플리케이션은 모바일 환경의 특성에 따라 몇 가지 차별성이 있다. 모바일 단말기는 이동통신 및 무선인터넷에 기반하고 있으므로 이동 중에서도 항상 상대방과 연결 가능한 즉시연결성(Instant Connectivity)이 있으며, 언제 어디서나 연결이 가능하므로 현재 위치를 항상 알 수 있는 지역성(Localization)의 특징이 있다. 또한, 서버의 프로그램이나 다른 사용자와 실시간으로 데이터를 주고 받을 수 있는 전달성(Communicability)의 특징과 사용자 개인의 요구사항이나 서비스 상황에 따라 개인별 콘텐츠가 제공되는 개인화(Personalization)의 특징이 있다.

이러한 모바일 환경에 특징을 잘 반영하여 데스크톱과 차별화된 대표적인 애플리케이션으

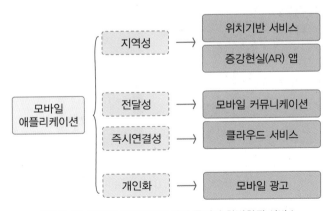

그림 5-26 모바일 애플리케이션의 특징과 차별화된 서비스

로는 지역성을 기반으로 하는 위치기반 서비스와 증강현실 애플리케이션, 전달성의 특징 및 즉시 연결성의 특징을 반영하여 실시간으로 메시지나 데이터를 주고받는 모바일 커뮤니케이션 서비스와 모바일 클라우드 서비스, 그리고 개인화의 특징에 기반한 모바일광고 서비스를 들 수 있다.

(1) 위치기반 서비스(LBS, Location Based Service)

위치기반 서비스는 사용자의 휴대폰에서 제공해주는 위치정보와 주변 지리정보를 이용하여 무선 인터넷을 통해 교통정보, 게임, 위치추적, 전자상거래, 광고 등을 제공하는 서비스이다. 요즘 휴대폰에는 소형이면서도 가격이 저렴한 GPS(Global Positioning System) 칩이 기본으로 탑재되어 스마트폰의 핵심 서비스로 자리잡고 있다. GPS 위성추적 기술이 발전하여 실내 혹은 건물밀집 지역에서도 위치파악이 가능해짐에 따라 위치기반 서비스가 더욱 각광받고 있다. 또한, 위치기반 서비스는 카메라에 기반한 증강현실 기술과 결합되어 더욱 진화된 서비스로 급속히 성장하고 있다.

위치기반 서비스의 대표적인 애플리케이션 유형으로는 위치정보에 기반한 정보제공, 오락, 안전보장, 위치추적, 상거래 서비스가 있다. 위치기반 정보제공 서비스에는 교통정보나 도로상황, 길 안내, 주변정보 검색 서비스 등이 있다. 가족 간 혹은 연인 간 상대방의 위치를 파악하여 개인 신변의 안전을 보장하는 서비스로는 '안심귀가', 'i-Kids', '긴급호출' 등이 있다. 전자상거래시 물류의 배송상태나, 친구의 위치 찾기, 분실폰 찾기 등 사람이나 차량, 물류 등의 위치를 추적할 수 있는 서비스도 대표적이며, 최근에는 위치기반의 광고나 주변 상점에서 할인쿠폰을 제공하는 서비스도 볼 수 있다.

(a) SK T맵 서비스   (b) 안드로이드 앱 - 스마트 안심귀가

그림 5-27 모바일 위치기반 서비스 사례

(2) 증강현실(Augmented Reality) 애플리케이션

가상현실(VR; Virtual Reaity)은 사용자로 하여금 가상의 3D 공간에서 가상의 물체를

보고 체험할 수 있는 반면 증강현실(AR; Augmented Reality)은 사용자가 눈으로 직접 보고있는 현실세계에 추가적인 가상정보를 제공해 주는 개념이다. 증강현실 서비스를 실현하려면 눈으로 보는 것을 재현할 수 있는 카메라 및 고해상도 디스플레이 기능과 가상정보 제공을 위한 위치인식 기능이 필요하다. 이러한 기능을 겸비하고 있는 스마트폰 단말기가 확산되면서 증강현실 앱이 많은 각광을 받고 있다. 대표적인 증강현실 서비스로는 위치정보에 기반하여 특정지역에 부가적인 정보를 제공해 주는 서비스와 교육이나 게임 등의 애플리케이션에서 특정 마크를 인식하면 모바일 화면에서 3차원 캐릭터 애니메이션이 재현되는 서비스가 있다.

최근 착용이 편리한 웨어러블 기기가 개발됨에 따라 증강현실 기술이 더욱 주목을 받게 되었다. 대표적으로 구글에서 발표한 구글글래스에서는 사용자에게 길 안내나 앞에 보이는 물체에 대한 정보를 안경에 디스플레이 해주어 진정한 의미의 증강현실 서비스를 실현하게 되었다. 또한 스마트 자동차와 같은 모바일 장치에서도 도로 안내나 운전 정보를 앞면 유리창에 디스플레이 해주고 있다.

(a) 위치기반 정보제공 서비스(출처: 삼성전자) (b) AR 캐릭터 애니메이션(출처: 애니펜)

그림 5-28 모바일 증강현실 애플리케이션 사례

(3) 모바일 커뮤니케이션 서비스

원래 휴대폰은 음성통화나 화상통화 이외에도 문자메시지 서비스(SMS)나 멀티미디어 메시지 서비스(MMS)를 통하여 사용자간 데이터에 기반한 커뮤니케이션을 할 수 있다. SMS나 MMS가 이동통신망을 통하여 메시지 데이터를 전송하는 반면에 모바일 인스턴트 메신저는 스마트폰에서 무선인터넷을 통하여 현재의 접속자들과 실시간 문자로 대화하도록 해주는 서비스이다. 국내에서 사용되는 모바일 인스턴트 메신저 서비스로는 '카카오톡'이 가장 대표적이며, 전세계적으로는 '왓츠앱(WhatsApp)'과 '텔레그램(Telegram)'을 많이 사용하며, 중국에서는 '위챗(WeChat)', 일본에서는 우리나라 네이버사가 개발한 '라인(Line)'을 많이 이용하고 있다.

한편, PC에서 시작한 소셜네트워크서비스(SNS)는 모바일 단말기와 연동되며 더욱 사용자들의 인기를 얻고 있다. SNS 서비스로 전세계적으로 가장 유명한 '페이스북(Facebook)'의 경우 PC에서는 의사소통에 어느 정도 시간차가 발생하지만, 스마트폰에서는 찍은 사진이나 글을 곧바로 올리고 실시간에 댓글을 다는 행위가 가능해 진 것이다. 또한 '트위터(Twitter)'는 짧은 문장에 기반한 모바일 SNS 서비스로 의견교류와 인맥관리의 목적으로 널리 사용되고 있다. 스마트폰의 확산과 더불어 관계 중심의 모바일 SNS는 사용자 간의 실시간이며 양방향 의사소통을 가능케하여 전 세계적으로 사용자가 급증하면서 소통방식의 변화를 가져오고 있다.

(a) 카카오톡   (b) 모바일 페이스북   (c) 트위터

그림 5-29 모바일 커뮤니케이션 서비스 사례

(4) 모바일 클라우드 서비스

클라우드 컴퓨팅(Cloud Computing)이란 소프트웨어나 메모리, 프로세서 등 IT 자원이나 응용서비스를 사용자 컴퓨터에 직접 설치하지 않고 원격으로 빌려서 사용하는 형태의 서비스이다. 즉, 인터넷 접속을 기반으로 다수의 서버에 존재하는 다양한 컴퓨팅 자원에 접근하여 이용하고, 사용량에 따라 비용을 지불하는 서비스이다. 개인은 물론 일반 기업에서도 빠른 속도로 발전하는 컴퓨팅 자원을 직접 설치하여 운영하는 것보다는 어디서나 인터넷에 접속만 하면 저렴한 가격에 편리하게 빌려 쓸 수 있게 해주는 클라우드 서비스가 큰 각광을 받고 있다.

모바일 클라우드 서비스는 모바일 기기를 이용하여 언제 어디서나 즉시 접속하여 클라우드 컴퓨팅 서비스를 받을 수 있다는 점에서 매우 의미가 크다. 모바일 클라우드 서비스에서는 모바일 앱을 앱스토어에서 다운로드하지 않고 웹에서 제공히는 모바일 클라우드 애플리케이션에 접속하여 바로 사용할 수 있다. 애플의 '모바일미(MobileMe)'가 대표적인 모바일 클라우드 서비스로로서 메일, 연락처, 일정 등의 정보를 원격으로 접속하여 사용할 수 있으며, 현재 아이튠즈 기능과 통합하여 '아이클라우드(iCloud)' 서비스로 사용자에게 제공되고 있다. 구글에서는 '구글드라이브(Google Drive)' 서비스를 제공하여 모바일 클라우드 환경에서 음악이나 영화를 감상하거나 모바일 오피스 환경으로 작업을 할 수 있게 하였다.

| (a) 모바일미 서비스 | (b) 아이클라우드 서비스 | (c) 구글 드라이브 서비스 |

그림 5-30 모바일 클라우드 서비스 개념도

(5) 모바일 광고 서비스

모바일 광고는 특정 대상이나 위치에 있는 개별 이용자에게 특화된 타깃 광고가 가능하다는 점에서 모바일 환경의 특징 중 개인화뿐 아니라 지역성이나 즉시연결성의 특징도 가지고 있다. 스마트폰 이전의 모바일 광고는 주로 푸시형 문자메시지로 효과가 그다지 크지 않았으나, 최근 스마트폰 확산으로 검색 및 배너 광고가 주류를 이루고 비디오나 앱 광고도 주목받고 있다. 최근, 모바일 앱 광고가 주목받으면서 모바일 광고 플랫폼의 경쟁이 가속화되고 있다. 모바일 광고 플랫폼으로는 구글의 '애드몹(Admob)'과 다음의 'Ad@m'이 많은 관심을 받고 있다.

그림 5-31 모바일 광고 사례 (출처: hiddenad.co.kr)

01 컴퓨터 통신이란 서로 다른 컴퓨터 사이에서 정보를 주고받는 행위이다. 이런 컴퓨터 통신을 위해 연결된 컴퓨터들의 집합을 컴퓨터 통신망 혹은 (   )라고 한다.

02 가장 대표적인 클라이언트-서버 모델로는 인터넷을 들 수 있다. 인터넷에 연결된 모든 컴퓨터는 서버나 클라이언트 노드 중 하나로, 서비스를 제공하는 컴퓨터를 (   )라 부르고 이에 연결되는 서비스를 요구하는 컴퓨터를 (   )라고 부른다.

03 컴퓨터 네트워크를 데이터 전송방식에 따라 분류할 때, 메시지를 (   ) 단위로 분리하여 보내는 방식을 패킷 스위칭 방식이라 부른다.

04 개인 정보기기 간의 통신을 지원하기 위한 컴퓨터 네트워크로, 수 미터 이내에서 동작하며 주로 휴대용 기기를 지원하는 개인영역 통신망을 (   )이라 부른다.

05 유선망 연결망으로는 구리선을 꼬아 만든 트위스트 케이블, 굵은 중심선을 이용한 동축 케이블과 수십 또는 수백 개의 광섬유 선으로 연결된 (   )이 있다.

06 컴퓨터는 핫스팟 내에서 무선 연결을 통하여 인터넷망에 접속한다. 핫스팟은 (   )라는 무선안테나를 중심으로 반경 수십 미터 내에서 컴퓨터가 신호를 받을 수 있는 지역을 말한다.

07 네트워크의 계층적 구조에 따르면 인터넷에 접속된 모든 컴퓨터는 (   )의 일부이다. 인터넷 ISP는 다시 상위계층의 큰 네트워크의 일부로 연결되며, 이런 연결을 통해 인터넷을 형성하게 된다.

08 인터넷의 특징은 인터넷에서 주고받는 정보의 단위인 패킷을 사용한다는 점이다. 패킷을 생성하고 전송하기 위해서는 (   ) 프로토콜을 사용한다.

09 모바일 기기 사용에 따라 모바일 인터넷을 이용한 데이터 서비스의 요구가 늘어가고 있다. 특히, 2010년대에는 스마트폰뿐만 아니라 우리 주변의 다양한 기기나 사물 간에도 인터넷 접속이 가능한 (   ) 환경까지 제공되고 시작했다.

10 모바일 애플리케이션이란 모바일 기기의 플랫폼에서 실행되는 소프트웨어로서 크게 구분하면 모바일 네이티브 애플리케이션과 (   ), 그리고 두 방식을 혼합한 모바일 하이브리드 애플리케이션으로 구분된다.

주요 개념 확인(단답식)

01 정보통신망의 발달로 과거 사용자들이 누리지 못했던 새로운 서비스들이 탄생하였다. 여러 정보통신망을 이용한 서비스 중 인터넷을 사용하여 정보를 공유하고 정보를 검색하는 서비스를 무엇이라고 하는가?

02 컴퓨터 네트워크 속에서 컴퓨터들은 주소를 가지고 있으며 서로 전송 케이블을 통해 연결되어 있다. 또한 정보의 전송은 네트워크 프로토콜이라는 통신규약을 따른다. 여러 종류의 프로토콜 속에서 국제적 표준을 정하는 기관 2개의 이름을 쓰시오

03 데이터를 교환하는 방식 중에서 메시지 전송 시 비트를 순서에 따라 단일 선로로 한 비트씩 차례로 보내는 방식은 무엇인가?

04 최근 유비쿼터스 센서 네트워크에서 이용되는 방식으로 수많은 센서들을 서로 연결하며, 환경 변화나 응급상황을 센서가 감지하며 주변의 노드센서로 상황에 대한 정보를 보내 상황을 인지하게 되는 네트워크 모델을 무엇이라고 하는가?

05 데이터 전송방식에 따라 분류한 네트워크의 종류 중 하나로 데이터를 전송하기 전에 시작점과 도착점 사이에 회선을 구성한 뒤 데이터를 보내는 방식은?

06 근거리 통신망에 비해 비교적 넓은 범위를 지원하며, 인터넷을 가장 큰 예시로 가지는 네트워크 통신망의 종류는 무엇인가?

07 홈 네트워크의 좁은 제공 범위를 보강하기 위해 등장한 망으로 셀의 반경 내에서 모뎀을 통해 컴퓨터를 인터넷에 연결하는 네트워크 망을 무엇이라고 하는가?

08 공개형 플랫폼에서 누구나 해당 플랫폼의 애플리케이션을 개발하는 것이 가능하도록 사업자들이 개발자들에게 인터페이스를 공개한 것을 무엇이라고 하는가?

09 애플 사의 여러 기기를 같은 운영체제로 연결하는 수직계열화를 통해 사용자에게 편리하고 차별화된 서비스를 제공하고 있지만 폐쇄적인 운영체제 독점 전략을 추진하고 있는 운영체제의 이름은?

10 모바일 환경의 특징을 잘 반영하여 데스크톱과 차별화된 서비스를 제공하는 모바일 서비스 중, 사용자의 휴대폰에서 제공해주는 정보를 이용하여 무선 인터넷을 통해 교통정보, 게임, 위치추적, 전자상거래, 광고 등을 제공하는 서비스는 무엇인가?

사고 능력 함양(객관식)

01 컴퓨터 네트워크는 컴퓨터 및 각종 정보장치 간에 데이터통신을 위한 연결망을 말한다. 다음 중 컴퓨터 네트워크의 구성요소가 아닌 것은?

    a. 데이터　　　　　　b. 전송매체　　　　　　c. 송수신 정보기기　　　　d. 인터넷

02 데이터를 전송할 때의 방식 중 병렬 전송의 대표적인 사례로 컴퓨터와 프린터 사이에 데이터를 보내는 것을 들 수 있다. 데이터를 병렬 전송할 때의 특징이 아닌 것은?

    a. 비교적 짧은 거리에 사용한다.

    b. 설치가 간단하다.

    c. 비용이 비싸다.

    d. 데이터의 구성하는 여러 비트를 다른 선로를 통해 동시에 전송한다.

03 네트워크는 여러 형태로 분류할 수 있다. 여러 네트워크 형태 중 인터넷에서 오디오나 비디오 등 멀티미디어 콘텐츠를 공유하기 위해 더 적합한 네트워크는?

    a. 링 구조 모델　　　　　　　　　　b. 클라이언트-서버 모델
    c. P2P 모델　　　　　　　　　　　d. 에드혹 모델

04 PAN이란 개인 정보기기 간의 통신을 지원하기 위한 컴퓨터 네트워크이다. 다음 중 무선 PAN이 아닌 것은?

    a. USB　　　　　　b. 적외선 통신　　　　　c. 블루투스　　　　　d. UWB

05 컴퓨터 네트워크 중에서 유선 LAN의 예시로는 Ethernet을 들 수 있다. 이런 유선망의 장점이 아닌 것은?

    a. 속도가 빠르다.　　　　　　　　　b. 보안 측면에서 안전하다.
    c. 설치비용이 싸다.　　　　　　　　d. 연결 거리가 길다.

06 인터넷의 특징은 패킷을 사용한다는 점으로 패킷을 사용하기 위한 TCP/IP 프로토콜을 사용한다. 다음 중 TCP/IP 프로토콜에 대하여 틀린 것은?

    a. 패킷은 인터넷에서 주고받는 정보의 단위이다.

    b. 패킷은 주소와 정보로 구성된다.

    c. 정보가 큰 경우에도 하나의 경로만 사용해서 전달할 수 있다.

    d. IP프로토콜은 패킷을 받아서 주소를 해석하고 다음 경로를 전달하는 역할을 한다.

07 대부분의 가정에서 사용하는 여러 대의 컴퓨터와 프린터의 사용을 위해서는 다양한 컴포넌트로 연결한 홈네트워크를 구성해야 한다. 다음 중 홈네트워크를 구성하는 요소가 아닌 것은?

    a. 케이블 모뎀   b. 공유기   c. 중계기   d. 광케이블

08 무선 단말기는 무선 통신을 지원하는 휴대용 장치로 여러 종류의 데이터를 송수신할 수 있다. 다음 중 무선단말기가 아닌 것은?

    a. 휴대폰   b. 노트 PC   c. 중계기   d. PDA

09 모바일 혁명 시대의 시작으로 디지털 정보 활용의 중심이 PC에서부터 모바일 기기까지로 옮겨가게 되었다. 다음 중 모바일 단말기의 특징으로 올바르지 않은 것은?

    a. 즉시연결성   b. 전달성   c. 지역성   d. 사회성

10 모바일 네이티브 애플리케이션의 줄임말로 특정 운영체제에서 제공하는 환경에서 개발된 앱을 모바일 앱이라고 부른다. 다음 중 모바일 앱의 특징으로 올바른 것은?

    a. 웹 표준으로 개발한다.

    b. 별도의 설치 과정이 필요 없다.

    c. 개정판 배포, 설치에 시간이 소요된다.

    d. 네트워크 접속으로 상대적으로 속도가 느리다.

보충 과제(주관식)

01 정보통신은 현대 사회에서 중요한 기능을 담당하고 있다. 현대의 정보통신 시대로 오기까지의 정보통신의 의미와 활용분야에 대하여 조사하라.

02 인터넷이란 크고 작은 네트워크를 결합하여 사용하는 네트워크로 개인 또는 사무실 등에서 인터넷을 사용하려면 먼저 인터넷 서비스를 제공하는 ISP에 가입해야 한다. 현재 사용하고 있는 ISP와 ISP에 가입하기 위한 절차에 대하여 조사하라.

03 LAN은 컴퓨터 네트워크에서 일반적으로 가장 많이 사용되는 네트워크이다. 무선 LAN과 유선 LAN에 대하여 알아보고 이때 각각의 LAN에서 사용되고 있는 통신 프로토콜에 대하여 조사하라.

04 모바일 기기의 사용이 늘어나면서 모바일 운영체제의 사용도 중요한 위치를 차지하게 되었다. 현재 사용하고 있는 모바일 운영체제의 API와 특징에 대하여 조사하라.

05 모바일 클라우드 서비스는 IT 자원을 원격으로 빌려 사용하는 클라우드 서비스를 모바일 기기를 이용하여 언제 어디서나 즉시 접속으로 받을 수 있다는 점에서 의미가 크다. 모바일 클라우드 서비스의 예시와 각각의 장단점을 조사하라.

06 인터넷 웹서비스

단원개요 ●

앞 장에서는 컴퓨터를 서로 연결하여 운영하는 컴퓨터망의 구성방식이나 데이터 교환 등 컴퓨터 네트워크의 기본 원리를 살펴보았다. 인터넷은 컴퓨터 네트워크의 한 부분이지만 현재 우리의 일상생활에서 없어서는 안 될 정도로 널리 보급되어 있다. 정보의 바다라고 불리는 인터넷은 방대한 정보를 포함하고 있으므로 이것들을 잘 찾아가는 검색 및 항해 기법이 인터넷을 사용하는 데 매우 중요하다. 최근에는 정보를 얻기만 하는 수동적인 입장에서 나아가서 사용자 자신이 정보를 생성하고 공유하는 웹2.0 개념으로까지 발전하였다.

이 장에서는 우선 인터넷의 역사와 인터넷을 구성하는 환경을 살펴보고, 우리가 일상적인 생활처럼 접하는 웹(WWW)의 기본개념을 설명한다. 그리고 웹에서 실행이 가능한 다양한 서비스 방식과 활용 분야를 살펴본 후 최근 많은 사람들의 주목을 받고 있는 웹2.0의 기본 개념을 소개한다.

6.1 인터넷 역사와 사용환경

인터넷이란 단어는 우리의 일상생활에서 매우 낯익은 단어가 되었다. ITU의 보고서에 따르면 전 세계 모든 국가들이 연결된 인터넷의 사용 인구가 2020년에는 전 세계 인구의 65%인 50억명을 넘어섰다고 한다. WWW(World Wide Web) 보급이 시작되고 30년 만에 이렇게 널리 사용되고 있는 인터넷의 기본 개념과 역사를 알아보기로 하자.

6.1.1 인터넷의 개념과 발전 과정

인터넷을 좁은 의미로 정의해 보면 IP(Internet Protocol)를 전송규약으로 사용하여 연결된 모든 네트워크라고 할 수 있다. 현재 전 세계의 네트워크에서 데이터를 주고받는 프로토콜로 IP 규약을 가장 널리 사용하고 있다. 따라서 인터넷은 전 세계의 네트워크들을 연결하는 하나의 거대한 네트워크라고 말할 수 있으며, 이러한 네트워크 연결 위에서 웹(WWW), FTP, e-메일, 채팅 등 다양한 인터넷 서비스가 제공되고 있다.

그림 6-1 전 세계 네트워크의 연결 (출처: theconversation.com)

인터넷의 역사

인터넷은 1957~1958년 구 소련의 스푸트니크(Sputnik) 인공위성 발사를 계기로, 미 국방성이 유사시 군사 정보를 공유할 목적으로 개발한 ARPANET에 기원을 두고 있다. 1969년 미국 내 4개 대학에 있는 컴퓨터 간에 데이터를 전송하기 위하여 IP 전송규약을 사용한 ARPANET을 구성하였다.

이후 컴퓨터 기술의 발전과 함께 이더넷(Ethernet) LAN 기술과 TCP/IP 규약의 통신 기술이 발전하여 LAN의 구축이 활발해졌다. 1980년대 중반 미국립과학재단인 NSF(National Science Foundation)에서는 연구정보를 공유하기 위하여 재단 소유로 5군데에 있는 슈퍼컴퓨터를 연결하여 NSFNET을 구축하였다. 네트워크의 전송규약으로는 TCP/IP를 채택하고 각 슈퍼컴퓨터를 그 지역 컴퓨터들과 LAN으로 연결하여 구축했던 NSFNET은 활용범위와 접속범위가 점점 늘어나 1990년대까지 미국 내 인터넷의 근간으로 활용되었다.

1990년대 초까지는 인터넷이 정부기관이나 연구기관에서 사용하는 정보교환 도구로 인식되었으나 웹(Web)이라 불리는 WWW(World Wide Web)의 탄생이 오늘날 같은 인터넷의 대중화를 이루게 한 원동력이 되었다. 이전까지는 명령어 방식의 인터페이스에서 인터넷을 조작하는 텍스트 명령을 직접 입력하여야 했다. 그러나 웹 브라우저에서는 일반 사용자들이 쓰기 쉬운 GUI 방식의 인터페이스를 제공하여 인터넷의 보급에 큰 기여를 하였다. 그림 6-2(a)는 텍스트 방식의 인터넷 브라우저를 보여주며 그림 6-2(b)는 1994년 발표되어 인터넷 보급에 큰 기여를 한 GUI 방식의 웹 브라우저 넷스케이프 내비게이터(Netscape Navigator)의 실행화면이다.

(a) 텍스트 기반 인터넷 브라우저 Lynx   (b) 넷스케이프 내비게이터 웹 브라우저

그림 6-2 인터넷 브라우저의 실행화면 (출처: cects.com, version museum)

인터넷의 구조

인터넷은 클라이언트-서버 모델(Client-Server Model)을 기반으로 한다. 서버란 제공하고자 하는 서비스에 적합한 정보들을 자신의 하드디스크에 보관하고 이를 외부에 제공해 주는 컴퓨터를 지칭하며, 사용자가 서버에서 제공하는 정보를 얻기 위한 컴퓨터를 클라이언트라고 한다. 일반적으로 인터넷에서는 여러 가지 정보들을 서버에서 관리하고, 일반 사용자들은 자신의 컴퓨터를 이용하여 서버에 접속하여 서버에서 제공하는 여러 가지 정보들을 이용하게 된다.

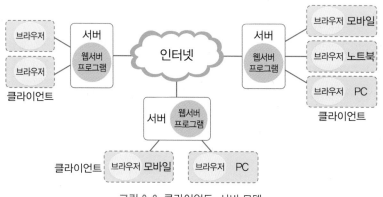

그림 6-3 클라이언트-서버 모델

통상적으로 하나의 호스트 컴퓨터는 여러 가지 서버의 역할을 겸하는데, 서버 역할을 하기 위해서는 서버 프로그램이라고 부르는 특정한 프로그램들이 필요하다. 또한 일반 사용자 입장에서도 서버에 접속하여 서비스를 이용하려면 클라이언트 프로그램이 요구된다. 예를 들어, 웹(WWW)을 이용하려면 서버에는 아파치(Apache) 또는 IIS라는 명칭의 웹 서버 프로그램이 있어야 하고, 클라이언트 프로그램으로는 Explorer와 같은 웹 브라우저 프로그램이 있어야 한다. 마찬가지로, FTP 서비스를 제공받으려면 서버에는 FTP 서버 프로그램을, 클라이언트에서는 FTP 클라이언트 프로그램을 운용해야 한다.

6.1.2 인터넷의 전송방법과 주소체계

TCP/IP 통신 프로토콜

전 세계 컴퓨터를 연결해 놓은 인터넷에서는 컴퓨터의 종류가 매우 많을 뿐 아니라 운영체제나 데이터의 형식이 서로 다른 경우도 많다. 우리가 흔히 사용하는 PC로부터 매킨토시는 물론 서버로 사용되는 다양한 워크스테이션이나 대형컴퓨터까지 다양한 구조의 컴퓨터가 연결되어 있으며 사용하고 있는 운영체제도 MS Windows, Mac OS, Unix, Linux 등 컴퓨터 기종마다 제각기 다르다. 이와 같이 다양한 종류의 컴퓨터들을 연결한 인터넷에서는 모든 컴퓨터에 IP 주소를 할당하며, 데이터를 주고받기 위하여 TCP/IP 통신 프로토콜을 적용하고 있다.

통신 프로토콜이란 컴퓨터 간의 통신 규약으로 컴퓨터 사이에 정보를 전달하기 위하여 필요한 규칙 및 약속의 집합을 말한다. TCP(Transmission Control Protocol)는 데이터의 흐름을 제어하고 데이터가 정확한지 확인하는 역할을 하며, IP(Internet Protocol)는 데이터를 이동시킬 목적지를 지정하는 역할을 한다. TCP의 주된 기능은 데이터를 여러 개의 작은 조각으로 나누어 패킷(Packet)이란 정보단위를 생성하고 패킷이 제대로 전송되는지 확인하는 것이다. 패킷들이 원하는 주소에 도착하면 TCP에서 패킷들을 다시 원래의 순서대로 재복원시킨다. 그림 6-4에서와 같이 인터넷을 도로와 자동차에 비교해보자. 물리적인 네트워크망은 도로에 해당한다. 도로의 신호등이나 표지판 등 도로교통법에 해당하는 것이 통신 프로토콜이고 TCP/IP 프로토콜에 따라 데이터를 패킷단위의 자동차에 실어서 원하는 목적지로 보내는 것이다.

그림 6-4 인터넷에서 프로토콜과 패킷의 개념

IP 주소 체계

IP는 주어진 패킷을 어떻게 목적지까지 보낼 것인가에 대한 전송 프로토콜로 우체국에서 편지를 보내기 위한 우편규칙과도 유사하다. IP에서는 정보를 전송하기 위한 주소체계를 가지고 있는데 주소를 숫자로 표현한 것을 IP 주소(IP Address)라 하며, 이를 기억하기 좋도록 문자로 표현한 것을 도메인 이름(Domain Name)이라고 한다. 대표적인 포털사이트인 네이버의 경우 호스트 컴퓨터에 부여된 IP 주소가 222.122.84.200이며 도메인 이름은 www.naver.com이다. 따라서 웹을 이용하여 네이버의 호스트 컴퓨터에 접속하려면 주소창에 http://www.naver.com 또는 http://222.122.84.200이라고 입력하면 된다.

인터넷에 접속되어 있는 모든 호스트 컴퓨터들은 고유한 IP 주소를 가지고 있으므로 전세계 어디에서나 원하는 컴퓨터에 접속할 수 있다. 이들 IP 주소의 등록 및 관리는 NIC(Network Information Center)라는 기구에서 관장하고 있으며, 각 대륙별로 산하기관이 있고 각 국가별로 관리기관을 두어 국가 내의 주소를 관리하고 있다. 우리나라의 경우 한국인터넷진흥원(KISA)에서 그 역할을 맡고 있다.

IP 주소는 4개의 바이트(Byte)로 구성되어 있으며, 각각의 바이트는 222.122.84.200와 같이 '.'으로 구분하여 표현한다. 각각의 바이트는 8비트(Bit)이므로 2^8=256가지를 표현할 수 있으나, IP 주소에서는 0과 255를 제외하고 254가지를 표현한다. 호스트 컴퓨터를 구분하는 데는 보통 3개의 바이트를 사용하여 254×254×254개의 호스트까지 표현이 가능하다. 즉, 약 1,600만 개의 호스트와 약 43억 개의 단말기 컴퓨터를 연결할 수 있는 주소체계인 것이다. 최근에는 유비쿼터스 시대가 도래하면서 우리 주변의 모든 기기에 인터넷 IP 주소를 할당해야 하는 필요에 따라 기존의 4바이트 체계(IPv4)가 아닌 16바이트 체계가 개발되었다. IPv6라고 불리는 16바이트 체계는 우리 주변의 컴퓨터를 포함한 모든 유비쿼터스 기기에 IP 주소를 할당하고도 남을 만한 개수이다.

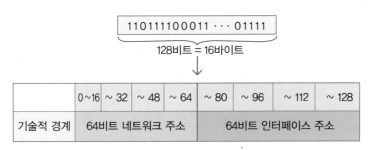

그림 6-5 IPv6 16바이트 체계

도메인 이름(Domain Name)

IP 주소는 숫자로 구성되어 있어서 사용자가 이용하거나 기억하기가 불편하므로 쉽게 기억할 수 있도록 문자로 대체한 도메인 이름이 널리 사용된다. 각 호스트 컴퓨터는 하나씩의 IP 주소와 도메인 이름을 가지며, 도메인 이름 서버(Domain Name Server)에서 도메인 이름을 IP 주소로 변환해주는 역할을 한다.

도메인 이름은 컴퓨터가 속한 기관이나 국가에 따라서 계층적으로 구성되어 있다. 그 구조는 '호스트이름.소속기관.단체성격.소속국가'의 4단계 형태이다. www.daum.co.kr의 경우 우리나라(kr)에 있는 다음(daum)이라는 회사(co)가 보유하고 있는 www라는 이름의 호스트 컴퓨터를 가리킨다. 인터넷이 미국에서 시작하였기 때문에 미국에서는 국가별 도메인이 아닌 '호스트이름.소속기관.단체성격'의 3단계 형태의 일반 도메인 방식을 사용하고 있다. 3단계인 일반 도메인은 www.yahoo.com의 예와 같이 최상위 도메인이 소속국가가 아니라 단체성격인 com이 된다. 표 6-1에는 일반도메인과 국가별 도메인에서 주요한 도메인의 종류를 정리하였다.

근래에는 국가에 상관없이 도메인 이름을 국가별 도메인과 일반 도메인을 중복으로 가지는 경우도 있다. 네이버 포털사이트의 경우 www.naver.co.kr과 www.naver.com을 도메인 이름으로 같이 사용하고 있으며, 싸이월드의 경우에도 www.cyworld.co.kr과 www.cyworld.com을 쓰고 있다. 야후의 경우에는 www.yahoo.com은 미국 야후 본사의 주소이며 한국 야후는 www.yahoo.co.kr 또는 kr.yahoo.com을 도메인 주소로 사용한다.

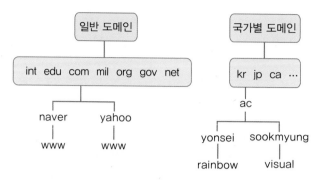

그림 6-6 도메인 이름 체계도

표 6-1 주요 도메인 이름

도메인	기관명
edu	교육기관
com	사업체
org	공공기관
gov	정부기관
net	네트워크관련기관
int	국제기구
mil	국방관련기관

(a) 일반 도메인의 최상위 도메인

도메인	기관명
ac	교육기관
co	사업체
or	공공기관
go	정부기관
ne	네트워크관련기관
re	연구기관
pe	개인 사용자

도메인	기관명
kr	Korea
kp	Korea (North)
jp	Japan
uk	United Kingdom
fr	France
de	Germany
ca	Canada

(b) 국가별 도메인의 최상위 도메인 및 서브 도메인

6.2 웹(WWW)과 홈페이지

웹의 기본개념은 하이퍼텍스트로부터 시작되었다. 이 절에서는 하이퍼텍스트의 기본개념과 웹의 탄생과정을 소개하고, 웹 브라우저의 발전상황과 주요 기능을 설명한다. 한편, 많은 사람들이 애용하고 있는 홈페이지와 웹사이트를 작성하는 언어인 HTML을 소개한다.

6.2.1 하이퍼미디어와 웹

하이퍼미디어의 개념

하이퍼텍스트(Hypertext)는 텍스트 위주의 문서가 링크로 연결되어 있는 것을 말하며, 하이퍼미디어(Hypermedia)는 텍스트뿐만 아니라 이미지, 그래픽, 사운드, 동영상 등을 포함한 멀티미디어 정보가 링크로 서로 연결되어 있는 것을 말한다. 하이퍼텍스트는 상호 연관이 있는 텍스트 조각들을 비순차적으로 연결하여 구성한 정보이다. 그림 6-7(a)에서 보듯이 전통적인 책(Text)은 텍스트나 이미지가 순차적으로 구성되어 있으나, 하이퍼텍스트는 정보 조각들이 비순차적으로 연결되어 있다. 이때 텍스트 정보의 단위를 노드(Node)라고 하며 노드들을 연결하는 포인터를 링크(Link)라고 한다.

하이퍼텍스트의 노드는 원칙적으로 텍스트와 이미지로만 구성되어 있다. 이를 확장하여 노드가 그래픽, 사운드, 애니메이션, 비디오 등의 멀티미디어 정보를 가지고 있을 때 이를 하이퍼미디어라고 한다. 그러나 요즈음 멀티미디어가 보편화됨에 따라 두 단어가 혼용되어 사용되기도 한다. 각 정보단위는 링크에 의해 연결되어 있어서 원하는 정보의 열람은 반드시 연결 링크를 선택하여 탐색항해(Navigation)를 함으로써 이루어진다. 그림 6-7(b)는 링크를 따라 멀티미디어 정보단위들이 서로 연결된 모습을 보여주고 있다.

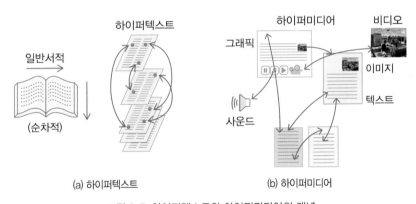

(a) 하이퍼텍스트   (b) 하이퍼미디어

그림 6-7 하이퍼텍스트와 하이퍼미디어의 개념

웹(WWW)의 탄생

WWW 또는 W3라고도 불리는 웹(World Wide Web)은 1989년 스위스의 CERN 연구소에서 팀 버너스리(Tim Berners-Lee)가 주도하여 개발한 인터넷상의 정보교환을 위한 최초의 하이퍼미디어 시스템이다. 웹의 보급은 1993년 GUI 방식의 웹 브라우저인 모자익(Mosaic)이 개발되면서 급격히 확산되었다. 이후 넷스케이프 내비게이터(Netscape

Navigator)와 인터넷 익스플로러(Internet Explorer) 등 상업용 브라우저가 개발되어 많은 사람들이 편리하게 이용할 수 있게 되었다. 한편, 1994년 결성된 웹 컨소시엄(WWW Consortium)에서는 웹에 관련된 표준과 기술을 개발하여 웹의 보급에 중심적인 역할을 하고 있다. 웹을 처음 개발한 팀 버너스리는 요즘도 활발히 활동하며 웹 컨소시엄에서 중요한 기술들의 개발을 주도하고 있다.

그림 6-8 W3C 로고와 팀 버너스리 (출처: W3C, wikimedia)

웹의 특징은 서비스 프로토콜로 HTTP(HyperText Transfer Protocol) 규약을 사용하고, HTML(HyperText Markup Language) 표준으로 문서를 작성한다는 점이다. 서비스 프로토콜이라는 것은 TCP/IP 통신 프로토콜 위에서 인터넷 어플리케이션이 서비스되기 위한 규약이다. 웹이 등장하기 이전부터 지금까지도 인터넷에서 사용하고 있는 e-mail, FTP, Telnet, Gopher 등이 여기에 해당한다.

또 하나의 특징으로, 인터넷의 다양한 서비스에 접근할 수 있도록 URL(Uniform Resource Locator)이라는 표준 주소표기 방식을 이용하였다는 점이다. URL은 '프로토콜://컴퓨터주소/파일경로' 형태를 가지므로 웹의 기본 서비스인 HTTP뿐만 아니라 기존의 다른 서비스 프로토콜도 웹 브라우저 내에서 이용할 수 있다. 예를 들어, URL은 'http://www.sookmyung.ac.kr/index.html'와 같이 일반적으로 http 프로토콜을 사용하여 접속하며, 필요에 따라서 'ftp://www.sookmyung.ac.kr/download' 또는 'telnet://mm.sookmyung.ac.kr'과 같이 표기하여 사용할 수 있다.

6.2.2 웹 브라우저의 발전

Mosaic 브라우저

웹 브라우저란 사용자가 웹 서버로부터 받은 하이퍼텍스트 문서를 볼 수 있게 해주는 클라이언트 프로그램이다. 1993년 미국 일리노이 대학의 NCSA 연구센터에서 당시 학생이었던 마크 안드레센(Marc Andreessen)과 에릭 비나(Eric Bina)가 개발한 모자익(Mosaic) 프로그램이 멀티미디어 환경을 지원하는 최초의 웹 브라우저이다. 모자익(Mosaic) 브라우저는 MS 윈도우즈, 유닉스, 매킨토시 등 여러 가지 플랫폼 버전으로 개발되었고, 멀티미디어를 지원하며 GUI 방식으로 사용이 편리하여 일반인에게 무료로 공개되었다. 이후 여러 가지 브라우저가 개발되고 성능이 향상되면서 웹을 대중화시키는 데 커다란 기여를 하였다.

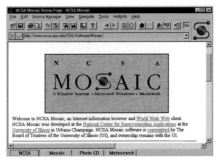

그림 6-9 모자익 웹 브라우저와 모자익 기념비 (출처: version museum, Illinois 대학 NCSA 센터)

Navigator와 Explorer

모자익을 개발하였던 안드레센(Marc Andreessen)이 짐 클락(Jim Clark)과 함께 넷스케이프(Netscape)사를 설립하여 1994년 모자익을 개량한 웹 브라우저인 내비게이터를 상품화하여 웹의 대중화에 결정적인 기여를 하였다. 웹의 폭발적인 보급과 함께 넷스케이프사의 주가 상승은 인터넷 사업의 붐을 이루는 계기가 되었다.

마이크로소프트사의 인터넷 익스플로러는 후발주자였지만 MS 윈도우즈 환경을 최대로 활용할 수 있다는 장점으로 널리 보급되었다. 특히, 윈도우즈 운영체제의 독점력을 이용해 무료로 끼워주기를 한 결과 넷스케이프 내비게이터를 물리치고 시장을 독점하다시피 하였다. 그러나 끼워팔기가 문제가 되어 2000년 미국 법원에서 반독점금지법에 저촉된다는 판결을 받았다. 이에 따라 MS 윈도우즈 운영체제와 별도로 판매하게 되었으며, 이는 2010년대에 다양한 브라우저가 다시 출현하게 된 계기가 되었다.

그림 6-10 넷스케이프 내비게이터, 인터넷 익스플로러, 모질라 파이어폭스의 로고

구글 크롬, 모질라 파이어폭스, 애플 사파리

시장경쟁에서 밀리던 넷스케이프사는 시장에서 완전히 사라지기 직전인 1998년 소스코드를 공개하기로 결정하였다. 이때 공개된 소스를 기반으로 모질라(Mozilla) 협회가 결성되고 2002년 모질라(Mozilla) 1.0 브라우저가 발표되었다. 이후 2004년부터 파이어폭스(Firefox)라는 명칭으로 배포되고 있다. 또한, 2008년 12월 구글사에 의하여 출시된 웹브라우저 크롬은 지속적으로 점유율이 증가하여 2012년 이후 전 세계 1위의 브라우저로 자리 잡았다. 한때 최고의 시장점유율을 차지했던 익스플로러는 2010년대에 웹 브라우저 경쟁이 치열해지면서 점유율이 지속적으로 하락하다가 2022년에 서비스를 종료했다. 이후 마이크로소프트는 엣지(edge)로 웹 브라우저 서비스를 교체하였다. 한편, 맥용 브라우저로는 애플사에서 개발한 사파리(Safari)가 널리 사용되고 있다. 그림 6-11에서 보듯이 2023년도 기준으로 웹 브라우저의 시장점유율은 크롬이 1위, 사파리가 2위를 차지하고 있다.

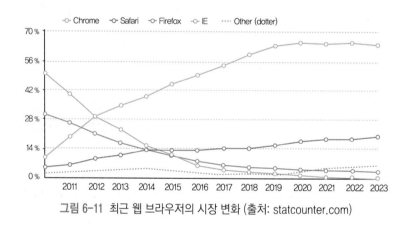

그림 6-11 최근 웹 브라우저의 시장 변화 (출처: statcounter.com)

6.2.3 웹 브라우저의 기능

웹 브라우저의 기본 기능

웹 브라우저는 웹 서버에서 제공하는 하이퍼텍스트 문서를 볼 수 있게 해주는 클라이언트 프로그램으로, 단순히 문서의 내용을 보여주는 것이 아니라 하이퍼텍스트의 내비게이션(Navigation)을 도와주는 도구라고 할 수 있다. 즉, 웹 브라우저에서 하이퍼링크를 클릭하면 연결되어 있는 다른 웹 페이지로 이동시켜 준다. 하이퍼링크의 형태는 여러 가지 형태의 모습으로 나타나는데, 텍스트의 경우 대개 밑줄과 다른 색상으로 구분해 주며, 이미지나 비디오 등 멀티미디어 정보에도 하이퍼링크를 사용할 수 있다. 마우스 커서가 링크 위로 가면 커서의 모양이 화살촉에서 손가락 모양으로 바뀌어 하이퍼링크가 설정되어 있음을 알 수 있다.

또한 웹 브라우저는 다양한 정보와 자원을 찾아갈 수 있도록 주소관리 기능이 매우 중요하며, 그 외에도 여러 가지 관리 기능이 필요하다. 일반적으로 웹 브라우저가 제공하는 기본적인 기능은 웹 페이지 열기 기능을 중심으로 최근 방문한 URL의 목록을 제공하며, 자주 방문하는 URL을 저장하거나 관리하는 것이다. 또한 웹 페이지를 인쇄하고 HTML 및 XML 형태의 소스 파일을 보는 기능도 제공하고 있다.

(a) 구글 크롬 브라우저   (b) 애플 사파리 브라우저

그림 6-12 웹 브라우저의 실행 화면 (출처: google, apple)

플러그인(Plug-In)

플러그인은 미디어 데이터를 처리하여 재생함으로써, 브라우저의 기능을 확장시켜 주는 프로그램이다. 웹 브라우저는 기본적으로 텍스트, 압축된 이미지(JPEG, GIF), 사운드(WAV 파일)를 재생할 수 있으나 비디오, 애니메이션과 같은 멀티미디어 파일을 재생하기 위해서는 해당 플러그인을 설치하여 기능을 확장하여야 한다. 플러그인을 설치하면 마치 웹 브라우저에서 직접 실행시켜 주는 것과 같은 효과를 제공하기 때문에 매우 편리하다.

비디오 또는 애니메이션 등 같은 미디어로 제작된 데이터라도 이를 재생하기 위해서는 저장된 파일 포맷에 따라 상이한 플러그인을 사용한다. 파일의 종류를 크게 나눈다면 애니메이션, 동화상, 사운드, 그래픽, 문서, 가상현실 등으로 구분이 가능하다. 표 6-2에서는 미디어에 따라 지원되는 플러그인 중 자주 사용되는 몇 가지를 소개하고 있다.

표 6-2 자주 사용되는 플러그인

미디어 종류	대표적인 플러그인
2차원 애니메이션	Adobe사의 Flash 애니메이션
비디오	RealPlayer, Windows Media Player, QuickTime Movie
사운드	Winamp, RealAudio, Windows Media Player
그래픽	Adobe SVG viewer, QuickTime 3D
문서	Adobe사의 Acrobat PDF

6.2.4 웹페이지와 HTML 문서

인터넷을 이용하다 보면 어느 순간부터 자신의 존재를 사이버 공간에서 표현하고 싶은 욕구가 생기게 된다. 웹에 자신의 정보를 등록하려면 HTML 문서 또는 XML 문서로 표현된 웹페이지를 작성하여야 하며, 이들 웹 문서들은 서로 하이퍼링크로 연결되어 하나의 집합인 웹사이트를 이룬다. 일반적으로 홈페이지라 하면 이러한 웹사이트의 시작 페이지를 일컫는다.

HTML은 HyperText Markup Language의 약자로 웹 페이지를 만들기 위한 기본 언어라고 할 수 있다. HTML의 뿌리를 거슬러 올라가면 SGML(Standard Generalized Markup Language)이라는 전자문서 국제표준을 기반으로 만들어졌으며, HTML의 원래 뜻에서 알 수 있듯이 하이퍼텍스트이며 동시에 마크업 언어이다. 하이퍼텍스트란 앞 절에서 설명하였듯이 정보들을 하이퍼링크로 연결하는 것을 의미하며, 마크업 언어의 특징은 화면에 표시할 문자열의 앞뒤에 태그(Tag)를 붙여서 그 문자열의 특성을 나타낸다. HTML 문서는 문자로 구성된 텍스트 파일이며 확장자는 html 또는 htm을 사용한다.

태그는 문자열의 특성을 나타내는 기호로서 일종의 명령어라고 볼 수도 있다. HTML의 경우 문서의 본문 내용에 "이것은 제목이고, 이것은 문단, 이것은 표, …"라는 식으로 문서의 형식을 지정한다. 태그에는 문자열의 시작을 나타내는 시작태그와 끝을 나타내는 끝태그가 있으며, 그 사이에 문서 내용에 해당하는 문자열이 온다.

〈태그〉 내용에 해당하는 문자열 〈/태그〉

HTML 문서는 그림 6–13과 같은 형태를 취한다. 자신이 HTML 문서임을 알려주는 시작태그 〈HTML〉로 시작하여 끝태그 〈/HTML〉로 끝난다. 이 안에 문서의 관리정보를 가지고 있는 〈head〉 부분과 브라우저 화면에 보여지는 〈body〉 부분으로 구성된다. 〈title〉 태그는 문서의 제목을 표현하는 것으로 브라우저의 제목줄에 문자열이 나타난다. 〈h2〉는 제목줄을 나타내고, 〈p〉는 문단을, 〈br〉은 줄바꿈을 의미한다. 웹 문서의 가장 큰 특징 중의 하나인 하이퍼링크는 예제에서와 같이 〈a〉태그를 이용하여 연결하고자 하는 곳의 주소를 지정한다.

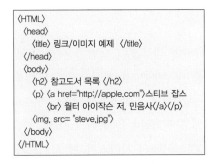

그림 6-13 HTML 문서의 예

HTML 문서를 작성할 때 태그를 일일이 입력하는 것은 일반 사용자에게 매우 불편한 일이다. 우리가 일반 문서를 작성할 때 WYSIWYG 방식의 문서편집기를 사용하는 것과 마찬가지로 웹 문서도 홈페이지 저작도구를 이용하여 작성하면 매우 편리하다. 웹페이지 저작도구로는 국내의 나모 웹에디터를 비롯하여 드림위버(Dreamweaver) 등이 있다.

한편, 기존의 HTML이 웹문서 작성이 주요한 목적인 반면, 2014년 사양이 확정된 HTML5는 웹 환경에서 다양한 어플리케이션을 구현하는 것을 목적으로 개발되었다. 이를 위해 다양한 사용자 인터페이스를 표현하는 기능을 강화하였으며, 어플리케이션 개발에 XML, CSS, 자바스크립트(Javascript)와 같은 웹표준 기술을 같이 사용할 수 있도록 하였다. 즉, HTML5의 사양은 마크업 태그에 보다 의미를 부여하고 출력 스타일은 가급적 분리하여 CSS3를 많이 활용하도록 하였다. 그리고 플러그인을 적게 사용하고 최대한 웹표준을 적용하기 위하여 SVG와 MathML을 기본으로 지원하고, 사용자 인터랙션 개발을 위해 자바스크립트를 지원하도록 하였다. 또한 웹 어플리케이션을 편리하게 개발하기 위하여 다양한 API(Application Programming Interface)를 별도로 제공하여 HTML5에서 연동하여 사용할 수 있도록 하였다.

6.3 인터넷/웹 기반 서비스

우리가 사용하는 인터넷 환경에서는 잘 알려진 웹 사이트 이외에도 다양한 유형의 서비스가 실행되고 있다. 우선 기존 방식의 인터넷 서비스를 살펴보고 나서, 최근 널리 보급되고 있는 포털사이트, 메신저 서비스, 인터넷 카페, 인터넷 전화 등의 서비스를 소개한다.

6.3.1 기존의 인터넷 서비스

인터넷을 이용하여 어떤 정보를 얻는다고 하면 대부분의 사람들은 웹(WWW)을 연상한다. 실제로 인터넷에서 오고가는 교통량 중 대부분은 웹 브라우저를 위한 HTTP 방식의 데이터 송수신이지만, 전자우편을 위한 e-메일이나 파일전송을 위한 FTP 서비스 프로토콜을 사용하는 경우가 상당히 있다. 이외에도 원격접속을 위한 Telnet, 접속확인을 위한 Ping, 채팅을 위한 IRC(Internet Relay Chat) 등의 서비스가 웹 사이트가 탄생하기 이전부터 사용되어 왔다.

전자우편(e-Mail)

전자우편은 흔히 e-메일이라고도 부르는데 다른 인터넷 사용자들과 편지를 주고받을 수 있는 서비스이다. 특정기관이나 단체 또는 e-메일 서비스 업체에 가입하면 자신만이 쓸 수 있는 메일 주소와 아이디를 받아서 원하는 상대방과 전자 편지를 주고받을 수 있다. 전자우편 기능을 이용하려면 반드시 자신의 아이디가 메일 서버에 등록되어 있어야 하며, 전자우편의 주소는 '사용자_아이디@메일서버_주소'의 형식을 가지고 있다. 예를 들어, 다음과 같이 전자우편주소를 사용할 수 있다.

sblim1@gmail.com
ycchoy@yonsei.ac.kr

전자우편 서비스 프로그램으로는 마이크로소프트사의 아웃룩(Outlook)과 웹 브라우저에서 실행되는 구글의 지메일(GMail)이 많이 사용되고 있으며, 메일의 수신, 발신, 저장 등 다양한 기능을 제공하고 있다. 그림 6-14(a)는 마이크로소프트 아웃룩의 실행화면이고, 그림 6-14(b)는 구글의 지메일 시스템의 실행화면이다.

(a) 마이크로소프트 아웃룩   (b) 구글 지메일

그림 6-14 마이크로소프트 아웃룩과 구글 지메일 시스템의 실행화면

FTP(File Transfer Protocol)

다른 곳에 있는 컴퓨터로부터 데이터 파일이나 프로그램 등을 받아 볼 수 있게 해주는 서비스이다. 웹이 탄생하기 이전에 전자우편과 함께 가장 인기 있는 서비스였으며 여전히 많은 사람들이 사용하고 있다. 주로 프로그램이나 데이터를 파일형태로 다운로드받거나 웹페이지를 만들기 위해 파일을 웹 서버에 전송하는 경우에 이용한다. FTP를 이용하면 전자우편으로 전송하기 어려운 대용량의 파일들을 쉽게 주고받을 수 있기 때문에 여러 가지로 유용하다.

FTP는 파일전송 프로토콜(File Transfer Protocol)의 약자로 인터넷 환경에서 파일을 송수신하기 위한 인터넷 표준 프로토콜이다. FTP는 인터넷 서비스의 이름이지만 이를 이용하기 위한 클라이언트 프로그램의 이름도 FTP라고 부른다. 윈도우즈 환경이 널리 사용되기 이전에 Unix나 DOS 환경에서는 직접 명령어를 입력하여 FTP 서비스를 사용하였다. 그러나 근래에는 그림 6-15(b)와 같은 GUI 방식의 FTP 클라이언트 프로그램들이 제공되고 있어서 사용하기가 매우 편리하다. 국내의 경우 알_FTP, 알드라이브, Filezilla가 많이 사용되고 있다.

(a) 텍스트 방식의 FTP   (b) GUI 방식의 알드라이브

그림 6-15 FTP 프로그램 실행화면

6.3.2 포털사이트와 검색엔진

포털사이트(Portal Site)

1990년대 중반 야후(Yahoo)에서 웹사이트에 대한 검색서비스를 제공한 이래 검색기능의 발전과 함께 e-메일, 뉴스, 커뮤니티 제공 등 종합적인 서비스를 제공하는 포털사이트의 형태로 발전하였다. 포털(Portal)의 사전적인 의미가 '현관' 또는 '관문'을 뜻하듯이 포털사이트란 사용자가 인터넷에 접속할 때 현관처럼 반드시 거쳐야 하는 사이트를 말한다. 일반적으로 인터넷에 접속하면 웹 브라우저에 포털사이트가 처음 나타나도록 설정하므로 사용

자가 필요로 하는 다양한 서비스를 모아 놓는다. 정보검색이나, 뉴스, 카페, 블로그와 같이 정기적으로 이용하는 서비스를 제공하여 많은 수의 고정 방문객을 확보하게 되면 포털 사이트 입장에서는 광고수익이나 사용자 정보를 이용한 마케팅 수입이 증가하게 된다.

1990년대 초반 야후, 심마니, 까치네 등의 검색엔진으로 시작하여 2000년대 초 라이코스, 알타비스타가 나오면서 검색엔진 사이트가 포털의 형태로 발전하기 시작하였다. 국내에서 많은 방문자를 확보하고 있는 포털사이트는 네이버, 다음, 구글 등이 있으며, 해외에서는 미국의 구글, 야후와 중국의 바이두(Baidu) 등이 강세를 보이고 있다.

그림 6-16 국내 포털사이트의 실행 화면

검색엔진(Search Engine)

포털사이트에서 핵심적인 역할을 차지하고 있는 검색엔진은 인터넷상에서 자료를 쉽게 찾을 수 있도록 도와주는 프로그램이다. 웹 검색엔진의 도움 없이 인터넷에서 정보를 검색하는 것은 모래밭에서 바늘을 찾는 격이나 마찬가지일 것이다. 검색엔진에서는 정보수집 프로그램을 이용하여 웹페이지를 수집하여 데이터베이스에 저장하고, 자동 색인 프로그램에서 사용자가 정보를 찾아갈 수 있는 형태로 만들어준다.

최근에는 멀티미디어 환경이 활성화됨에 따라 텍스트 검색뿐만 아니라 이미지나 동영상 검색까지도 지원해주고 있다. 이미지나 동영상 검색의 경우 주로 관리정보를 별도로 기록해 놓은 메타데이터에 의한 검색에 많이 의존하지만 경우에 따라서는 내용을 분석하여 검색하는 내용기반 검색기법이 적용되기도 한다.

(a) 네이버   (b) 다음

(c) 구글   (d) 야후

그림 6-17 대표적인 검색엔진

6.3.3 채팅 및 메신저 서비스

채팅(Chatting)

채팅은 다수의 사용자가 네트워크상에서 개설된 대화방 내에서 실시간으로 메시지를 주고받으며 대화를 하는 것을 말한다. 과거 PC 통신 시절부터 많은 사람들이 즐기던 인터넷 서비스로, 채팅 사이트에서 원하는 대화방을 선택한 후 그 방에 들어온 사람들과 동시에 이야기를 하는 방식이다.

웹 환경의 발전으로 채팅 전용 프로그램이 없이도 브라우저 자체에서 실행되는 웹 채팅이 등장하고 그래픽 기술의 발전으로 인하여 3차원 아바타가 등장하는 채팅 서비스도 실시되고 있다. 특히, 온라인 게임에서 대화기능을 위하여 채팅이 사용됨에 따라 채팅 기술이 더욱 빠른 속도로 발전하고 있다. 최근에는 채팅 기능을 웹에서 간단하게 구현할 수 있게 됨에 따라 독립된 서비스보다는 게임이나 교육 등 다양한 분야의 서비스에 부가 기능으로 지원되고 있다.

메신저(Messenger) 프로그램

웹이 등장하기 이전 Unix의 'talk' 명령이 인스턴트 메신저 프로그램의 전신이며, 본격적인 메신저 프로그램은 채팅 프로그램으로부터 발전하였다. 인스턴트 메신저란 다수의 사용자가 인터넷에서 별도의 대화방을 개설하지 않고 실시간으로 메시지와 데이터를 주고받을 수 있는 클라이언트 프로그램을 말한다. 사용자는 서로 인터넷에 접속해 있는지 확인할 수 있으므로 즉각적인 대화가 이루어진다는 점에서 전자우편과는 차이가 있다.

웹기반 메신저로 많이 사용되는 서비스로는 국내에서는 네이트온 메신저와 해외에서는 야후 메신저가 있다. 그러나 스마트폰의 보급 이후 메신저의 특성상 모바일 환경에서 더 널리 사용되며, 모바일 메신저가 유무선 연동으로 웹에서도 많이 사용되고 있다. 대표적인 유무선 연동 메신저로는 페이스북 메신저, 메타의 왓츠앱(WhatsApp), 카카오톡, 네이버 라인(Line) 등이 있다.

(a) 네이트온 메신저

(b) 왓츠앱 메신저

그림 6-18 대표적인 인스턴트 메신저 서비스의 실행화면

6.3.4 온라인 커뮤니티 서비스

예전 PC 통신 시절에는 동호회 모임이나 게시판(BBS) 기능을 중심으로 온라인 커뮤니티를 형성하여 구성원들 간에 매우 활발한 커뮤니케이션 활동을 하였다. 온라인 커뮤니티 서비스란 인터넷과 같은 가상공간에서 구성원인 네티즌 간에 자발적인 상호작용이 이루어질 수 있도록 환경 및 도구를 제공하는 서비스를 말한다.

클럽 서비스

클럽 또는 카페는 가장 일반화된 커뮤니티 서비스 도구로 게시판을 통하여 그룹 커뮤니케이션이 가능하다. 동호회 회원들이 클럽을 개설하여 공지사항 게시판이나 자료실을 운영하며 채팅이나 의견교환을 통한 토론까지도 가능하다. 요즘은 동호회라는 단어보다는 카페 또는 클럽이 더 자연스러운 단어가 되었다. 다음카페, 네이버카페, 네이버밴드 등이 대표적인 클럽 서비스이다.

블로그 서비스

웹(Web)과 로그(Log)의 합성어인 블로그는 네티즌 자신의 관심사에 따라 일지를 작성하듯이 정보를 기록하고 저장하는 서비스이다. 블로그는 개인출판의 성격일 뿐 아니라 대표적인 개인 중심적인 커뮤니티 서비스 도구이다. 자신이 게시한 콘텐츠에 대해 갱신된 내용의 알림 기능이나 댓글달기 기능 등으로 또 다른 커뮤니티 서비스 기능을 제공하고 있다. 실제 국내에서 실시되고 있는 블로그 서비스로는 네이버 블로그와 다음 티스토리(Tistory)가 널리 사용되고 있다.

(a) 네이버 블로그   (b) 다음 티스토리

그림 6-19 대표적인 블로그 서비스의 실행화면

6.4 웹2.0의 소개

이 절에서는 최근 많은 주목을 받고 있는 웹2.0을 소개한다. 참여, 공유, 개방으로 대표되는 웹2.0의 개념과 탄생배경을 설명하고, 웹2.0에 적용된 기본 기술을 소개한다. 그리고 웹2.0 환경에서 실행되는 대표적인 서비스와 향후 발전방향을 살펴본다.

6.4.1 웹2.0의 개념

웹2.0의 탄생 배경

그동안 고속으로 성장하던 인터넷 관련 업체들이 2000년대 초 닷컴(.com) 버블의 붕괴로 말미암아 많은 업체들이 사라졌다. 그러나 인터넷 벤처기업의 거품이 붕괴되는 가운데에서 구글이나 아마존 같은 회사들은 오히려 더 성장하였다. 2004년 10월 미국 오라일리(O'Reilly)사가 주최한 컨퍼런스에 모인 사람들이 인터넷에서 약 10년간 발생한 웹의 환경 변화와 발전 방향을 정의한 것을 웹2.0으로 부르기로 하였다. 일반 상품이나 서비스 등에서의 버전 2.0이라는 뜻이 아니라 제2세대 웹이라는 의미가 더 가깝다.

웹2.0 시대의 인터넷 기업들의 독특한 특징 중의 하나는 '파레토 법칙' 또는 '20:80 법칙'
이 적용되지 않는다는 것이다. 대부분의 오프라인 기업에서는 잘 팔리는 20%의 상품이 전
체 매출의 80%를 차지한다는 법칙이 있다. 그러나 인터넷 쇼핑의 대표적인 기업인 아마존
(Amazon)사의 경우 그와는 다르게 잘 팔리는 20%의 인기 상품의 매출보다 하위 80%의
평범한 상품의 매출 합계가 더 크다는 분석이 나왔다. 그림 6-20에서 보듯이 꼬리에 해당
하는 매출이 중요해졌다는 의미로 '롱테일(Long Tail) 법칙'이라고 부른다.

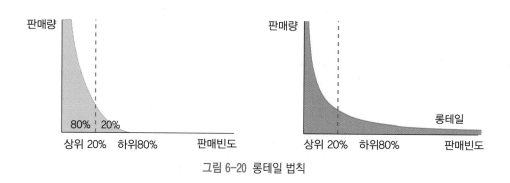

그림 6-20 롱테일 법칙

웹2.0의 기본 개념

웹2.0 시대에 인터넷 사용 방법의 가장 큰 변화는 '플랫폼으로서의 웹(Web as Platform)'
환경에서 네티즌들은 '집단지성(Collective Intelligence)'을 활용하여 콘텐츠를 제공하고
공유한다는 것이다. 이러한 웹2.0의 특징은 그림 6-21과 같이 참여, 개방, 공유 등의 개념
으로 정리될 수 있다.

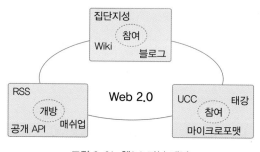

그림 6-21 웹2.0 기본 개념

웹2.0 콘텐츠의 생성은 개인의 참여와 서로 간의 상호작용에 의해서 이루어질 뿐 아니라
사용자 집단의 능동적인 참여와 공유에 의해서 더욱 가치가 증가되고 있다. 이러한 사용자
생산 콘텐츠를 UCC(User Created Contents) 또는 UGC(User Generated Contents)라

고 부르며 사용자들은 콘텐츠의 공급자인 동시에 소비자이므로 프로슈머(Prosumer)라는 용어로 부르기도 한다. 사용자 참여 콘텐츠의 대표적인 예로는 블로깅과 위키피디아가 있으며, 사진이나 동영상을 공유하는 플리커(Flickr) 및 유튜브(YouTube)라는 UCC 사이트도 있다. 한편, 브라우저에 저장하던 북마킹을 여러 사람이 공유하자는 소셜북마킹은 태깅(Tagging)이라는 개념으로 발전하여 집단지성에 의한 웹콘텐츠의 자동분류가 가능하게 되었다.

웹2.0은 개방적이다. 전통적인 기존의 웹사이트들은 자신의 데이터를 폐쇄적으로 운영하였지만 웹2.0에서는 어느 누구도 데이터를 독점하지 않고 모든 사람들이 공유하여 사용할 수 있는 플랫폼을 제공한다. 데이터 개방을 위한 기술로는 RSS 형식이 많이 사용되는데, 초기에는 블로그 뉴스를 주 대상으로 하였으나 요즘에는 RSS를 통해 수집되고 유통되는 콘텐츠의 형태가 다양해지고 있다. 반면 공개 API는 서비스를 공유하기 위한 개방형 포맷이다. 구글이나 야후, 네이버 등은 자신의 검색엔진이나 서비스의 API를 공개하여 다른 응용에서 이를 이용할 수 있다. 대표적인 예로 자동차 서비스 업체가 자신의 고객이 가까운 정비소를 검색하고 찾아가도록 도와주는 웹사이트를 구글 맵과 검색엔진을 사용하여 구현할 수 있다.

6.4.2 웹2.0 기술

웹2.0 기술은 특정기술의 표준이 아니라 끊임없이 진화하고 있는 웹의 연장선상에 있는 기술들을 지칭한다. 그중에서 많은 관심을 받고 있는 기술들을 살펴보면 RSS, 태깅, 공개 API, 매쉬업(Mashup), AJAX 등이 있다.

RSS

기존의 웹 콘텐츠는 생산자가 일방적으로 자신의 홈페이지에 게시를 해 놓거나 혹은 보다 적극적으로 이메일 전송을 해주면 일반 사용자는 이를 받아보고 나서 해석을 하는 단계를 거쳤다. 이러한 경우에 해당 홈페이지를 직접 방문하여 언제 어떤 콘텐츠가 새로 갱신되었는지 파악하는 것은 쉽지 않으며 또한 웹문서 내에 사용된 다양한 콘텐츠의 갱신 여부는 더더욱 파악하기에 많은 수고가 필요하였다. 이러한 콘텐츠 유통 과정에 혁신을 가져온 RSS 기술은 해당 사이트에서 업데이트 되는 정보를 RSS 피드라는 형식으로 배포하여 원하는 웹사이트의 갱신 여부를 쉽게 알 수 있도록 해 주었다.

RSS는 형식의 종류에 따라 'RDF Site Summary', 'Really Simple Syndication', 또는 'Rich Site Summary'의 약자를 의미하며 웹 사이트 간의 콘텐츠를 교환하기 위한 표현 형식이다. RSS 서비스를 이용하려면 먼저 RSS를 지원하는 사이트의 URL 주소를 포함하는 사이트 정보를 RSS 리더에 등록한다. 그림 6-22(b)에서 보듯이 RSS 리더라는 프로그램에서 사용자는 해당 사이트에서 제공하는 RSS 피드를 통하여 사이트의 갱신 유무를 확인할 수 있다. RSS의 활용은 텍스트 및 이미지 위주의 웹사이트에 국한되지 않고 멀티미디어 자료의 유통에도 적용되고 있으며, 대표적인 예가 아이팟의 팟캐스팅(PodCasting)이다. 사용자 개인의 아이팟(iPod)에서 사용할 MP3 파일을 아이튠즈라는 프로그램에서 RSS 형식으로 배포해 준다.

(a) 기존의 웹 링크   (b) RSS 피드를 적용

그림 6-22 RSS의 기본 개념

소셜 태깅(Social Tagging)과 폭소노미(Foxonomy)

예전에 웹 검색의 경우 미리 정해져 있는 카테고리에 따라 자료를 분류하여 검색하는 디렉토리 방식의 검색 서비스를 하였다. 소셜 태깅은 미리 정의된 카테고리에 따라 분류하는 것이 아니라 사용자가 키워드를 임의의 태그로 붙이고 이들을 검색하는 기법을 말한다. 사용자가 자유롭게 붙인 태그는 그대로 레이블링을 하여 정보를 분류하므로 이를 참여자들이 분류한다는 의미로 폭소노미(Folksonomy: Folk+Taxonomy)라고 부른다.

태그는 웹사이트나 이미지 등의 자료에 원하는 수만큼 붙일 수 있기 때문에 여러 분류에 속할 수 있으며, 이미지나 동영상의 경우 태그를 이용한 내용 검색이 가능하다. 태그를 적용한 대표적인 서비스로 소셜 북마킹 사이트인 딜리셔스(del.icio.us)와 이미지 블로그 사이트인 플리커(Flickr)가 있다. 그림 6-23은 사용자들이 달아놓은 태그들을 한눈에 보이도록 표시한 태그 구름(Tag Cloud)으로 많은 사람이 사용한 태그는 큰 글자로 표시되어 있다. 국내의 사례로 네이버나 다음 등의 검색 사이트 및 UCC 사이트에서 구름 형태의 태그목록을 사용하고 있다.

그림 6-23 폭소노미의 개념 및 태그 구름

공개 API(Open API)와 매쉬업(Mashup)

구글맵(Google Maps)는 자신의 API(Application Program Interface)를 공개함으로써 다른 웹사이트에서 구글맵의 지도를 활용하여 자신들의 서비스를 더 풍부하게 할 수 있었다. API라는 것은 다른 응용 프로그램을 개발할 때 해당 모듈을 쉽게 사용할 수 있도록 해주는 개발환경으로 보통 라이브러리 형태나 이를 활용할 규약의 형태로 제공된다. 자신의 사이트에서 제공되는 웹 서비스 기능을 다른 사이트에서 활용할 수 있도록 API를 제공해주는 것을 공개 API라고 한다.

공개된 API를 이용하여 두 가지 이상의 웹 서비스를 조합하여 새로운 웹 서비스를 제공하는 방법을 매쉬업(Mashup)이라고 한다. 최초의 매쉬업 서비스로 알려져 있는 하우징맵스(HousingMaps)는 지도를 제공하는 구글맵과 부동산정보를 제공하는 크레이그리스트(craigslist)의 공개 API를 이용하여 그림 6-24에서 보듯이 지도 위에서 가격이나 집안사진을 제공하는 서비스를 구현하였다. 매쉬업 서비스는 기존의 공개된 API를 이용하여 새로운 서비스를 구축하므로 추가의 개발비용이 매우 적다는 장점이 있다.

현재 구글맵뿐만 아니라 구글 검색 등 다양한 API를 공개하고 있으며, 아마존의 다양한 상품검색 및 구매 기능, 야후의 경우에도 다양한 기능의 공개 API를 제공하고 있다. 해외의 적극적인 공개 API 추세에 발맞추어 국내에서도 네이버 및 다음 등 포털사이트를 중심으로 API를 공개하고 있다.

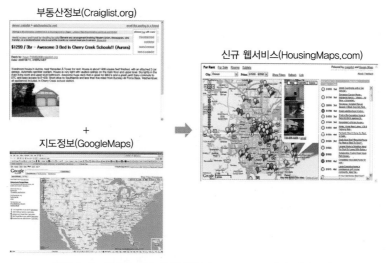

그림 6-24 매쉬업 사례 하우징맵스(HousingMaps)의 실행화면

6.4.3 웹2.0 서비스

웹2.0은 새롭게 정의된 기술이 아니라 그동안의 변화를 지칭하므로 이미 대부분의 인터넷 기업들은 웹2.0 서비스를 실시하고 있다. 그중에서도 웹2.0 기술을 대표할 수 있는 주요 서비스를 살펴본다.

검색서비스의 진화와 Google

1998년 스탠포드 대학의 대학원생인 페이지(Lawrence Page)와 브린(Sergey Brin)이 설립한 구글사는 웹2.0 시대의 가장 대표적인 기업으로 성장하였으며, 웹1.0 시대에 대표적인 마이크로소프트사에 필적할 만큼 주목을 받고 있다. 마이크로소프트사는 MS 윈도우즈 운영체제라는 플랫폼에서 소프트웨어 분야의 절대 강자로 존재하였으나, 구글사는 웹이라는 플랫폼에서 기술을 선도하며 사업을 전개하고 있다.

구글사의 설립 당시에 검색서비스 분야에서 야후사는 경쟁자가 없을 정도의 아성을 지키고 있었다. 그러나 급속도로 팽창하는 웹 데이터의 성장 속도를 따라가지 못해 야후 검색의 정밀도가 떨어지는 문제점이 나타나고 있었다. 이에 대한 해결책으로 구글에서는 검색 결과를 보여줄 때 문서의 중요도에 따라 결과 페이지의 상위에 나열하는 '페이지랭크(Page Rank)' 개념을 적용하였다. 즉, 해당 페이지를 링크로 참조하는 페이지들의 중요도를 가중치로 모두 더하여 해당 페이지의 점수를 계산하는 알고리즘이다. 이렇게 개발한 구글 검색엔진을 여러 포털사이트들에게 공급하는 비즈니스를 전개한 것이 큰 전환점이었으며, 이를 계기로 구글사의 지명도가 급격하게 올라갔던 것이다.

한편 구글사의 주 수익원은 검색서비스에 연동한 '애드센스(AdSense)' 광고가 가장 큰 부분을 차지하고 있다. 웹사이트 소유자가 애드센스에 가입하면, 구글에서 검색결과를 보여줄 때 한쪽 측면에 검색어와 관련된 스폰서링크를 보여주어 사용자가 이를 클릭하는 횟수만큼 광고비를 지불하는 방식이다.

검색엔진 이외에 구글의 대표적인 웹2.0 서비스로는 Gmail, 구글맵, 그리고 클라우드 서비스를 위한 구글 드라이브(Google Drive) 및 구글 독스(Google Docs) 등이 있다. 또한, 스마트폰에서 사용하는 공개 소프트웨어 방식의 모바일 운영체제인 안드로이드를 통하여 모바일 기기 시장에서 많은 점유율을 확보하고 있다.

그림 6-25 다양한 구글 서비스

아이튠즈(iTunes)와 팟캐스팅(PodCasting)

애플사에서 2004년 시작한 아이튠즈(iTunes)는 음악 콘텐츠 서비스의 후발주자에 속하지만, 웹2.0 시대의 디지털 콘텐츠 분야에서 유통혁명을 일으킬 정도로 큰 영향을 주고 있다. 아이튠즈 뮤직 스토어에서 사용자가 자신이 원하는 콘텐츠를 설정해두면 콘텐츠가 갱신될 때 RSS 피드를 통해 뮤직스토어에 다운로드된다. 사용자는 MP3 단말기인 아이팟(iPod)을 PC에 접속하여 해당 콘텐츠를 단말기에 전송할 수 있다. 이때 아이팟이라는 단말기에 방송되는 것처럼 배포된다 하여 팟캐스팅이라는 용어도 탄생하였다. 최근 음악뿐만 아니라 비디오도 배포되었으며, 아이팟과 무선인터넷 개념이 적용된 휴대폰인 아이폰(iPhone)도 발표하였다. 그림 6-26은 팟캐스팅의 개념을 보여주고 있다.

그림 6-26 팟캐스팅(Podcasting)의 개념

위키피디아(Wikipedia)

위키(Wiki)라는 단어는 위키 백과사전의 줄임말이 아니라 그 이전에 탄생한 개념으로 웹 페이지의 내용을 누구나 자유롭게 추가할 수 있는 일종의 공개 게시판 형식을 뜻한다. 원래 'Wiki Wiki'는 하와이 말로 '빨리빨리'라는 의미이다. 위키 서비스의 대표적인 예가 온라인 백과사전인 위키피디아(Wikipedia)로써 우리말 버전으로는 위키백과라고 명명하고 있다. 커뮤니티에 가입하면 누구나 사전편찬 작업에 참여할 수 있는 백과사전으로 집단지성으로 작성되는 UCC의 대표적인 사례이다. 미국의 과학잡지 네이처가 조사한 결과 정확도면에서 위키피디아가 브리태니커 백과사전에 필적하는 것으로 보고되고 있다.

그림 6-27 위키피디아 온라인 백과사전

UCC 또는 UGC 사이트

미국의 유명한 시사주간지 타임이 2006년 올해의 인물로 '유(You)'를 선정하고 "블로그나 미디어 영역에서 영향력을 키워나가는 평범한 당신이 올해의 주인공이다."라고 발표하였다. 이와 같이 사용자가 직접 제작한 콘텐츠인 UCC(User-Created Content) 또는 UGC(User-Generated Content)가 새로운 문화의 추세로 인정받고 있다. 대표적인 사례는 바로 앞에서 소개한 위키피디아로써 집단지성을 활용한 UCC 콘텐츠로 백과사전을 제작하는 서비스이다. 또한 태깅 기술로 잘 알려져 있는 플리커(Flickr)는 사용자가 제공하는 이미지 공유 사이트이다.

UCC 콘텐츠는 텍스트, 이미지, 오디오, 동영상 등 다양하지만 UCC는 동영상이라고 착각할 만큼 동영상 UCC 콘텐츠가 많이 제작되고 있다. 특히 동영상 UCC 서비스로 널리 알려져 있는 미국의 유튜브(YouTube)가 2006년 구글에 인수되면서 더욱 활발해졌다.

(a) 플리커   (b) 유튜브

그림 6-28 대표적인 UCC 서비스 사이트의 실행화면

소셜 네트워크 서비스(SNS: Social Networking Service)

사용자들이 커뮤니티를 형성하여 서로 참여하는 사이트로 클럽 서비스, 블로그 서비스, 미니홈피 등의 온라인 커뮤니티 서비스가 발전하여 웹2.0 환경에서 소셜 네트워크 서비스(SNS) 사이트라 한다. 특히 사용자들 사이에 친구, 선후배, 동료 등의 사회적 관계를 구축해주고 이들끼리 친소 정도에 따라 차별되는 커뮤니케이션을 할 수 있는 기능을 지원해 준다. 페이스북(Facebook), 트위터(Twitter), 링크드인(LinkedIn), 인스타그램(Instagram), 핀터레스트(Pinterest) 등이 잘 알려진 SNS 사이트로써, 이들은 현재 소셜미디어 서비스로 진화하여 발전하고 있다.

(a) 페이스북   (b) 링크드인

그림 6-29 대표적인 SNS 사이트의 실행화면

6.4.4 소셜미디어의 발전

기존의 블로그 서비스나 웹2.0의 UCC, SNS 서비스들은 발전을 계속하여 사용자 사이에서 개방화된 플랫폼 역할을 하는 소셜미디어(Social Media)라는 개념으로 통합되어 널리 사용되고 있다.

소셜미디어 개념

기존의 소셜네트워크서비스(눈)와 콘텐츠 공유의 개념이 통합되어 소셜미디어로 발전하였다. 즉, 소셜네트워크를 통해 각자의 의견이나 정보, 콘텐츠를 공유하면서 사람과의 관계를 확장할 수 있는 개방화된 플랫폼 역할을 하게 되었다. 기존의 신문이나 방송 등의 전통 미디어 혹은 웹1.0 방식의 콘텐츠 배포 서비스에서는 '화자'와 '독자/시청자'로 구성되는 일대다(one-to-many) 형태의 일방적인 커뮤니케이션만이 가능했었다. 그러나 소셜미디어에서는 모두가 '화자'이면서 동시에 '독자/시청자'가 되는 다대다(many-to-many)의 평등하고 쌍방향적 커뮤니케이션이 이루어지고 있다. 소셜미디어는 다양한 이용자들이 자발적으로 참여하여 다양한 형태의 콘텐츠를 생산하고 정보를 공유하면서 이용자들 간의 사회적인 관계를 유지하고 확장하기 때문에 그 자체가 유기체처럼 변화하면서 성장하고 있다. 그림 6-30에서는 웹2.0의 특징 개념인 참여와 공유, 대화와 개방을 축으로 구분하여 다양한 소셜미디어 플랫폼을 나열해 보았다.

그림 6-30 웹2.0 특성으로 구분한 다양한 소셜미디어 플랫폼

소셜미디어의 종류

소셜미디어는 보통 블로그, 인터넷 커뮤니티, 소셜네트워크서비스, 콘텐츠 공유서비스 등이 포함되며, 이외에도 일반적으로 '사람과 사람' 또는 '사람과 정보'를 연결하고 상호작용

을 가능하게 하는 서비스를 제공하는 웹기반 플랫폼은 모두 소셜미디어의 범주에 포함시킬 수 있다. 국내에서 블로그나 인터넷 커뮤니티로는 다음 티스토리(Tistory), 네이버블로그(Naver Blog), 다음카페(Daum Cafe), 네이버카페(Naver Cafe), 네이버밴드(Naver Band) 등이 쌍방향 의사소통이 가능한 소셜미디어 플랫폼으로 사용되고 있다. 웹 2.0 환경에서 대표적인 소셜네트워크서비스인 페이스북(Facebook), 인스타그램(Instagram), 트위터(Twitter)은 사용자 콘텐츠의 배포 채널로도 활용이 되며 소셜미디어로 발전하였다. 최근 카카오톡(KakaoTalk), 네이버 라인(Naver Line), 왓츠앱(WhatsApp), 텔레그램(Telegram) 등의 인스턴트 메신저 서비스들도 개인 정보의 유통 채널로 사용되며 소셜미디어 분류에 포함되고 있다. 위키(Wiki)를 포함하여 유튜브(Youtube), 틱톡(Tiktok), 핀터레스트(Pinterest), 플리커(Flicker) 등의 사용자 콘텐츠 생산 및 유통 서비스도 의사소통을 포함한 쌍방향 미디어 기능이 추가되면서 소셜미디어 플랫폼 역할을 담당하고 있다.

주요 개념 요약(괄호 넣기)

01 정부기관이나 연구기관에서 사용하는 정보교환 도구로 사용되던 이전과 다르게, 웹이 탄생하고 복잡한 텍스트 명령을 직접 입력하는 인터페이스에서 그래픽을 사용하는 간편한 (　　　) 방식의 인터페이스가 도입되면서 인터넷이 크게 보급되었다.

02 인터넷은 (　　　) 모델을 기반으로 한다. 일반적으로 인터넷에서는 여러 가지 정보들을 서버에서 관리하고, 일반 사용자들은 자신의 컴퓨터를 이용하여 서버에 접속하여 여러 정보들을 이용하게 된다.

03 통신 프로토콜 TCP/IP 중 (　　　)는 데이터를 여러 개의 작은 조각으로 나누어 패킷이란 정보 단위를 생성하고, 제대로 전송되는지 확인하고, 도착 후 다시 원래의 순서대로 패킷을 재복원시키는 역할을 한다.

04 웹에서는 정보를 전송하기 위한 주소 체계를 가지고 있는데 주소를 숫자로 표현한 것을 IP 주소라고 하며, 이를 사람이 기억하기 편리하도록 문자로 표현한 것을 (　　　)이라고 한다.

05 하이퍼텍스트는 텍스트 위주의 문서가 링크로 연결되어 있는 것을 말하며, (　　　)는 텍스트뿐만 아니라 이미지, 그래픽, 사운드, 동영상 등을 포함한 멀티미디어 정보가 링크로 연결되어 있는 것을 말한다.

06 웹을 대중화하는데 커다란 기여를 한 (　　　)는 사용자가 웹 서버로부터 받은 하이퍼텍스트 문서를 볼 수 있게 해주는 클라이언트 프로그램이다.

07 HTML은 웹페이지를 만들기 위한 기본 언어로, 정보를 하이퍼링크로 연결하는 하이퍼텍스트임과 동시에 화면에 표시할 문자열의 앞뒤에 태그를 붙여서 문자열의 특성을 나타내는 (　　　) 언어이다.

08 웹브라우저는 기본적으로 텍스트, 압축된 이미지, 사운드를 재생할 수 있으나 비디오, 애니메이션과 같은 멀티미디어 파일을 재생하기 위해서는 미디어 데이터를 처리하여 재생함으로써 브라우저의 기능을 확장시켜주는 (　　　) 설치가 필요하다.

09 사용자가 인터넷에 접속할 때 현관처럼 반드시 거쳐야 하는 사이트를 말하는 (   )에서 핵심적인 역할 차지하고 있는 검색엔진은 인터넷상에서 자료를 쉽게 찾도록 도와주는 프로그램이다.

10 전통 미디어 혹은 웹1.0 방식의 콘텐츠 배포 서비스에서는 '화자'와 '독자/시청자'로 구성되는 (   ) 형태의 커뮤니케이션만이 가능했었다. 그러나 소셜미디어에서는 모두가 '화자'이면서 동시에 '독자/시청자'가 되는 (   ) 형태의 커뮤니케이션이 이루어지고 있다.

주요 개념 확인(단답식)

01 인터넷상의 정보교환을 위한 최초의 하이퍼미디어 시스템으로, GUI 방식의 웹 브라우저가 개발되면서 급격히 확산된 인터넷 사용 방식은 무엇인가?

02 인터넷에 연결된 모든 컴퓨터에 IP주소를 할당하며, 다양한 종류의 컴퓨터들을 연결한 인터넷에서 데이터를 주고받기 위하여 사용하는 통신 프로토콜의 명칭은?

03 기존의 HTML 버전과 달리 웹 환경에서 다양한 어플리케이션을 구현하는 것을 목적으로 개발된 HTML의 최근 버전의 이름은 무엇인가?

04 유비쿼터스 시대가 도래하면서 우리 주변의 모든 기기에 IP 주소를 할당해야 하는 필요에 따라 만들어진 IP 주소 체계는 몇 바이트 체계를 사용하는가?

05 하이퍼텍스트는 정보 조각들이 비순차적으로 나열되어 있으며 이때 텍스트의 정보 단위를 노드라고 한다. 노드들을 연결하는 포인터는 무엇이라 하는가?

06 웹 브라우저의 특징으로 하이퍼링크를 클릭하면 연결되어 있는 다른 웹 페이지로 이동시켜주는 기능은 무엇인가?

07 서비스 프로토콜은 TCP/IP 통신 프로토콜 위에서 인터넷 어플리케이션을 서비스하기 위한 규약이다. 웹이 사용하는 서비스 프로토콜의 명칭은 무엇인가?

08 웹과 로그의 합성어로 네티즌 자신의 관심사에 따라 일지를 작성하듯이 정보를 기록하고 저장하는 온라인 커뮤니티 서비스를 무엇이라고 하는가?

09 웹이 등장하기 이전 UNIX의 'talk' 명령을 프로그램의 전신으로 가지며 채팅 프로그램으로부터 발전한 사용자가 실시간으로 메시지와 데이터를 주고받을 수 있는 프로그램은 무엇인가?

10 웹2.0의 기술 중 하나로 기존의 콘텐츠 유통 과정에 혁신을 가져온 기술은 무엇인가? 이 기술은 웹 해당 사이트에서 업데이트는 정보를 배포하여 원하는 웹사이트의 갱신 여부를 쉽게 알게 해주는 표현방식이다.

01 웹 브라우저는 웹 서버에서 제공하는 하이퍼텍스트 문서를 볼 수 있게 해주는 클라이언트 프로그램이다. 웹브라우저의 예시로 올바르지 않은 것은?

    a. 유닉스   b. 모자익

    c. 파이어폭스   d. 넷스케이프 내비게이터

02 도메인 이름은 컴퓨터가 속한 집단에 따라서 계층적으로 구성되어 있다. 다음 중 도메인의 4단계 형태 구조에 속하지 않는 것은?

    a. 호스트이름   b. 서버종류   c. 소속기관   d. 소속국가

03 통신 프로토콜이란 컴퓨터 간의 통신 규약으로 컴퓨터 사이에 정보를 전단하기 위해 필요한 규칙 및 약속의 집합을 말한다. IP 주소 체계에 대해 옳지 않은 것은?

    a. 주어진 패킷을 어떻게 목적지에 보낼 것인가에 대한 전송 프로토콜이다.

    b. 정보 전송을 위한 주소 체계를 가진다.

    c. IP 주소를 문자로 표현한 것을 도메인 이름이라고 한다.

    d. 인터넷에 접속된 호스트 컴퓨터는 중복되는 IP 주소를 가질 수 있다.

04 인터넷에서 웹 사이트를 문자로 식별해 사용자가 이용하거나 기억하기 쉽게 도메인 이름을 사용한다. 다음 중 도메인과 기관명의 의미가 맞지 않는 것은?

    a. edu – 교육기관   b. com – 공공기관

    c. gov – 정부기관   d. int – 국제기구

05 마크업 언어는 화면에 표시할 문자열의 앞뒤에 태그를 붙여서 그 문자열의 특성을 나타낸다. 다음 중 의미가 맞지 않는 태그는?

    a. title – 제목   b. p – 띄어쓰기

    c. br – 줄바꿈   d. HTML – 시작태그

06 웹은 인터넷의 다양한 서비스에 접근할 수 있도록 URL이라는 표준 주소표기 방식을 사용한다. 다음 중 URL의 올바른 형태는?

    a. 프로토콜://컴퓨터주소/파일경로   b. 컴퓨터주소//:프로토콜/파일경로

    c. 파일경로://컴퓨터주소/프로토콜   d. 파일경로//컴퓨터주소://프로토콜

07 전자우편은 흔히 e-메일이라고도 부르는데, 다른 인터넷 사용자들과 편지를 주고받을 수 있는 서비스이다. 전자우편의 특징으로 올바르지 않은 것은?

    a. 편지를 주고받을 수 있는 서비스이다.

    b. 서비스 업체에 가입만 하면 사용할 수 있다

    c. 아이디가 메일 서버에 등록되어 있지 않아도 사용할 수 있다.

    d. '사용자_아이디@메일서버_주소'의 형식을 가지고 있다.

08 웹의 기본 개념은 하이퍼텍스트에서 시작되었다. 다음 중 하이퍼미디어와 하이퍼텍스트에 대해 옳지 않은 것은?

    a. 하이퍼텍스트는 텍스트 위주의 문서가 링크로 연결되어 있는 것을 말한다.

    b. 하이퍼텍스트는 정보 조각들이 비순차적으로 연결되어 있다.

    c. 하이퍼미디어는 멀티미디어 정보가 링크로 연결되어 있는 것을 말한다.

    d. 텍스트는 멀티미디어에 포함되지 않는다.

09 인터넷에서 약 10년간 발생한 웹의 환경 변화와 발전 방향을 정의한 것을 웹2.0이라 부른다. 다음 중 웹2.0이 따르는 법칙은?

    a. 길더의 법칙   b. 무어의 법칙   c. 롱테일 법칙   d. 칵테일 법칙

10 공개 API는 자신의 서비스에서 제공되는 웹 서비스 기능을 다른 사이트에서 활용할 수 있도록 한다. 공개 API를 활용한 매쉬업의 특징으로 올바른 것은?

    a. 최초의 매쉬업 서비스는 하우징맵스였다.

    b. 개발비용이 많이 든다.

    c. 하나의 API를 변형해도 매쉬업으로 볼 수 있다.

    d. 웹 환경이 아니라도 서비스가 가능하다.

보충 과제(주관식)

01 인터넷은 1960년대에 처음 개념이 정립되었다. 당시의 인터넷 시스템은 어떤 것이며 무슨 목적으로 구축되었는지 기술하라.

02 인터넷에서는 전송 프로토콜로 TCP/IP 규약을 채택하고 있다. 이때 IP의 주소체계와 인터넷 도메인 네임 서비스의 필요성과 역할을 설명하라.

03 검색엔진은 특정 단어를 검색할 때 많은 웹사이트 목록을 보여준다. 직접 만든 홈페이지가 검색 도구에 의해 상위에 랭크시키기 위한 방법에 대해서 서술하라.

04 웹2.0에서 가장 특징적인 개념인 참여, 공유, 개방에 대하여 설명하고 이러한 개념이 적용된 대표적인 국내외 사례를 조사하라.

05 웹2.0에서 주목받는 서비스 중 하나인 매쉬업 서비스란 무엇이며 이를 위해 공개 API가 왜 필요한지, 국내에서 공개 API를 제공하고 있는 웹사이트에 대하여 조사하라.

07 정보보안 및 윤리

바이러스는 1982년에 처음 등장한 '엘크 클로너'를 시작으로 오늘날 해킹 및 악성 소프트웨어까지 진화하고 있다. 이러한 컴퓨터 악성 프로그램의 피해는 날로 커져가고 있는 실정이다. 컴퓨터 바이러스는 정보화사회에서 나타난 대표적인 사회적 문제이다. 한 예로 2007년에 발생한 스톰(Storm) 바이러스는 10개월 동안 전 세계 5,000만 대의 컴퓨터에 전파되었다. 이러한 바이러스들은 엄청난 경제적 손실을 줄 뿐만 아니라 사회 안전망까지 위협하고 있고 사이버테러와 같은 심각한 문제들을 야기하고 있다. 이 장에서는 컴퓨터 유해 프로그램과 이를 방어하기 위한 정보보안에 대하여 알아보고, 마지막으로 사회윤리 문제에 대하여 생각하여 보기로 하자.

7.1 정보보안의 개념

인터넷의 급속한 확산으로 인하여, 우리는 과거에 비해 훨씬 많은 정보들을 접하고 있다. 인터넷쇼핑, 정보검색, 실시간 뉴스정보, 친구와의 메신저 등 인터넷은 우리 생활의 일부가 되었다. 이러한 환경은 우리 생활을 편리하고 풍요롭게 만들어 주고 있으나, 동시에 정보의 불법적인 접근 및 사용으로 인한 피해가 발생하고 있다. 컴퓨터 바이러스나 해커의 공격을 받아서 개인의 소중한 정보가 파괴되거나 외부로 유출되는 사례 등 사회적인 문제가 되고 있다. 이를 방지하기 위해서 평소에 정보보안에 대하여 숙지하고 있어야 하며, 개인 컴퓨터 및 자신이 관리하는 정보시스템을 외부의 침입자로부터 보호하여야 한다.

7.1.1 정보보안의 개념 및 환경

정보화사회에서 정보는 중요한 역할을 하고 있다. 인터넷상의 정보를 기반으로 더욱 유익하고 새로운 정보를 생성하며, 이는 우리 삶의 질을 높이는 결과를 가져왔다. 반면에 잘못된 정보의 관리로 인해 많은 피해를 입고, 이로 인한 사회적 문제가 발생하고 있다. 주민등록번호, 은행예금계좌, 신용카드정보 등은 매우 중요한 정보이고 남에게 유출되어서는 안된다. 그러나 이러한 정보를 전자상거래, 비행기 예약 등을 위해 인터넷이나 전화 등을 통해서 보내야 할 때가 있다. 이때 해커에게 개인의 정보가 유출되어 피해를 당하는 경우가 종종 발생한다.

정보보안을 복잡하고 어려운 기술로 생각할 수 있으나 간단한 규칙을 지키고 보안 관련 프로그램을 사용한다면 정보를 안전하게 사용할 수 있다. 마치 우리가 감기를 예방하기 위해 독감예방주사(백신)를 맞거나, 감기가 유행할 때 사람이 많이 모이는 곳에 출입을 자제하듯이, 바이러스 백신을 사용하고 정보 보호 수칙을 지킨다면 정보를 안전하게 사용할 수 있다.

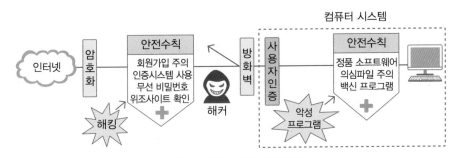

그림 7-1 정보보안의 환경 구축

그림 7-1은 정보보안의 환경 구축의 개념도이다. 네트워크를 통해 데이터를 전송 시 해킹에 의해서 데이터가 유출될 수 있는데 이러한 피해를 줄이기 위해서 암호화 기술과 전자서명 등이 사용된다. 또한 외부에서 컴퓨터 시스템을 공격하는 해킹과 같은 행위를 차단하기 위한 방화벽의 설치와 악성/유해 프로그램으로부터 시스템을 보호하기 위한 백신 프로그램, 스파이웨어 제거프로그램 등을 설치하여 정보보안 환경을 구축하게 된다.

7.1.2 정보보안 서비스의 유형

정보보안 서비스는 외부의 공격이나 침입으로부터 시스템을 보호하게 된다. 그림 7-2에서 보듯이 크게 4가지 유형으로 나누게 되는데, 컴퓨터 시스템 내부의 정보를 보호하기 위한 컴퓨터 시스템 보안, 네트워크 보안, 사용자 관리적 보안, 컴퓨터에 대한 물리적 접근을 통제하는 물리적 보안으로 나눌 수 있다.

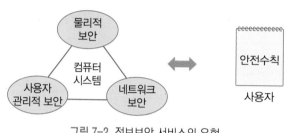

그림 7-2 정보보안 서비스의 유형

컴퓨터 시스템 보안

컴퓨터 시스템 보안이란 바이러스나 외부의 해킹 공격으로부터 컴퓨터 시스템을 보호하기 위한 방어 정책이다. 컴퓨터 시스템 보안은 그림 7-3에서 설명하는 것처럼 다음의 세 가지로 분류할 수 있다.

1) 악성/유해 프로그램으로부터의 정보 보호

악성/유해 프로그램으로부터 시스템을 보호하기 위해서는 주기적으로 시스템 내부를 체크하여 시스템 내부에 침투한 불법 소프트웨어를 적발하여야 한다. 이러한 악성/유해 프로그램은 바이러스 백신 프로그램으로 제거할 수 있다. 컴퓨터 시스템이 바이러스에 감염되지 않기 위해서는 지속적으로 바이러스 백신 프로그램을 사용하여 악성/유해 프로그램을 발견하고 이를 제거하여야 한다. 자세한 내용은 7.2절에서 다루도록 한다.

2) 암호화(Encryption) 및 인증에 의한 정보보안 서비스

암호화란 정보가 외부로 유출되더라도 해독할 수 없도록 원래의 문자를 변형시키는 보안 방식이다. 암호화는 특히 네트워크 보안과도 관련이 있는데 문서 정보를 암호화시켜서 외부 유출 사고에 대비하여야 한다. 또한 허가된 사용자만 정보를 사용할 수 있도록 하는 패스워드 등의 인증 서비스를 사용하게 된다. 자세한 내용은 7.3절에서 다루도록 한다.

3) 불법적 해킹에 의한 내부 시스템에 대한 정보보호 서비스

해커의 불법적인 행위를 방지하기 위해서 안전수칙을 세우고 사용자는 안전수칙을 지켜서 해커가 침투하기 힘들게 만들어야 한다. 정보보안 안전수칙에 대해서는 7.2.4절에서 설명하도록 한다.

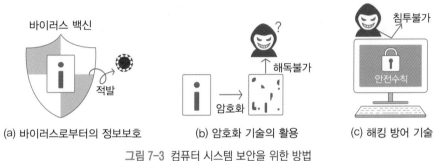

(a) 바이러스로부터의 정보보호　　　(b) 암호화 기술의 활용　　　(c) 해킹 방어 기술

그림 7-3 컴퓨터 시스템 보안을 위한 방법

네트워크 보안

네트워크는 정보가 이동하는 경로이다. 해커는 네트워크를 지속적으로 공격하는데 네트워크상의 정보는 해커에 의해 불법적으로 사용될 수 있다. 정보의 유출을 막기 위해서 다양한 기법이 사용되고 있다. 또한 정보가 유출되더라도 이 정보를 변형시키거나 해독하지 못하게 하기 위한 암호화 기법이 사용되고 있다. 네트워크 보안의 또 다른 방법으로 방화벽을 사용한다. 방화벽은 외부에서 들어오는 패킷을 체크하여, 잠재적으로 위험한 침입자, 예를 들면 해커 등의 접속을 막는 역할을 한다. 자세한 내용은 7.3절에서 설명하고 있다.

물리적 보안

물리적인 보안은 물리적 장소에 있는 컴퓨터 시스템의 접근을 막는 방법으로, 중요한 정보가 있는 장소에 허가받지 않은 사람의 출입을 통제하여 보호하는 방식을 의미한다. 은행의 전산실, 회사 내부 자료를 관리하는 전산실, 병원 전산실 등에 대한 출입통제가 물리적 보안에 속한다. 출입을 통제할 때에는 RFID 출입증, 정맥인식, 지문인식, 눈동자 인식(홍채인식), 얼굴인식 등을 사용하여 출입자의 신원을 확인하는 물리적인 보안 시스템이 사용된다. 그림 7-4에서는 물리적인 보안 시스템의 예를 보여 주고 있다.

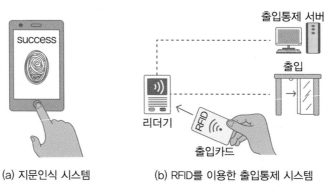

| (a) 지문인식 시스템 | (b) RFID를 이용한 출입통제 시스템 |

그림 7-4 물리적 보안 시스템

사용자 관리적 정보보안

컴퓨터 시스템을 안전하게 관리하기 위해서 정보보호 관리 수칙이 필요하다. 정보보호 관리 수칙이란 개인이 지켜야 할 안전수칙을 의미한다. 예를 들면, 사용자 패스워드를 주기적으로 교체하거나 컴퓨터 시스템 내의 정보를 주기적으로 백업하여 손상될 경우 복구할 수 있도록 해야 한다. 이러한 정보 관리 수칙으로 불의의 정보사고에 대한 예방과 피해를 최소화시킬 수 있다.

7.2 컴퓨터 악성/유해 프로그램 및 해킹

우리에게 잘 알려진 컴퓨터 바이러스는 대표적인 컴퓨터 악성/유해 프로그램이다. 컴퓨터 바이러스 이외에도 컴퓨터 웜, 트로이목마, 스파이웨어 등 악성/유해 프로그램이 매일 등장하고 있다. 이러한 악성/유해 프로그램과 이에 대한 대처 방안을 잘 숙지하여 자신의 컴퓨터 시스템을 보호하여야 한다. 또한 악성/유해 프로그램 이외에 시스템의 보안을 위협하는 행위로 해킹을 들 수가 있다. 해킹은 컴퓨터 시스템에 침입하여 내부의 정보를 불법적으로 취득하여 경제적 또는 정신적인 피해를 끼치는 행위이다. 이 절에서는 컴퓨터 시스템을 위협하고 있는 악성/유해 프로그램과 해킹에 대하여 알아보도록 하자.

7.2.1 컴퓨터 악성/유해 프로그램

악성/유해 프로그램의 정의

악성 프로그램과 유해 프로그램은 프로그램의 작성 의도에 따라 분류된다. 악성 프로그램은 악성 코드라고 불리기도 한다. 프로그램의 작성 시 컴퓨터 시스템 파괴 등 나쁜 의도를 가지고 만들어졌을 경우를 악성 프로그램이라고 한다.

반면에, 유해 프로그램은 악의를 가지고 만들어지지는 않았으나 수시로 팝업 창을 띄우거나 개인자료를 수집하는 특정 목적을 위해서 만들어져 사용자를 성가시게 만드는 프로그램을 의미한다. 이러한 유해 프로그램은 시스템을 파괴하지는 않는다. 그러나 사용자에게 정신적 피해를 주기 때문에 나쁜 의도로 볼 수 있다. 이 책에서는 두 가지 형태 모두 악성/유해 프로그램으로 통일하여 사용하도록 한다.

컴퓨터 바이러스(Computer Virus)

컴퓨터 바이러스는 e-메일이나 불법 소프트웨어 등을 통해서 컴퓨터 시스템에 침투하는 악성/유해 프로그램의 일종이다. 일단 바이러스에 감염되면(컴퓨터 용어로 컴퓨터 바이러스 프로그램이 실행되면) 복제, 전파 또는 데이터 파괴가 발생할 수 있다. 컴퓨터 바이러스라고 이름을 붙인 이유는 생물학적인 바이러스의 기능을 갖고 있기 때문이다. 생물학적 바이러스는 세포에 침투하여 감염시키고 바이러스를 복제하여 다른 세포에 확산시키는 특징이 있는데, 컴퓨터 바이러스도 이와 동일한 특성을 가지고 있다. 다만, 감염 대상이 생물학적인 세포가 아니라 컴퓨터의 프로그램이나 데이터라는 점이 다르다.

컴퓨터 바이러스는 양성 바이러스(Benign Virus)와 악성 바이러스(Malignant Virus)로 구분되는데, 양성 바이러스는 복제 후에 전파하는 기능의 전파코드만 가지고 있으며 데이터 파괴는 하지 않는 코드로 발견되지 않는 경우가 대부분이다. 악성 바이러스는 컴퓨터 시스템에 직접적인 피해를 주는 행위, 예를 들어 파일의 삭제, 파일 이름의 변경, 데이터 파괴 등을 통하여 하드디스크 내의 데이터를 파괴하는 바이러스를 말한다. 대부분의 파괴형 바이러스, 즉 악성바이러스들은 감염 즉시 활동하기보다는 공격하기 전에 충분히 전파시킬 수 있도록 특정한 날짜 또는 상황이 발생할 때까지 잠복하고 있다가 활동한다. 이로 인하여 피해를 최대화시키게 된다. 그림 7-5는 바이러스의 작동에 대하여 설명하고 있다. 먼저 바이러스는 e-메일이나 CD를 통하여 컴퓨터에 잠입(①)하여서 바이러스를 감염, 복제(②)한 후, 다른 컴퓨터로 전파(③)시킨다. 또한 일정 시간이 지나거나 조건이 충족되면 시스템을 파괴(④)시킨다. 바이러스는 감염 부위에 따라 다음과 같이 분류한다.

1) 부트 바이러스

컴퓨터를 부팅할 때 하드디스크의 시작 프로그램을 이용하여 시스템 시작에 필요한 데이터를 읽게 되는데, 이곳에 기생하는 바이러스를 부트 바이러스라 부르며 시스템을 파괴시키는 피해를 주게 된다. 대표적인 부트 바이러스로는 1986년에 만들어진 Brain 바이러스, Anti CMOS 바이러스 등이 있다.

2) 파일 바이러스

실행 파일(COM, EXE 등의 확장자를 가진 실행 가능 파일)에 감염되는 바이러스를 말한다. 바이러스 중에서 약 80% 정도가 파일 바이러스에 속한다. 대표적인 바이러스로 예루살렘 바이러스, CIH 바이러스 등이 있다.

3) 매크로 바이러스

새로운 형태의 파일 바이러스의 일종으로, 감염대상이 실행 파일이 아니라 마이크로소프트사의 엑셀이나 워드프로세서에 사용되는 문서 파일에 감염되어서 매크로 형태로 저장되어 있다가 사용자가 매크로기능을 사용할 때 감염되는 바이러스이다. 대표적으로 라루 바이러스가 있다.

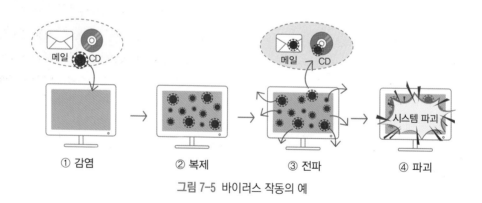

① 감염 ② 복제 ③ 전파 ④ 파괴

그림 7-5 바이러스 작동의 예

인터넷 웜(Internet Worm)

인터넷 웜은 인터넷에 접속해 있는 컴퓨터를 통하여 감염되는 악성/유해 프로그램이다. 인터넷 웜과 일반 바이러스는 다음과 같은 점에서 차이가 있다. 일반 바이러스는 반드시 사람의 행위를 통하여 감염이 된다. 즉, 바이러스 프로그램을 사용자가 실행시켰을 때만 바이러스에 감염되게 된다. 인터넷 웜은 사용자에 의해서 감염되는 것이 아니고 사용 중인 프로그램을 통해서 스스로 전파되는 바이러스를 말한다. 예를 들어, e-메일 또는 채팅 프로그램을 통하여 사용자가 인지하지 못하는 상태에서 인터넷 웜은 스스로 전파된다. 그림 7-6은 인터넷 웜의 작동을 설명하고 있다. 먼저 채팅, 메신저 등을 사용할 때 컴퓨터 내부에 잠입(①)하여 감염시킨다. 일단 감염되면 자신을 복제(②)하여 시스템 과부하를 발생(③)시키고 네트워크에 인터넷 웜을 전파(④)시킨다. 인터넷 웜은 최근 악성 프로그램 중에 가장 큰 비중을 차지하고 있으며 앞으로도 기승을 부릴 것으로 예상된다.

인터넷 웜에 감염이 되면 어느 날 갑자기 사용 중인 PC가 느려진다든지 화면에 갑자기 시스템 종료 메시지창이 나오면서 자동 종료가 되는데 이때에는 웜의 감염 여부를 확인해 볼 필요가 있다. 가장 일반적인 확인 기법은 백신프로그램을 사용하여 인터넷 웜을 찾아내는 방법이다.

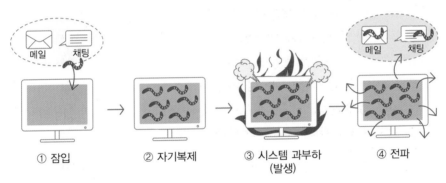

그림 7-6 인터넷 웜 작동의 예

트로이목마(Trojan)

트로이목마는 컴퓨터 시스템에 몰래 숨어 들어와서(①) 백도어(뒷문)를 만드는(②) 악성/유해 프로그램이다. 트로이목마는 일반적으로 해킹의 도구로 사용되고 있다. 해커는 백도어로 시스템에 침투하여서 불법 접근(③)한 뒤 자료삭제, 정보 탈취(④) 등의 행위를 하게 된다. 원래의 트로이목마의 개념은 시스템을 관리하거나 소프트웨어를 개발할 때 사용했었다. 이런 목적으로 트로이목마가 사용되면 유용한 프로그램으로써 개발자들이 사용하는 프로그램으로 분류되기도 한다. 트로이목마는 보통 이메일의 첨부 파일, 애니메이션 파일이나 이미지 파일을 내려받기할 때 감염된다. 또한 채팅, 인스턴트 메시지 사용 시 FTP 사이트, CD 등을 통해서 감염될 수 있다.

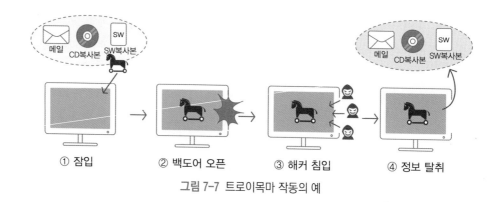

| ① 잠입 | ② 백도어 오픈 | ③ 해커 침입 | ④ 정보 탈취 |

그림 7-7 트로이목마 작동의 예

스파이웨어 및 애드웨어(Spyware and Adware)

스파이웨어(Spyware)란 '스파이'와 '소프트웨어'의 합성어로 사용자의 컴퓨터에 몰래 숨어 있다가 정보를 빼가는 악성/유해 프로그램이다. 주로 개인 및 시스템정보, 인터넷의 사용 습관 등을 수집하는 스파이 행위를 한다. 현재 대다수의 기업들은 스파이웨어를 회사 컴퓨터에서 제거하는데 많은 비용을 소요하고 있으며, 이들 스파이웨어가 가장 위협적인 악성/유해 프로그램 유형중의 하나로 분류되고 있다. 스파이웨어가 주는 피해는 웹 브라우저의 시작페이지를 특정 주소로 변경시키거나 고정하며 사용자의 키 입력 내용을 저장하고 외부로 전송한다. 또한 원하지 않는 광고를 팝업 형태로 노출시키고 특정 사이트 방문을 유도하기 위해 바로가기 아이콘을 생성하기도 한다. 또는 안티바이러스 프로그램이나 안티 스파이웨어와 같은 보안 프로그램 및 다른 정상 프로그램의 설치 및 운영을 방해하는 등 시스템의 보안 체계를 취약하게 한다.

애드웨어(Adware)란 애드버타이즈(광고: Advertise)와 소프트웨어의 합성어로 프리웨어나 일정 금액으로 제품을 구매해야 하는 쉐어웨어(Shareware)를 광고 보는 것을 전제로 무료로 사용이 허용되는 프로그램이다. 애드웨어는 미국의 인터넷 광고전문회사인 Radiate에서 개인 사용자의 기호를 파악하기 위해 개발되었다. 처음에는 몇 명의 사용자가 광고를 보았는지를 알기 위한 단순한 의도로 시작되었다. 애드웨어는 마케팅 목적을 위해 데이터를 수집하는 정당한 사용 목적이 있는 반면 스파이웨어는 애드웨어와는 달리 개인의 정보를 불법적으로 도용하는 악의적인 목적을 가진 프로그램이다.

그림 7-8은 스파이웨어 및 애드웨어의 작동을 설명하고 있다. 쿠키는 사용자가 어떤 홈페이지에 접속할 때 생성되는 임시파일로 인터넷 접속을 원활히 하기 위한 간단한 정보를 담은 4KB 이하의 파일이다. 프리웨어 등의 소프트웨어를 다운하면 악성/유해 프로그램이 쿠키 형태로 컴퓨터 내부에 들어온다(①). 그리고 쿠키를 이용하여 컴퓨터 내부에 있는 각종 데이터를 수집(②)하여 외부로 보내주게 된다(③).

스파이웨어나 애드웨어를 방지하기 위해서는 무엇보다 출처가 분명하지 않은 쉐어웨어나 프리웨어는 가급적 사용하지 않고 악성/유해코드를 전파할 수 있는 불건전한 사이트를 방문하지 않음으로써 스파이웨어가 사용자의 컴퓨터에 침입하지 않도록 하는 것이 중요하다. 또한 스파이웨어 제거 프로그램을 설치하여 주기적으로 스파이웨어를 제거해야 한다.

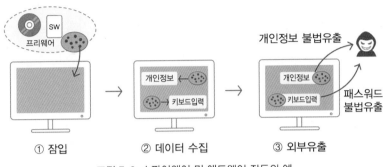

그림 7-8 스파이웨어 및 애드웨어 작동의 예

랜섬웨어(Ransomware)

랜섬웨어(Ransomware)란 '몸값(Ransom)'과 소프트웨어(Software)의 합성어로 피해자 장치의 데이터를 암호화하고 데이터를 복구하는 대가로 몸값을 요구하는 악성/유해 프로그램이다. 피해자가 랜섬웨어로 암호화된 데이터를 스스로 복구하기란 거의 불가능하며, 대가로 암호화폐를 요구하기에 범죄자를 추적하기도 쉽지 않다. 현재 랜섬웨어로 인해 기업, 병원, 경찰서, 도시 등이 심각한 피해를 입는 경우가 많다. 이들 랜섬웨어의 프로그램은 대부분이 트로이 목마 형태이므로 일종의 소셜 엔지니어링을 통해 확산된다. 랜섬웨어는 먼저 백도어를 통해 들어온 프로그램이 공격 대상 파일을 검색하고 파일을 암호화시킨다. 그 뒤에 파일을 이동하고사용자에서 감염 안내 및 복구 방법 메시지를 출력한다.

랜섬웨어는 다른 모든 유형의 악성코드 프로그램과 마찬가지로 예방이 가능하지만, 일단 실행되면 검증을 거친 정상적인 백업 없이는 피해를 되돌리기 어려울 수 있다. 백업을 랜섬웨어에 대비하는 가장 좋은 방법이다. 중요 데이터를 암호화 클라우드나 별도의 저장 장치에 보관하면 랜섬웨어에 감염되더라도 피해를 최소화할 수 있다. 무엇보다 랜섬웨어 예방을 위해 의심스러운 링크나 신뢰할 수 없는 파일을 다운로드하지 말아야 한다.

7.2.2 스팸 메일

스팸 메일은 불특정 다수에게 동일한 내용을 대량으로 보내는 e-메일을 말한다. 일명 정크메일로도 불린다. 스팸(SPAM)이란 단어는 한 햄 제조회사가 상품 광고를 위해 엄청난 양의 광고를 사용한 것에서 유래되었다. 그러나 스팸 메일은 개인에게 불편을 줄뿐 아니라, 네트워크의 통신 양을 급격하게 증가시키고 있으며, 경제적인 손실 또한 많이 늘어나고 있다. 뿐만 아니라 스팸 메일을 통한 악성/유해 프로그램의 확산이 사회적 문제가 되고 있다.

스팸 메일 발신자들은 채팅사이트, 해킹, 바이러스 등에 의해 불법적으로 수집한 주소록 리스트를 사용하여 스팸메일을 보낸다. 스팸 메일을 방지하기 위해서는 e-메일 필터링 유틸리티 프로그램을 사용하여 스팸 메일을 걸러내야 하고, 유해 사이트 방문과 멤버십의 가입을 자제하여 자신의 e-메일 주소가 불법적으로 악용되지 않도록 주의해야 한다.

그림 7-9 매일같이 쏟아지는 스팸 메일

7.2.3 해킹과 크래킹

정보통신의 발달로 인하여 네트워크를 이용한 범죄가 나날이 늘어나고 있다. 해킹(Hacking)이란 네트워크의 취약한 부분을 이용하여 컴퓨터 시스템에 불법침입하여 특정 사이트를 공격하는 행위를 말한다. 해킹의 예로 시스템을 다운시키거나 위조 사이트를 개설하여 개인정보를 불법 탈취하여 불법적으로 사용하는 행위를 들 수 있다.

해킹은 크래킹(Cracking)이라는 용어와는 다른 의미를 가지고 있다. 범죄 행위에 사용될 경우 크래킹으로 부르게 되고 시스템의 취약 부분을 점검하기 위한 목적으로 사용될 경우 해킹이라고 부른다. 그러나 통상적으로 해킹과 크래킹은 같은 의미로 사용되고 있으며 해킹으로 통합하여 사용되고 있다.

네트워크 취약점을 이용한 불법 침입

네트워크와 시스템의 취약한 부분을 이용하여 시스템에 불법으로 침입하는 방법이다. 먼저 해커는 정보 수집단계로 네트워크 정보, 시스템 OS정보, 방화벽 정보 등을 수집하여 취약점을 분석한다. 수집된 정보를 통하여 취약한 부분을 공격한다. 예를 들어, 비밀번호를 알아내어 침투를 한다든지, 보안이 취약한 네트워크 서버를 찾아내서 정보 시스템을 해킹한다.

서비스 거부공격(DoS: Denial of Service)

최근 들어 사회적으로 문제가 되고 있는 해킹 기법 중의 하나로 서비스 거부공격을 들 수 있다. 서비스 거부공격이란 인터넷을 통한 서비스를 일시적으로 중지시키는 기법이다. 바이러스와 같이 시스템을 파괴하지는 않으나 정보 시스템의 정상적인 수행을 정지시킴으로써 사용자에게 불편을 주게 된다. 예를 들어, 해커는 네트워크에 연결된 다수의 컴퓨터를 불법으로 이용하여 공격목표가 되는 서비스 서버에 접속을 동시 다발적으로 시도하게 된다. 이때 한꺼번에 많은 컴퓨터로부터 접속이 시도되면 순간적으로 서비스 서버는 부하가 걸리게 되며 이로 인하여 특정 사이트가 마비되는 사태가 발생한다. 해커는 DoS 공격에 보안이 취약한 컴퓨터를 불법적으로 사용하는데 이때 사용된 컴퓨터를 좀비(Zombie)라고 부른다(그림 7-10 참조). 최근 몇 년 사이에 특정 유명 회사의 사이트들인 마이크로소프트, 야후, 이베이, 아마존 등이 좀비의 공격을 받아서 서비스가 일시적으로 정지되는 사태가 발생하고 있다.

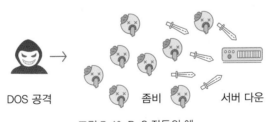

DOS 공격   좀비   서버 다운

그림 7-10 DoS 작동의 예

피싱(Phishing) 및 파밍(Pharming)

피싱이란 개인의 정보(사용자 계정, 패스워드, 신용카드 번호)를 불법으로 취득하여 범죄에 사용하는 해킹기술이다. 피싱의 대표적인 유형으로 ID 도용을 들 수 있다. eBay, 온라인 쇼핑, 온라인 뱅킹 등의 위조 사이트를 개설한 뒤, 개인의 주민등록번호, 신용카드번호,

패스워드의 정보를 불법으로 수집한다. 이를 통하여 수집된 정보로 가짜 ID를 발급받아서 물건을 구매하거나 신용카드를 발급받기도 한다. 개인정보 인증을 필요로 하는 전자상거래나 금융거래 등의 사용이 증가하는 추세이므로 피싱의 피해는 빠르게 증가할 것으로 예측되고 있다.

파밍은 피싱과 비슷한 해킹 유형으로, 인터넷 주소창에 방문하고자 하는 사이트의 URL을 가짜 사이트로 이동시키는 해킹 방법이다. 파밍은 피싱과는 달리 도메인 자체를 중간에서 바꾸는 방식으로 다수의 사용자를 속이기 때문에 대규모 피해를 줄 수 있다. 그림 7-11은 가짜 서비스 접속 페이지를 통하여 정보를 불법적으로 피싱 혹은 파밍을 하는 예를 보여주고 있다.

원래 사이트   가짜 사이트

그림 7-11 피싱 및 파밍 작동의 예

7.2.4 악성/유해 프로그램과 해킹으로부터 정보보호

인터넷을 사용할 때에는 정보보안에 많은 관심을 가져야 한다. 인터넷상에서 정보 보안을 위하여 크게 두 가지 점에 유의하여야 한다. 첫 번째는 각종 악성/유해 프로그램을 차단하기 위해 바이러스 백신과 같은 제거 프로그램을 설치하는 것이고, 두 번째는 사용자가 정보 안전수칙을 만들어서 해킹이나 악성/유해 프로그램으로부터 피해를 막을 수 있도록 주의하는 것이다.

악성/유해 제거 프로그램 및 OS 패치 프로그램의 설치

- 바이러스 백신 프로그램: 새로운 바이러스는 매분 하나씩 탄생되고 있다. 다행스러운 점은 바이러스는 나오자마자 예방이 가능하다는 점이다. 바이러스 백신 프로그램은 주기적으로(매 2~3시간 간격) 새로운 바이러스 정보를 업데이트되도록 구성되어 있으며, 안

철수 연구소, 하우리, 뉴테크웨이브, McAfee, Symantec에서 개발하고 있다. 바이러스 백신 프로그램은 바이러스를 발견하여 제거하는 역할을 한다.

- 스파이웨어 제거 프로그램: 스파이웨어 제거 프로그램은 바이러스 백신 프로그램과 다른 치료 방법을 사용하고 있는데, 자바 스크립트의 쿠키 정보를 분석하여 스파이웨어 프로그램을 찾는다. 스파이웨어 제거 프로그램은 바이러스 백신 프로그램에 포함되기도 한다. 최근에는 스파이웨어의 피해가 급증하기 때문에 스파이웨어 제거만을 위한 전용 프로그램이 개발되고 있다. Ad-aware, No-AD, ADfee 등과 같은 스파이웨어 제거 전용 프로그램이 있다.

- OS 패치 프로그램: 운영체제에는 버그(보안성 취약점)가 내포되어 있다. 해킹은 이러한 운영체제의 버그를 통하여 시스템에 침투한다. Microsoft사에서는 주기적으로 버그로 인한 침투를 막기 위한 패치 프로그램을 제공하고 있다. 최신 버전의 OS패치 프로그램을 내려받아서 해커의 침투를 방지해야 한다.

악성/유해 프로그램 방지를 위한 개인정보 안전수칙을 만들어서 지킬 것

악성/유해 프로그램은 자신이 모르는 상태에서 몰래 컴퓨터에 설치되기 때문에 항상 조심해서 컴퓨터를 다루어야 한다. 개인의 부주의로 인하여 프로그램을 작동시키게 되면, 컴퓨터 시스템은 감염되고 귀중한 데이터가 손상이 되거나 불법적으로 데이터가 유출될 수도 있다. 일단 감염이 되면 치료가 어렵고 경우에 따라서는 회복이 불가능하게 되기 때문에 악성 프로그램에 감염이 안 되도록 주의하여야 한다. 악성 프로그램을 위한 개인 안전 수칙은 다음과 같이 정리할 수 있다.

1) 부팅 시 주의사항: 컴퓨터를 부팅할 때(새로 시작할 때) 컴퓨터 USB 메모리, CD-ROM 등의 이동식 메모리가 부착되지 않도록 하여야 한다. 유해(악성) 프로그램이 이러한 이동식 메모리에 설치되어 있는 경우 컴퓨터를 부팅하게 되면 감염되기 때문에 부팅 시에 반드시 이동식 메모리가 제거되어 있는지를 확인해야 한다. 또한 이동식 메모리로 사용할 때에는 바이러스 백신 프로그램으로 악성/유해 프로그램이 내포되어 있는지를 확인해야 한다.

2) e-메일 첨부파일 확인: 바이러스 감염에 가장 많이 사용되는 경로가 e-메일이다. e-메일 사용 시 첨부파일에 악성/유해 프로그램이 있는지 확인해야 한다. 따라서 첨부파일을 열기 전에 신뢰할 수 있는 메일인지를 확인하고 메시지를 읽도록 해야 한다.

3) 매크로 정지(Macro Disable) 모드 설정: 워드 프로세서나 엑셀파일의 매크로명령어에
는 악성/유해 프로그램이 설치되어 있을 수 있다. 따라서 신뢰할 수 없는 워드 프로세
서나 악성파일인 경우 매크로 기능을 사용하지 못하도록 매크로 정지 모드로 사용하여
악성/유해 프로그램에 감염되지 않도록 해야 한다.

4) 불필요한 웹사이트 회원 가입 자제: 웹사이트 회원 가입 시 개인정보를 요구하는데 이
러한 정보들은 해킹에 사용될 수 있으므로 꼭 필요한 사이트가 아니면 가입을 자제하도
록 하여야 한다.

5) 신뢰성 있는 프로그램만 다운: 스파이웨어나 트로이 목마의 감염을 막기 위해서 프로그
램 다운로드 시 신뢰할 수 있는 기관이 제공한 프로그램만 다운해서 설치해야 한다.

(a) 부팅시 주의

(b) 메일 첨부파일 주의

(c) 매크로 정지 모드

(d) 회원가입 자제

그림 7-12 악성 프로그램 방지를 위한 개인 안전 수칙

해킹으로부터 개인정보 보호를 위한 안전수칙 세우기

악성 프로그램으로부터 자신의 컴퓨터 시스템을 보호하기 위해서는 위에서 언급한 방법들
을 통하여 자신의 컴퓨터 정보를 지켜야 한다. 그러나 해킹을 방지하기 위한 특별한 소프
트웨어가 따로 존재하지 않는다. 외부의 침입을 방지하기 위해서는 자신의 컴퓨터를 안전
하게 관리해야 한다. 해커가 자신의 컴퓨터에 침투하지 못하도록 다음과 같은 안전 수칙을
세울 필요가 있다.

• 비밀번호를 영어 대소문자와 특수문자 포함하여 8자리 이상으로 사용하고 자주 바꾸도
록 해야 한다. 이를 통하여 비밀번호를 해킹하기 어렵도록 하여야 한다.

• 개인 또는 공용 인증 시스템을 사용하여 정보의 신뢰성을 보장받도록 해야 한다. 즉, 해
킹을 통하여 정보가 변형되거나 위조되는 것을 방지해야 한다.

• 피싱 방지를 위해 자신의 비밀번호나 신용카드정보를 전화상으로 보내지 말아야 하며,
또한 웹(Web)상에서 신용정보를 입력 시에는 위조된 피싱 사이트인지를 확인한 후에 입
력하여야 한다.

• 방화벽을 설치하여 해커의 접근을 방지해야 한다.

- 무선 인터넷 사용 시 반드시 사용자 비밀번호를 설정하여 허가 안 된 사용자의 접근을 막아야 한다. 특히, 공공장소에 설치된 컴퓨터는 보안이 취약하기 때문에 가급적 중요한 개인정보가 필요한 서비스는 이용하지 말아야 한다.

- 해커는 위의 방지책에도 불구하고 항상 침투가 가능하기 때문에 중요한 정보는 네트워크에 연결하지 않고 CD나 플래시 메모리 등을 사용하여 분리 보관하는 것이 안전한 방법이다.

(a) 다양한 인증수단　　　　(b) 방화벽　　　　(c) 정보 분리보관

그림 7-13 해커의 침투를 막기 위한 안전 수칙

7.3 네트워크와 정보보안

도서관이나 공공장소에서 인터넷 특정 사이트에 연결할 경우 접속이 안 되는 경험을 한 적이 있을 것이다. 이러한 장소에는 네트워크에 접속된 컴퓨터를 보호하기 위해서 방화벽이라는 프로그램이 설치되어 있다. 방화벽은 집 또는 회사, 공공장소의 컴퓨터를 해킹이나 공격적인 성향이 있는 사이트의 접속으로부터 차단하여 주는 방어막 역할을 한다. 이 절에서는 네트워크 보안에 대하여 기본 개념과 보안 방법에 대하여 살펴보도록 한다.

7.3.1 방화벽의 기능

방화벽(Firewall)은 인터넷에 접속하여 전송되는 정보를 확인하여, 위험성이 내포된 정보를 통과시키지 않는 역할을 한다. 즉, 방화벽은 해커나 악성 소프트웨어가 인터넷이나 네트워크를 통해 사용자 컴퓨터에 접근하는 것을 방지하거나, 컴퓨터 내부의 주요 정보를 외부로 보내지 못하도록 방지하는 역할을 한다. 그림 7-14는 방화벽이 작동하는 방식을 보여주고 있다.

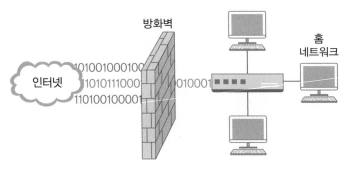

그림 7-14 네트워크를 안전하게 보호해주는 방화벽

방화벽은 소프트웨어 방식과 하드웨어 방식으로 나눌 수 있다. 소프트웨어 방식의 방화벽은 개인용 컴퓨터처럼 작은 규모에서 사용하는 방식이다. 예를 들어, 마이크로소프트사의 윈도우 방화벽은 소프트웨어 방식으로 되어 있다. 설치 후에는 컴퓨터 네트워크를 통하여 사용하는 대부분의 프로그램을 차단한다. 프로그램 차단을 해제하려면 사용하고자 하는 프로그램을 해제 목록에 추가하면 된다. 예를 들어, 인스턴트 메시지 프로그램을 사용하려면 이 프로그램을 방화벽 해제 목록에 포함시키면 된다.

하드웨어 방화벽은 회사 네트워크와 같이 규모가 큰 네트워크에서 사용하는 방식이다. 방화벽이 설치되어 있지 않다면, 외부에서 회사 내의 컴퓨터에 아무런 제약 없이 접속할 수 있고, 해커로부터 쉽게 공격받을 수 있다. 이러한 대규모 컴퓨터 네트워크에서는 프록시 서버(Proxy Server)를 설치하여 네트워크를 감시한다. 회사 내의 특정한 컴퓨터에 접속하려면 프록시 서버에 설치된 방화벽에서 보안검사를 한 뒤 접속이 가능하다. 프록시 서버는 접속을 시도하는 컴퓨터가 위험한 사이트로 판단이 되거나 회사 내부의 중요 정보를 외부로 유출하려는 것이 감지되면 접속을 차단한다.

7.3.2 네트워크 보안

정보통신 보안은 시스템 보안과 네트워크 보안으로 나눌 수 있다. 시스템 보안은 시스템을 바이러스나 해킹으로부터 보호하기 위한 방법이다. 시스템 보안에 대해서는 다음 절에서 자세히 다루도록 한다. 이 절에서는 네트워크 보안을 위협하는 해킹의 종류에 대하여 살펴보도록 하자.

네트워크를 통한 데이터 전송 시 데이터 유출로 인한 피해가 발생할 수 있다. 불법 유출된 데이터는 해킹에 이용될 수 있는데, 대표적인 네트워크 공격 방법은 다음과 같다.

스니핑(Sniffing)

그림 7-15(a)는 스니핑의 개념을 설명하고 있다. 스니핑은 패킷 스니핑 또는 네트워크 스니핑으로도 불린다. 스니핑은 네트워크상에서 전송 중인 패킷을 가로채 이를 해석하여 패킷의 내용(신용카드 정보 등)을 알아내는 행위를 말한다. 이러한 스니핑으로 인한 피해를 줄이기 위하여 데이터 암호화 등의 방법을 이용하여 개인정보가 유출되더라도 해독되지 못하도록 해야 한다.

IP 스푸핑(Spoofing)

그림 7-15(b)는 IP 스푸핑을 설명하고 있다. 패킷을 전송할 때 송신 IP 주소를 속여서 다른 시스템을 공격하는 것으로 공격자가 자신의 정보를 숨기고 탐지를 피하기 위한 용도로써 역추적을 어렵게 만드는 기법이다. 즉, 신뢰 관계에 있는 두 시스템 사이에서 허가받지 않은 자가 자신의 IP 주소를 신뢰 관계에 있는 호스트의 IP 주소로 바꾸어 속이는 것으로, IP 주소만으로 인증하는 서비스를 무력화시킨다. 이를 방지하기 위해 데이터의 암호화나 보안이 강화된 공유기의 설치가 필요하다.

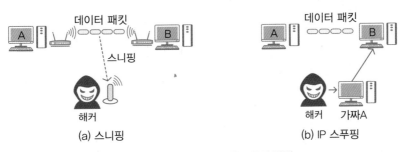

그림 7-15 대표적인 네트워크 공격 방법

7.3.3 무선 네트워크와 보안 기술

무선 인터넷은 유선 인터넷에 비하여 설치가 쉽고 비용이 저렴한 장점이 있다. 반면에 네트워크가 무선으로 운용되기 때문에 정보의 노출로 인하여 보안이 취약하다. 이러한 단점 때문에 최근 무선 인터넷을 통한 해킹 및 개인 정보의 도용 사례가 빈번하게 발생하고 있다. 이 절에서는 정보보안 기술인 인증과 암호화에 대하여 살펴보도록 하자.

SSID(Service Set IDentifier)와 네트워크 계정/패스워드

SSID(Service Set Identifier)는 무선 네트워크의 이름을 의미한다. 사용자가 ISP에 가입하면 가장 먼저 자신이 사용할 SSID의 이름을 만들어서 등록시켜야 한다. SSID는 사용하고자 하는 무선 공유기의 이름으로 생각하면 된다. 아파트와 같이 밀집된 지역이나 연구실이 밀집되어 있는 지역에서는 하나 이상의 무선 공유기가 핫스팟 지역 내에 존재할 수 있는데, 이때 자신의 무선 공유기에 접속하려면 무선 공유기 이름인 SSID의 이름을 알고 있어야 한다.

만약에 실수로 SSID의 이름을 붙이지 않았다면 Default 값인 무선 공유기 제조사명인 Linksys와 같은 이름으로 자동 전환이 된다. 공공장소나 호텔 등에서 유료 접속할 경우에는 호텔에서 제공하고 있는 SSID로 접속하면 된다.

SSID가 정해지면 사용할 수 있는 무선 공유기가 설정된다. 하나의 무선 공유기에는 여러 대의 컴퓨터를 접속시킬 수 있다. 다수의 사용자가 공유기를 사용할 경우 사용자 계정을 등록하여야 한다. 이를 위해 사용자계정(Username)과 비밀번호(Password)를 설치하도록 되어 있다. 일단 사용자계정(Username)을 설정하면 등록된 사용자는 자신의 비밀번호를 이용하여 무선 공유기를 사용할 수 있게 된다. 따라서 등록이 안 된 사용자의 네트워크 접속을 방지할 수 있다. 만약, 공유기에서 사용자 계정과 비밀번호를 설치하지 않으면 아무나 인터넷에 접속할 수 있게 되며, 이로 인하여 네트워크의 속도가 저하되고 보안상의 문제가 발생하게 된다.

데이터 암호화(Data Encryption)

스니핑과 같이 패킷 데이터가 네트워크상에서 해커에게 유출되었을 때 데이터를 암호화하면 데이터의 의미를 알 수 없게 된다. 특히 무선 네트워크 환경에서는 이러한 스니핑과 같은 해킹의 공격이 쉬울 뿐만 아니라 어디에서 이러한 공격이 일어나는지를 알기가 어렵다. 따라서 무선 환경에서는 더욱 치밀한 암호화 기술이 필요하다. 이러한 목적으로 WEP(Wired Equivalency Privacy)나 WPA(Wi-Fi Protected Access) 등의 암호화 기술이 사용된다. WEP 암호화 기술은 기기와 AP 사이에서 전송되는 데이터를 64비트 혹은 128비트로 암호화함으로써 보안을 유지한다. WPA 암호화 기술은 WEP에 비해 보다 보안이 강화된 프로토콜을 사용하여 암호화 알고리즘의 신뢰성을 높인 인증 방식이다. 학교나 공공시설, 회사 등에서 WPA 암호화 기법을 사용하고 있다.

7.4 정보보안을 위한 암호화 및 인증

인터넷의 발전으로 인하여 전자상거래 및 개인의 정보를 활용한 비즈니스가 증가하고 있다. 정보화 사회에서 가장 중요한 문제는 인터넷환경에서 어떻게 정보를 안전하게 사용하고 개인의 정보를 보호할 수 있는가이다. 인터넷상에서 정보를 보호하기 위해서는 정보를 암호화(Encryption)시켜 보관하며 사용자 인증(Authentication)을 통하여 접근을 제한적으로 허락하는 방안이 필요하다. 이 절에서는 인터넷상에서 정보를 안전하게 보호하고 전달하기 위한 방법에 대하여 살펴보도록 하자.

7.4.1 암호화 기술

컴퓨터 암호화(Cryptography)란 글자의 배열 순서를 바꾸거나 특정한 키 값(Key)을 설정하여 문자의 조합을 혼합시켜서 암호화하는 기법을 의미한다. 암호화된 정보를 키 값을 이용하여 원래의 정보로 바꾸는 과정을 복호화라고 부른다. 이러한 방식을 쓰는 이유는 메시지 정보를 암호화시켜서 메시지가 타인에게 유출되더라도 해독하지 못하게 하고 오직 암호화 키 값을 소지한 사용자만 복호화를 하도록 하는 데 있다. 암호화 기술은 주로 국가기관이나 군대 등 보안 유지가 필요한 조직에서 사용하였으나 인터넷의 확산으로 컴퓨터 시스템에서 암호화 기술이 필요하게 되었다. 대표적으로 대칭키(Symmetric Key) 암호 방식과 공개키(Public Key)암호 방식이 존재한다.

대칭키 암호화 방식과 공개키 암호화 방식

대칭키 암호화 방식에서는 송신 측과 수신 측 컴퓨터에서 동일한 암호키를 이용하여 암호화하게 된다. 가령, 보내려는 메시지의 각 글자를 2자씩 뒤의 글자로 변환하여 암호화하는 경우 이러한 사실을 수신 측 컴퓨터에서도 사전에 알고 있다면 이를 복호화할 수 있다. 중간의 해커는 이러한 암호화 내용을 알 수 없으므로 정확한 메시지를 복호화해 낼 수 없다. 그러나 대칭키 암호화 방식에서는 어떻게 송신 측과 수신 측이 동일한 암호키를 가질 것인가가 중요하다. 송신 측에서 암호화한 키를 그냥 수신 측에 전송한다면 이 키 또한 해커에 의해 유출될 수 있기 때문에 키의 전송이나 생성에 어려운 점이 있다.

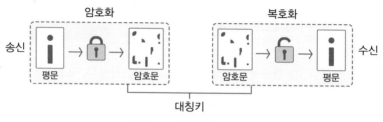

그림 7-16 대칭키 암호화 방식

공개키(Public Key) 암호화 방식은 공개키와 개인키(Private Key)라는 두 비대칭적인 키를 이용하여 메시지를 암호화하는 방식이다. 이 중 공개키는 모두에게 알려져 있으며 메시지를 암호화하는 데 쓰인다. 이렇게 암호화된 메시지는 개인키를 가진 사람만이 복호화 하여 열어볼 수 있다. 이러한 특징을 이용하여 그림 7-17에서 보듯이 송신자(갑)는 수신자(을)의 공개키로 메시지를 암호화하여 전송하면 수신자(을)는 자신의 개인키로 암호화된 내용을 복호화할 수 있다. 이때 중간에서 메시지가 유출되더라도 수신자(을)의 개인키를 알 수 없기 때문에 메시지를 열어볼 수 없게 된다. 가장 보편적인 공개키 방식으로는 RSA가 사용된다. 공개되지 않은 개인키를 갖지 않은 사람은 복호화할 수 없기 때문에 매우 안정적이다.

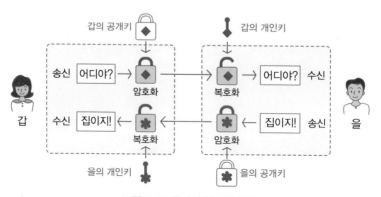

그림 7-17 공개키 암호화 방식

e-메일 암호화와 인증

e-메일의 보안을 가장 확실하게 유지할 수 있는 방법은 e-메일 자체를 암호화하는 것이다. e-메일의 암호화는 공개키 암호화 방식을 사용한다. 송수신자 모두 공개키를 가지고 있고 도착한 e-메일을 사전에 약속한 공개키로만 송수신한다면 안전하게 메일을 전달할 수 있다. 그러나 e-메일이 암호화되어 있을 경우 첨부파일의 분리나 바이러스 검사를 할

수 없는 단점이 있다. 따라서 신뢰하지 못하는 e-메일은 복호화 시도를 하지 말고 제거하는 것이 안전하다.

7.4.2 인증

인증(Authentication)이란 컴퓨터 간에 교환되는 정보 위변조 및 사용자의 진위 여부를 확인하는 과정을 의미한다. 인증에는 사용자 인증과 메시지 인증이 있다. 사용자 인증 방법에는 비밀번호설정, RFID나 스마트카드 등을 활용한 카드 인증, 생체의 특수부분(예. 지문, 눈동자, 음성)을 인식하여 사용자 진위를 확인하는 생체인식 방법이 있다. 메시지 인증에는 전자 서명이 사용되고 있는데 전자 문서에 서명한 사람이 누구인지 그리고 서명한 전자 문서가 변조되지 않았는지 여부를 알 수 있다. 그림 7-18은 인증의 방법에 대한 예를 보여주고 있다.

(a) 패스워드   (b) 지문인식 마우스   (c) 전자서명

그림 7-18 인증(Authentication) 기술

7.5 정보화사회의 윤리

과거로부터 현재까지 오랜 시간을 지내오면서 인류의 역사, 문화, 제도 등 사회적 규범과 윤리적 의식이 형성되었다. 그러나 인터넷이 탄생하면서 사이버 공간이라는 새로운 영역이 만들어졌고, 이러한 공간에서의 문화, 사회질서 및 윤리의식 등이 새롭게 정의되고 있다. 이 절에서는 사이버 공간의 윤리문제와 컴퓨터 범죄에 대하여 알아보도록 하자.

그림 7-19 피해자만 있고 가해자가 없는 사이버스페이스

7.5.1 인터넷 윤리

인터넷 윤리란 인터넷 세상, 즉 온라인 세상에서 살아가는 규범이다. 기존 미디어는 신문, 잡지, 라디오, TV 등과 같은 일방적인 정보 제공을 주로 이루었다. 그러나 현재 많은 사람들이 인터넷에서 SNS나 소셜 미디어를 통해 정보를 생산하고 유통하는 1인 미디어 시대로 접어들었으며, 채팅, 메신저, 블로그 등을 통해 타인과의 소통에서 다양하고 빠른 정보를 얻는다. 이러한 인터넷 환경은 우리에게 편리하고 무한한 가능성을 열어주고 있지만, 인터넷 공간은 새로운 문명인 동시에 각종 문제점과 이로 인한 피해가 발생하고 있다. 이에 따라 인터넷 윤리의 중요성이 대두되고 있다.

인터넷의 익명성은 상대방과 직접 대면할 필요가 없어 보다 적극적으로 자신의 의견을 주장할 수 있다. 그러나 이러한 특성으로 인해 인터넷의 성장과 함께 지금은 악성 댓글, 불법적인 정보의 유통 등 인터넷의 역기능 또한 급속히 증가하였다. 인터넷의 역기능으로는 악플로 인한 자살 등의 사건이 발생을 하며, 유해 정보의 무분별한 이용으로 인한 폭행 등의 사건이 발생하기도 한다. 이렇듯 인터넷상에서 부정적인 측면이 증가하는 이유는 인터넷 환경이 갖는 특징에서 찾아볼 수 있다.

온라인 탈억제 현상

탈억제 현상이란 사람들이 인터넷과 사이버 공간에서 스스로를 억제하지 못하고 쉽게 공격적으로 되거나 분노를 서슴없이 표현하는 현상을 말한다. 인터넷상에서 긴장이 풀어짐을 느끼고 보다 개방적으로 자신의 의견을 표현하게 되는 것이다. 대표적인 예로는 인터넷 댓글이 있다. 이 인터넷 댓글이 가지는 가장 큰 특징은 바로 익명성이다. 앞서 말한 정의처럼 자신이 누군지 숨길 수 있을 때, 평소 자신을 억제하던 사회규칙을 무시하게 되는 현상이다. 온라인 탈억제 현상의 원인을 다음과 같이 유형화할 수 있다.

- 익명성: '너는 나를 알지 못한다.' 우리는 사이버 공간에서 이름을 갖지 않거나 숨긴 채 행동할 수 있다.
- 불가시성: '너는 나를 볼 수 없다.' 우리의 모습이 보이지 않을 경우에는 감히 할 수 없는 행동을 할 용기를 부여해 준다.
- 유아적 투입: '그건 모두 내 머리 속에 있다.' 사이버 공간에서 때때로 사람들은 자신의 정신이 마치 온라인과 융합되고 있다는 것을 느낀다. 즉 마치 타인이 자신의 정신세계에 마법적으로 들어와 있는 것처럼 느끼게 된다.
- 분열 현상: '그것은 단지 게임이다.' 자신이 만들어 낸 상상적 인격체가 사이버 공간에 존재하고 있다고 느낄 수도 있다. 때문에 온라인 인격이 현실 세계의 책임과는 분리되어 있는 거짓 혹은 가상의 차원에서 살고 있다고 느끼게 된다.
- 결과의 무시와 왜곡 현상: '피해자가 보이지 않는다.' 자신이 남에게 입히는 직접적인 피해가 보이지 않을 때 사람은 죄책감이 줄어든다.
- 비난의 전가 현상: '네가 잘못했기 때문이야!' 자신이 혐오하는 사람이나 대상에 대한 비난 또한 자기 억제를 약화시킨다.

그림 7-20 탈억제 현상을 유발하는 인터넷 환경

인터넷은 전 세계를 연결한 미디어이기 때문에 전 세계의 모든 구성원들이 보편적 규범을 지키고 따라야 한다. 인터넷 윤리의 도덕적 근간을 이루는 것은 내가 올린 정보에 대한 책임을 지는 것, 다른 사람의 저작물을 존중하고 타인을 존중하는 마음, 옳고 그름을 판단하는 정의로운 자세, 다른 사람에게 해를 끼치지 않는 자세가 필요하다.

네티켓과 윤리 강령

네티켓(Netiquette)이란 사이버스페이스에서 '해야 할 의무 사항'과 '하지 말아야 할 금지 사항'을 담고 있는 네트워크 에티켓(Network Etiquette)을 의미한다. 사이버 공간에서 지켜야 할 예의범절에 대한 조항이며, 이러한 것들을 지켜나갈 때 건전한 사이버 사회가 조성될 수 있다. 정보통신 윤리위원회에서 제정한 정보통신 윤리강령은 다음과 같은 네 가지 기본개념을 담고 있다.

① 사이버 공간의 주체는 인간이다.
② 사이버 공간은 공동체의 공간이다.
③ 사이버 공간은 누구에게나 평등하며 열린 공간이다.
④ 사이버 공간은 네티즌 스스로 건전하게 가꾸어 나간다.

이러한 기본정신을 바탕으로 네티즌의 행동 강령이 만들어졌다. 사이버 공간상에서 타인의 인권과 사생활을 존중하고 보호해야 하고, 불건전한 정보의 사용을 억제하고 유포하지 않아야 하며, 타인의 정보를 보호하여야 한다는 기본 골격을 토대로 제정되었다. 최근 인터넷에서 사이버 폭력을 예방하기 위해서 인터넷 실명제와 인터넷 종량제를 도입하고, 등록된 ID를 사용하여 자신이 한 행동에 대하여 책임을 지도록 하자는 움직임이 확산되고 있다. 이러한 운동을 사이버 공간상에서의 윤리의식을 정착시키기 위한 노력으로 볼 수 있다.

7.5.2 컴퓨터 범죄

컴퓨터 범죄는 해마다 늘어나고 있는 추세이며, 이로 인한 사회적, 경제적 손실이 점점 증가하고 있다. 컴퓨터 범죄를 사이버 테러형 범죄와 사이버 일반형 범죄로 크게 2가지로 나눌 수 있다.

1) 사이버 테러형 범죄: 최근 국제적 관심을 끌고 있는 범죄로 해킹, 바이러스 제작유포, 메일 폭탄 같은 행위로 정보 통신망이나 컴퓨터시스템을 공격하는 범죄를 의미한다. 마이크로소프트사의 운영체제인 윈도우와 같은 특정 프로그램의 해킹은 대표적인 사례이다. 또한 불특정 다수의 인터넷 사용자에게 컴퓨터 바이러스를 유포하는 행위도 이러한 범죄에 속한다.

2) 사이버 일반형 범죄: 사이버 공간을 이용한 일반적인 불법행위로 사이버 도박, 사이버 스토킹과 성폭력, 사이버 명예훼손과 협박, 전자상거래 사기, 개인정보 유출 등의 행위와 같은 범죄를 의미한다. 일반 사이버 범죄는 정보 통신망을 공격하지는 않지만, 인권 침해, 정신적 피해와 막대한 경제적 손실을 야기하기 때문에 이에 대한 원천적인 방지가 필요하다.

연습문제

01 정보가 이동하는 경로인 (   )를 통해 데이터를 전송 시, 해킹에 의해서 데이터가 유출될 수 있다. 이를 예방하기 위해서는 정보보안 환경을 구축해야 한다.

02 최근 네트워크의 취약한 부분을 이용하여 컴퓨터 시스템에 침입하여 특정 사이트를 공격하는 행위가 늘어나고 있다. 이때, 이 행위가 범죄에 사용될 경우 (   )으로 부르고, 시스템의 취약 부분을 점검하기 위한 목적으로 사용될 경우 (   )이라 부른다.

03 부팅할 때 하드디스크의 시작 프로그램을 이용하여 시스템 시작에 필요한 데이터를 읽게 되는데, 이곳에 기생하는 불법 코드를 (   )라 부르고, 시스템을 파괴시키는 피해를 준다.

04 (   )는 컴퓨터 시스템에 몰래 숨어 들어와서 백도어를 만드는 악성/유해 프로그램으로, 해킹의 도구로 사용된다.

05 좀비를 활용해 인터넷을 통한 서비스를 일시적으로 중지시키는 해킹기법을 (   )라고 한다.

06 컴퓨터 암호화는 특정한 키 값을 설정하여 문자의 조합을 혼합시키는 암호화 기법을 의미한다. 대표적으로 (   ) 방식과 (   ) 방식이 존재한다.

07 (   )은 피싱과 비슷한 해킹 유형으로, 방문하고자 하는 URL을 가짜 사이트로 이동시키는 방식이며, 대규모 피해를 줄 수 있다.

08 컴퓨터 범죄는 크게 정보 통신망이나 컴퓨터 시스템을 공격하는 (   ) 범죄와, 사이버 도박과 개인정보 유출 등의 (   ) 범죄로 나눌 수 있다.

09 (   ) 현상이란 사람들이 인터넷과 사이버 공간에서 스스로를 억제하지 못하고 쉽게 공격적으로 되거나 분노를 서슴없이 표현하는 현상을 말한다.

10 스니핑은 네트워크상에서 전송 중인 (   )을 가로채 이를 해석하여 내용을 알아내는 행위를 말한다.

01 외부의 공격이나 침입으로부터 시스템을 보호하는 4가지 보안 방법 중, 컴퓨터 시스템 내부의 정보를 보호하는 유형을 무엇이라고 부르는가?

02 정보가 외부로 유출되더라도 해독할 수 없도록 원래의 문자를 변형시키는 보안 방식은 무엇인가?

03 컴퓨터 바이러스는 양성 바이러스와 악성 바이러스로 구분된다. 이 중 복제 후에 전파하는 기능만 가지고 있으며, 데이터 파괴는 하지 않는 종류는 무엇인가?

04 일반 바이러스는 반드시 사람의 행위를 통하여 감염된다. 그러나 사용자에 의해서 감염되는 것이 아닌, 사용 중인 프로그램을 통해 스스로 전파되는 바이러스는?

05 가장 위협적인 악성/유해 프로그램 유형 중의 하나로, 사용자의 스파이처럼 컴퓨터에 몰래 숨어 있다가 정보를 빼가고 시스템의 보안 체계를 취약하게 만드는 것은 무엇인가?

06 인터넷을 통한 서비스를 일시적으로 중지시키는 서비스 거부공격 과정에서 사용되는 보안이 취약한 컴퓨터를 부르는 용어는?

07 집 또는 회사, 공공장소의 컴퓨터를 해킹이나 공격적인 성향이 있는 사이트의 접속으로부터 차단하여 주는 역할로, 네트워크에 접속된 컴퓨터를 보호하기 위해 설치된 프로그램은?

08 송신 IP 주소를 속여서 다른 시스템을 공격하는 것으로, 공격자가 자신의 정보를 숨기고 역추적을 어렵게 만드는 기법은 무엇인가?

09 공개키 암호화 방식에서는 전송 중간에 메시지가 유출되더라도 안전하다. 해당 상황에서 안전할 수 있도록 역할을 하는 키는?

10 인증은 사용자 인증과 메시지 인증이 있다. 이 중 사용자 인증에 활용되는 기술로, 주파수를 이용해 ID를 식별하는 방식은?

01 정보보안 서비스는 외부의 공격이나 침입으로부터 시스템을 보호하는 것을 말한다. 다음 중 정보보안 서비스의 유형이 아닌 것은?

a. 물리적 보안   b. 네트워크 보안

c. 컴퓨터 시스템 보안   d. 엔드 포인트 보안

02 컴퓨터 시스템을 바이러스나 외부의 해킹 공격을 받을 가능성이 있다. 이를 대비해 악성 소프트웨어로부터 보호하기 적합한 방식은?

 a. 시스템을 주기적으로 체크하여 감염된 프로그램을 발견하고 두고 본다.

 b. 외부 공격을 예방하기 위해 방화벽을 설치하고 네트워크 트래픽을 모니터링한다.

 c. 사용자들에게 더 강한 패스워드를 사용하도록 권장하고, 단일 인증을 도입한다.

 d. 모든 파일을 공개 액세스로 설정하여 시스템의 모든 사용자가 파일을 열 수 있도록 한다.

03 컴퓨터 바이러스는 e-메일이나 불법 소프트웨어를 통해 시스템에 침투하는 악성프로그램의 일종이다. 다음 중 컴퓨터 바이러스에 관한 설명 중 틀린 것은?

 a. 부트 바이러스   b. 파일 바이러스

 c. 매크로 바이러스   d. 우두 바이러스

04 스팸 메일이란 불특정 다수에게 동일한 내용을 대량으로 보내는 e-메일을 말한다. 이 스팸메일을 방지하기 위한 효과적인 방법에 대해 다음 중 옳은 것은?

 a. 스팸 메일을 받지 않으려면 전체 e-메일 계정을 삭제해야 한다.

 b. 스팸 메일을 방지하기 위해선 e-메일 주소를 공개하고 다양한 웹사이트에 가입해야 한다.

 c. 스팸 메일을 걸러내기 위한 e-메일 필터링 프로그램을 사용하는 것이 효과적이다.

 d. 스팸 메일은 받지 않기로 결정하려면 전체 인터넷 연결을 끊어야 한다.

05 서비스 거부공격(DoS)은 인터넷을 통한 서비스를 일시적으로 중지시키는 기법이다. 서비스 거부공격에 대한 설명 중 틀린 것은?

 a. 네트워크나 웹사이트에 트래픽을 보내 서버를 마비시키는 공격이다.

 b. 해커가 다수의 컴퓨터를 좀비로 만들어 동시에 공격을 시도함으로써 이뤄진다.

 c. 주로 정보를 탈취하는 목적으로 백도어를 만들어낸다.

 d. 합법적인 보안 테스트의 일부로 사용될 수 있다.

06 특정한 키 값을 설정하여 문자의 조합을 혼합시키는 암호화 기술에는 대표적으로 두 가지 종류가 있다. 대칭키 암호화 방식과 공개키 암호화 방식의 주요 차이점은?

 a. 대칭키 암호화 방식은 공개된 키를 사용하여 메시지를 암호화하고 복호화하며, 공개키 암호화 방식은 비밀 키를 사용한다.

 b. 대칭키 암호화 방식은 동일한 키를 송신자와 수신자가 공유하며 사용하고, 공개키 암호화 방식은 각자 다른 키를 사용한다.

c. 대칭키 암호화 방식은 안전하지 않으며 주로 공개키 암호화 방식을 보완하는 용도로 사용된다.

d. 대칭키 암호화 방식은 더 복잡한 암호화 알고리즘을 사용하며, 공개키 암호화 방식은 더 간단한 알고리즘을 사용한다.

07 다음 중 공개키 암호화 방식의 주요 장점은?

a. 송신자와 수신자가 동일한 키를 사용하여 통신할 수 있다.

b. 안전한 키 교환을 필요로 하지 않는다.

c. 높은 암호화 안전성을 제공한다.

d. 빠른 암호화 및 복호화 속도를 가진다.

08 정보통신 윤리위원회에서 제정한 정보통신 윤리강령은 다음과 같은 네 가지 기본개념을 담고 있다. 다음 중 정보통신 윤리강령에 해당하지 않은 것은?

a. 사이버 공간의 주체는 인간이다.

b. 사이버 공간은 공동체의 공간이다.

c. 사이버 공간은 누구에게나 평등하며 열린 공간이다

d. 사이버 공간은 윤리적인 면에서 자유롭다.

09 방화벽은 인터넷을 통해 전송되는 정보를 확인하여 안전한 정보만 통과시킴으로써 사용자의 컴퓨터와 네트워크를 보호한다. 이러한 방화벽의 주요 기능이 아닌 것은?

a. 인터넷 속도를 향상시킨다.

b. 네트워크 내부의 중요 정보를 외부로 유출하는 것을 방지한다.

c. 해커나 악성 소프트웨어의 네트워크 접근을 방지한다.

d. 컴퓨터의 하드웨어 성능을 최적화한다.

10 네트워크 보안을 위협하는 해킹 기법에는 여러 가지가 있다. 그 중 스니핑(Sniffing)과 IP 스푸핑(Spoofing)에 대한 설명으로 옳지 않은 것은?

a. 스니핑은 네트워크상에서 전송 중인 패킷을 가로채 이를 해석하여 패킷의 내용을 알아내는 행위를 말한다. 이를 방지하기 위해 데이터 암호화 등의 방법을 사용할 수 있다.

b. IP 스푸핑은 공격자가 자신의 정보를 숨기고 탐지를 피하기 위해, 송신 IP 주소를 속여서 다른 시스템을 공격하는 것을 말한다. IP 주소만으로 인증하는 서비스를 무력화시킨다.

c. 스니핑은 패킷의 내용을 확인함으로써 데이터 유출로 인한 피해를 줄일 수 있다.

d. IP 스푸핑은 보안이 강화된 공유기를 설치함으로써 방지할 수 있다.

01 컴퓨터 바이러스는 예방이 최선의 방법으로 알려져 있다. 이를 위해 백신 프로그램을 사용한다. 그러나 일단 감염이 되었을 때는 치료 방법이 어려울 수 있다. 어떠한 치료 방법이 있는지를 조사하라. 또한 치료가 불가능한 경우가 발생할 수 있는지에 대하여 설명하라.

02 최근 2년 동안 국내, 국외에서 발생된 컴퓨터 바이러스 피해 사례를 조사하여라. 또한 이러한 컴퓨터 바이러스 감염예방에 대한 컴퓨터 백신 바이러스 프로그램에 대하여 조사하라.

03 최근 스파이웨어가 급속도로 확산되고 있다. 스파이웨어의 피해 사례에 대해 조사하고, 예방대책에 대하여 설명하라.

04 컴퓨터 피싱은 무엇이고, 피싱의 위험성과 어떠한 피해가 발생될 수 있는지를 조사하라.

05 사이버 테러에 대하여 피해 사례를 조사하고, 이러한 행위가 우리 사회에 어떠한 위험을 초래하는지를 설명하라.

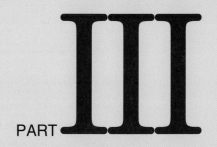

PART **III**

IT기술의 활용

08 멀티미디어와 메타버스

단원개요

정보화사회에서 멀티미디어는 매우 효과적인 정보전달 수단의 역할을 하고 있다. 최근 인터넷의 데이터 전송 속도가 매우 빨라지고 있는 여건에서 사운드, 비디오 등의 멀티미디어 정보가 더욱 많이 이용되고 있다. 이러한 추세는 앞으로 더욱 가속화될 것으로 예상된다. 이 장에서는 멀티미디어의 개념과 특성을 이해하고, 멀티미디어 기술의 발전 동향을 살펴본다. 그리고 이미지, 그래픽, 사운드, 애니메이션 및 비디오와 같은 멀티미디어 정보의 처리 기법을 공부한다. 또한, 실세계와 가상세계를 연결하는 VR/AR/MR 기술과 활용 현장을 살펴보고 최근 많은 관심을 받고있는 메타버스의 개념과 적용 기술을 알아본다.

8.1 멀티미디어의 개념과 환경

이 절에서는 멀티미디어의 개념을 정의하고 그 특성에 대하여 설명한다. 멀티미디어가 정보 전달 수단으로서 어떠한 효과를 발휘하는지 알아보고, 멀티미디어 기술의 발전 배경에 대하여 생각한다. 또한 멀티미디어 시스템의 구성요소, 즉 하드웨어, 시스템 소프트웨어 및 미디어 편집도구에 대하여 소개한다.

8.1.1 멀티미디어의 개념

인간은 오래전부터 미디어라는 수단을 이용하여 정보와 지식을 공유해 왔다. 미디어 (Media), 즉 매체란 인간 상호 간에 정보, 지식, 감정, 의사 등을 전달하는 수단을 의미한다. 컴퓨터가 출현한 이후 책, 신문, 사진, 전화, 라디오, TV 등의 전통적 미디어가 오늘날에는 디지털 미디어로 변화하고 있다. 디지털 미디어는 컴퓨터와 정보통신기술의 발전으로 매우 효율적으로 생성, 처리, 저장, 전송되고 있다. 이러한 디지털 미디어들의 등장은 정보화시대의 기반이 되었고 우리 사회의 거의 모든 분야에서 혁명적이고 획기적인 변화와 영향을 끼치게 되었다.

컴퓨터 저장장치나 인터넷을 이용하여 저장되고 전달되는 디지털 정보의 종류는 여러 가지가 있다. 과거에는 주로 숫자나 문자와 같은 단순한 정보가 주종을 이루었으나 오늘날 정보표현 기술의 발달과 정보 저장장치 발달에 힘입어 숫자, 문자뿐만 아니라 소리, 음악, 그래픽, 애니메이션, 정지화상 및 동화상에 이르기까지 디지털 정보의 종류가 다양해졌다. 멀티미디어(Multimedia)란 '다수(Multiple)'와 '매체(Media)'의 합성어로, 텍스트, 이미지, 그래픽, 사운드, 애니메이션, 비디오와 같은 여러 형태의 정보를 컴퓨터를 이용하여 획득, 처리, 통합, 제어 및 표현하는 개념을 담고 있다.

멀티미디어의 정의와 특성

이제, 멀티미디어라고 부를 수 있는 몇 가지 조건을 기술하기로 한다. 첫째, 멀티미디어는 상호대화 형태이어야 한다. 멀티미디어에 상호작용성을 부여하여 사용자는 어떤 정보를 언제 어떠한 형태로 얻을 것인지 제어할 수 있어야 한다. 둘째, 멀티미디어 데이터는 디지털 형태로 생성, 저장, 처리 및 표현되어야 한다. 셋째, 멀티미디어는 당연히 다수의 미디어 정보를 동시에 포함하여야 한다. 마지막으로, 멀티미디어 정보는 컴퓨터를 이용하여 획득, 저장, 처리 및 표현됨을 의미한다. 이러한 네 가지 조건을 만족시킬 때 비로서 진정한 멀티미디어라고 부를 수 있다. 그림 8-1은 멀티미디어의 구성요소들을 보여주고 있다.

| 텍스트 | 사운드 | 애니메이션 | 이미지 | 비디오 |

그림 8-1 멀티미디어의 구성요소

8.1.2 멀티미디어 기술의 발전

멀티미디어 하드웨어의 발전

마이크로 프로세서의 성능이 지속적으로 향상되는 것과 더불어 3차원 그래픽스를 위한 그래픽 프로세서 GPU(Graphics Processing Unit)의 속도도 18개월마다 5배 또는 8개월마다 2배씩 증가하고 있다. GPU는 게임, 엔터테인먼트, 사이버스페이스 등의 활용 분야에서 3차원 그래픽 환경을 구축하기 위해 3차원 모델을 생성하고 렌더링 처리를 효과적으로 수행한다. 엔비디아(Nvidia)와 ATI 테크놀로지(ATI Technologies) 등의 회사가 PC를 위한 고성능 GPU 칩을 비교적 저렴한 가격에 제공하면서 일반 사용자도 PC 환경에서 현실감 있는 3차원 그래픽 응용을 경험할 수 있게 되었다.

그림 8-2 엔비디아와 그래픽스 카드 (출처: Nvidia)

멀티미디어 응용은 대용량 미디어 데이터를 저장하기 위하여 큰 메모리 용량이 필요하다. 최근에는 플래시 메모리의 용량이 해마다 2배씩 증가하고 있고 가격도 가파르게 하락하고 있어 멀티미디어 데이터를 저장하는데 플래시 메모리가 많이 사용되고 있다. 플래시 메모리는 하드디스크에 비해 데이터 접근 속도가 훨씬 빨라서 비디오 및 사운드와 같은 용량이 방대한 멀티미디어의 활용 분야에 특히 적절하다. 한편, HDTV급의 선명한 영상과 입체음향을 지원하는 차세대 DVD가 개발되었다. 블루레이(Blu-ray) 표준은 소니, 삼성, LG, 파나소닉, 델(Dell) 등이 후원하며 기존 DVD의 10배 저장용량에 해당하는 50GB의 대용량을 지원한다.

인터넷 환경의 빠른 변화

인터넷 환경의 발전은 멀티미디어 활용의 확산에 매우 지대한 영향을 미치고 있다. 앞에서도 언급하였듯이 멀티미디어 활용의 대부분은 인터넷 환경에서 멀티미디어 정보의 공유를 염두에 두고 개발되는 추세이고, 멀티미디어 데이터는 원천적으로 네트워크를 통해 전송하는 데 많은 시간이 걸린다. 최근 미디어 데이터의 압축 기술이 많이 발전하였다고는 하지만 압축하는 데도 한계가 있기 마련이다. 이러한 측면에서, 초고속 인터넷의 가파른 확산과 광케이블을 이용한 인터넷 전송 속도의 빠른 증가는 멀티미디어의 활용에 핵심적인 요소로 작용하고 있다. 인터넷의 데이터 전송 속도가 급격히 빨라지면서 이제 웹사이트를 통해 동영상을 온라인으로 다운로드 받는 데 무리가 따르지 않게 되었다. 애플사는 아이튠즈(iTunes)를 기반으로한 디지털 영화대여 서비스 'iTunes Movie Rentals'을 발표하였는데 이 서비스를 이용하는 사용자들이 영화를 인터넷을 통해 내려받으면 30일 동안 컴퓨터나 아이팟, 아이폰, 애플TV 등을 통해 즐길 수 있다.

그림 8-3 애플티비 제품과 TV에서 사용하는 화면 (출처: 나무위키)

모바일 시대의 도래

마이크로소프트사의 빌 게이츠(Bill Gates) 회장은 '모바일 혁명'이 앞으로 제2의 IT 붐을 이룰 것이라고 이야기하면서, 지난 25년 동안 PC와 IT기술이 우리 삶을 바꿔 놓은 것보다 더 큰 변화를 모바일 컴퓨팅이 향후 10년 안에 몰고 올 것으로 예견하였다. 무엇보다도 LTE 및 5G와 같은 휴대인터넷 서비스의 속도가 급격히 빨라지고 다양한 모바일 기기의 멀티미디어 기능이 향상되면서 앞으로 모바일 환경의 한계가 점진적으로 극복될 것으로 기대된다. 디스플레이 화면의 크기 및 해상도가 증가하고 최근에는 저장장치의 용량도 매우 커지고 있는 추세이다. 미래에는 더욱 강력한 멀티미디어 기능을 제공하는 휴대폰, 스마트폰, 태블릿 PC, PMP, 내비게이션 장치 등의 모바일 기기들이 '일상의 일부'로 깊숙이 파고들면서 산업, 문화 등 사회 전반의 패러다임 자체를 바꾸어 나가고 있다.

실세계와 가상세계의 융합

한편, 멀티미디어의 활용은 실세계와 가상세계를 융합하는 방향으로 발전해 나갈 것이다. 예를 들어, 애플사는 MP3 플레이어인 아이팟(실세계)과 아이튠즈(인터넷상의 가상세계)를 결합하는 발상의 전환으로 시장의 구도 자체를 바꾸었다. 앞으로도 실세계에서 물리적 기기의 사용이 가상세계인 인터넷 환경과 융합하여 새로운 형태의 인터넷 서비스를 창출할 때 많은 시너지효과를 기대할 수 있을 것으로 예상된다. 또한 증강현실(AR: Augmented Reality) 기술은 사용자가 보는 현실세계에 컴퓨터가 만든 가상세계 정보를 합성하여 보여주는 기술로, 다양한 멀티미디어 기술이 활용되고 있다(그림 8-4 참조).

(a) 증강현실과 자동차의 융합   (b) 증강현실과 의료의 융합

그림 8-4 실세계와 가상세계의 융합 (출처: AI Times, 한국전자통신원)

8.1.3 멀티미디어 시스템의 구성

멀티미디어 시스템

멀티미디어 시스템은 이미지/그래픽, 사운드, 애니메이션 및 비디오 등 다양한 미디어를 이용하여 하나의 멀티미디어 콘텐츠를 제작하기 위해 필요한 하드웨어와 소프트웨어로 구성된다. 그림 8-5에서 보듯이 하드웨어는 프로세서, 미디어 처리장치, 입력장치, 출력장치 및 저장장치를 말하며 이들이 멀티미디어 시스템의 구성요소이다. 멀티미디어 시스템의 소프트웨어는 시스템 소프트웨어와 소프트웨어 도구로 나눌 수 있다. 시스템 소프트웨어는 멀티미디어 자원을 관리하고 운영하는 운영체제(OS: Operating System), 하드웨어 입출력을 처리하는 장치 드라이버(Device Driver), 멀티미디어 데이터를 저장하고 관리해 주는 DBMS를 포함한다. 멀티미디어 콘텐츠를 제작하기 위해서는 각종 미디어를 생성, 편집하는 미디어 편집 소프트웨어와 미디어들을 통합하여 멀티미디어 콘텐츠로 제작하기 위한 저작도구(Authoring Tool)가 필요하다. 멀티미디어 콘텐츠를 재생하는 하드웨어 환경과 소프트웨어 환경을 합쳐서 멀티미디어 플랫폼(Multimedia Platform)이라고도 부른다.

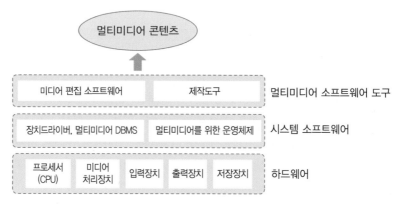

그림 8-5 멀티미디어 시스템의 계층구조

1) 멀티미디어 하드웨어 환경

멀티미디어 시스템을 구성하는 하드웨어는 멀티미디어 데이터의 입력과 출력을 담당하는 입출력장치, 이들을 컴퓨터와 연결하여 사운드나 그래픽 등의 미디어 정보를 처리하는 미디어 처리장치, 저작된 멀티미디어 정보를 저장하기 위한 저장장치 등으로 나눌 수 있다. 그림 8-6은 멀티미디어를 위한 하드웨어의 구성을 보여주고 있다. 컴퓨터를 중심으로 가장 기본적인 입력장치로는 키보드와 마우스, 그래픽 입력장치인 디지타이저, 이미지 입력을 위한 스캐너와 디지털 카메라, 사운드의 입력을 위한 MIDI와 마이크가 있다. 사운드카드는 스피커에 연결되어 소리정보를 전달하며, 그래픽카드와 비디오보드는 모니터와 프린터, 프로젝터에 연결되어 사용자에게 시각정보를 제공한다. 사운드카드, 그래픽카드 및 비디오카드는 모두 미디어 처리장치로 입출력장치를 컴퓨터와 연결하는 인터페이스 기능과 멀티미디어 데이터의 압축 기능을 지원하기도 한다.

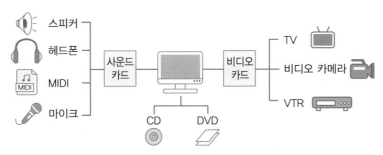

그림 8-6 멀티미디어 하드웨어의 구성

2) 멀티미디어 소프트웨어 환경

멀티미디어를 위한 하드웨어 환경이 구축되면 이를 운영하기 위한 운영체제가 필요하다. 또한 사운드나 비디오와 같은 미디어 데이터를 생성, 편집하기 위한 도구가 필요하며, 생성된 여러 종류의 미디어 데이터를 하나의 콘텐츠로 구성하기 위한 소프트웨어도 필요하다. 멀티미디어를 위한 소프트웨어는 그림 8-7과 같이 계층적으로 구분할 수 있다.

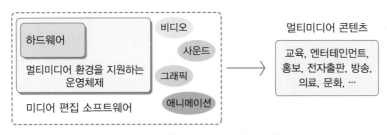

그림 8-7 멀티미디어 소프트웨어의 계층

멀티미디어를 지원하는 운영체제는 멀티미디어 장치와 편집 소프트웨어 및 저작도구 간의 인터페이스를 제공한다. 멀티미디어는 여러 미디어 정보가 실시간에 동시에 재생되어야만 정보 전달효과를 극대화시킬 수 있기 때문에 운영체제는 소위 멀티태스킹(Multitasking) 기능을 지원하여야 한다. 멀티태스킹이란 한 대의 컴퓨터가 동시에 다수의 작업을 수행하는 것을 의미한다. 예를 들어, 모니터상에 여러 개의 윈도우를 생성시킨 뒤 한 윈도우에서는 인터넷을 통하여 이미지를 전송받고 다른 윈도우에서는 영화를 시청하는 것과 같은 것이다.

미디어 편집 소프트웨어란 하드웨어를 통하여 입력된 데이터를 컴퓨터가 처리할 수 있는 디지털 데이터로 변환시킨 후, 수정, 편집하는 소프트웨어 도구이다. 자주 사용되는 미디어 편집 소프트웨어로는 이미지를 편집하기 위한 포토샵(Photoshop), 페인팅을 위한 페인터(Painter), 그림을 드로잉하기 위한 일러스트레이터(Illustrator)와 코렐드로우(CorelDraw), 사운드를 편집하기 위한 웨이브에디트(WaveEdit)와 앙코르(Encore), MIDI 소프트웨어 케이크워크(Cakewalk), 비디오 편집기인 프리미어(Premiere) 등이 있다.

그림 8-8 이미지 편집 소프트웨어 어도비 포토샵 (출처: Adobe)

8.2 멀티미디어 데이터의 처리

이 절에서는 이미지, 그래픽, 사운드, 애니메이션, 비디오 등의 멀티미디어 데이터의 개념과 특성, 그리고 처리 기법에 대하여 공부한다. 또한 멀티미디어 데이터를 다양한 응용 분야에서 공유하기 위한 데이터 표준에 대하여 알아본다. 이미지, 사운드 및 비디오와 같은 데이터는 데이터 용량이 크기 때문에 압축하여 저장하고 송신하여야 한다. 이러한 데이터의 대표적인 압축 기법에 대해서도 알아보기로 한다.

8.2.1 이미지와 그래픽 기술

인간은 일상생활에서 무수히 많은 종류의 정보를 받아들이는데, 그중에서 시각적인 정보는 전체 정보의 상당 부분을 차지하며 그만큼 중요한 위치를 차지한다. 디자인 측면에서도 이미지와 그래픽은 멀티미디어 디자인에서 매우 효과적인 결과를 얻을 수 있다. 일반적으로 이미지와 그래픽은 다음과 같이 구분된다. 이미지는 디지털 카메라나 스캐너와 같은 입력장치를 이용하여 생성된 실세계의 그림을 의미하며, 그래픽은 컴퓨터 소프트웨어를 이용하여 생성된 그림을 지칭한다. 이미지와 그래픽은 컴퓨터 내부에서는 같은 디지털 데이터이기 때문에 자유로운 합성이 가능하다. 그림 8-9는 디지털 카메라로 찍은 사진과 그래픽 소프트웨어를 이용하여 생성된 그래픽을 합성한 그림을 보여주고 있다.

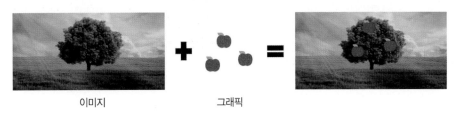

이미지   그래픽

그림 8-9 이미지와 그래픽의 합성

이미지와 그래픽의 활용 분야는 거의 모든 영역에서 광범위하게 사용되고 있으며 비교적 용이하게 제작할 수 있다. 이미지는 각종 디지털 사진, 멀티미디어 문서에서의 사진, 광고 등의 분야에서 이용되며, 그래픽은 멀티미디어 문서 내에서 개념을 설명하기 위한 그림, 게임, 사이버캐릭터, 광고 등의 분야에서 쓰인다.

이미지의 구성요소 픽셀

이미지와 그래픽(래스터 그래픽)은 이들을 구성하는 가장 작은 요소인 '픽셀'들로 이루어져 있다. 픽셀(Pixel)은 'Picture Element'의 준말로, 픽셀들이 모여서 이미지나 그래픽을 형성한다. 그림 8-10은 사진과 래스터 그래픽이 픽셀들의 집합으로 구성되어 있음을 보여주고 있다. 각 픽셀은 적색(Red), 녹색(Green), 청색(Blue)의 값을 적절히 배합시켜 색을 나타내므로 이러한 방식으로 색상을 표현하는 것을 RGB 컬러모델이라 부른다.

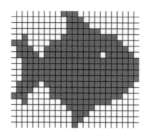

(a) 사람의 얼굴을 구성하는 픽셀   (b) 래스터 그래픽 'Fish'

그림 8-10 이미지와 그래픽의 구성요소 픽셀 (출처: wikimedia)

RGB 컬러모델에서는 R, G, B 각 색상을 몇 비트로 표현하느냐에 따라 픽셀당 비트 수가 결정된다. 예를 들어, R, G, B 각 픽셀마다 8비트를 할당하는 경우, 한 픽셀을 위해서 총 24비트가 필요하다. 일반적으로 이미지(사진)의 한 픽셀은 24비트의 정보로 표현된다. 그림 8-11은 사진의 한 픽셀을 각각 1비트, 4비트, 8비트, 16비트로 표현한 것이다. 픽셀을 1비트로 표현하면 'Black'과 'White'로만 구분되는 흑백사진이 되고, 4비트로 표현하면 사진에서 색상 표현의 질이 떨어지며, 16비트로 표현하면 원본 사진과 별 차이가 없음을 알 수 있다.

(a) 1bit 이미지   (b) 4bit 이미지   (c) 8bit 이미지   (d) 16bit 이미지

그림 8-11 비트 수에 따른 이미지의 변화

이미지(사진)를 구성하는 픽셀 수를 이미지의 해상도(Resolution)라 부른다. 이미지 해상도가 클수록 더 정교한 이미지를 얻을 수 있다. 예를 들어, (1024픽셀)×(640픽셀) 이미지가 (512픽셀)×(320픽셀)로 구성된 이미지보다 더 정교하지만 당연히 이미지의 총 픽셀 수는 4배나 크게 된다.

래스터 그래픽과 벡터 그래픽

이미지가 실세계로부터 생성된 디지털 정보로 픽셀들의 집합으로 구성된다면, 그래픽은 컴퓨터 소프트웨어를 이용하여 인공적으로 만들어낸 그림이다. 그래픽에는 래스터 그래픽과 벡터 그래픽의 두 가지가 있다.

1) 래스터 그래픽

래스터 그래픽은 그림을 픽셀 단위로 저장하는 방식이기 때문에 파일의 크기는 해상도에 비례하여 화면을 확대할 때 화질이 떨어지게 된다. 이러한 래스터 그래픽은 칠하기 도구(Painting Tool)에 의해 픽셀들의 형태로 생성된다. 래스터 그래픽이 픽셀들의 집합으로 구성되어 있다는 측면에서는 이미지와 매우 유사하다. 래스터 그래픽 소프트웨어로는 붓으로 그림을 그리듯 칠하기(Painting) 기능을 제공하는 페인터(Painter)가 잘 알려져 있다. 그림 8-12(a)는 픽셀로 구성된 래스터 그래픽의 결과물로 확대하면 계단현상이 일어남을 보여주고 있다.

2) 벡터 그래픽

벡터 그래픽은 그림을 기하적인 객체들을 나타내는 그래픽 함수로 표현하기 때문에 일반적으로 파일의 크기가 래스터 그래픽 방식에 비해 작다. 그림이 점, 선, 곡선, 원 등의 기하적 객체로 표현되므로, 화면 확대 시 화질의 저하가 발생하지 않는다. 그림의 특성상 페인팅한 그림보다는 일러스트레이션(Illustration)에 적합한 방식으로, 그리기 도구(Drawing tool)를 이용하여 기하적 객체를 생성한다. 그래픽 디자이너와 일러스트레이터가 선호하는 그리기(Drawing) 도구로는 일러스트레이터(Illustrator), 코렐드로우(CorelDraw) 등이 있으며, 이들은 점, 선, 곡선, 원 그리기와 같은 벡터 그래픽의 기능을 지원한다. 그림 8-12(b)는 픽셀로 구성된 래스터 그래픽과 달리, 확대한 후에도 매끄러운 사선으로 그려진 결과물의 모습을 보여주고 있다.

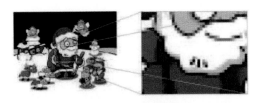
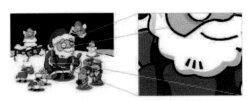

(a) 래스터 그래픽의 확대   (b) 벡터 그래픽의 확대

그림 8-12 래스터 그래픽과 벡터 그래픽의 확대

이미지와 그래픽의 파일 형식

이미지는 일반적으로 디지털 카메라, 스캐너 등을 이용하여 생성되는 실제 존재하는 디지털 데이터로, 컴퓨터에 입력된 후 포토샵(Photoshop)과 같은 이미지 편집 소프트웨어의 필터링(Filtering) 및 편집(Editing) 과정을 통하여 최종 결과물이 얻어진다. 이에 비해, 래스터 그래픽은 페인터(Painter)와 같은 래스터 그래픽 소프트웨어를 이용하여 마치 붓으로 칠하는 방식으로 생성된다. 결과 이미지와 래스터 그래픽은 BMP, TIFF, JPEG, GIF, PNG 파일 형식으로 저장된다. JPEG은 흑백 및 컬러사진 압축을 위해 고안된 파일 형식으로, 1992년 ISO 국제표준으로 확정되었으며 일반적으로 20:1의 압축률에서 화질에 거의 영향을 주지 않는다. 한편, GIF 압축은 이미지보다는 그래픽에 더 높은 압축률을 보이며 래스터 그래픽에 자주 쓰이는 형식이다.

이제, 컴퓨터 그래픽스의 개념과 활용에 대하여 간단히 소개한다. 그래픽은 컴퓨터 그래픽스 소프트웨어를 이용하여 인공적으로 만든 그림을 의미하며, 크게 2차원 그래픽스와 3차원 그래픽스로 구분할 수 있다.

3차원 컴퓨터 그래픽스

3차원 그래픽스의 가장 큰 목적은 그림을 좀 더 실감나게 그리는 것이며, 2차원 설계 도면을 입체적으로 표현하는 데 적용할 수 있다. 또한 3차원 그래픽스는 실세계에 존재하지 않는 물체의 모습을 입체적으로 표현할 수 있다. 3차원 그래픽의 생성 과정은 먼저 물체의 기하학적인 형상을 모델링(Modeling)하고 3차원 물체는 2차원 평면에 투영된다. 이러한 과정에서 3차원 물체에 색상과 명암을 부여함으로써 입체감을 표현하는데, 이러한 작업을 렌더링(Rendering)이라 부른다. 그림 8-13은 자동차의 모델링 결과와 렌더링 결과를 보여주고 있다.

(a) 3차원 모델링

(b) 자동차 모델의 렌더링

그림 8-13 자동차의 3차원 모델링과 렌더링 결과 (출처: 현대자동차)

최근, 3차원 그래픽스 기술이 빠르게 발전하면서 고성능의 3차원 그래픽스 하드웨어가 가능하게 되었고, 그래픽스 소프트웨어도 물체의 사실감과 자연스러움을 증가시키는 방향으로 개발되고 있다. 그림 8-14(a)는 영화 '아바타'를 보여주는데, 아바타는 사실감 있는 표정을 전달하는데 뛰어난 작품이다. 그림 8-14(b)는 광선추적법(Ray Tracing)을 이용하여 사진과 같은 정도의 현실감을 표현하는 그림의 예이다.

(a) 아바타에서의 3차원 그래픽   (b) 광선추적법을 이용한 3차원 그래픽

그림 8-14 3차원 그래픽스 기법을 적용한 결과물 (출처: Disney+, 위키미디어)

8.2.2 사운드 처리 기술

사운드란 귀로 들을 수 있는 모든 청각정보를 말한다. 사운드는 크게 음악, 음성, 음향 효과의 세 분야로 나눌 수 있다. 사운드는 음악이나 음성과 같이 독자적으로 사용되기도 하지만, 영화나 애니메이션과 같은 멀티미디어 환경에서는 다른 정보를 전달할 때 보조적인 역할을 할 수도 있다. 멀티미디어 환경에서 사운드를 사용하는 이유는 정보전달 시 미디어의 상승효과와 동기유발에 있다. 예를 들어, 정보를 전달할 때 시각적 방식과 청각적 방식을 동시에 사용하여 정보를 전달하면 정보 전달 효과가 커지는 것으로 알려져 있다. 또한 사운드를 사용하면 정보를 전달받는 사람의 동기를 유발시켜 정보를 효과적으로 전달할 수 있다.

사운드의 파형

사운드는 물체가 진동할 때 그 주위의 공기압에 변화가 생기고 공기압의 변화가 파형(Waveform)의 형태로 귀에 전달된다. 우리가 보통 사운드를 처리한다는 것은 이러한 파형을 가공, 편집하는 것이다. 사운드 파형은 일정한 시간 간격마다 동일한 모양으로 반복되는데, 초당 사운드 파형의 반복 횟수를 주파수(Frequency)라 하며, 일반적으로 사람이

낼 수 있는 주파수대는 약 100Hz~6kHz이다. 반복되는 동일한 부분을 사이클이라 하고 한 사이클이 걸리는 시간을 주기(Period)라고 하며, 주파수는 주기와 역수의 관계가 있다. 또한 사람이 들을 수 있는 가청 주파수대는 약 20Hz~20kHz 사이로, 가청 주파수대를 오디오(Audio)라고도 부른다. 주파수가 높으면 고음이 되고 주파수가 낮으면 저음이 된다. 사운드 파형의 기준선에서 최고점까지의 거리를 진폭(Amplitude)이라 부르며 이는 소리의 크기와 관련이 있다. 그림 8-15는 소리 파형의 주파수와 진폭을 보여주고 있다.

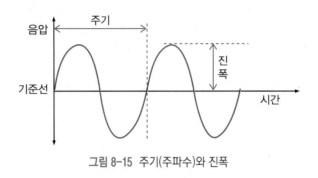

그림 8-15 주기(주파수)와 진폭

디지털 사운드로의 변환

일상적인 사운드는 그림 8-15의 파형으로 나타나는 아날로그 형태인데, 컴퓨터에서 처리하기 위해서는 디지털 형태로 변환되어야 한다. 이러한 작업은 그림 8-16에서 보듯이 ADC(Analog-to-Digital Converter) 장치에서 이루어지는데, 여기서 표본화(Sampling) 및 양자화(Quantizing) 단계를 거쳐 디지털 데이터를 생성하고 다시 압축하는 부호화(Coding) 과정을 거친다. 그리고 이러한 디지털 데이터를 실세계에서 듣기 위해서는 ADC의 반대 과정인 DAC(Digital-to-Analog Converter)를 거쳐 아날로그 형태의 소리로 바뀌어야 한다.

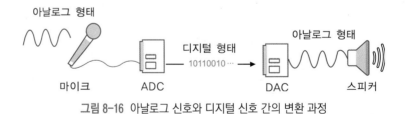

그림 8-16 아날로그 신호와 디지털 신호 간의 변환 과정

표본화란 그림 8-17과 같이 아날로그 파형을 디지털 형태로 변환하기 위하여 표본(Sample)을 취하는 것을 의미한다. 사운드의 표본화율(Sampling Rate)은 1초 동안에 취

하는 표본수(디지털화하는 횟수)를 말하며, 단위로는 주파수 단위와 같은 Hz를 사용한다. 표본화율이 높을수록 원음에 가까운 음으로 디지털화되지만 데이터 양이 증가하게 된다. 표본화율이 낮으면 소리를 저장하기 위한 메모리 용량이 작아지는 반면 원음을 잘 반영하지 못하는 문제점이 있다.

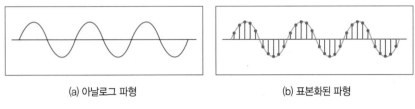

(a) 아날로그 파형　　　　　　　　　　(b) 표본화된 파형

그림 8-17　아날로그 사운드의 표본화

디지털 사운드의 파일 형식에는 WAV, MP3, AAC, WMA 등이 있다. WAV 형식은 Microsoft사와 IBM사가 PC 환경에서 공동 개발한 사운드 표준 형식으로 Windows 기반 PC에서 널리 이용되고 있다. MP3는 인터넷상에서 음악을 압축할 때 가장 많이 이용하는 파일 형식으로 10:1~12:1 정도의 압축률을 가지며 음질도 우수하다. MP3는 동영상 표준의 하나인 MPEG-1의 오디오 부분에 해당하는 Layer 3로부터 유래하였기 때문에 MP3라는 이름으로 불린다. MP3는 인간의 음성심리학 원리에 기반을 둔 마스킹 효과를 이용하여 음악을 압축한다.

MIDI 음악

한편, MIDI(Musical Instrument Digital Interface) 음악은 1983년 세계 악기 제조업체들이 전자 악기와 컴퓨터 간의 상호 정보교환을 위해 만든 규약이다. MIDI는 직접적인 음의 파형정보를 저장하는 것이 아니라, 음을 어떻게 연주할 것인지에 관한 정보, 즉 음의 높이 및 음표의 길이, 음의 강약 등에 대한 정보를 표현한다. 실제 음을 듣기 위해서는 그 음을 발생시켜주는 기계(신디사이저, Synthesizer)가 필요하다. MIDI는 음 자체에 대한 정보를 가지고 있지 않기 때문에 파일의 크기가 매우 작고, 음의 질은 전적으로 신디사이저의 성능에 따라 좌우된다. 예를 들어, CD 음악 수준의 3분 길이의 음악을 저장하기 위해서는 약 30MB가 필요한 데 비하여(압축하지 않을 경우), MIDI 음악으로 대신한다면 약 8KB가 필요하다.

8.2.3 애니메이션 기술

애니메이션은 일련의 정지화상(Still Image)이나 그래픽을 연속적으로 보여주어, 보는 사람으로 하여금 연속된 동작으로 인식하도록 하는 잔상효과(Persistence of Vision)를 이용한다. 잔상효과란 그림이 사라져도 사람의 눈이나 뇌에 계속 남아 있는 착시현상을 뜻한다. 일반적으로 초당 15장 이상의 그림을 보여주면 자연스러운 움직임을 얻을 수 있다. 애니메이션은 어떤 현상이나 움직임을 강조하거나 현실 세계에서 쉽게 만들 수 없는 현상을 보이기 위해서 매우 효과적으로 사용할 수 있다.

플립북 애니메이션

컴퓨터가 등장하기 이전부터 존재했던 플립북 애니메이션(Flip-book Animation)은 가장 단순한 형태의 애니메이션으로 구성요소인 프레임을 일일이 그리기 때문에 프레임기반(Frame-based) 애니메이션이라고도 한다. 플립북 애니메이션은 모든 프레임에 대한 정보를 가지고 있어야 하므로 컴퓨터로 표현할 경우 애니메이션 파일의 크기가 방대해지는 단점이 있다. 그림 8-18은 해가 떠서 지는 광경을 표현하기 위해 플립북 애니메이션을 프레임별로 나열한 모습니다.

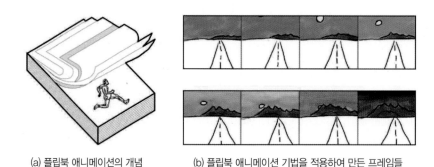

(a) 플립북 애니메이션의 개념   (b) 플립북 애니메이션 기법을 적용하여 만든 프레임들

그림 8-18 플립북 애니메이션의 개념과 실제 제작 예

셀 애니메이션

셀 애니메이션(Cel Animation)은 1913년 존 랜돌프(John Randolph)에 의해 개발된 후, 디즈니사를 비롯한 많은 제작사들이 아직까지도 2차원 애니메이션을 제작할 때 셀 애니메이션 기법을 사용하고 있다. 셀 애니메이션의 '셀(Cel)'은 투명한 종이를 뜻하는 'Celluloid'를 의미한다. 셀 애니메이션은 초기에 수작업으로 이루어졌으나 1990년 이후에는 컴퓨터를 사용하여 작업하는 형태로 발전하였다. 셀 애니메이션은 기본적으로 하나의 배경 셀과

여러 장의 전경 셀이 필요하다. 여러 개의 셀들을 몇 겹의 층으로 겹쳐서 하나의 프레임을 생성한다. 셀을 이용하면 하나의 프레임을 만든 후 연속되는 다음 프레임을 만들 때, 변하는 부분만 다시 그리면 되는 장점이 있다. 디즈니(Disney)사의 '라이온 킹'과 '백설공주' 등 많은 애니메이션 영화들이 이 기법을 이용하여 제작되었다.

그림 8-19 셀 애니메이션 기법을 이용한 디즈니 애니메이션 영화

전통적인 애니메이션이 발전을 하고 있는 가운데 컴퓨터는 애니메이션에 혁명적인 변화를 가져왔다. 단순히 기존 애니메이션의 수작업을 컴퓨터로 대신하는 것에서 시작하여 3차원 애니메이션과 특수효과 등 컴퓨터를 통해서만 제작할 수 있는 새로운 애니메이션을 가능하게 하였다. 컴퓨터를 이용한 애니메이션 제작은 여러 가지 장점을 가지고 있다. 주인공을 비롯한 애니메이션의 모든 구성요소들을 디지털화하면 수정과 편집이 용이하고 애니메이션의 전송이나 저장이 수월해진다. 또한 컴퓨터의 사용은 디지털화된 캐릭터의 복제를 손쉽게 하므로, 수천 명의 군중이나 수천 마리의 동물들을 기존 애니메이션에 비해 훨씬 쉽게 만들어 낼 수 있다.

컴퓨터 애니메이션의 종류에는 독립적으로 움직이는 개체를 선, 곡선과 같은 수학적 함수로 표현하는 벡터 애니메이션과 가장 중요한 장면을 의미하는 키 프레임(Key Frame)만을 컴퓨터로 제작하고 키 프레임 사이에 존재하는 중간 프레임들은 컴퓨터에 의해 자동으로 생성하는 키프레임 트위닝(Key Frame and Tweening) 기법이 있다. 그림 8-20은 언리얼(Unreal)사에서 만든 키프레임 애니메이션의 예로 달리는 동작의 키 프레임들을 보여주고 있다.

그림 8-20 애니메이션의 프레임들 (출처: unrealengine.com)

3차원 컴퓨터 애니메이션 기법은 영화, 광고, 게임, 사이버 캐릭터의 제작 등 많은 분야에서 널리 사용되고 있다. 3차원 애니메이션은 각 장면이나 사물들을 3차원 그래픽으로 만들거나 장면에 나오는 사람과 동물들의 움직임도 3차원으로 표현한다.

(a) 영화 '토이스토리'　　　　　(b) 영화 '반지의 제왕'　　　　　(c) 영화 '스파이더맨'

그림 8-21 3차원 컴퓨터 애니메이션의 예 (출처: 위키백과)

8.2.4 동영상의 개념과 압축 표준

동영상(Moving Image)을 흔히 영상이라고도 부르는데, 정지 이미지(Still Image)들의 연속적인 집합체를 의미한다. 대부분의 영상처리 기술은 이미지처리에서 이용되는 기술에 기반하여 발전해왔다. 동영상은 일반적으로 비디오와 오디오로 구성되어 있기 때문에 그 자체를 구조화된 멀티미디어로 볼 수 있다. 비디오를 구성하고 있는 이미지 하나하나를 비디오에서는 프레임(Frame)이라고 한다. 일반적으로 컴퓨터의 비디오나 TV는 초당 30프레임이, 영화의 경우는 초당 24프레임이 필요하다.

디지털 비디오의 압축

비디오 파일은 그 크기가 매우 방대해서 비디오 데이터는 필수적으로 압축하여야 한다. 예를 들어, 초당 30프레임의 디지털 TV 화면을 저장하기 위해서 약 20MB(640픽셀×480픽셀×3Byte/픽셀×30프레임)의 메모리가 필요한데, 비디오 파일의 크기가 너무 방대해져 파일크기의 최소화가 요구되기 때문이다. 디지털 비디오를 압축, 저장하는 방식에는 여러 가지가 있는데, 현재 컴퓨터에서 가장 보편적으로 사용되고 있는 형식은 AVI, MOV, MPEG과 실시간으로 비디오를 지원하는 비디오 스트리밍 방식이 있다.

비디오는 시간적으로 이웃하는 프레임이나 공간적으로 이웃하는 화소(픽셀) 간의 연관성이 매우 큰 특성을 가지고 있어 상호 변화가 비교적 적은 픽셀 값들로 구성되어 있다. 이렇게 시간적으로 공간적으로 변화가 적은 데이터의 나열을 데이터의 중복성(Data

Redundancy)이라고 하는데, 이 중복성을 가급적 제거함으로써 전체 비디오 파일의 크기를 상당히 줄일 수 있다. 비디오 데이터의 중복을 제거하는 일을 비디오압축(Video Compression) 또는 부호화(Encoding)라고 한다.

비디오의 압축 방법은 데이터의 수신 시 완전한 복구 가능 여부에 따라 무손실압축(Lossless Compression) 기법과 손실압축(Lossy Compression) 기법으로 구분된다. 무손실압축 기법은 원래 영상으로의 완전한 복구가 가능하도록 압축 시 미세한 데이터를 중요시하는 기법으로, X-레이, 단층촬영(CT) 등 의료용 영상과 같은 응용분야에서 활용되며, 압축률은 비교적 낮은 2:1~3:1 정도이다. 이에 비하여, 손실압축은 원래 영상으로의 완전한 복구가 불가능하나 비교적 우수한 영상을 유지하면서 10:1~40:1의 높은 압축률을 얻을 수 있다.

비디오에 관한 표준은 ISO, IEC 및 ITU-T와 같은 국제표준기구에 의해서 주도된다. MPEG 계열의 표준은 ISO와 IEC에 의해 제정되며, H.xxx 계열의 표준은 ITU-T가 주도한다. MPEG 압축은 1988년부터 표준작업이 시작되었으며, MPEG-1, MPEG-2, MPEG-4, MPEG-7, MPEG-21 등이 있다. MPEG-2는 디지털 TV 방송과 DVD 수준의 동영상을 목적으로 1995년 국제표준으로 제정되었고, MPEG-4는 인터넷 유선망뿐만 아니라 이동통신 등 무선망에서 화상회의, 비디오 전화, DMB 방송 등을 위해서 1998년 제정되었다.

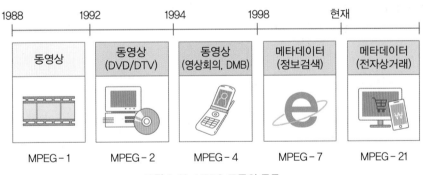

그림 8-22 MPEG 표준의 종류

비디오 스트리밍

비디오 파일은 비록 압축을 하더라도 매우 용량이 커서 서버 컴퓨터로부터 네트워크를 통해 비디오 파일을 한꺼번에 다운로드받는 데 너무 많은 시간이 소요되어 사용자가 기다리기에는 너무 많은 지연시간(Delay Time)이 발생한다. 예를 들어, 5분 정도 분량의 비디오 파일을 다운로드받기 위해서는 몇 분 또는 수십 분의 시간을 기다려야 한다. 이러한 문제점을 해결하기 위해 인터넷 환경에서 실시간 비디오를 지원하는 스트리밍 기법을 이용하고 있다. 비디오 스트리밍이란 데이터를 인터넷을 통해 받는 즉시 비디오 데이터를 재생하는 것이다. 다운로드 방식과 다른 점은 다운로드 작업과 재생 작업이 동시에 진행된다는 점이다. 이러한 스트리밍 소프트웨어는 리얼네트웍스(RealNetworks), 패킷비디오(PacketVideo), 마이크로소프트(Microsoft)사를 비롯하여 많은 회사들이 제공하고 있다. 비디오 스트리밍은 화상전화, 도로여건 정보의 전송, 실시간 중계방송 등의 분야에서 필수적인 기술이다.

8.3 확장현실 기술: VR, AR, MR 그리고 XR

최근 PC나 스마트폰을 이용한 VR(Virtual Reality), AR(Augmented Reality) 및 MR(Mixed Reality) 기술이 가능하게 됨에 따라 확장현실(eXtended Reality) 혹은 현실 콘텐츠(Reality Contents)가 관심을 많이 받고 있다. 특히, 고성능 HMD나 특수 안경 등의 입출력 장치와 인터랙션 기술의 발전에 따라 매우 효과적인 미디어로 자리잡게 되었다. 이 절에서는 확장현실의 개념과 여기에 속하는 가상현실(VR), 증강현실(AR), 혼합현실(MR)의 개념과 실제 활용 예를 소개한다.

8.3.1 확장현실의 개념

얼마 전 방송에서 예전에 작고한 가수인 김광석과 터틀맨을 홀로그램을 이용한 가상현실 기술을 이용하여 방송에서 노래하는 모습을 재현한 사례가 있었다. 또한, 몇 해 전 포케몬고(Pokemon Go)라는 증강현실 게임이 매우 유행하여 몇몇 지역들이 포케몬을 잡을 수 있는 포케몬 성지로 불렸던 적이 있다. 이렇듯 가상현실이나 증강현실 기술은 우리의 생활에서 가까이 접할 수 있다.

확장현실(eXtended Reality)의 범위
가상현실(VR)은 현실과는 단절되었지만 360도 영상을 바탕으로 가상 환경을 경험하도록 하는 기술이며, 증강현실(AR)은 실제로 바라보고 있는 현실의 사물을 배경으로 부가적인 정보나 가상의 콘텐츠를 표시해주는 기술이다. 혼합현실(MR)은 현실 세계에 가상현실을 접목하여 현실 객체와 가상의 객체가 상호작용할 수 있도록 VR과 AR을 합친 기술이며, 확장현실(XR)은 혼합현실을 더 확장한 기술이라는 의미도 있지만 VR, AR, MR을 모두 포함하여 통칭하는 개념으로 많이 사용되고 있다. 즉, 그림 8-23에서와 같이 현실을 확장하는 모든 기술을 아우르는 초실감형 기술을 의미한다.

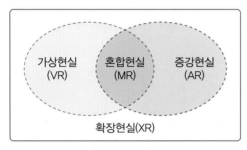

그림 8-23 확장현실(XR)의 범위

최근 메타버스(Metaverse)가 주목 받으면서 자연스럽게 확장현실 기술도 관심을 받고 있다. 다음절에서 소개할 메타버스란 현실세계와 마찬가지로 사회적, 문화적 교류 활동을 할 수 있도록 제작한 가상 세계를 의미한다. 이러한 메타버스의 가상공간을 실현하려면 확장현실 기술이 필수적으로 필요로 하고 있기 때문이다.

8.3.2 가상현실 기술

가상현실(Virtual Reality)은 우리가 살고 있는 물리적인 공간이 아니라 상상에 따른 의 가상의 공간을 컴퓨터에 구현하여 실제처럼 체험할 수 있도록 하는 기술이다. 가상현실에서는 사용자의 시야가 현실세계와 차단되거나 분리되어 오로지 가상의 세계만 보이게 된다. 컴퓨터에서 구현되는 '가상현실'은 사용자가 살고 있는 '현실'과는 완전히 구분되는 '다른 현실'이라는 의미이므로, '현실'과 '가상현실'은 상반되는 개념이다.

가상현실(Virtual Reality) 시스템의 종류

사용자가 현실세계에서 직접 경험하기 힘든 상황을 가상현실의 세계로 구현하고 개인의 아바타를 통해 시각, 청각, 촉각 등의 오감을 통한 상호작용으로 경험할 수 있도록 한다. 이러한 가상현실 시스템은 사용자의 시선을 차단하고 집중시키는 몰입도의 정도에 따라 몰입형과 비몰입형 가상현실 시스템으로 구분할 수 있다.

1) 몰입형 가상현실 시스템(Immersive VR System)

컴퓨터에 의해 만들어진 3차원 환경에 HMD 등의 몰입형 장비를 착용하여 가상의 세계를 경험하고 상호 대화식으로 정보를 주고받는 시스템이다. 사용자는 장비를 착용하고 현실과는 완전히 차단된 가상 환경만을 볼 수 있도록 하는 것으로 가장 이상적인 형태이며, 이전에는 고가의 장비를 필요로 하였으나 최근 저렴한 장비들이 많이 개발되고 있다.

(a) 몰입형 VR 게임   (b) 몰입형 VR 환경에서 과학실험

그림 8-24 몰입형 가상현실 시스템 (출처: 메타)

2) 비몰입형 가상현실 시스템(Non-immersive VR System)

PC나 노트북 또는 모바일 기기의 화면에 나타난 영상을 사용자가 보면서 가상현실을 체험하는 시스템을 의미한다. 가상세계에 대한 몰입감이 떨어지는 등 부족한 면은 많으나 PC 등 저가의 장비를 이용해 쉽게 실현할 수 있고 개발하기 용이하다.

(a) 비몰입형 VR 게임   (b) 비몰입형 스포츠 체험

그림 8-25 비몰입형 현실 시스템 (출처: mytechmag.com, vrtech.com)

가상현실 시스템의 활용 분야

최초의 가상현실 시스템은 1960년대에 컴퓨터 그래픽스의 창시자인 유타 대학교의 이반 서덜랜드 교수가 만든 HMD(Head Mounted Display)를 이용한 시스템이 최초이며, 이후 항공 시뮬레이션을 통한 조종사 훈련 등에 많이 활용되었다. 현재까지도 게임, 교육, 국방, 의료, 자동차, 쇼핑 등 여러 산업 분야에서 활용되고 있다.

(a) 최초의 HMD 시스템　　　　　　　(b) 비행 시뮬레이터 모습

그림 8-26 가상현실 시스템의 대표 사례 (출처: 나무위키)

• 건축 설계 및 도시 설계 분야

가상현실 기술은 건축 및 도시 설계 분야에서 혁신을 가져왔다. 건축 설계 분야에서 건물 시공 전에 가상 모델하우스를 만들어 설계 오류를 사전에 예측하고 인테리어 디자인을 조정할 수 있다. 도시 거리의 가상현실 시뮬레이션은 도로, 교통 체계, 건물 배치를 시각화하고 분석하여 도시의 효율성을 높이고 교통 혼잡을 줄이는 데 도움을 준다.

• 제조 공정 및 과학 실험 분야

VR 기술은 자동차 제조 및 개발 과정에서 새로운 제품을 빠른 시간 내에 다수의 설계자가 동시에 가상환경에서 설계하고 테스트하며 개선할 수 있는 환경을 지원한다. 이러한 환경에서 이용자는 동일한 물리적 공간에 있거나, 때로는 원거리에 위치한 다수의 이용자가 하나의 가상환경에서 서로 토론하고 협업할 수 있다.

• 온라인 쇼핑몰

가상현실을 활용한 온라인 쇼핑몰은 3차원 공간상에 실제 모습의 쇼핑 환경을 재현하여 고객들이 자연스럽게 쇼핑을 즐길 수 있는 현실감 있는 플랫폼이다. 이러한 가상 쇼핑몰은 전자상거래 시스템과 연결되어 고객이 직접 물건을 구매할 수 있는 온라인 쇼핑을 가능하게 한다.

• 교육 및 엔터테인먼트 분야

시뮬레이션을 통한 훈련 및 교육 분야에서는 운전 연습기(Driving Simulator)부터 비행 훈련시스템(Flight Simulator)과 같은 다양한 분야에서 이용되고 있다. 이를 통해 운전자, 비행사, 게이머 등은 현실 세계에서는 어려운 상황을 가상환경에서 연습하고 경험함으로써 실력과 안전성을 향상시킬 수 있다.

(a) VR 도시계획 (출처: Nvidia)

(b) 가상환경에서 실험하는 모습 (출처: freepik)

(c) 가상현실 쇼핑몰 (출처: 나무위키)

(d) VR 게임 (출처: Wikipedia)

그림 8-27 가상현실 시스템의 활용 사례

8.3.3 증강현실 및 혼합현실 기술

가상현실은 실제 현실이 아니고 가상이라는 의미이었지만 증강현실(AR; Augmented Reality) 및 혼합현실(MR; Mixed Reality)은 실제 우리가 보고 있는 현실 세계 위에 가상의 객체나 가상의 공간이 더 증강(Augmented)된 것을 의미한다.

증강현실(Augmented Reality) 개념

증강현실은 실세계와 컴퓨터가 생성한 가상세계가 동시에 존재하여 사용자가 보고 있는 (see through) 실세계 위에 가상세계의 정보를 겹쳐 바라볼 수 있도록 하는 것이다. 즉,

스마트폰, 태블릿PC, 안경, 헤드셋 등의 장비를 통하여 현실의 이미지 위에 컴퓨터에서 생성한 소리, 촉감, 냄새, 영상 등의 부가적인 정보를 증강하여, 실제 환경에서 지원하지 못하는 부가적이고 유용한 정보를 실시간으로 제공하여 편리하게 상호작용하도록 하는 기술이다. 현실의 이미지 위에 가상의 이미지를 겹쳐서 하나의 화면으로 보여주므로 상호작용이 편리하고 현실감이 뛰어나다. 특히 모바일 환경에서 증강현실 개념은 더욱 효과가 어울리므로 차량 내비게이터나 포켓몬과 같은 AR 게임 등 모바일 위치기반 서비스에 많이 활용되고 있다.

AR 기기는 투명한 창을 통해 현실 세계를 바라보며 그 위에 가상 요소를 덧입히는 기술을 활용한다. AR 기기는 흔히 모션트래킹(Motion Tracking) 장치나 GPS 장치를 가지고 있어, 사용자가 어디를 바라보는지, 사용자의 현 위치가 어딘지를 파악하여 해당하는 정보를 디스플레이한다. 예를 들면, 자동차 앞 유리창에 차량의 운행 정보를 표시해주는 헤드업디스플레이(HUD)도 증강현실 서비스 중 하나이다. 차량 내비게이션에서 카메라로부터 받은 영상 위에 차량 진행 방향이나 주위 건물이나 주차 정보를 표시하는 서라운드뷰(Surround View)가 대표적인 증강현실 서비스이며, 투명 안경을 쓰면 눈앞에 각종 정보를 보여주는 '구글 글래스(Google Glass)' 역시 마찬가지이다(그림 8-28 참조).

(a) 자동차의 HUD   (b) 주차할 때 서라운드 뷰   (c) 구글 글래스

그림 8-28 증강현실 사례 (출처: 현대자동차, 구글)

혼합현실(Mixed Reality) 개념

혼합현실이란 현실세계와 가상세계를 혼합한 것으로, 현실세계의 이미지와 컴퓨터가 생성한 가상세계의 이미지 또는 부가정보를 합쳐놓은 것이다. 즉, 현실세계의 현실과 가상현실의 현실 두 가지를 혼합하여 구축한 것을 의미한다. 증강현실이 실제현실에 부가정보를 보여주는 것이라면, 혼합현실은 증강현실 기술과 가상현실 기술을 혼합한 것으로 두 가지 유형이 있을 수 있다.

• 현실 세계에 가상 객체를 혼합: 현실 공간에 가상의 물체를 배치하여 사용자가 상호작

용할 수 있도록 한 것으로, 예를 들어 실제 자동차를 보면서 가상으로 자동차 디자인을 변경하고 작동시켜 보는 사례가 있다.

- 실제 객체에 가상 세계를 혼합: 현실의 물체를 인식하고 그 주변에 가상공간을 구성하여 사용자가 상호작용하도록 하는 것으로, 예를 들어 현실 공간을 기반으로 구축된 새로운 공간에서 아바타가 출현하여 게임을 즐기는 사례도 있다.

실제 현실세계의 객체와 가상현실, 증강현실, 혼합현실 객체와의 관계 및 상호작용은 다음 그림 8-29와 같이 표현할 수 있다.

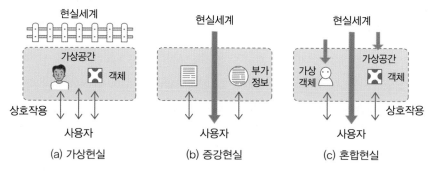

그림 8-29 현실세계와 가상현실, 증강현실, 혼합현실과의 상호작용

다양한 작업에서 AR/MR의 활용

증강현실(AR)과 혼합현실(MR) 기술은 현실 세계와 가상 세계를 융합시켜 다양한 분야에서 활용되고 있다. 여러 가지 복잡한 작업을 수행할 때 작업의 효율성과 정확성을 향상시키며, 현실 세계와 가상 세계를 융합시켜 혁신적인 경험을 제공한다.

- 의료 분야에서는 수술 시뮬레이션이 보다 안전하고 효과적으로 수술 기술을 연습할 수 있도록 돕고 있다. 또한 실제 환자의 데이터를 기반으로 한 3D 모델을 제공하여 수술 과정을 미리 예측하고 대처할 수 있도록 지원한다.

- 박물관, 미술관, 관광지 등 다양한 장소로 떠날 수 있는 가상 여행은 사람들에게 더욱 생동감 있는 경험을 제공한다. 이는 물리적인 한계를 극복하고, 상상력과 호기심을 자극하는 새로운 경험을 제공함으로써 사람들의 관심과 참여를 유도하는데 큰 역할을 한다.

- 스포츠 분야에서 증강현실 기술을 활용하면 선수들은 보다 효율적으로 훈련할 수 있다. 예를 들어, 축구 경기에서는 선수들의 위치와 움직임을 실시간으로 추적하여 전술 분석

에 활용할 수 있다.

- 게임 분야에서는 혼합현실 기술을 이용하여 현실 세계와 가상 세계를 연결하거나, 게임 내 캐릭터나 아이템을 현실 세계에서 직접 조작할 수 있는 기능을 제공한다.

(a) 증강현실 수술 장면   (b) 증강현실 아트 작품   (c) 혼합현실 게임 장면

그림 8-30 복잡한 작업에서의 증강현실 및 혼합현실 활용 (출처: 분당서울대병원, Apple, Unreal)

8.4 메타버스

가상현실 및 증강현실 기술의 발달에 힘입어 메타버스(Metaverse)는 차세대 인터넷 시대를 주도할 것으로 예상되면서 사회적 혹은 경제적 활동이 메타버스 플랫폼 내에서 이루지는 추세에 있다. 코로나 팬데믹 이후 비대면 환경이 널리 확산되면서 생활이나 산업 현장이 3차원 가상공간인 메타버스로 변화되고 있다. 이 절에서는 메타버스의 개념과 기술 및 활용 현장을 살펴보도록 한다.

8.4.1 메타버스의 개요

메타버스의 개념

확장 가상 세계를 의미하는 메타버스(Metaverse)라는 용어와 개념은 1992년 미국의 닐 스티븐슨(Neal Stephenson)이 지은 공상과학 소설인 "스노우 크래쉬(Snow Crash)"에서 처음 등장하였다. 가상이나 초월을 의미하는 '메타(Meta)'와 우주 혹은 현실세계를 의미하는 '유니버스(Universe)'를 합성한 신조어이다. 소설작품에서는 메타버스를 3차원 영상 속에서 아바타가 나와 움직이며 가상세계를 구축하고 상호작용을 하며 현실에서는 불가능한 것까지 수행해낸다고 묘사하고 있다.

소설 속의 설명과 마찬가지로 메타버스는 현실 세계와 같은 사회적, 경제적, 문화적 활동을 아바타(Avatar)를 통하여 할 수 있도록 지원하는 3차원 가상 세계라고 할 수 있다. 즉, 메타버스는 가상과 현실이 혼합되어있는 3차원 공간에서 사용자가 아바타를 통해 주변의 사물과 상호작용하며 사회, 경제, 문화적 가치를 창출하는 가상세계인 것이다. 메타버스는 IT 기술의 발달과 새로운 서비스의 출현이나 시대적 환경 변화에 따라 계속 진화하며 발전하고 있다. 특히 최근에는 가상화폐(Virtual Currency)의 통용과 블록체인(Blockchain) 기술의 발전에 따라 다양한 경제적 활동이 실행 가능하게 되어 많은 사람들의 관심을 받고 있다.

그림 8-31 메타버스의 사례: 영화 '레디 플레이어 원' (출처: 워너 브라더스)

메타버스의 차별점

메타버스는 기존의 가상현실 및 증강현실 플랫폼 혹은 어플리케이션과 혼동되는 경우가 있지만 다음과 같이 차별화된 고유한 특징 5가지가 있는데 이를 통칭 5C라고 부른다.

• 세계관(Canon): 메타버스 내에 세계관은 창작자에 의해 설계되고 참여자에 의해 확장되는 공간이다. 능동적인 사용자들은 각자의 세계관을 형성하여 콘텐츠를 생산하고 공유한다.

• 창작자(Creator): 모든 참여자가 디지털 세계를 구축하고 확장할 수 있는 창작자인 동시에 사용자이다. 이용자 스스로 공간, 영상, 게임, 실감 콘텐츠를 취향대로 소비하고 더 나아가 새로운 창작 콘텐츠를 무한히 생산하고 확산할 수 있다.

• 디지털 통화(Currency): 메타버스 플랫폼에서도 경제적 활동으로 생산과 소비를 할 수 있고, 금전적 가치를 교환하거나 저장할 수 있는 가상화폐가 통용된다.

• 일상의 연장(Continuity): 메타버스 안에서의 사회적 교류나 경험이 단발성 행위나 일회성 체험으로 끝나는 것이 아니라 아바타가 수행한 결과가 현실세계에 다시 반영될 수 있으므로 현실세계의 연장이라는 의미이다.

- 연결(Connectivity): 메타버스는 현실과 가상뿐만 아니라 시간과 공간, 서로 다른 메타버스 세계, 사람과 아바타, 한 사용자와 다른 사용자를 연결하여 또 다른 세계를 창조하거나 확장해 갈 수 있다.

8.4.2 메타버스의 유형

미국의 비영리 미래예측 기술연구단체인 ASF(Acceleration Studies Foundation)에서 메타버스를 구현 공간과 취급 정보에 따라 크게 4가지 유형으로 구분하였다. 구현되는 공간의 기술 형태가 현실 중심의 증강인지 가상 중심의 시뮬레이션인지, 구현하는 기술의 정보가 외부 환경과 관련 있는지 이용자와 사적으로 관계있는지를 2가지 축으로 구분하였다. 그림 8-32에서 보듯이 이 두 가지 축을 바탕으로 증강현실(Augmented Reality), 일상기록(Lifelogging), 거울세계(Mirror Worlds), 가상세계(Virtual Worlds)의 4가지 유형으로 분류하고 있다.

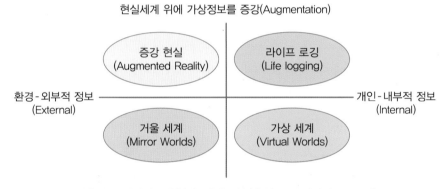

그림 8-32 메타버스 유형의 4가지 구분 (출처: ASF 메타버스 로드맵)

(1) 증강현실(Augmented Reality) 기반 메타버스

현실 공간에 가상의 2D 또는 3D 물체를 겹쳐 보이게 하면서 상호작용하는 환경이다. 현실 세계의 영상에 가상의 그래픽 이미지나 정보를 실시간으로 합성하여 사용자에게 몰입감을 높인다. 구현 방법으로는 현실의 모습 위에 가상의 물체를 겹쳐서 상호작용하는 방식, 현실의 물리적 공간에 특정 기계장치를 통해 현실에 존재하지 않는 세계를 현실에서 보여주는 방식, 현실세계를 배경으로 새로운 세계관이나 스토리를 만들고 그 안에서 이용자들이 서로 소통하는 방식이 있다. 과거 큰 주목을 받았던 게임 앱인 포켓몬고(PokemonGO)가 대표적인 증강현실 기반의 메타버스 서비스이다. 제조업이나 물류 서비스, 실내 인테리어

서비스 등에도 증강현실 기술이 사용되고 있다.

(a) 포켓몬고 (b) 증강현실을 이용한 기계 점검

그림 8-33 증강현실 유형의 메타버스 사례 (출처: 나이언틱, 슈나이더 일렉트릭)

(2) 라이프로깅(Life-logging) 유형 메타버스

사람이나 사물에 대한 일상적인 경험과 정보를 저장하고 배포하는 활동을 의미한다. 이를 통해 과거와 현재의 상태 정보를 확인하거나 다른 사람과 공유할 수 있으며, 축적된 정보는 향후 새로운 빅데이터 서비스에 활용될 수 있다. 웨어러블 디바이스로 신체 데이터를 연동하는 경우도 있다. 네이버의 제페토(Zepeto)가 대표적인 라이프로깅 형태의 메타버스 플랫폼으로 3D 아바타를 통해 다른 사람들과 소통하면서 다양한 경험을 하는 서비스를 제공한다. 페이스북, 인스타그램, 카카오스토리 등과 같은 SNS나 브이로그처럼 일상적 경험을 기록하는 서비스도 포함될 수 있다.

(a) 제페토에 구축한 소셜미디어 (b) 인스타그램

그림 8-34 라이프로깅 유형의 메타버스 사례 (출처: IT BizNews, 인스타그램)

(3) 거울세계(Mirror Worlds) 유형 메타버스

현실 세계의 모습, 정보, 구조 등을 가져가서 복사하듯이 가능한 한 사실적으로 반영한 가상세계를 만들고, 여기에 효율성과 정보 확장성을 더하여 만들어진다. 즉, 현실과 똑 닮은 가상공간에 외부의 환경정보가 통합된 구조로, 가상세계를 열람함으로써 현실세계의 정보 및 확장된 정보를 얻게 된다. 구글어스(Google Earth)가 대표적인 서비스로 현실세계에 일대일로 대응되는 거울 세계에 현실 세계의 건물 정보나 가게 정보, 사용자의 기록 등이 그 위에 표시되어 다양한 서비스가 가능해진다. 지도 서비스 외에도 배달 서비스나 줌 비디오(Zoom Video)와 같이 다양한 사람들과 소통하도록 도와주는 원격회의 서비스도 거울세계에 해당한다고 볼 수 있다.

(a) 구글 어스   (b) 줌 비디오 사용 화면

그림 8-35 거울세계 유형의 메타버스 사례 (출처: 구글, hanuribiz)

(4) 가상세계(Virtual Worlds) 기반 메타버스

현실에 존재하지 않는 전혀 다른 가상의 세계를 디지털 데이터로 구축해 놓은 것으로, 사용자들은 아바타를 통해 가상세계를 탐험하거나 다른 사람들과 소통한다. 가상현실(Virtual Reality)이 가상세계와 혼용되기도 하지만, 정확히 구분하면 가상현실 VR은 가상세계를 구현하는 기술적인 방법이다.

미국의 린든랩(Linden Lab)에서 2003년에 만든 세컨드라이프(Second Life)가 최초의 메타버스 서비스로 인정받고 있으며, 대표적인 가상세계 서비스로 매우 큰 관심을 받았었다. 가상현실로 구현된 세상에서 다른 사람과 대화하고 소통하면서 가상화폐를 이용하여 개인 활동은 물론 사업까지 전개할 수 있었다. 많이 사용되는 대표적인 플랫폼으로 네이버의 제페토(Zepeto), 미국의 로블록스(Roblox), 마인크래프트(Minecraft), 메타의 호라이즌(Horizon) 등이 있다.

(a) 로블록스　　　　　　　　(b) 마인크래프트　　　　　　　(c) 호라이즌

그림 8-36 가상세계 유형의 메타버스 사례

8.4.3 메타버스의 발전과 관련 기술

사용자들이 실제로 참여하여 활동하기 위한 메타버스 생태계가 제대로 구축되려면, 소프트웨어로 구현된 메타버스 플랫폼에 콘텐츠가 구축되고 확장현실 기기를 통해 상호작용을 할 수 있어야 한다. 최근의 메타버스 플랫폼은 인공지능 기술의 적용, 블록체인 기술을 통한 경제활동 지원, 클라우드 서비스와 5G 네트워크 기술 등 여러 기술이 유기적으로 결합되어 구현되고 있다(그림 8-37 참조).

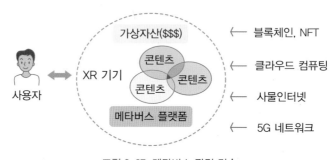

그림 8-37 메타버스 관련 기술

• 확장현실 기기(XR Device)

현실세계와 가상세계를 연결하는 인터페이스로, 몰입감 높은 융합 공간과 디지털 휴먼 등을 구현하는데 사용된다. HMD 혹은 헤드셋, 글래스 등의 기기가 있으며 아직은 XR 기기들이 착용이 부담스러워 대중화되지 못하였으나 계속하여 활용성 높은 XR 기기들이 개발되고 있어서 사용자들이 조만간에 메타버스 콘텐츠를 부담 없이 즐길 수 있을 것이다.

• 메타버스 플랫폼(Metaverse Platform)

메타버스 플랫폼은 확장현실 기술을 이용하여 소프트웨어로 구현해 놓은 서비스로 가상의 우주라고 볼 수 있다. 이 가상의 우주 안에 사용자들이 다양한 콘텐츠를 제작하고 원하는 서비스를 구현할 수 있게 된다. 이전에는 게임이나 엔터테인먼트 등의 메타버스 플랫폼이 주를 이뤘으나 최근에는 소셜미디어, 협업도구, 가상화폐 거래서비스 등으로 분야가 확대되고 있다. 대표적인 메타버스 플랫폼으로는 네이버의 제페토(Zepeto), SK텔레콤의 이프랜드(Ifriend), 미국의 로블록스(Roblox) 등이 있다.

• 가상자산과 블록체인
최근에 메타버스가 기존의 확장현실 서비스와 차별화되는 점이 바로 블록체인 기술의 적용이다. 메타버스의 가상공간에서 획득이 가능한 게임아이템, 이미지, 그림, 음원 등의 디지털 자산은 복제가 손쉬워 진품 여부의 확인이나 불법 유통을 확인하기 어렵다. 따라서 메타버스 내에서 창작되거나 유통되는 저작물이나 자산에 대해 블록체인 기술을 기반으로 하는 분산인증 (Decentralized Identity) 기법이나 대체불가능토큰(NFT, Non-Fungible Token)이 디지털 자산을 보호하는 수단으로 사용되고 있다.

• 클라우드 서비스
메타버스 플랫폼에서는 다수의 사용자가 동시에 접속하여 대량의 데이터를 동시다발적으로 생산하고 사용자 간에도 다양한 상호작용을 하게 된다. 이러한 실시간 데이터와 상호작용이 매우 광범위하게 발생하면 이를 모두 처리해 줄 수 있는 초고성능 컴퓨팅 시스템이 필요한데 현실적으로 클라우드 컴퓨팅 서비스로 해결하는 것이 바람직하다.

• 5G 네트워크와 사물인터넷
메타버스 플랫폼에서는 다수의 사용자로부터 발생한 대량의 데이터는 실시간으로 처리되고 한편 현실세계와 가상세계 그리고 사용자 간에 전달되어야 한다. 또한 사용자뿐 아니라 IoT 환경에서 사물끼리도 서로 소통하며 대량의 데이터를 생산하고 유통하고 있다. 따라서 매우 대량의 데이터를 신속하고 안전하게 연결해 줄 수 있는 초고속 네트워크가 지원되어야 한다.

01 (　　　　)란 '다수'와 '매체'의 합성어로, 텍스트, 이미지, 그래픽, 사운드, 애니메이션, 비디오와 같은 여러 형태의 정보를 컴퓨터를 이용하여 획득, 처리, 통합, 제어 및 표현하는 개념을 담고 있다.

02 (　　　　)는 디지털 카메라나 스캐너와 같은 입력장치를 이용하여 생성된 실세계의 그림을 의미하며, (　　　)은 컴퓨터 소프트웨어를 이용하여 생성된 그림을 지칭한다.

03 픽셀은 적색, 녹색, 청색의 값을 적절히 배합시켜 색을 나타내는데, 이러한 방식으로 색상을 표현하는 것을 (　　　) 컬러모델이라 부른다. 이 모델은 매우 간단하면서도 다양한 색상을 표현할수 있어, 컴퓨터 화면, 디지털 카메라, 스마트폰 디스플레이, 텔레비전 등 다양한 디지털 디스플레이 기술에서 주로 사용된다.

04 (　　　　)는 인터넷상에서 음악을 압축할 때 가장 많이 이용하는 파일 형식으로, 동영상 표준의 하나인 MPEG-1의 오디오 부분에 해당하는 Layer 3로부터 유래하였으며, 인간의 음성심리학 원리에 기반을 둔 마스킹 효과를 이용하여 음악을 압축한다.

05 컴퓨터 애니메이션에서 키 프레임 사이에 존재하는 중간 프레임들이 컴퓨터에 의해 자동으로 생성되는 것을 (　　　) 기법이라고 한다.

06 시간적으로 공간적으로 변화가 적은 데이터의 나열을 데이터의 (　　　)이라고 하는데, 이것을 가급적 제거함으로써 전체 비디오 파일의 크기를 상당히 줄일 수 있다.

07 (　　　)은 현실 세계에 가상현실을 접목하여 현실 객체와 가상의 객체가 상호작용할 수 있도록 VR과 AR을 합친 기술이다.

08 최초의 가상현실 시스템은 1960년대에 컴퓨터 그래픽스의 창시자인 유타 대학교의 이반 서덜랜드 교수가 만든 (　　　)를 이용한 시스템이다. 이 시스템은 사용자의 머리 위에 걸린 무거운 장치로, 사용자의 시야를 따라 움직이는 3D 그래픽을 제공하여 가상현실 경험을 가능하게 했다.

09 메타버스는 현실 세계와 같은 사회적, 경제적, 문화적 활동을 (   )를 통하여 할 수 있도록 지원하는 3차원 가상 세계이다. 이러한 메타버스는 가상현실 기술과 확장현실 기술의 진보로 더욱 현실감 있고 다양한 상호작용을 제공한다.

10 디지털 자산은 진품 여부의 확인이나 불법 유통을 확인하기 어렵기 때문에, (   ) 기술을 기반으로 한 분산인증 기법이나 대체불가능 토큰이 디지털 자산을 보호하는 수단으로 사용되고 있다.

주요 개념 확인(단답식)

01 이미지나 화면을 구성하는 점 하나하나로, 이미지와 그래픽을 구성하는 가장 작은 요소를 무엇이라고 부르는가?

02 이미지 압축방식 중에서 흑백 및 컬러사진 압축을 위해 고안된 파일 형식으로, 1992년 ISO 국제 표준으로 확정되었으며, 그래픽보다는 이미지에서 더 자주 쓰이는 압축 형식은 무엇인가?

03 연속적인 아날로그 파형을 디지털 형태로 변환하기 위하여 일정간격으로 표본(Sample)을 취하는 과정을 무엇이라고 하는가?

04 소리의 주파수를 나타내는 단위로, 초당 진동수를 표현하는 사운드의 단위는 무엇인가?

05 1983년 세계 악기 제조업체들이 전자 악기와 컴퓨터 간의 상호 정보교환을 위해 만든 규약의 명칭은?

06 애니메이션은 일련의 정지화상을 연속적으로 보여주어 사람으로 하여금 연속된 동작으로 인식하도록 한다. 이와 같이 그림이 사라져도 사람의 눈이나 뇌에 계속 남아 있는 착시현상을 무엇이라고 하는가?

07 가상현실 시스템은 사용자의 시선을 차단하고 집중시키는 몰입도의 정도에 따라 두 가지로 구분할 수 있다. 이와 같이 구분된 두 가지 가상현실 시스템은 무엇인가?

08 실세계와 컴퓨터가 생성한 가상세계가 동시에 존재하여 사용자가 보고 있는(see through) 실세계 위에 가상세계의 정보를 겹쳐 바라볼 수 있도록 하는 기술은?

09 메타버스 유형 중에서 사람이나 사물에 대한 일상적인 경험과 정보를 저장하고 배포하는 활동을 의미하는 유형은 무엇인가?

10 구글어스가 대표적인 사례로, 현실 세계의 모습, 정보, 구조 등을 가져가서 복사하듯이 가능한 한 사실적으로 반영하여 현실 세계에 일대일로 대응되는 세계를 무엇이라고 하는가?

사고 능력 함양(객관식)

01 다음 중 멀티미디어 하드웨어에 포함되지 않는 것은?

a. CPU   b. DVD   c. 장치 드라이버   d. 사운드카드

02 이미지를 구성하는 픽셀에 대한 설명 중 적절하지 않은 것은?

a. 이미지를 구성하는 픽셀 수를 이미지의 해상도라고 부른다.
b. (1024픽셀)×(640픽셀) 이미지가 (512픽셀)×(320픽셀)로 구성된 이미지보다 더 정교하다.
c. 4비트로 표현한 사진보다 1비트로 표현한 사진이 원본과 더 가깝다.
d. 일반적으로 이미지의 한 픽셀은 24비트의 정보로 표현된다.

03 래스터 그래픽에 대한 설명 중 적절하지 않은 것은?

a. 그림이 점, 선, 곡선, 원 등의 기하적 객체로 표현되므로, 화면 확대 시 화질의 저하가 발생하지 않는다.
b. 소프트웨어로는 붓으로 그림을 그리듯 칠하기 기능을 제공하는 페인터(Painter)가 잘 알려져 있다.
c. BMP, TIFF, JPEG, GIF, PNG 파일 형식으로 저장된다.
d. 픽셀 단위로 저장하는 방식을 사용한다.

04 사운드 관련 설명 중 거리가 먼 것은?

a. 사운드 파형은 일정한 시간 간격마다 다른 모양이 반복된다.
b. 가청 주파수대를 오디오(Audio)라고 부른다.
c. 사람이 들을 수 있는 가청 주파수대는 약 20Hz~20kHz 사이이다.
d. 주파수가 높으면 고음이 되고 주파수가 낮으면 저음이 된다.

05 아날로그 신호와 디지털 신호 간의 변환 과정과 거리가 먼 것은?

a. 아날로그 신호를 디지털 형태로 변환하는 장치는 ADC이다.
b. 디지털 데이터를 실세계에서 듣기 위해서는 ADC의 반대 과정인 DAC를 거쳐 아날로그 형태의 소리로 바뀌어야 한다.

c. 사운드의 표본화율은 1초 동안에 취하는 표본수(디지털화하는 횟수)를 말한다.

d. 표본화율이 높을수록 원음에 가까운 음으로 디지털화되고, 데이터 양이 감소하게 된다.

06 애니메이션에 대한 설명 중 가장 거리가 먼 것은?

a. 애니메이션은 잔상효과를 이용한다.

b. 플립북 애니메이션은 모든 프레임에 대한 정보를 가지고 있어야 하므로 컴퓨터로 표현할 경우 애니메이션 파일의 크기가 방대해지는 단점이 있다.

c. 셀 애니메이션은 여러 개의 셀들을 몇 겹의 층으로 겹쳐 프레임 여러 개를 생성한다.

d. 컴퓨터 애니메이션을 사용하면 캐릭터의 복제를 손쉽게 할 수 있다.

07 다음 중 '손실 압축'과 관련된 설명으로 맞는 것은?

a. 원래 영상으로의 완전한 복구가 가능하다.

b. 10:1~40:1의 높은 압축률을 얻을 수 있다.

c. 압축 시 미세한 데이터를 중요시하는 기법이다.

d. X-레이, 단층촬영(CT) 등 의료용 영상과 같은 응용 분야에서 활용된다.

08 현실 세계에 가상현실을 접목하여 현실 객체와 가상의 객체가 상호작용할 수 있도록 가상현실과 증강현실을 합친 기술을 무엇이라고 하는가?

a. AR   b. VR   c. 메타버스   d. MR

08 확장현실과 전통적인 시뮬레이션이 구별되는 특징으로 옳지 않은 것은?

a. 사용자는 가상환경에서 탐색항해 기능을 사용할 수 있어야 한다.

b. 가상환경 내에서는 자연법칙(예, 중력법칙)이 적용되는 물체가 존재할 수 없다.

c. 효과적인 확장현실을 제공하기 위해서 HMD, 데이터 글러브와 같은 장치들을 이용해 몰입감을 높여주어야 한다.

d. 가상공간 안에서 조작이 가능해야 한다.

10 메타버스를 구현 공간과 취급 정보에 따라 나눈 4가지 유형에 속하지 않는 것은?

a. 라이프 로깅   b. 거울 세계   c. 혼합현실   d. 가상 세계

보충 과제(주관식)

01 멀티미디어 기술에서 표준은 매우 중요한 의미를 가지고 있다. 표준화가 필요한 이유를 설명하고 멀티미디어 표준의 영역과 유형을 기술하라.

02 5분 길이의 CD 음악을 표본화율 44.1kHz, 해상도 16bits, 스테레오 및 PCM 방식으로 저장할 때 음악 파일의 크기를 구하라.

03 비디오와 애니메이션의 개념적 차이를 설명하고 이러한 기법들이 어떠한 활용 분야에서 가장 적절하게 적용될 수 있는지 설명하라. 또한 비디오와 애니메이션 활용의 기대효과는 무엇인가?

04 확장현실, 증강현실, 가상현실, 혼합현실의 차이점을 기술하고, 각 기술이 활용되는 분야들을 예를 들어 설명하라.

05 가상세계 유형의 메타버스로 대표적인 서비스에는 제페토(Zepeto), 로블록스(Roblox), 마인크래프트(Minecraft), 호라이즌(Horizon) 등이 있다. 이들 서비스 중 하나를 사용해보고 체험을 통해서 아바타의 기능과 역할이 무엇인지 서술하고 가상 세계 메타버스가 어떤 목적으로 이용될 수 있는지 설명하라.

09 인공지능의 이해

단원개요 ●

제4차 산업혁명 사회에서 인공지능이 가장 핵심적인 기술로 주목받고 있다. 우리가 사용하는 자동차의 자율주행이 가능해지고, 로봇이 산업현장 뿐 아니라 식당에서 음식을 서빙하는 수준까지 활용되고 있는 등 사회 각 분야에서 핵심 기술로 활용되고 있다. 더욱이 인공지능이 그림을 그리고 작곡을 하며, 주어진 주제에 대한 에세이까지 작성해주는 수준까지 발전하고 있다. 이 장에서는 인공지능의 개념과 어떤 기술이 발전되어 왔는지, 특히 기계학습과 딥러닝 기술이 어떤 기술인지 이해하고 인공지능이 어떤 분야에 활용되고 있는지 살펴보기로 하자.

9.1 인공지능이란?

이 절에서는 현재 전 세계의 주목을 받고 있는 인공지능(Artificial Intelligence)이란 무엇인지, 그 정의와 개념을 인공지능의 발전 역사와 함께 살펴본다.

9.1.1 인공지능의 정의

바둑에서 인공지능의 승리

2016년 인공지능 바둑 프로그램인 알파고(AlphaGo)가 세계 최고의 바둑 기사인 이세돌과의 대국에서 4대 1로 이기면서 인공지능이 다시 한번 전세계의 주목을 받았다. 바둑은 배치가 가능한 경우의 수가 10^{171}가지나 되며 이는 우주 전체의 원자의 개수보다 많다. 바둑은 가장 어려운 문제로 컴퓨터가 넘보지 못할 영역이라고 간주되고 있었는데 바둑 기보를 스스로 학습해 나가는 알파고가 탄생하여 인간을 이긴 획기적인 사건이었다. 2017년에는 중국의 커제 기사와의 대국에서 전승을 하면서 인공지능의 진화 속도에 모두 감탄하였다. 알파고의 파장은 단순히 바둑으로 그치지 않고 인공지능에 대한 관심이 폭증하면서 인공지능 기술이 획기적으로 발전하는 계기가 되었다.

(a) 대국장면   (b) 알파고 실물

그림 9-1 2016년 알파고와 이세돌의 대국 장면 (출처: 한국기원, 나무위키)

인공지능의 시작: 1956년 다트머스 워크샵

1956년 다트머스(Dartmouth) 대학교에서 지능적인 컴퓨터에 관심이 있던 젊은 학자들이 모여 자신들이 개발한 프로그램을 시연하였다. 존 매카시(John McCarthy)가 주축이 되어 진행한 다트머스 워크샵(Dartmouth Workshop)에서 처음으로 인공지능이라는 용어를 사용하였으며, 당시 회의에서 존 매카시는 인공지능의 정의를 "기계를 인간 행동의 지식에서와 같이 행동하게 만드는 것"이라고 제안하였다.

(a) 1956년 다트머스 회의 참가자   (b) 2006년 50주년 기념학회 AI@50에서 당시 주역들

그림 9-2 다트머스 회의의 주역들 (출처: IEEE Spectrum)

인공지능의 정의

일반적으로 교과서에서는 인공지능을 "지능이 필요한 업무를 기계에 시키고자 하는 노력 및 기술"이라고 정의하고 있다. 사람이 수행하는 일 중에 지능이 필요하지 않은 것은 없으

므로 인공지능을 "인간처럼 생각할 수 있는 기계를 만드는 것"으로 정의할 수도 있다. 즉, 인간의 학습능력, 추론능력, 지각능력을 인공적으로 구현하려는 연구 분야로서, 인간의 음성 및 언어를 컴퓨터에서 이해하고 번역하고 데이터를 분석하고 추천하는 등 다양한 고급 기능을 수행할 수 있는 일련의 기술을 포함한다.

9.1.2 튜링 테스트: 모방 게임(Imitation Game)

인공지능 연구가 시작되면서 과연 컴퓨터가 인간 수준의 지능을 가질수 있는지에 대해 매우 관심과 논쟁이 많았다. 인간의 지능은 매우 추상적이기 때문에 구체적으로 정의하기 어려우므로 컴퓨터가 지능을 가졌는지 유무를 판단하는 테스트 방법이 제시되었다. 1950년 앨런 튜링(Alan Turing)이 발표한 논문 "컴퓨팅 기계와 지능(Computing Machinery and Intelligence)"에서 "기계가 생각할 수 있는가?(Can machines think?)"라는 질문을 던지고, 이를 테스트하는 방법인 모방게임(Imitation Game)을 제안하였다.

모방게임이란 기계의 지능을 증명하기 위한 것으로 튜링 테스트(Turing Test)라고도 불리며 인공지능 연구의 초석이 되었다. 튜링 테스트는 거실에 있는 질문자가 종이에 적힌 질문들을 통해 서로 다른 방에 있는 남녀 중 누가 여성인지를 맞추는 이미테이션 게임을 응용한 것으로, 남자와 여자 대신 컴퓨터와 사람이 그림 9-3에서와 같이 분리된 방에서 질문자와 대화를 나눈다. 질문자가 컴퓨터와 인간의 반응을 구별할 수 없다면 컴퓨터가 지능이 있다고 판단하자는 개념이다.

그림 9-3 앨런 튜링 (출처: Alan Turing Institute)

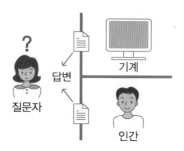

그림 9-4 튜링 테스트

튜링은 당시에는 인공지능이 불가능하지만, 세월이 지나면 컴퓨터 성능이 개선돼, 스스로 배우고 지능을 갖추는 기계가 가능할 것이라고 예견하였다. 튜링 테스트는 인공지능의 수준을 테스트하는 방법으로 사용되었으며, 아직 튜링 테스트를 제대로 통과한 컴퓨터 프로그램은 나타나지 않고 있다.

2014년 앨런 튜링의 전기를 토대로 만든 영화 "The Imitation Game"에서도 다음과 같은 대사를 통해 소개된다. "'나는 누구입니까? 기계입니까? 사람입니까?' 이미테이션 게임은 기계가 얼마나 사람처럼 생각하는지를 증명하는 게임으로, 앨런 튜링이 어떤 이야기를 하고 난 뒤 지금 한 이야기는 기계가 한 것인가 사람이 한 것인가 묻는다."

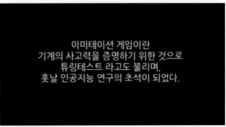

그림 9-5 영화 "이미테이션 게임"

9.1.3 인공지능의 역사

초기 인공지능 연구(1950~1960년대)

인공지능 연구의 발단은 인간의 사고 과정을 기호(Symbol)의 기계적 조작으로 묘사할 수 있다는 생각에서 시작되었다. 이러한 생각이 1940년대에 디지털 컴퓨터를 발명하게 하였고, 소프트웨어를 통해 기호적 추론(Symbolic Reasoning)을 할 수 있음을 보였다. 1955년 논리적 추론(Logical Inference)을 수행하는 프로그램이 발표되었으며 1956년 다트머스 대학교에서 앞에서 말한 학술대회가 개최되어 인공지능이라는 용어가 시작되었다.

한편 19세기부터 시작된 신경과학 연구는 1950년대에 수학적 모델이 개발되었다. 1958년 프랭크 로젠블랫(Frank Rosenblatt)이 신경세포인 뉴런(Neuron) 모델을 기초로 하여 단층 신경망의 수학적 모델인 퍼셉트론(Perceptron)을 개발하였다. 퍼셉트론은 인공지능 두뇌 구축에 핵심이 될 것이라고 기대를 모았지만, 선형 분류만 가능하다는 약점이 발견되어 신경망(Artificial Neural Network) 연구는 많이 위축되었다. 이와 같이 인공지능 연구는 그림 9-6에서 보듯이 10~20년을 주기로 부흥과 침체를 반복하였다.

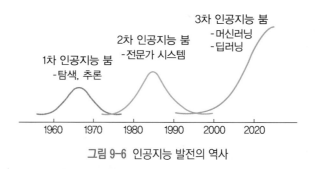

그림 9-6 인공지능 발전의 역사

전문가 시스템의 등장(1970~1980년대 초)

초기 인공지능 연구는 주로 일반적인 문제를 풀 수 있는 범용성 있는 방법론을 찾으려 했다. 그러나 실세계의 많은 문제가 엄청난 복잡도를 가진다는 것을 깨닫고 복잡도를 회피하는 탐색(Search)과 계획수립(Planning)에 대한 연구를 많이 진행하였다. 경험적 지식을 이용하는 휴리스틱 탐색법과 국지적 정보만을 이용하는 급경사 탐색법 등이 개발되었지만 실용적인 시스템 구현에는 해결책은 될 수 없었다.

일반적인 문제 풀이 방법론이 실용적인 성과를 내지 못하자 특정 영역의 문제를 효과적으로 해결하려는 연구 방법론이 주도하게 되었다. 잘 정리된 전문 지식을 이용하여 특정 영역에 대한 질문에 전문가 수준으로 대답하거나 문제를 해결하는 전문가 시스템이 개발되었다. 대표적인 사례로 스탠포드 대학교에서 개발한 MYCIN은 혈액질환 환자에게 의사처럼 항생제를 처방하는 전문가 시스템으로 의사 못지않은 실력을 발휘하였다. 당시 전문가 시스템은 큰 성공을 거두어 인공지능 연구의 침체기를 벗어나는 데에 기여하였다. 광물탐사 전문가 시스템인 PROSPECTOR는 광맥 시추를 위한 정확한 위치를 찾아주었으며, 전문가 시스템 DENDRAL은 화학식으로부터 유기화합물의 분자구조를 결정해 주었다.

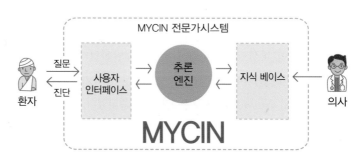

그림 9-7 MYCIN 전문가시스템의 구조 (출처: 구글)

신경망 연구의 부활(1980년대 중반~1990년대)

1958년 개발된 단층 신경망인 퍼셉트론은 선형분류만 가능하다는 약점을 1980년대에 다층 퍼셉트론이라는 개념으로 극복하면서 인공신경망(Artificial Neural Network) 연구가 다시 주목을 받게 되었다. 기존 퍼셉트론의 입력층과 출력층 사이에 은닉층을 추가한 다층 퍼셉트론(Multilayer Perceptron)이 기존의 선형 분류 문제를 해결하고, 1986년 오류역전파(Error Back Propagation) 알고리즘이 나오면서 신경망 학습이 가능하게 되었다.

1990년대 말에는 순환신경망의 일종인 LSTM(Long Short-Term Memory)이 개발되어 자연어처리에 크게 기여하고, 합성곱 신경망(Convolutional Neural Network, CNN)이 개발되어 문자 인식률을 높였다. 인공지능의 성능이 크게 향상되면서 사람과 경쟁하는 체스 이벤트가 큰 주목을 받았다. 1997년 IBM의 딥블루는 강력한 병렬처리 컴퓨터의 능력 덕분에 세계 체스 챔피언을 이길 수 있었다. 한편, 1999년에는 GPU가 발명되어 방대한 데이터의 처리가 필요한 딥러닝 연구가 크게 발전하게 되었다.

(a) 승부가 결정날 때의 TV 중계 화면   (b) IBM 딥블루 실물

그림 9-8 1997년 컴퓨터와 인간의 체스 대결 (출처: 위키피디아)

딥러닝 시대(2000년대 이후)

2000년대 들어서는 딥러닝 기술이 인공지능을 구현하는 가장 강력한 도구로 부상되면서, 인공지능의 이론적 본질보다는 패턴인식, 컴퓨터 비전, 자연어 처리 등 세부 영역의 문제해결에 대한 연구가 활발해졌다. 2004년부터 미국 서부 모하비 사막에서 진행되는 자율주행 그랜드 챌린지는 자율주행차 연구에 박차를 가하였고, 2010년부터 진행된 ImageNet을 이용한 물체인식 경진대회는 컴퓨터 시각 기능의 발전에 크게 기여하였다. 2011년에는 미국의 생방송 퀴즈쇼에 인공지능 프로그램인 IBM 왓슨(Watson)이 출전하여 사람들을 이기고 우승하여 세상을 놀라게 하였고, 2016년 알파고(AlphaGo)가 인간의 영역이라고 믿

었던 바둑마저도 사람을 이겨서 큰 충격으로 다가왔으며, 이후 딥러닝은 인공지능 연구개발에 핵심 역할을 하게 되었다.

그림 9-9 2011년 IBM 왓슨의 TV 퀴즈쇼 우승 장면 (출처: The Guardian)

현재 산업계에서는 딥러닝 프로그래밍의 플랫폼을 선점하려는 경쟁이 치열하게 진행되어 다양한 라이브러리가 오픈 소스로 제공되고 있다. 구글의 텐서플로(TensorFlow), 메타의 파이토치(PyTorch), 파이썬 라이브러리인 케라스(Keras) 등이 있어서 딥러닝 기술을 적용하는 응용 프로그램을 쉽게 개발할 수 있다. 또한 오픈AI의 챗GPT(chatGPT)와 같은 생성형 신경망 모델의 API를 이용하여 대화를 자동 생성하거나 그림 등의 예술 작품을 컴퓨터가 창작하는 단계까지 가능하게 되었다.

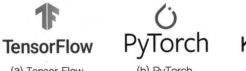

(a) Tensor Flow   (b) PyTorch   (c) Keras   (d) ChatGPT

그림 9-10 대표적인 딥러닝 라이브러리 플랫폼

9.2 인공지능의 요소 기술

인공지능의 핵심 요소 기술은 문제해결(Problem Solving)을 위한 일련의 과정으로 설명될 수 있다. 문제를 탐색하여 계획을 세우고, 지식을 표현하여 추론을 하고, 학습을 하는 요소 기술을 필요로 한다. 이 절에서는 탐색과 지식표현 기법에 대하여 설명하고 학습 기법은 다음 절에서 설명한다.

9.2.1 탐색

탐색기법(Search)은 인공지능이 주어진 상황에서 답을 찾아가기 위해 선택할 수 있는 행동을 찾아나가는 기법을 말한다. 탐색기법의 성능이 좋을수록 컴퓨터가 더 지능적인 행동을 취할 수 있다. 문제의 모든 해답 과정을 공간으로 간주하여 최적의 해답을 찾기 위해 탐색공간을 뒤지는 과정이다.

상태공간 트리(State-Space Tree)

복잡한 현실의 문제를 탐색공간으로 표현하기 위해 많이 사용되는 것이 상태공간 트리(State-Space Tree)로서 문제해결 과정의 중간 상태를 각각 하나의 노드로 나타낸 것이다. 상태공간 트리를 이용하여 문제를 푸는 과정을 살펴보자. 다음 그림 9-11과 같이 국내 도시간 거리를 나타내는 그래프가 주어져 있다. 이 때 모든 도시를 방문하고 출발 도시로 되돌아오는 최단 거리를 구하는 문제를 외판원 순회 문제(TSP, Traveling Salesman Problem)라고 한다.

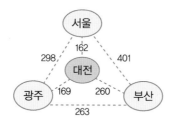

그림 9-11 국내 도시간 거리를 나타내는 그래프

이 문제를 풀기 위해 작성한 상태공간 트리를 그림 9-12에서 보여주고 있다. 중간 상태까지의 거리를 노드 왼편에 기록하였다. 문제 풀이의 해를 구하는 것은 상태공간 트리에서 최적의 해가 되는 단말노드를 탐색하는 과정이 된다. 상태공간 트리의 모든 노드를 탐색해 보면 [서울-광주-부산-대구-서울]의 경로 혹은 그 반대의 경로가 983km인 최소거리라고 판단할 수 있다.

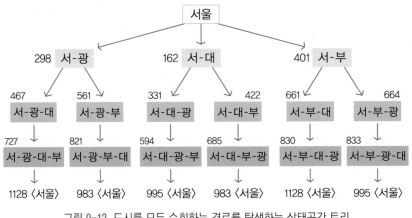

그림 9-12 도시를 모두 순회하는 경로를 탐색하는 상태공간 트리

상태공간 탐색기법

이 때 탐색해야 하는 경로의 수는 노드 개수에 따라 기하급수적으로 늘어나게 된다. 앞의 예제에서와 같이 도시를 나타내는 노드가 4개인 경우에는 그림 9-12에서와 같이 (4-1)! = 3! = 6가지 경우의 탐색 경로가 있지만, 노드가 5개면 4! = 24가지이고, 노드가 9개라면 8! = 40,320가지로 급격히 늘어난다.

인공지능 연구에서는 상태공간 트리에서 탐색 경로의 모든 경우가 매우 방대하므로 노드를 다 방문하지 않고 선택적으로 일부만 방문하고도 최적의 해를 찾아내는 탐색기법을 필요로 하였다. 휴리스틱 정보를 이용하는 A* 알고리즘, 체스나 바둑 같은 게임에 적합한 최대최소(Min-Max) 알고리즘, 그 외에도 국지적 탐색 기법인 언덕오르기(Hill-Climbing) 알고리즘이나 유전자 알고리즘 등이 개발되었다.

9.2.2 지식표현과 추론

기호적 계산(Symbolic Computation)

지식표현(Knowledge Representation) 방법에 대한 연구는 주어진 문제를 해결하기 위해 지식을 컴퓨터에서 실행 가능한 형태로 표현하고 추론이나 검색을 통해 의사 결정하는 방법을 다룬다. 지식표현의 기법은 세상의 사물이나 지식을 주로 기호를 이용하여 체계적으로 표시하고 그 기호에 대한 논리적인 추론을 위한 기호적 계산(Symbolic Computation)을 한다.

지식을 획득하여 컴퓨터에 표현하는 일은 많은 노력을 필요로 하며 표현하기 힘든 경우도 있으므로 다양한 연구가 진행되었다. 지식표현에 자주 사용되는 방법으로는 조건에 따른 행동이나 절차를 표현하는 규칙기반(Rule-Based) 방식과 객체나 개념 간의 관계를 표현하는 지식 그래프(Knowledge Graph) 방식이 있다.

규칙기반(Rule-Based) 지식표현

규칙기반 방식의 지식표현은 {조건-반응}의 규칙을 {IF 조건, THEN 반응}과 같이 논리적으로 표시하고 이를 이용하여 추론(Inference)을 통해 의사 결정을 하도록 한다. 예를 들어, "감기에 걸리면 열이 나고 콧물이 나온다"라거나 "코로나에 걸리면 목이 아프다"라는 지식은 규칙으로 표현할 수 있다. 또한 "감기에는 아스피린을 처방하라"와 "코로나에는 팍스로비드를 처방하라"는 규칙도 추가된다면 환자의 상황에 따라 규칙기반 지식을 이용하여 감기인지 코로나인지 판단하고 이에 맞는 약을 처방할 수 있다.

환자가 어느 병에 걸린 것인지 판단하는 것과 같이 기존의 지식으로부터 새로운 사실을 알아내거나 논리적 결론을 도출하는 것을 추론(Inference)이라고 한다. 추론 방법에는 주어진 사실에 부합하는 조건을 찾아서 해당하는 반응을 순서대로 찾아 나가는 순방향 추론과 주어진 목표에 부합하는 규칙을 찾아서 조건이 성립했는지 찾아 나가는 역방향 추론이 있다. 규칙기반 기법은 현실 세계의 복잡한 문제를 여러 개의 작은 문제로 나누거나 순차적으로 처리하여 문제를 해결할 수 있는 장점이 있다.

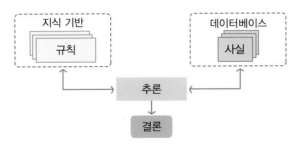

그림 9-13 규칙기반 지식표현과 추론 과정

지식 그래프(Knowledge Graph) 표현

지식그래프는 세상의 온갖 지식을 그래프 형태로 표현한 것이다. 그래프의 노드는 물체, 사건 또는 개념과 같은 각 데이터를 표현하고 이들 사이의 관계(Relation)를 그래프의 연결선으로 나타낸 것이다. 지식그래프는 데이터 간 어떻게 유기적으로 연결되어 있는지 파악할 수 있으므로 데이터 간의 인과관계나 계층적 구조 등 모든 관계를 추론할 수 있다.

지식표현의 기본 단위는 {주어, 술어, 객체} 3개 항목의 집합으로 표현한다. 예를 들어, "런던은 영국에 있다"라는 지식은 {런던, is-located-in, 영국}으로 표현되고, "런던은 수도이다"는 {런던, is-a, 수도}로 표현되며, "철수가 파리를 방문했다"는 {철수, visited, 파리}와 같이 표현된다. 철수와 영희가 유럽을 방문했던 상황을 지식 그래프로 표현하면 다음 그림 9-14와 같다. 이 그래프로부터 철수는 독일을 방문하지 않았고, 철수와 영희가 같이 방문한 나라는 영국이라는 사실을 추론할 수 있다.

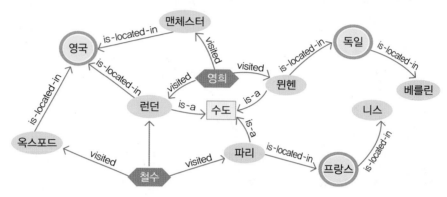

그림 9-14 철수와 영희가 유럽 방문한 관계를 표현한 지식 그래프

지식 그래프는 인공지능 대화나 학습을 하기위해 필요한 방대한 양의 데이터를 표현하고 저장하는데 사용되고 있다. 구글이나 네이버와 같은 검색엔진에서 추천 기능을 위해 지식 그래프를 활용하기도 한다. 2012년부터 검색에 사용되기 시작한 구글 지식그래프에는 약 80억개 이상의 노드와 8000억개 이상의 지식을 보유하고 있다고 한다. 이를 이용하여 검색엔진에서 "파리에서 제일 높은 탑의 높이는?" 이라던가, "2002년 월드컵 16강전에서 골든골을 넣은 선수가 활동하는 방송국의 이름은?"과 같은 복잡한 질문에도 답을 찾을 수 있다.

9.3 기계학습과 딥러닝

이 절에서는 인공지능의 핵심 요소 기술 중에 명시적으로 프로그래밍 해주지 않아도 컴퓨터가 데이터나 경험으로부터 스스로 능력을 향상시키는 기계학습, 신경망 개념을 적용한 인공신경망, 그리고 최근 각광받는 딥러닝 기술에 대하여 기본 개념을 소개한다.

9.3.1 기계학습

기계학습 알고리즘

기계학습(ML, Machine Learning)은 컴퓨터가 학습을 통해 지식을 획득하도록 하는 알고리즘 분야의 연구이며, 학습능력은 인공지능 분야에서 필요한 매우 중요한 요건이다. 기계학습 알고리즘은 대규모 데이터 집합으로부터 데이터 간의 패턴을 찾아 분석하여 상관관계를 구하거나 유사도 계산 등을 통해 의사결정을 할 수 있도록 한다. 기존에는 프로그램과 데이터를 통하여 결과값을 구하는 방식이라면, 기계학습은 데이터와 결과값을 가지고 학습하여 새로운 알고리즘(프로그램)을 생성해 내는 것이다(그림 9-15 참조).

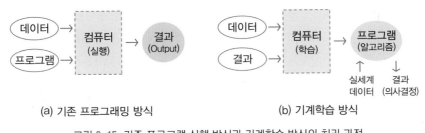

(a) 기존 프로그래밍 방식   (b) 기계학습 방식

그림 9-15 기존 프로그램 실행 방식과 기계학습 방식의 처리 과정

학습 알고리즘이 훈련 데이터로부터 수학적 모델을 찾고 이를 이용하여 의사결정을 하므로 사용자가 작동원리를 모르거나 복잡한 작업도 훈련 데이터만 있으면 컴퓨터가 작업을 수행할 수 있게 된다. 예를 들어 컴퓨터 비전에서 사람들이 시지각 원리를 모르더라도 기계학습을 통해 이미지 속의 물체를 인식하거나 설명할 수 있다.

같은 기계학습 알고리즘이라도 다른 용도의 훈련 데이터를 적용하면 다른 학습 알고리즘이 될 수 있다. 예를 들어, 물체인식 기능과 안면인식 기능은 같은 알고리즘을 사용하지만 각기 다른 훈련 데이터로 학습한 결과이며, 스팸메일을 걸러주는 시스템이나 주식시장의 변동을 알려주는 시스템은 같은 학습 알고리즘을 사용하고 있다.

기계학습 알고리즘의 유형

기계학습은 다양한 알고리즘 기법을 적용하므로 데이터의 특성 및 원하는 결과에 따라 학습 모델을 선택하여야 한다. 입력과 출력 간의 관계가 주어지는 지도학습(Supervised Learning), 출력 정보가 주어지지 않는 비지도학습(Unsupervised Learning), 실행 정보를 이용하여 다시 학습하는 강화학습(Reinforcement Learning)으로 크게 구분할 수 있다.

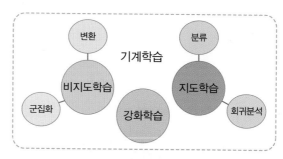

그림 9-16 기계학습 알고리즘의 유형

(1) 지도학습(Supervised Learning)

지도학습은 입력과 대응하는 출력을 쌍으로 하는 데이터 집합을 훈련하여 입출력 대응관계의 함수를 찾는다. 지도학습으로 수행하는 대표적인 문제로는 패턴분류와 회귀분석이 있다. 패턴분류 문제는 이미지에서 숫자를 판단하거나 객체를 인식하는 경우이다.

예를 들어 토끼와 고양이 이미지를 구분하기 위하여 준비한 데이터 집합에는 각 사진이 토끼인지 고양이인지 라벨이 주어진다. 지도학습 알고리즘에서는 준비된 이미지로부터 토끼와 고양이 패턴을 구분하는 특성과 경계값을 스스로 찾아서 토끼와 고양이를 식별하는 알고리즘을 생성하여 패턴분류 시스템에 사용된다. 그림 9-17에서와 같이 처음 보는 토끼 사진이 주어지더라도 학습 결과를 바탕으로 "토끼"라고 판단해 낼 수 있다.

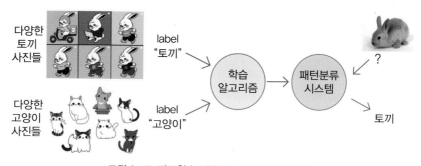

그림 9-17 지도학습 및 분류 시스템 실행 과정

(2) 비지도학습(Unsupervised Learning)

비지도학습은 명시적인 입출력 대응관계의 정보가 없는 상황에서 데이터만 주어졌을 때 데이터의 특성들을 학습하여 유사한 것을 찾아 군집으로 묶거나 분포를 알려준다. 군집화(Clustering)는 주어진 데이터 집합에서 유사한 것들끼리 찾아서 군집으로 구분해 주는 작업이다. 군집화 알고리즘의 기본 개념은 같은 군집에 있는 데이터와는 특성 거리를 최소화하고, 다른 군집에 있는 데이터와는 특성 거리를 최대화하기 위해 군집의 소속을 바꾸어 가면서 최적의 조합을 찾는 과정이다. 대표적인 알고리즘으로 K-평균(K-Means) 알고리즘이 있다.

소비자의 구매 이력을 이용하여 상품 추천을 하는 경우 소비자의 구매 패턴을 군집화하여 이용한다. 즉, 두 소비자의 구매 패턴이 유사하다면 한 소비자가 구매한 상품을 다른 소비자에게도 추천하는 방식이다. 비지도학습은 금융권에서 위험 이상 탐지나 일상적이지 않은 고장 예측, 해커 침입 여부, 안면인식 등의 문제에도 적용되고 있다.

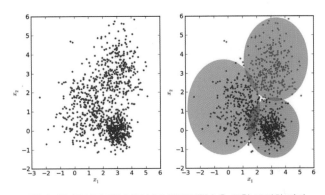

그림 9-18 주어진 데이터로부터 비지도학습을 통한 군집화 결과

(3) 강화학습(Reinforcement Learning)

강화학습의 핵심 개념은 보상이다. 상황별 행동에 대한 보상값을 이용하여 스스로 바람직한 방향으로 행동 패턴을 학습한다. 학습이 진행되면서 수많은 시행착오를 통해 현재의 누적 보상이 최대화되도록 하는 최상의 전략을 학습하게 한다. 강화학습은 환경으로부터 보상을 받아 학습하기 때문에 지도학습과 유사해 보이지만, 사람에게서 학습데이터를 받는 것이 아니라 변화하고 있는 환경에서 보상받아 컴퓨터 스스로 학습한다는 점이 다르다.

강화학습은 복잡하거나 도전적인 문제를 해결하는 데에 유용하게 사용된다. 강화학습은 실시간으로 학습하고 적응하는 능력을 가지고 있으므로 지속적으로 변화하는 환경에 유연하게 대처할 수 있다. 알파고에서와 같이 게임 대결이나, 로봇의 작동, 자율 주행 차량 등 다양한 분야에서 강화학습을 이용하여 최적의 전략을 수립해 나가면서 문제를 해결하고 있다.

9.3.2 인공신경망

인공 신경망(Artificial Neural Network, ANN)은 인간 뇌 속의 뉴런 구조를 모방하여 만든 기계학습 모델로 인공지능을 구현하는 기술 중 하나이다. 이름에서 알 수 있듯이 생물학적 신경망, 특히 인간의 시각/청각 피질의 작동원리를 수학적 모델로 만든 알고리즘이다.

생물학적 신경망

인간의 두뇌에는 계산을 수행하는 1,000억 개가 넘는 신경세포(Neuron)가 수백 조개의 연결점인 시냅스(Synapse)를 통해 연결되어 있다고 한다. 각 신경세포는 수상돌기(Dendrite)를 통해 입력신호를 받아서 축삭돌기(Axon)를 통해 연결된 신경세포로 신호를 내보낸다. 외부로부터 입력된 신경전달물질을 신경세포에 저장하고 있다가 자신의 용량을 넘어서면 출삭돌기를 통해 시냅스로 연결된 외부 신경세포로 전달물질을 내보낸다고 한다.

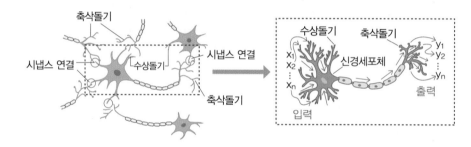

그림 9-19 신경세포의 구조와 연결

인공신경망의 퍼셉트론(Perceptron)

인공신경망은 생물학적 신경망을 수학적으로 단순화하여 모델링한 것이다. 생물학적 신경세포가 다른 여러 개의 신경세포로부터 입력받아 자신의 용량을 넘어서면 외부로 전기 신호를 출력하는 것처럼, 인공신경망에서 노드인 퍼셉트론(Perceptron)은 여러 개의 입력값에서 가중치를 반영하여 모두 더한 값을 활성화 함수에 입력하고, 활성화 함수의 일정 수준을 넘어서면 출력값을 내보낸다. 퍼셉트론의 출력값은 여기에 연결된 모든 퍼셉트론에 다시 입력값으로 전달된다. 퍼셉트론(Perceptron)은 Percept와 Neuron의 합성어이며 인공 뉴런이라고도 불린다.

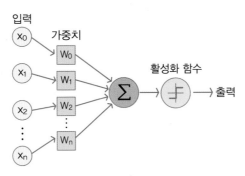

그림 9-20 퍼셉트론의 구성

활성화 함수는 생물학적 신경세포가 임계점을 넘기면 전기적 충동을 내보내는 것과 같은 기능을 한다. 임계점 이하에서는 출력이 없다가 임계점을 넘어서면 높은 값이 나오도록 설계된 함수라면 어느 것이든 사용할 수 있다. 그림 9-21에 보여주고 있는 활성화 함수에서 대표적인 것이 시그모이드(Sigmoid) 함수인데 불연속적인 계단 함수를 연속함수로 부드럽게 만든 것이다.

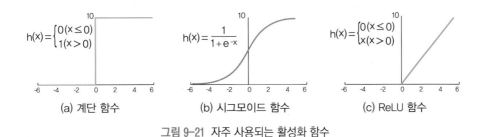

(a) 계단 함수   (b) 시그모이드 함수   (c) ReLU 함수

그림 9-21 자주 사용되는 활성화 함수

다층 퍼셉트론(Multi-Layer Perceptron, MLP)

1958년 로젠블랫(Rosenblatt)이 퍼셉트론을 이용하여 개발한 단층 신경망은 인공지능 구현에 큰 기대를 모았으나 1969년 민스키(Minsky)가 선형분류만 가능하다는 약점을 발견하여 신경망 연구가 침체하게 되었다. 선형분류라는 의미는 데이터의 분포가 AND나 OR의 논리로 구분이 되는 경우 직선으로 분류가 가능하지만 XOR의 경우는 직선으로 분류할 수 없다는 것이다. 즉, 그림 9-22의(a)와 (b)와 같은 경우는 직선으로 데이터가 구분되지만 (c)와 같은 분포는 직선으로 구분할 수 없으므로 퍼셉트론으로 복잡한 문제는 풀 수 없다는 점이 밝혀졌다.

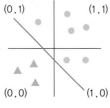
(a) 논리함수 OR로 분류
(선형분류 가능)

(b) 논리함수 AND로 분류
(선형분류 가능)

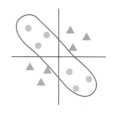
(c) 논리함수 XOR로 분류
(선형분류 불가능)

그림 9-22 선형분류의 개념

단일층 퍼셉트론의 한계를 극복하기 위하여 그림 9-23과 같이 중간에 은닉층(Hidden Layer)을 추가하여 XOR 분류 등 비선형 분류가 가능하도록 다층으로 퍼셉트론이 구성된 다층 신경망(Multi Layer Neural Network)이 제시되었다. 당시에는 다층 신경망의 학습 방법이 알려지지 않았지만 1986년 오류역전파(Back Propagation)라는 알고리즘으로 다층 신경망에서 학습할 수 있다는 것이 알려지고, 이후 오류역전파 알고리즘을 이용한 다층 신경망은 패턴인식 분야에서 큰 성과를 얻었으며 신경망 연구가 다시 활발해지기 시작했다.

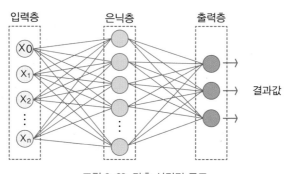

그림 9-23 다층 신경망 구조

9.3.3 딥러닝

심층 신경망

더욱 복잡한 문제를 풀기 위해 은닉층을 2개 이상으로 구성한 퍼셉트론 구조를 심층 신경망(Deep Neural Network, DNN)이라 부르며 이를 이용한 학습 과정을 딥러닝(Deep Learning)이라고 한다. 딥러닝 과정에서는 방대한 양의 데이터를 학습해야 하므로 강력한 컴퓨팅 능력을 필요로 한다. 고성능 그래픽 출력을 위해 개발된 GPU(Graphics

Procesing Unit)가 병렬처리 능력이 뛰어나서 딥러닝 데이터 처리에 매우 적합하게 사용되어 딥러닝 기술 발전에 일등 공신이 되었다.

은닉층이 여러 개 있는 경우 신경망에서는 여러 계층의 특성을 사용하게 된다. 입력층에 가까운 은닉층에서는 단순한 하위 특성을 추출하고, 은닉층을 진행할수록 하위 계층의 정보를 통합하여 복잡한 특성을 추출한다. 은닉층의 노드가 많으면 여러 가지 특성을 추출한다는 의미이고, 은닉층의 수가 많으면 더 복잡한 특성을 추출한다는 의미이다. 그림 9-24의 사례는 안면인식을 위해 훈련된 심층신경망의 은닉층에서 추출하는 특성을 보여주고 있다. 하위 은닉층에서는 경계선 등 국지적인 하위 특성을 추출하고, 중위 은닉층에서는 하위 특성들을 결합하여 물체 일부분의 특성을 추출하며, 상위 은닉층으로 갈수록 전역적 특성을 추출한다.

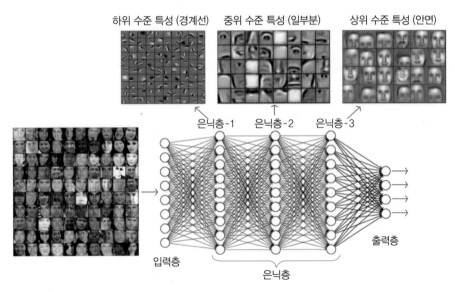

그림 9-24 안면인식 심층 신경망에서 각 은닉층이 추출하는 특성
(출처: https://www.rsipvision.com/exploring-deep-learning)

심층신경망(Deep Neural Network, DNN)은 데이터의 특성에 따라 은닉층의 구성이나 학습 알고리즘을 달리하여 여러 가지 방식으로 개선된 신경망으로 발전하고 있다. 그 중 대표적인 방식으로 영상인식 분야에서 좋은 성과를 보이는 합성곱 신경망(Convolution Neural Network, CNN), 시계열 데이터나 음성 처리에 적합한 순환 신경망(Recurrent Neural Network, RNN), 데이터의 분류보다 데이터의 생성이 목적인 적대적 생성망(Generative Adversarial Network, GAN)이 있다.

(1) 합성곱 신경망(Convolution Neural Network, CNN)

인간의 시신경 구조를 모방해 만들어진 신경망 모델로서 영상인식에 특화되어 있다. 개별 신경세포는 제한된 영역의 자극에만 반응한다는 시각적 원리를 응용하여 처음 시작 단계에서는 부분 정보만을 처리한다. 그리고 인접한 세포들은 부분적으로 중첩된다는 사실에서 전체 영역은 인접한 영역을 중첩하여 종합적으로 판단하도록 합성곱(Convolution) 필터 구성을 하였다.

그림 9-25와 같이 이미지에 주어진 필터를 적용하는 콘볼루션 작업과 파라메터의 숫자를 줄이는 풀링(Pooling) 과정을 반복하면서 특성 지도를 추출해간다. 마지막으로 최상위 계층은 전체 영역이 모두 연결된 신경망으로 추출된 특성을 이용하여 분류하는 작업을 수행하며 출력값이 곧 원하는 객체의 인식 결과가 된다. 합성곱 신경망인 CNN은 이미지의 분류, 객체 인식 및 추출, 안면인식 등 컴퓨터 비전 분야에서 우수한 성능을 보여주고 있다.

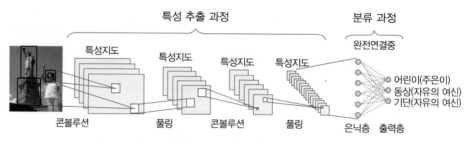

그림 9-25 합성곱 신경망(CNN)의 구성과 처리 과정

(2) 순환 신경망(Recurrent Neural Network, RNN)

다층 퍼셉트론 신경망은 입력 데이터가 출력 방향으로만 활성화되어 한 번 지나간 정보는 기억하지 못하는 단점이 있다. 그러나 순환 신경망은 한 노드에서의 출력이 다시 입력으로 들어오는 순환 구조를 가지므로 시간적 행동 표현이 가능해지므로 시계열 데이터의 처리가 가능하다. 그림 9-26은 RNN 노드의 데이터 순환 처리를 보여주고 있는데 오른쪽 그림처럼 시간 순서대로 입력데이터를 처리하는 결과가 된다. 순환 생성망은 주식 정보와 같이 시간적으로 변하는 데이터의 예측이나, 연속적으로 진행되는 음성의 인식, 필기체 인식, 스팸 문자의 인식, 문장의 해석 및 번역 등의 문제를 해결하는데 매우 좋은 성과를 보이고 있다.

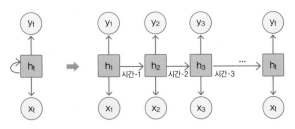

그림 9-26 순환 신경망(RNN)에서 데이터의 순환 처리 개념

(3) 적대적 생성망(Generative Adversarial Network, GAN)

적대적 생성망(GAN)은 앞에서 언급했듯이 데이터의 분류가 아니라 데이터의 생성을 목적으로 설계되었다. 적대적 생성망은 서로 다른 두 개의 신경망을 적대적으로 학습시키며 실제 데이터와 비슷한 데이터를 생성하는 모델이다. 하나는 훈련 데이터의 분포를 배워서 새로운 데이터를 만들어내는 생성망(Generator)이고, 다른 하나는 생성된 결과 데이터의 분포가 얼마나 훈련 데이터와 유사한지 판단하는 평가망(Decriminator)이다. 생성망은 최대한 실제와 유사한 데이터를 만들어 평가망을 속이려 하고, 평가망은 실제와 가짜 데이터를 구별하려고 노력한다. 이렇게 상호경쟁을 하며 학습을 하게 되면 훈련 데이터의 분포와 결과 데이터의 분포가 점점 가까워져서 원본 이미지인지 구분하기 힘든 정도의 결과를 생성해 낼 수 있다.

적대적 생성망을 이용하여 결과를 생성하는 과정에서 이미지 내의 요소나 스타일 등의 특성을 학습하여 다른 이미지에 그 특성을 반영한 새로운 이미지를 만들 수 있다. 즉, 인물 사진에 수염을 추가하거나 나이든 모습으로 바꿀 수도 있고, 동물의 모습을 반영한 사진으로 변환할 수도 있다. 그림 9-27은 다양한 포즈의 여성 인물 사진을 학습시킨 후 입력 이미지에서 추출된 특성을 학습된 이미지에 반영하면 해당 인물이 다양한 포즈를 취하는 사진을 생성할 수 있다. 고양이 사진도 마찬가지로 줄무늬 혹은 검은 고양이 사진 한 장으로부터 다양한 모습의 고양이 사진을 생성해 낸 결과이다.

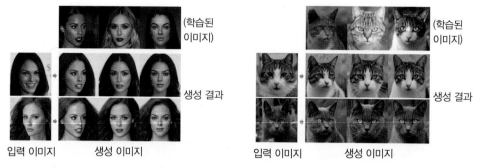

그림 9-27 적대적 생성망(GAN)을 이용한 이미지 생성 결과 (출처: 네이버 클로버)

이런 방법으로 사진 이미지로부터 특정 화풍의 그림도 생성할 수 있다. 인공지능이 특정 화가의 화풍 스타일을 배워서 다른 사진 이미지를 해당 화풍의 스타일로 바꾸어 그린 그림을 생성한다. 그림 9-28에서는 각 화가의 화풍 스타일을 학습한 후 암스테르담 거리 풍경을 고흐 화풍으로, 뭉크나 칸딘스키 화풍으로 그려낸 결과이다. 생성망은 이미지의 생성뿐 아니라 음악 작품의 생성도 가능하며, 사진이나 그림 속의 내용을 설명하는 문장도 만들어 낼 수 있다. 더 나아가 영화나 동영상을 축약하여 요약본을 만들기도 하고, 인공지능으로 영화 예고편을 만들기도 하였다.

그림 9-28 GAN을 이용한 이미지 스타일 변환 학습의 결과
(출처: Leon Gatys et. al., "A Neural Algorithm of Artistic Style")

9.3.4 전이학습과 생성형 인공지능

딥러닝이 인공지능 분야에서 괄목할 만한 성과를 내고 있지만, 방대한 학습데이터와 많은 계산량을 필요로 하는 문제가 있다. 전이학습(Transfer Learning)이란 이미 개발되어 사전 학습된(pre-trained) 신경망 모델에 원하는 문제 해결을 위한 데이터를 학습시켜 새로운 모델을 만드는 기술이다. 기존에 개발된 신경망 모델의 구조와 훈련 데이터가 공개되어 있다면, 비슷한 문제 영역이라면 학습 데이터가 다소 적더라도 좋은 성능을 보일 수 있으며 더 나아가 특정 영역에 국한하여 더 강력한 모델도 만들 수 있다.

전이 학습

영상분야에서는 영상 분류를 위해 공동으로 작업하여 구축한 대규모 영상 학습 신경망인 이미지넷(ImageNet)이 이미 공개되어 있다. 이미지넷을 훈련 데이터로 미리 학습시켜 놓은 신경망 모델인 AlexNet, VGG, GoogleNet, ResNet 등을 이용하여 자신의 데이터로 학습하면 원하는 영상 분류기를 손쉽게 만들 수 있다(그림 9-29 참조).

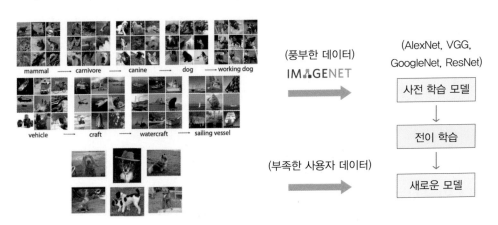

그림 9-29 영상 분류를 위한 전이 학습의 개념

영상 분야보다는 약간 늦었지만 자연어 처리 분야에서도 BERT(Bidirectional Encoder Representations from Transformers)라는 심층 신경망 모델이 공개되면서 전이 학습이 확산되었다. 구글이 제안한 BERT는 사전 학습된 대용량의 데이터를 이용하여 언어 모델(Language Model)을 학습하고 이를 토대로 전이학습을 하여 특정 작업을 위한 신경망 모델을 구현할 수 있다. 문서의 분류, 문장 유사도 추론, 문장 예측 및 번역 등 자연어 처리의 다양한 분야에서 좋은 성과를 보이고 있다.

또 하나 잘 알려진 모델이 OpenAI가 선보인 GPT(Generative Pre-trained Transformer)이다. 사전 학습된 언어 모델인 GPT-2와 GPT-3의 공개는 자연어 처리 분야에 큰 기여를 하고 있다. GPT 모델을 기반으로 전이 학습을 하여 텍스트의 요약, 대화 생성, 질의 응답 생성, 챗봇 등에 필요한 신경망 모델을 만들어 사용할 수 있다. 대표적인 활용 사례로 OpenAI가 개발한 인공지능 챗봇인 ChatGPT가 있다. ChatGPT는 다양한

지식 분야에서 정교한 답변을 생성하고, 주어진 주제로 보고서나 글도 작성하며 시험문제
도 풀 수 있어서 세상의 관심이 집중되고 있다.

생성형 인공지능

이렇듯 사용자의 요청에 대응하여 텍스트, 이미지, 기타 미디어 등의 새로운 콘텐츠를 만
들어 주는 생성형 인공지능(Generative AI) 기술이 다양한 분야에서 적용되고 있다. 생
성망(GAN)이나 전이학습 등으로 더 진화된 생성형 인공지능 기술은 사용자가 요구한 질
문이나 과제를 해결하기 위해 스스로 데이터를 찾아서 학습하여 능동적으로 새로운 데이
터나 콘텐츠를 제시해 주는 수준까지 발전하였다. 글쓰기, 그림 그리기, 프로그램 코딩 등
의 창작이나 예술의 세계가 인간만이 가능한 영역으로 생각했으나, 딥러닝 기술의 발전으
로 생성형 인공지능이 창작의 영역을 넘보고 있다. 그러나 생성형 인공지능은 사람을 속이
는 가짜뉴스와 딥페이크(Deepfake)를 만들거나 혹은 보고서나 논문을 대필하는 등의 부
작용이 발생할 수 있으므로 오용을 방지하는 노력이 필요하다.

9.4 인공지능 활용 분야

인공지능이 핵심 기술로 자리하고 있는 대표적인 분야로는 패턴 인식, 컴퓨터 비전, 자연
어 처리, 지능형 로봇 등이 있다. 이 절에서는 각 분야에서 인공지능 기술이 어떻게 활용되
고 있는지 알아본다.

9.4.1 컴퓨터 비전과 패턴 인식

컴퓨터 비전(Computer Vision)은 사람이 하듯이 기계가 보고 이해할 수 있는 능력을 가
지도록 하는 것이 목표로서 컴퓨터에게 시각 데이터 처리 능력을 부여하는 기술이다. 컴퓨
터 비전의 처리과정은 일반적으로 다음과 같이 3단계로 구분할 수 있다. 우선 카메라로 들
어온 입력 영상을 목적에 맞도록 가공하는 단계가 영상처리(Image Processing) 과정이
며, 다음으로는 영상에서 경계나 텍스처와 같은 기하적 정보 혹은 특정 패턴의 특징을 추
출하는 패턴인식(Pattern Recognition) 과정이다. 마지막으로 추출된 정보에서 원하는
목적에 맞도록 해석(Interpretation)하는 과정이 있다.

컴퓨터 비전은 다음과 같이 의료, 제조, 유통, 군사 및 최근 자율 주행 등 다양한 응용분야에서 광범위하게 활용되고 있다. 최근에는 딥러닝 기술이 적용되면서 훨씬 더 좋은 성과를 보이고 있다.

- 의료 분야: 인공지능이 폭넓게 활용되는 대표적인 분야이다. X선이나 MRI 영상을 판독하여 질병에 대한 진단을 방사선 전문의보다 높은 정확도로 판단하고 있다.
- 제조 공정: 오래전부터 불량품 검사나 상태 검사 등 제조 공정에서 컴퓨터 비전 기술이 사용되고 있다. 생산 공정이 자동화됨에 따라 고장 여부의 판단이나 예측이 점점 중요해지고, 또한 산업용 로봇도 비전 기술의 발전과 함께 더욱 많은 역할을 하게 되었다.
- 유통 분야: 그동안 바코드나 QR코드로 상품 정보를 인식하여 유통 과정을 자동화하였으며 최근에는 상품 이미지 자체를 인식하거나 고객의 안면인식을 통해 매장 관리 및 고객의 구매 관리까지 도움을 주고 있다.
- 자율 주행: 최근 컴퓨터 비전 기술이 자동차 자율 주행에 핵심적인 역할을 하고 있다. 차선을 인지하고, 교통 신호를 인식하며, 위험을 감지하며 예상치 못한 상황에 대처해가며 목적지까지 자동으로 주행하고 있다.

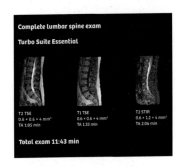

(a) 의료 영상 판독   (b) 자율주행을 위한 물체인식

그림 9-30 컴퓨터 비전 기술의 활용 사례 (출처: siemens-healthineers, Stradvision)

9.4.2 자연어 처리

자연어 처리 혹은 자연 언어 처리(Natural Language Processing, NLP)는 컴퓨터가 사람의 일상적인 언어를 이해하고 문장을 생성하며 대화할 수 있도록 해주는 기술로서 인공지능의 핵심 분야 중 하나이다. 자연어를 이해하려면 대상 언어에서 사용하는 단어와 문법 지식도 필요하지만 대화 영역의 지식과 일반 상식도 상당히 필요로 한다. 그동안의 연구 성과로 문장 구조의 분석은 상당한 수준이고, 일반 상식에 의존하지 않는 특정 영역 내에서의

대화도 수준급이다. 현재 자연어 처리 기술은 정보 검색 뿐 아니라 문장의 이해 및 분석, 문서 분류, 자동 번역, 대화형 챗봇 및 음성 인식 등 다양한 분야에서 활용이 되고 있다.

- 정보 검색: 이전에는 주로 명사나 단어 위주로 검색을 하였지만 최근에는 자연어 처리 기술을 적용하여 자연스러운 문장을 입력하여 검색하는 추세로 발전하고 있다.

- 문장 분석: 문장 이해 기술은 더욱 발전하여 수없이 생산되는 문서 중에서 원하는 정보에 해당하는 문서들을 골라서 내용을 요약해 주는 서비스가 실현되고 있다. 신문기사, 논문, 보고서를 요약해 주고 소설이나 영화의 요약본을 만들어 주고 있다.

- 자동 번역: 기계번역 기술도 발전을 거듭하여 실용적인 단계로 수준이 많이 향상되었다. 우리말과 영어 사이의 번역은 아직 부족한 면이 있지만 유럽 언어와 같이 유사한 계통의 언어간 번역은 상당한 수준으로 활용되고 있다.

- 대화형 챗봇: 딥러닝 기술을 적용하여 문장 생성 능력이 발전함에 따라 질문에 답변을 자동으로 생성하고, 챗봇에서 대화를 진행할 수 있다. 특히, 최근의 GPT 기술은 궁금한 질문에 대해 전문가 수준의 답변도 생성해 준다.

- 음성 인식 및 서비스: 음성인식 기술은 자연어 처리 기술과 연계하여 수준 높은 서비스를 제공할 수 있다. 기계와 음성으로 대화하는 경우 더 많은 정보를 파악할 수 있으며, 다양한 서비스가 가능해진다. 인공지능 스피커는 실용적으로 사용되고 있으며, 음성 대화가 가능한 챗봇은 아바타 형태로 적용되어 인공사람(Artificial Human)으로 발전하리라 기대하고 있다.

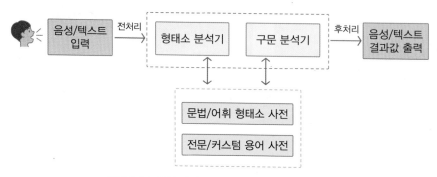

그림 9-31 음성 서비스와 연계된 자연어 처리 과정

9.4.3 지능형 로봇

지금까지 대부분의 로봇은 공장에서 생산성 향상과 자동화 공정을 위하여 반복 작업을 수행하는 노동을 대체할 목적으로 이용되어 왔다. 이에 비해, 지능형 로봇은 인간의 일상생활에서 삶의 질을 높여주는 목적으로 이용된다. 최근 많은 발전을 보이고 있는 지능형 로봇은 주변 환경을 인식(Perception)하고 스스로 상황을 인지(Cognition)하여 자율적으로 동작하도록 개발되어 다양한 목적으로 활용되고 있다.

- 휴머노이드 로봇: 지능형 로봇은 용도에 따라서 다양한 모습을 가지고 있다. 외모가 인간처럼 생긴 로봇을 휴머노이드(Humanoid) 로봇이라 부르며, 몸통, 머리, 두 다리와 두 팔로 구성되어 있다. 또한, 네다리로 4족 보행을 하는 동물로봇도 있다. 그림 9-32에서 (a)는 혼다에서 개발한 ASIMO 로봇이 계단을 내려오는 장면이며, (b)는 한국의 KAIST에서 개발한 휴보2 로봇이 춤추는 모습이다. (c)는 4족 보행을 하는 로봇으로 넘어지지 않고 안정적으로 걸으며 시속 20km의 속도로 뛸 수도 있다.

(a) 혼다의 ASIMO 로봇   (b) KAIST의 휴보2 로봇   (c) 4족 보행 로봇

그림 9-32 다양한 모습의 지능형 로봇 (출처: 위키백과, 과학학습콘텐츠, WeGo Robotics)

- 가정용 로봇: 지능형 로봇이 우리 생활에서 가장 많이 활용되고 있는 분야는 가정에서 일상적이고 반복적인 작업을 사람을 대신해서 수행하는 것이다. 카펫청소, 마루 걸레질 하기와 같이 가정의 일상적인 작업을 비롯하여 애완용 동물 등 다양한 역할을 하는 로봇들이 개발되었다. 그림 9-33(a)는 거실 바닥을 청소해주는 로봇이며, 9-33(b)는 애완용 강아지 로봇이다.

(a) 청소 로봇   (b) 애완용 강아지 로봇

그림 9-33 가정에서 사용되는 지능형 로봇 (출처: LG전자, 11번가)

• 기타 작업 수행 로봇: 이외에도 지능형 로봇은 음식 서빙 로봇, 장애자를 위한 도우미, 수술용 로봇 등 다양한 분야에서 활용되고 있다. 그림 9-34에서 (a)는 음식을 서빙하는 로봇으로 최근 많이 사용되고 있다. (b)는 수질의 오염 환경을 감시하는 로봇 물고기이며, (c)의 수술용 로봇 '다빈치(Da Vinci)'는 외과의사가 효과적으로 수술을 할 수 있도록 해준다.

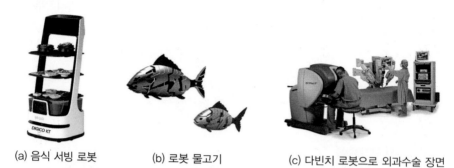

(a) 음식 서빙 로봇　　(b) 로봇 물고기　　(c) 다빈치 로봇으로 외과수술 장면

그림 9-34 다양한 작업을 수행하는 지능형 로봇 (출처: KT, d-mot.com, Maxongroup)

연습문제

01 컴퓨터와 사람이 분리된 방에서 각각 질문자와 대화를 나누고, 질문자가 컴퓨터와 사람을 구별할 수 없다면 컴퓨터가 지능이 있다고 판단하는 방법을 (   )라고 한다.

02 잘 정리된 전문 지식을 이용하여 특정 영역에 대한 질문에 전문가 수준으로 대답하거나 문제를 해결하려는 연구 방법론을 (   )이라고 한다.

03 추론 방법에는 주어진 사실에 부합하는 조건을 찾아서 해당하는 반응을 순서대로 찾아 나가는 (   ) 추론과 주어진 목표에 부합하는 규칙을 찾아서 조건이 성립했는지 찾아 나가는 (   ) 추론이 있다.

04 지식 표현의 방법으로는 조건에 따른 행동이나 절차를 표현하는 규칙 기반 지식표현 방식과 객체나 개념 간의 관계를 표현하는 (   ) 방식이 있다.

05 선형분류만 가능한 퍼셉트론의 약점을 입력층과 출력층 사이에 (   )을 추가하여 극복하였고, 이것을 (   )라고 한다.

06 활성화 함수에서 대표적인 것이 (   )함수인데, 이 함수는 불연속적인 계단함수를 연속함수로 부드럽게 만든 것이다.

07 다층 퍼셉트론 신경망은 입력 데이터가 출력 방향으로만 활성화되어 한 번 지나간 정보는 기억하지 못하는 단점이 있다. 그러나 (   )은 한 노드에서의 출력이 다시 입력으로 들어오는 순환 구조를 가지므로 시계열 데이터의 처리에 적합하다.

08 (   )은 훈련 데이터의 분포를 배워서 새로운 데이터를 만들어내는 생성망과 생성된 결과 데이터의 분포가 얼마나 훈련 데이터와 유사한지 판단하는 평가망으로 구성된다.

09 이미 개발되어 사전 학습된 신경망 모델에 원하는 문제 해결을 위한 데이터를 학습시켜 새로운 모델을 만드는 기술을 (   )이라고 한다.

10 인공지능 분야 중에 컴퓨터 비전은 컴퓨터에게 시각 데이터 처리 능력을 부여하는 기술이며, (   )는 컴퓨터가 사람의 일상적인 언어를 이해하고 문장을 생성하여 대화할 수 있도록 해주는 기술이다.

주요 개념 확인(단답식)

01 인공지능의 핵심 요소 기술은 문제해결을 위한 일련의 과정으로 설명될 수 있다. 인공지능이 주어진 상황에서 답을 찾아가기 위해 선택할 수 있는 행동을 찾아가는 기법은 무엇인가?

02 복잡한 현실의 문제를 탐색공간으로 표현하기 위해 많이 사용되는 것으로, 문제해결 과정의 중간 상태를 각각 하나의 노드로 나타낸 것을 가리키는 표현 기법은?

03 규칙기반 방식의 지식표현에서 사용되며, 기존의 지식으로부터 새로운 사실을 알아내거나 논리적 결론을 도출하는 의사 결정 방법은 무엇인가?

04 데이터 집합에서 유사한 특징을 가진 것들끼리 찾아서 묶는 비지도학습 알고리즘으로, 같은 군집에 있는 데이터와는 특성 거리를 최소화하고, 다른 군집에 있는 데이터와는 특성 거리를 최대화하기 위해 군집의 소속을 바꾸어 가면서 최적의 조합을 찾는 과정은 무엇이라고 하는가?

05 지도학습으로 수행하는 대표적인 문제의 일종으로, 이미지에서 숫자를 판단하거나 객체를 인식하는 문제를 무엇이라고 하는가?

06 상황별 행동에 대한 보상값을 이용하여 스스로 바람직한 방향으로 행동 패턴을 학습하는 기계학습 기법은?

07 딥러닝 과정에서는 방대한 양의 데이터를 학습해야 하므로 강력한 컴퓨팅 능력을 필요로 한다. 병렬처리 능력이 뛰어나 방대한 양의 딥러닝 데이터 처리에 매우 적합한 컴퓨터 장치는 무엇인가?

08 생물학적 신경세포가 임계점을 넘기면 전기적 충동을 내보내는 것과 같이 임계점 이하에서는 출력이 없다가 임계점을 넘어서면 높은 값이 나오도록 설계된 인공신경망의 함수를 무엇이라고 하는가?

09 시신경 구조를 모방해 만들어진 신경망 모델로서 영상인식에 특화되어 있으며, 전체 영역은 인접한 영역을 중첩하여 종합적으로 판단하도록 하는 신경망은?

10 GAN에서 훈련 데이터의 분포를 배워서 새로운 데이터를 만들어내는 구조와 생성된 결과 데이터의 분포가 얼마나 훈련 데이터와 유사한지 판단하는 구조는 각각 무엇인가?

사고 능력 함양(객관식)

01 지식표현의 기본 단위는 3개 항목의 집합으로 표현된다. 다음 중 지식표현의 기본 단위의 항목이 아닌 것은?

    a. 주어   b. 술어   c. 관계   d. 객체

02 상황별 행동에 대한 보상값을 이용하여 스스로 바람직한 방향으로 행동 패턴을 학습하는 기법으로, 알파고와 같은 게임 대결이나 로봇의 작동에 가장 적합한 기계학습 알고리즘은?

    a. 지도학습   b. 비지도학습   c. 강화학습   d. 유전자 알고리즘

03 다음 중 상태공간트리에 대한 설명으로 옳은 것은?

    a. {조건-반응}의 규칙을 {IF 조건, THEN 반응}과 같이 논리적으로 표시하고 이를 이용하여 추론을 통해 의사 결정을 하도록 한다.

    b. 모든 노드를 다 방문하지 않고 선택적으로 일부만 방문하는 탐색기법이 개발되었다.

    c. 문제 풀이의 해를 구하는 것은 상태공간 트리에서 최적의 해가 되는 최상위 노드를 탐색하는 과정이다.

    d. 노드로 각 데이터를 표현하였고 이들 사이의 관계를 연결선으로 나타내었다.

04 다음 중 지도학습에 대한 설명으로 옳지 않은 것은?

    a. 입력과 대응하는 출력을 쌍으로 하는 데이터 집합을 훈련하여 입출력 대응관계의 함수를 찾는다.

    b. 소비자의 구매 이력을 이용하여 상품 추천을 하는 경우 소비자의 구매 패턴을 유사한 것들끼리 찾아서 묶는다.

    c. 준비한 데이터 집합에는 라벨이 주어진다.

    d. 준비된 데이터로부터 패턴을 구분하는 특성과 경계값을 스스로 식별하는 알고리즘을 생성하여 패턴분류 시스템에 사용된다.

05 인공 신경망은 인간 뇌 속의 뉴런 구조를 모방하여 만든 기계학습 모델로 인공지능을 구현하는 기술 중 하나이다. 생물학적 신경망과 인공 신경망을 대응시켰을 때, 뉴런 1개에 해당되는 것은?

    a. 퍼셉트론   b. 활성화 함수

    c. 입력층   d. 다층 퍼셉트론

06 다음 중 퍼셉트론을 이용하여 개발한 단층 신경망은 특정 문제를 풀 수 없다는 약점이 있다. 다음 중 풀 수 없는 문제에 해당하는 것은?

    a. AND   b. OR

    c. NOR   d. XOR

07 다음 중 심층 신경망에 대한 설명으로 옳지 않은 것은?

    a. 은닉층을 2개 이상으로 구성한 퍼셉트론 구조를 심층 신경망이라고 한다.

    b. 입력층에 가까운 은닉층에서는 전역적인 특성을 추출한다.

    c. RNN은 한 노드에서의 출력이 다시 입력으로 들어오는 순환 구조를 가진다.

    d. GAN을 이용하면 이미지 내의 요소나 스타일 등의 특성을 학습하여 다른 이미지에 그 특성을 반영한 새로운 이미지를 만들 수 있다.

08 시간적으로 변하는 주식 정보 데이터를 가지고 특정 시점의 주식 거래량을 예측하려고 할 때, 다음 중 가장 적합한 신경망은?

    a. MLP   b. CNN

    c. RNN   d. GAN

09 학습된 인물 이미지의 특성을 반영하여 해당 인물이 다른 표정을 짓고 있는 이미지를 얻고자 할 때, 다음 중 가장 적합한 신경망은?

    a. MLP   b. CNN

    c. RNN   d. GAN

10 자연어 처리는 컴퓨터가 사람의 일상적인 언어를 이해하고 문장을 생성하며 대화할 수 있도록 해주는 기술이다. 다음 중 자연어 처리의 활용 분야와 가장 거리가 먼 것은?

    a. 챗봇   b. 물체 인식

    c. 음성 인식   d. 자동 번역

보충 과제(주관식)

01 인공지능, 기계학습, 딥러닝의 각각의 개념을 정의하고, 그들 간의 관계 및 포함관계를 설명하라.

02 인공신경망에서 활성화 함수의 역할은 무엇이고, 주요 활성화 함수인 시그모이드(Sigmoid)와 렐루(ReLU)의 차이점을 설명하라.

03 딥러닝 학습 시에 발생하는 과적합(Overfitting)이란 무엇이고, 어떻게 방지할 수 있을지 조사하라.

04 자연어 처리 분야에서 트랜스포머(Transformer) 아키텍처에 대해 조사해보고, 이것이 기존 RNN 및 LSTM에 비해 어떤 장점을 가지고 있는지 설명하라.

05 인공지능의 발전이 윤리적, 경제적 측면에서 어떤 문제들을 발생시킬지 설명하고, 이러한 문제들을 해결하기 위한 방안을 제시하라.

단원개요 ●

초연결사회(Hyper–Connected Society)란 사람과 데이터, 사물 모든 것이 통신기술과 인터넷을 통하여 서로 연결된 사회를 말한다. SNS와 스마트폰을 통해 사람들이 연결되었고, 최근에는 클라우드 컴퓨팅과 사물인터넷을 통해 데이터와 사물들이 연결되기 시작하였다. 이 장에서는 초연결사회를 실현하는 요소인 사물인터넷과 클라우드 컴퓨팅 기술을 살펴보고 이러한 기술들의 활용분야로 헬스케어를 포함한 다양한 스마트사회에 대하여 알아본다.

10.1 사물인터넷(IoT)

사물인터넷 기술은 초연결 사회에서 가장 기반이 되는 기술로서 우리 사회에 미치는 영향과 시장이 지속적으로 증가할 것으로 예상된다. 사물인터넷의 발전과 관련 기술, 즉 유비쿼터스 컴퓨팅, 퍼베이시브 컴퓨팅, M2M 등에 대하여 설명하고 상호 관련성을 알아보도록 한다.

10.1.1 유비쿼터스 컴퓨팅과 사물인터넷

유비쿼터스 컴퓨팅의 개념

유비쿼터스 컴퓨팅(Ubiquitous Computing) 개념은 1988년 제록스 파크(Xerox PARC) 연구소의 마크 와이저 박사와 동경대학의 사카무라 켄 교수에 의해 처음으로 제시되었다. 'Ubiquitous(편재적)'의 의미는 라틴어에서 유래하였고 어디서나(Everywhere)의 의미로 보편적으로 존재, 즉 편재한다는 의미를 가지고 있다. 따라서 유비쿼터스 컴퓨팅은 인간 중심의 컴퓨팅 기술로써 컴퓨터와 센서가 현실 세계의 곳곳에 존재하나 사용자는 그 존재를 인식하지 못하고 언제, 어디서나 시간적 및 공간적 구애를 받지 않고 자연스럽게 서비스 받을 수 있는 컴퓨팅 환경을 뜻한다.

유비쿼터스 환경에서는 컴퓨터들이 모든 곳에 편재되어 있고, 네트워크로 연결되어 있으며, 사용자가 필요로 하는 정보나 서비스를 장소, 시간에 구애받지 않고 즉각 제공한다. 그림 10-1에서 보듯이 유비쿼터스 환경에서는 직장, 가정, 자동차, 야외 등 어느 곳에서나 시간적, 공간적 제약을 받지 않고(Any Space/Any Time) 사용자가 필요로 하는 정보나 서비스(Any Service)를 받을 수 있음을 보여주고 있다. 이것은 유비쿼터스 환경 내의 모든 사물, 인간, 기기들이 네트워크에 의해서 다양한 통신망으로 연결되어 있기 때문에 가능하다. 이용자는 유비쿼터스 네트워크 내에서 컴퓨터, 센서, 통신망들의 존재를 인지하지 않은 상태에서 모든 단말기(Any Device)를 통해서 이용하게 된다.

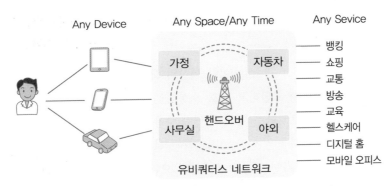

그림 10-1 유비쿼터스 환경 (출처: 테크노경영연구정보센터)

유비쿼터스 컴퓨팅에서는 모든 컴퓨터와 사물 및 인간이 유비쿼터스 네트워크에 의해 연결되어 있으나, 이러한 것들이 밖으로 들어나 보이지 않아서(Invisible, Disappearing) 사용자가 의식하지 않은 상태로 서비스를 제공받는 속성을 가진다. 따라서 앨런 케이(Alan Kay)는 유비쿼터스 컴퓨팅을 '조용한 기술(Calm Technology)'이라 불렀다(1995).

유비쿼터스에서 사물인터넷으로

역사적으로 보면 1988년 유비쿼터스 컴퓨팅 개념이 출현한 후 1990년 후반 앰비언트 인텔리전스(Ambient Intelligence) 기술이 개발되었고 2003년 퍼베이시브 컴퓨팅(Pervasive Computing) 기술이 개발되었다. 이후 유비쿼터스 컴퓨팅 개념이 더욱 확장되고 구체화 되면서 사물인터넷(IoT: Internet of Things)과 만물인터넷(IoE: Internet of Everything) 개념으로 발전되었다(그림 10-2 참조). 사물인터넷이라는 용어가 처음 나온 것은 1999년(MIT Kevin Ashton)이지만 사물인터넷의 개념이 일반화되고 확산된 것은 2009년경이다. 사물인터넷 개념으로 발전하게 된 배경에는 센서 기술의 발전과 가격의 하락, 스마트폰의 확산, 무선인터넷 기술의 발전, 클라우드 컴퓨팅, 빅데이터 분석 등이 주요 요인으로 작용하였다.

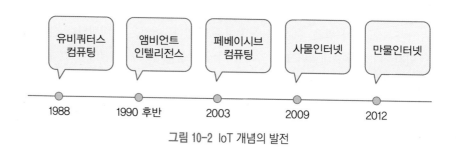

그림 10-2 IoT 개념의 발전

사물인터넷의 개념

사물인터넷(IoT: Internet of Things)이란 세상의 모든 사물을 무선 인터넷을 이용하여 연결하고 사물 간에 정보를 교환하고 상호 소통하는 인프라와 서비스를 의미한다. 사물 간에 자유로운 소통과 정보교환을 통하여 인간(사용자)에게 유용한 정보를 활용하고 제어, 통제할 수 있게 된다. 사물은 인간, 차량, 각종 전자기기, 교량, 시설물, 안경, 시계, 의류, 동식물 등을 포함하며 자연 환경에 존재하는 모든 물리적 객체를 의미한다. 과거에도 M2M, 유비쿼터스 등의 유사한 개념이 존재하였다. M2M(Machine to Machine)은 사람이 직접 제어하지 않는 상태에서 사물 또는 지능화된 기기들 간의 상호 소통을 의미한다. M2M과 유사한 개념으로 RFID/USN이 있다. M2M이 일반적으로 사람이 접근하기 어려운 영역의 원격제어나 감시를 의미하는데 비하여 RFID/USN은 홈네트워킹이나 물류, 유통 등의 분야에 적용되고 NFC를 이용하여 모바일 결제 개념으로 확장되었다. M2M에서는 통신 주체가 사물 중심인데 비하여 사물인터넷은 인간을 중심으로 하는 환경에 초점을 맞추었다. 유비쿼터스 개념은 사용자가 네트워크나 컴퓨터를 의식하지 않고 장소, 시간에 구애받지 않고 자유롭게 네트워크에 접속하는 환경을 의미한다. 1990년대 유비쿼터스 개념이 출현할 때 개념으로는 존재했지만 유비쿼터스 컴퓨팅을 현실 세계에 적용할 수 있는 여건과 환경이 부적합하였다. 따라서 유비쿼터스 개념이 제한된 영역에서 활용되었다. 그러나 최근 센서 가격이 저렴해지고 클라우드 서비스가 보편화되며 5G 등 광대역 네트워크의 속도가 빨라지고 지능화되면서 이제 IoT의 실현이 가능하게 되었다. 사물인터넷은 인간의 개입이 전혀 없어도 사물들이 주체적이고 자동적으로 상호작동 할 수 있는 개념에 기반하고 있다.

10.1.2 사물인터넷의 기반 기술과 활용

사물인터넷 혁명

사물인터넷이 활용되는 분야는 그림 10-3에서 보듯이 스마트홈, 스마트 시터, 무인 자동차와 같은 스마트카, 교통, 에너지 관리, 보안 및 감시, 빌딩 관리, 제조업, 농업, 헬스케어 등 무수히 많은 다양한 분야를 포함한다. 컴퓨팅의 발전 역사를 되돌아보면 메인프레임 컴퓨터와 미니컴퓨터 시대를 거쳐 PC 시대에 마이크로소프트사와 인텔사가 주역으로 올라섰다. 그 후 웹 환경의 구글사와 모바일 영역의 애플사가 IT시대의 흐름을 선도하며 모바일 혁명을 일으켜왔다. 앞으로는 IoT 시대를 이끌어가는 기업이 IT 산업을 장악할 것이라고 예상되고 있다. 앞으로 IoT 기술이 2차 디지털 혁명을 일으키리라고 많은 전문가들이 예상하고 있다.

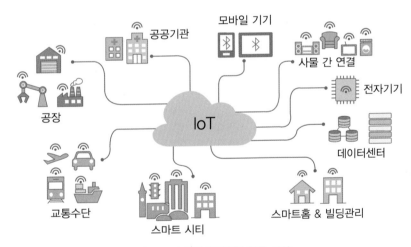

그림 10-3 IoT의 대표적인 활용 분야

사물인터넷의 3가지 핵심요소

IoT를 실현하기 위하여 요구되는 3가지 핵심요소는 센서 및 액추에이터(Sensors & Actuators), 연결 네트워크(Connectivity) 및 서비스 인터페이스(Service Interface)이다. 센서는 GPS와 비콘과 같이 위치 데이터를 획득하는 장치, 눈과 귀의 역할을 수행하는 카메라 및 마이크로폰, 속도 및 가속도와 같은 운동 데이터를 획득하는 장치, 온도, 습도, 압력, 소리, 전기, 자기 데이터를 획득하는 장치 등 그 활용 분야에 따라 매우 다양하다. 또한, 인체의 각종 생체정보를 측정하는 센서 등도 존재한다. 센서는 인간의 신경계와 같은 역할을 담당한다. 이에 비해, 액추에이터(Actuator)는 상황에 맞추어 물체를 이동하거나 회전시키는 모터, 스위치의 On/Off, 장치의 Open/Close 등의 기능을 수행한다.

IoT에서는 센서, 액추에이터뿐 아니라 제어하고 싶은 사물이나 스마트폰과 같은 사용자의 장치가 모두 네트워크에 연결되어 실시간에 상호 정보교환을 수행할 수 있어야 한다. 따라서, 연결 네트워크는 매우 중요한 인프라이고 사물들을 연결하기 위한 개방형 프레임워크가 요구된다. 그림 10-4에서 보듯이 개방형 프레임워크는 다양한 OS 상에서 작동하는 기기들과 센서들을 인식하고 이들 간에 정보를 교환할 수 있도록 해주며 외부 침입으로부터 보안을 유지해준다. 또한 하부 트랜스포트 레이어에서 각종 통신 방식을 지원할 수 있어야 한다. IoT 응용 개발자는 개방형 프레임워크가 지원하는 API를 이용하여 각 분야에 적합한 응용 소프트웨어를 개발한다. 스마트폰 시대에 iOS 및 안드로이드와 같은 플랫폼이 가장 중요한 역할을 했듯이 사물인터넷에서도 주도하는 플랫폼이 핵심요소가 될 것이다. 마지막으로 서비스 인터페이스는 사물인터넷을 구성하는 요소들을 서비스 및 애플리케이션에 연동시켜주는 역할을 담당한다. 개방형 프레임워크가 이러한 기능을 담당하고 빅데이터 분석을 통해 새로운 가치를 찾아낸다.

그림 10-4 IoT를 지원하는 개방형 프레임워크의 구성 (출처: www.slideshare.net/openinterconnect)

근거리 무선통신 기술: 비콘과 NFC

사물인터넷은 인간의 참여와 간섭을 최소화하고 사물 간에 생성되는 데이터를 실시간에 획득하고 교환하여 적절한 정보의 활용을 자동화하는 것을 지향하고 있다. 사물인터넷은 인간(사용자)뿐만 아니라 가전제품, 가정의 모든 사물, 자동차, 건물, 도로와 같은 사물이 데이터를 생산하고 교환하는 주체가 된다. 데이터를 생산하고 교환하며 활용하는 분야는 이외에도 제조업, 농업, 헬스케어 영역과 같은 전통적인 분야를 포함한다. 데이터를 획득하고 교환하기 위해서는 기존의 Wi-Fi로는 한계가 있다. Wi-Fi의 기술적 한계를 극복하고 IoT 기술의 확장을 위하여 비콘(Beacon)과 NFC 등 근거리 무선통신 기술이 이용되고 있다. 사물인터넷에서 작은 크기의 사물을 인터넷에 연결할 때 해결해야 할 문제점은 전력소모량이다. 이를 해결하기 위하여 최근 부상하고 있는 기술이 저전력 블루투스 기술을 이용한 비콘과 RFID 기술을 이용한 NFC이다. 모든 센서들이 오래 동안 동작하기 위해서는 저전력 센서이거나 무선으로 충전될 수 있어야 한다. 비콘과 NFC는 고정되어 있는 액세스 포인트 영역에 이동형 물체가 일정거리 안으로 다가오면 상호 통신이 가능하게 된다. 애플의 아이비콘(iBeacon)의 경우 동전 크기의 전지로 1년 이상 작동하고 최대 50m까지 통신할 수 있다. 또한 비콘을 이용하면 GPS 위성이 닿을 수 없는 실내에서도 위치추적을 수행하여 위치기반서비스(LBS) 영역에서도 이용할 수 있다. 비콘은 스마트홈의 구현에 매우 유용한 핵심 기술이다. 이에 비하여 NFC는 주로 10cm 이내의 단거리 통신에 이용된다. 비콘에 비해 통신 거리가 짧기 때문에 위치추적에는 사용할 수 없지만 보안성이 우수하여 지불결제서비스에 이용되고 있다(그림 10-5 참조).

(a) 애플의 애플페이   (b) 삼성의 삼성페이

그림 10-5 NFC 기술을 이용한 지불 결제 서비스 (출처: Apple, 삼성)

사물인터넷의 활용분야

사물인터넷의 활용 분야는 크게 스마트홈과 같은 개인 영역, 제조업 및 비즈니스 영역, 도시와 같은 인프라 영역의 세 가지 영역으로 구분할 수 있다. 그림 10-6은 이 세 가지 영역에서 대표적인 활용 분야를 보여주고 있다. 가정에서 외부침입에 대한 보안과 감시 그리고 화재, 가스 누출, 연기와 같은 비상사태에 IoT 기술을 이용한다. 가정의 에너지 모니터링, 물 관리, 가정 엔터테인먼트 시스템에서도 IoT 기술이 이용된다. 개인의 헬스케어 분야에서도 각종 센서들을 이용하여 건강이상 상태를 실시간으로 탐지하여 사용자나 의사에

게 알려준다. 이외에도 웨어러블 기기를 이용한 스마트 리빙, 애완동물 관리 등의 활용 분야도 있다. 교통 및 자동차 영역에서는 무인 자동차를 비롯하여 차량의 점검, 교통 정보의 제공, GPS를 이용한 위치기반서비스 등이 있다.

스마트 시티 영역에서는 도시의 보안과 위기관리, 도시의 안전, 에너지 관리, 대중교통의 운영, 하이웨이 관리와 주차, 빌딩관리, 스마트 교육 분야를 들 수 있다. 이외에도 다양한 센서들을 이용한 환경관리 분야에도 IoT 기술이 유용하게 쓰인다. 환경 분야에서는 도시의 곳곳에 설치된 다양한 센서들을 이용하여 획득된 대기오염 데이터, 기후 및 환경 관련 데이터가 클라우드를 통하여 이용자의 스마트폰에 제공되고 적절한 조치를 취할 수 있게 해준다. 스마트 그리드는 다양한 사용자들의 에너지 소비성향 데이터를 스마트미터를 통하여 실시간으로 획득하고 전력회사를 비롯한 에너지 생산자에게 이러한 데이터를 보내 가장 적절한 에너지 전략을 수립할 수 있게 해준다.

산업 영역에서 스마트 관개시스템은 센서들을 이용하여 가장 효율적인 물과 전기 공급을 실시간에 모니터링 하여 농업 생산량을 증대시키며 비용을 절감할 수 있는 농업 IoT가 최근 시도되고 있다. 제조업 분야에서는 기계 설비에 다양한 센서들을 부착하여 기계의 상태를 감지하고 문제가 발생할 경우 원격으로 제어할 수 있는 산업 인터넷에 대한 기대가 증가하고 있다. 생산 과정에서 센서와 액추에이터와 같은 IoT 장비들이 제품공급사슬망과 생산 프로세스를 최적으로 관리한다. IoT 기술은 유통업과 스마트 물류시스템에서도 적용되어 차량 최적 스케줄링, 차량의 최적 이동경로를 모니터링하고 상품판매, 재고관리 및 주문 분야에서도 이용되고 있다.

그림 10-6 사물인터넷의 활용 영역 (출처: www.electronicshub.org)

10.2 클라우드 컴퓨팅

10.2.1 클라우드 컴퓨팅의 개념

클라우드 컴퓨팅이란 IT 자원을 필요에 따라 클라우드 서비스를 제공하는 사이트로부터 빌려서 공유하는 개념이다. IT 자원은 컴퓨터 서버 및 기억장치와 같은 하드웨어 자원, 응용 프로그램 및 데이터베이스와 같은 소프트웨어 자원은 물론 기타 다양한 서비스를 포함한다. 이용자는 이러한 자원을 최근 인터넷 상의 데이터 전송속도가 급격히 향상되고 있는데 힘입은 바 크다. 클라우드 컴퓨팅을 통해서 이용자는 IT 자원의 경제성(Economy of Scale), 더 높은 신뢰성(Reliability), 위치와 장치에 상관없이(Device and Location Independence) 이용할 수 있는 IT 자원 및 필요의 증감에 따라 유연하게 제공되는(Elasticity) IT 자원의 혜택을 볼 수 있다. 이것은 마치 각 가정이 전기 및 가스, 수도와 같은 유틸리티 서비스를 이용하기 위하여 각 자의 발전기나 상수도원을 가지고 있지 않아도 전기회사, 가스회사 및 수도국으로부터 기본 유틸리티를 제공받고 사용한 양 만큼 비용을 지불하는 경우와 유사하다.

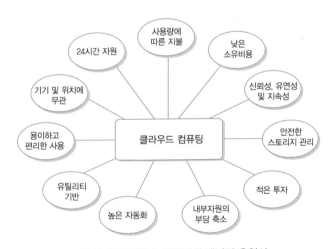

그림 10-7 클라우드 컴퓨팅의 개념과 유익성

각 개인이나 기업이 자체 IT 자원을 소유하고 운영하는 데는 많은 비용과 투자가 요구된다. 특히 기업은 CPU 파워 및 기억 용량을 미리 예측하기 어려운 경우가 있다. 예를 들어 인터넷 서비스 기업은 이용자 수의 증가에 따른 피크 타임시 최대 처리 능력을 예측하고 충분한 용량의 컴퓨팅 파워를 갖추고 있다 하더라도 경우에 따라서 최대 용량을 넘어서는 경우가 발생한다. 또한 최대 수요에 대비하여 투입되는 IT 자원의 구입비용이 매우 과다할 수 있다. 현실적으로 기업이 실제 사용하고 있는 IT 자원은 평균적으로 각 기업이 보유한 IT 자원의 10% 수준에 불과하다. 따라서 보유하고 있는 IT 자원이 과다하다고 생각할 수 있지만 수요의 피크시를 대비하기 위해서는 충분한 IT 자원을 보유하고 있어야 한다. 뿐만 아니라 IT 자원의 일부에 고장이 발생했을 경우 기업의 정상적 활동에 큰 부담을 주게 된다.

이러한 이유로 클라우드 컴퓨팅은 기업의 IT 요구를 매우 경제적으로 또 신뢰성 있게 충족시켜줄 수 있는 수단이 된다. 현실적으로 거의 무한대의 IT 자원을 보유하고 있는 클라우드 사이트로부터 IT 자원을 제공받는 것이 보다 경제적이다. 클라우드 컴퓨팅은 인터넷 망을 통해 원하는 기기나 서비스를 언제 어디서나 이용할 수 있기 때문에 이용자 측면에서 매우 편리한 방식이다.

클라우드 컴퓨팅의 개념은 1990년 중반부터 나타나기 시작하였으며 2006년 아마존(Amazon)사의 'Elastic Compute Cloud'부터 관심을 끌기 시작하였다. 클라우드 컴퓨팅은 2008년 마이크로소프트사의 'Azure', 2011년 IBM사의 'SmartCloud', 2012년 오라클(Oracle)사의 'Oracle Cloud'로 발전하였다. 오늘날 IT 분야의 주요 기업들이 클라우드 컴퓨팅 서비스를 실행하고 있으며 매년 50% 수준의 성장을 기대하고 있다. 가트너(Gartner) 그룹의 예상에 의하면 클라우드 컴퓨팅은 앞으로 몇 년간 가장 중요한 5가지 기술 중의 하나로 인식되고 있다.

그림 10-8 클라우드 컴퓨팅 서비스를 제공하는 주요 기업들

현실적으로 이용자가 직접 인식하지 못하지만 대부분의 온라인 쇼핑, 온라인 뱅킹, SNS 서비스, 동영상 사이트와 같은 소셜미디어, 이메일 등은 모두 클라우드 컴퓨팅 서비스를 통해서 지원되고 있다. 이외에도 사용자의 대용량 사진이나 동영상 등도 클라우드 컴퓨팅의 메모리 장치를 이용하여 저장되고 서비스되고 있다.

10.2.2 클라우드 컴퓨팅의 구성

클라우드 컴퓨팅은 분산 기억장치, 빠르고 저렴한 프로세서, 고속 인터넷, 자원의 자동관리 등 기존에 존재하는 여러 가지 기술과 개념으로부터 출현한 결과물이지만 특히 가상화(Virtualization) 개념에 기반하고 있다. 가상화란 클라우드 컴퓨팅 사이트가 보유하고 있는 하드웨어 자원을 이용자의 필요에 따라 소프트웨어적으로 하나 이상의 가상 기기(Virtual Device)로 분리하여 제공하는 개념이다. 예를 들어 운영체제(OS) 레벨의 가상화를 이용하면 기억장치나 처리 장치를 여러 개의 독립적인 시스템으로 분리하여 운영할 수 있으며 이러한 자원은 사용자의 필요와 요구에 따라 유연하게 증가 또는 감소시킬 수 있다. 이러한 기능을 가상화 머신의 로드 밸런싱(Load Balancing)이라 부른다.

클라우드 컴퓨팅의 서비스 모델: IaaS, PaaS, SaaS

클라우드 컴퓨팅은 모든 것을 서비스로 생각하는 개념에 기반을 두고 있으며 이용자 관점에 따라 몇 가지 서비스 모델을 지원하고 있다. 이들을 각각 IaaS(Infrastructure as a Service), PaaS(Platform as a Service), SaaS(Software as a Service)라 부른다(그림 10-9 참조). IaaS는 가상 머신, 서버, 저장장치, 네트워크와 같이 이용자의 요구와 필요에 따라 증가 또는 감소시킬 수 있는 IT 자원을 의미한다. 이에 비해, PaaS는 운영체제(OS), 프로그래밍 실행환경, 데이터베이스 시스템, 웹 서버와 같은 플랫폼 서비스로 응용 프로그램 개발자에게 제공되는 서비스다. SaaS는 클라우드 컴퓨팅 서비스로부터 이용자가 빌려서 사용할 수 있는 응용 소프트웨어 및 데이터베이스를 의미한다. 이러한 SaaS 자원은 이용자의 사용 정도에 따라 비용을 지불하는 개념을 따른다. 이용자는 사용 시간에 따라 비용을 지불하거나 매달 일정한 비용을 지불하기도 한다.

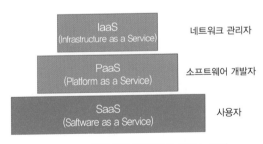

그림 10-9 클라우드 컴퓨팅의 서비스 모델

클라우드 컴퓨팅의 이용 방식

클라우드 컴퓨팅을 이용하는 방식으로 사설 클라우드(Private Cloud), 공용 클라우드(Public Cloud) 및 하이브리드 클라우드(Hybrid Cloud)로 나눌 수 있다(그림 10-10 참조). 클라우드 컴퓨팅의 가장 큰 약점은 외부 침입자로부터 기업의 민감한 데이터나 정보가 노출되거나 변경될 수 있다는 점이다. 사설 클라우드는 기업이 자체 클라우드를 구성함으로써 이러한 외부의 침입을 원천적으로 방지하여 보안을 확보하는 방식이다. 이를 위하여 기업은 자체 데이터 센터를 구축하여 자체적으로 운영하거나 외부 업체에 위탁한다. 그러나 사설 클라우드는 많은 투자 비용과 추가적인 컴퓨팅 자원을 정기적으로 보완해야하는 문제점이 있다.

공용 클라우드는 모든 기업이나 사용자에게 하드웨어 및 소프트웨어 자원을 인터넷을 통해 제공하는 방식이다. 따라서 보안이나 프라이버시 문제를 야기시킬 수 있으나 일반적으로 중소기업이나 일반 사용자에게는 오히려 클라우드 서비스 제공자가 더 철저히 보안 문제를 해결해 줄 수 있는 방식이기도 하다. 아마존 AWS, 마이크로소프트, 구글과 같은 대기업은 자체 데이터 센터를 통해서 우수한 보안 정책과 관리를 통해서 중소기업이나 일반 사용자가 자체적으로 보안을 구축하는 곳보다 더 안전하게 보안 및 관리를 제공할 수 있게 된다.

이에 비하여 하이드브리드 클라우드는 사설 클라우드 방식과 공공 클라우드 방식을 혼합한 방식이다. 기업의 민감하고 중요한 데이터는 사설 클라우드에 저장하고 응용 소프트웨어는 공공 클라우드를 통해서 처리함으로써 민감한 데이터가 유출되거나 오용되는 것을 방지할 수 있다. 하이브리드 클라우드 방식은 기업의 IT 자원의 요구가 일시적으로 급증할 때 공공 클라우드를 통해서 해결할 수 있는 방식이기도 하다.

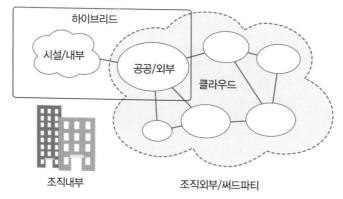

그림 10-10 클라우드 컴퓨팅 이용 방식 (출처: Wikipedia)

10.3 웨어러블과 헬스케어

인간(이용자)은 센서가 부착된 간편한 웨어러블 기기를 통하여 상황을 인식하고 측정하여 생활 속에서 여러 가지 정보를 활용하고 제어할 수 있다. 웨어러블 기기의 가장 적합한 활용 분야로 헬스케어를 들 수 있다. 헬스케어는 임의의 장소와 시간에 웨어러블 기기를 이용하여 빅데이터 분석을 통해 사용자의 건강을 체크하여 적절한 관리를 수행할 수 있게 해준다.

10.3.1 웨어러블 컴퓨터

웨어러블 컴퓨터란 시계, 안경, 의복 등과 같이 착용할 수 있는 형태의 컴퓨터를 뜻한다. 사용자가 거부감 없이 신체에 부착하여 사용하며 인간의 능력을 증가 시키는 기능을 수행한다. 그림 10-11과 같이 웨어러블 컴퓨터는 항상 켜져 있는 상태(Always-On)로 작동하고, GPS, 카메라, 다양한 센서들을 이용하여 사용자의 주변 환경을 인식하고(Environment-Aware), 무선 네트워크에 항상 연결되어(Connected) 있어 실시간 정보 교환이 가능하다. 또한, 사용자 인터페이스가 매우 간편하고 자연스럽게 웨어러블 장치에 메시지나 경고 반응 등이 나타나며 개발 플랫폼이 제공되어 다양한 활용을 개발할 수 있다. 이와 같이 웨어러블 컴퓨터는 언제 어디서나(항시성), 쉽게 사용할 수 있고(편의성), 사용자가 편안하게 부착할 수 있으며(착용감), 안전하고 보기 좋은(안전성/사회성) 특성을 가진다.

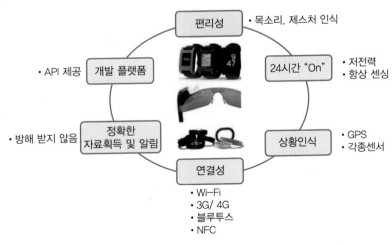

그림 10-11 웨어러블 컴퓨터의 특성(출처: wearablegroup.com)

웨어러블 컴퓨터는 악세서리형, 의류일체형, 신체부착형 및 생체인식형의 형태로 존재하며 장시간 사용할 수 있도록 저전력, 착용감을 향상 시킬 수 있도록 초소형, 유연하고 신축성 있는 전자 기술이 요구된다(그림 10-12 참조). 악세서리형 웨어러블로는 시계형 및 안경형이 가장 대표적이다. 의류형에는 센서들이 내장된 신발, 모자, 옷 등의 제품이 있으며 최근 섬유 센서에 대한 연구도 이루어지고 있다. 신체부착형 및 생체인식형 웨어러블은 피부에 부착하거나 이식하여 생체 신호를 측정하는 용도로 사용되고 있다.

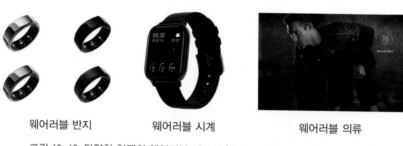

웨어러블 반지   웨어러블 시계   웨어러블 의류

그림 10-12 다양한 형태의 웨어러블 컴퓨터 (출처: refurbmoa, Oura, tinnews)

웨어러블 컴퓨터는 연결의 대상 범위가 '가상 세계와 융합한 지능화한 만물인터넷(Intelligent IoE)'으로 진화할 것으로 예상된다. 웨어러블 기기는 앞으로 금융과 결합하고(핀테크) 빅데이터 기술과 융합하여 새로운 부가 가치를 생성할 수 있을 것으로 예상된다. 또한, 웨어러블 컴퓨터는 피트니스 및 웰빙, 생체 데이터를 이용한 헬스케어 및 의료, 인포테인먼트, 산업 및 군사 분야에서 유용하게 사용된다.

10.3.2 헬스케어

헬스케어는 의료보다 광범위한 개념으로 일상적인 건강관리 외에도 웰니스(Wellness)까지 포함한다. IoT 기술 이전에 u-헬스라는 개념이 있었다. u-헬스는 유비쿼터스 컴퓨팅에 기반하여 '언제, 어디서나' 이용 가능한 건강관리 및 의료 서비스로 환자의 질병을 원격으로 관리하는 의료 서비스로부터 일반인의 건강을 유지, 향상시키는 서비스까지 포함한다. IoT 헬스는 기존 u-헬스를 확장한 개념으로 임의의 시간과 장소에서 개인의 건강을 관리하고 요구되는 의료 서비스를 무선 네트워크를 이용한 IoT 기술을 활용하여 지원한다.

헬스케어 시스템의 구성

IoT 헬스케어가 가능하기 위해서는 그림 10-13에서 보듯이 사용자의 인체 상태를 측정하기 위하여 센서를 이용한다. 센서는 일반적으로 밴드나 렌즈 형태의 웨어러블 기기이거나 초소형으로 제작된 갭슐 형태로 존재한다. 웨어러블 기기는 각종 생체정보를 수집하는 창구 역할을 담당한다. 밴드를 착용하면 사용자의 혈압, 걸음걸이, 칼로리 소모량, 수면 시간, 심박 등의 정보를 측정하고 렌즈 형태의 센서는 눈물 속의 포도당 수치를 측정하여 혈당 수치를 체크 할 수 있다. 이에 비하여 캡슐 형태의 센서에는 무선통신 장치가 장착되어 있어 인간의 몸 속으로 들어가 심장 상태나 내장 상태를 모니터링하고 혈당을 실시간에 측정할 수 있다. 소규모 캡슐에 달린 카메라를 통해 인체 내 질병이 있는지 파악할 수 있는 관찰 캡슐도 존재한다. IoT 헬스케어 시스템은 그림 10-13과 같이 센서 부분과 센서로부터 획득된 데이터를 저장하고 관리하는 부분, 인체 데이터를 분석하는 부분으로 구성되어 있다. 인체 데이터를 분석하여 무선 네트워크를 통해서 적절한 피드백을 사용자에게 전송한다.

그림 10-13 헬스케어 시스템의 구성 요소 (출처: celent.com/reports)

그림 10-14는 핏빗(Fitbit)사의 플렉스(Flex) 밴드를 이용하여 스마트폰으로 알려주어 건강을 관리할 수 있는 시스템을 보여주고 있다. 플렉스 밴드를 이용하면 걸음 수, 이동거리, 칼로리 소모량, 활동 량, 수면 시간, 수면의 효율성 등을 측정할 수 있다. IoT 헬스케어 관련 시장은 2020년 3,500억 달러에 이르러 사물인터넷 전체 시장의 15%를 차지하고 있다.

그림 10-14 Fitbit Flex와 스마트폰을 이용한 건강 관리 (참조: Fitbit 사)

10.4 스마트 사회

IoT 기술이 가장 큰 영향을 미치는 분야로 앞에서 언급한 산업 인터넷와 헬스케어 외에 가정, 도시, 자동차 분야를 들 수 있다. 각종 센서를 통해 가정, 도시, 자동차의 실시간 데이터를 수집하고 빅데이터를 활용하여 현 상황을 분석하여 상황에 가장 적합한 최적의 (스마트) 솔루션을 제공한다. 우리 사회는 IoT 기술의 발전으로 인간을 둘러싼 환경이 초연결된 '스마트 사회'로 변화하고 있다. 이 절에서는 스마트홈, 스마트 시티, 스마트카 및 스마트 공장에 대하여 알아본다.

10.4.1 스마트홈

스마트홈의 개념

스마트홈이란 인터넷이나 통신 네트워크를 통하여 가정의 모든 장치가 상호 연결되어 (Connected Home) 사물이 다른 사물이나 서버와 정보를 주고받고 사용자와 소통하고 때로는 스스로 판단하고 동작하는 시스템을 의미한다. 활용 분야는 냉장고, 세탁기, TV와 같은 가전 기기의 제어, 에너지 관리, HVAC(Heating, Ventilation and Air Conditioning) 제어, 수도 및 조명 같은 유틸리티 제어를 포함한다. 또한 실내 공기 제어, 가정의 보안, 가스, 화재와 같은 환경감지 기능, 헬스 및 피트니스 등도 스마트홈의 활용 분야이다. 그림 10-15는 대표적인 스마트홈의 활용 분야를 보여주고 있다. 스마트홈은 홈 오토메이션에서 한층 더 진화한 개념으로 빅데이터를 이용하여 분석하고 경우에 따라서는 사람의 직접적인 개입 없이 지능적으로 작동하는 시스템이다.

그림 10-15 스마트홈의 활용 분야 (출처: www.slideshare.net/openinterconnect)

스마트홈의 구성

스마트홈이 가능하기 위해서는 활용 영역에 따라 카메라, 에너지 센서, 물 탐지 센서, 가스 탐지 센서, 도어/창 센서, 연기 감지 센서, 모션 센서, 인체감지 센서, 일산화탄소 센서 등 과 같은 다양한 센서들이 요구된다. 센서로부터 획득된 각종 데이터는 실시간에 서버로 전 송되고 분석되어 이에 적절한 제어가 이루어진다. 경우에 따라서는 빅데이터 기술을 이용 하여 분석 작업을 통한 능동적 제어가 행해진다. KT에서 개발한 '스마트 에어케어 서비스' 는 스마트 공기청정기 단말기에 KT의 IoT 네트워크가 연결되어 미세먼지나 초미세먼지와 같은 실내공기의 질을 실시간에 측정하여 축적된 빅데이터를 통해 분석 작업을 통한 최적 의 공기 질을 가능케하는 시스템이다.

스마트홈은 사용자의 스마트폰이나 웨어러블 장치를 통해 원격으로 제어할 수 있게 해 준 다. 애플사의 스마트홈은 아이워치(iWatch)라는 웨어러블 기기를 이용하여 스마트홈을 원 격 제어하고 특정 지역의 위치정보를 중심으로 활동반경을 설정하면 사용자가 특정 위치 에 도착하거나 벗어나는 것을 인지할 수 있도록 하는 '지오펜싱(Geo-Fencing)' 기술을 지 원하고 있다. 스마트홈이 가능하기 위하여 스마트홈 통합 플랫폼이 필요하다. 애플사는 홈 킷(HomeKit)을 개발하여 지원하고 있고 삼성전자는 스마트 씽스(SmartThings), 구글사 는 Nest-Android@Home을 지원하고 있으며 아직까지 표준 플랫폼은 존재하지 않는다. 시장조사기관인 스태티스타(Statista)사에 의하면 스마트홈 시장이 2022년 1,176억 달러 에서 2027년 2,229억 달러로 성장할 것으로 예측하고 있다.

10.4.2 스마트 시티

스마트 시티의 의미

u-시티는 정보통신 인프라와 유비쿼터스 정보 서비스를 이용하여 도시 공간에 융합하여 도시 생활의 편의성을 증대시키고 삶의 질을 향상시키며 체계적인 도시 관리를 의미한다. 이에 비해, 스마트 시티는 도시 내의 모든 사물이 네트워크에 의해 연결되어 사람과 사람, 사람과 사물, 사물과 사물 간의 상호 정보 유통이 가능한 도시를 목적으로 한다. 이러한 상호 연결성(Connectivity)은 도시의 유틸리티 관리, 건물 관리, 교통, 의료, 정부기관의 행정 분야에서 효과적이고 친환경적인 여건을 제공한다. 스마트 시티는 스마트 플랫폼을 통해 데이터를 수집, 저장, 분석하여 한정된 도시 자원의 최적 분배를 지원한다. 이를 위해, IoT 기술 외에 클라우드 컴퓨팅, 빅데이터 분석 및 정보 보안 기술이 필요하다. 스마트 시티는 그림 10-16과 같이 도시 계획 및 관리, 도시 인프라 구축, 시민 관리의 영역을 포함한다. 도시 계획 및 관리는 정부기관의 효율적 행정, 공공 안전, 건물 관리 등을 의미한다. 도시 인프라는 효율적인 대중교통과 도로 관리, 에너지와 물의 효율적 관리, 환경오염 관리를 포함한다. 또한, 시민 관리는 헬스케어, 사회 프로그램, 교육 영역을 포함하고 있다.

그림 10-16 스마트 시티가 포함하는 영역(출처: www.esru.strath.ac.uk)

세계 각국의 도시들은 지난 수십 년간 급격한 도시화가 진행되면서 수많은 도시 문제를 야기 시켰다. 급격한 도시화는 교통난, 주택난, 공해 문제, 도시 안전 문제, 육아 시설, 에너지 및 수자원 문제, 폐기물 처리, 도시 방재, 자원 관리 등의 영역에서 수많은 부작용을 낳았다. 과거 도시 문제 해결 방법이 도시의 기반시설 확대 방식이었다면 스마트 시티가 추구하는 방향은 물리적 해결 방법이 아닌 사물 간의 네트워크 구축을 통해 정보를 수집하고 분석하여 자원의 최적 배분과 이용자 중심의 서비스 제공에 초점이 맞추어져 있다.

스마트 시티의 활용 분야

스마트 시티 개념이 IoT 기술을 활용하여 도시를 더 스마트하게 만들 수 있는 구체적인 분야를 나열해 보자. 첫째, 효율적인 에너지 관리와 자원관리를 통해 비용을 절감하고 더 효율적으로 사용한다. 예를 들어 스마트 미터를 전력, 수도, 가스와 같은 유틸리티에 부착하여 실시간으로 사용량을 측정하여 더 효율적인 자원의 관리와 배분이 가능하게 된다. 둘째, 다양한 센서 및 GPS를 도로, 교통 시설 및 차량에 부착하여 교통량과 차량의 위치를 측정하여 더 효율적인 대중교통의 흐름과 도로의 사용과 관리를 가능케 한다. 또한 주차장과 가로등에 센서를 부착하여 스마트화하면 주차창 부족문제와 에너지의 효율을 높일 수 있다. 셋째, 도시는 각종 환경 및 안전문제를 야기시키고 있다. 대기오염을 비롯하여 화재, 하수도, 자연재해, 범죄 및 테러 등 도시가 안고 있는 환경 및 안전을 실시간에 모니터링하여 문제해결에 도움을 준다. 넷째, 사물인터넷은 사회안전망 분야에도 이용될 수 있다. 질병, 실업, 노인, 빈곤 등의 문제들로부터 사회구성원을 도울 수 있는 솔루션으로 IoT 기술이 이용될 수 있다. 시장조사기관인 마켓앤마켓(MarketandMarket)은 스마트시티 시장규모를 2020년 6,807억 달러에서 2027년 2조 8천억 달러로 매년 22.1%씩 성장할 것으로 예측하였다.

10.4.3 스마트카

스마트카의 개념

많은 산업 분야에서 ICT 기술의 융합을 통하여 새로운 산업이 나타나고 고부가 가치가 창출되는 추세이다. 이러한 배경에서 과거 전통적인 기계 산업이라 할 수 있는 자동차 산업에서도 ICT 기술과 정보통신 기술이 적용되면서 자동차는 스마트카로 발전하게 되었다. 스마트카는 편리성, 지능화, 고안전성, 친인간화 및 다른 사물과의 통합 기능을 가진 자동차로 변화하고 있다. 스마트카는 연결된 자동차(Connected Car)라고도 불리는데 이는 자동차가 인터넷 및 네트워크에 연결된 차량을 의미한다. 이러한 연결성은 자동차로 하여금 주변의 다른 물체와 정보 교환을 통하여 새로운 부가가치를 창출할 수 있게 해 준다. 스마트카는 개념적으로 다양한 의미를 자지고 있다. 그림 10-17에서 보듯이 엔터테인먼트, 차량 운행관련 데이터 축적, 주차지원 시스템, 스마트 기기와 연동, 센서기반 안전시스템, 지능형 교통망, V2V(Vehicle-to-Vehicle) 통신을 비롯하여 최종적으로 자율주행 자동차에 이르기까지 매우 다양하다.

그림 10-17 스마트카의 다양한 개념 (출처: GFK)

스마트카의 기반 기술

스마트카에 요구되는 기반 기술로는 주변 환경을 감지하는 센싱 기술, 사용자에게 편리함을 지원하는 사용자 인터페이스, 연결성 개념을 지원하는 텔레매틱스, 차량용 임베디드 컴퓨팅 및 자율주행 기술이 있다. 센싱 기술은 자동차의 주변 상황을 인식하기 위한 기술과 운전자의 상태를 탐지하기 위한 기술을 포함한다. 주변 상황의 인식은 주차할 때 주위 상황을 인식하여 운전자에게 보여주거나 자동차가 스스로 주차할 수 있게 해준다. 무인 자동차에서도 자율주행을 위하여 주변 상황의 인식이 요구된다. 그림 10-18은 무인 자동차의 센서들(그림 10-18(a))과 컴퓨터 비전을 통해 처리된 주변 상황(그림 10-18(b))을 보여주고 있다. 운전자의 상태를 탐지하기 위한 센싱은 주로 졸음운전이나 운전자의 주의력 감소로 인한 사고를 사전에 방지하기 위하여 사용되고 있다. 사용자 인터페이스는 운전자가 주행 중에 스마트 기기를 사용해야 하므로 운전자는 빠르고 편리한 방식으로 기기를 작동시켜야 한다. 운전자는 3초 이상 도로 상에서 시선을 떼면 안되며 스마트 기기의 사용을 위해 손을 떼는 경우에도 적어도 다른 한 손은 운전대를 잡고 있어야 한다. 이러한 조건을 만족시키기 위해 음성인식 기술이 자주 이용되고 있다. 스마트카를 개발하기 위하여 다양한 서비스와 사용자 인터페이스를 개발하기 위하여 소프트웨어 플랫폼이 요구된다. 구글은 안드로이드 기반의 OAA(Open Automotive Alliance)를 제안하였고 애플은 자사의 스마트 기기와 연동할 수 있는 CarPlay를 2014년 제안하였다.

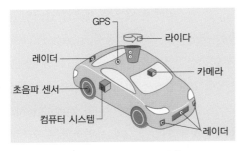

(a) 자율주행 자동차의 센서들

(b) 컴퓨터 비전을 통해 보는 주변 상황

그림 10-18 무인 자동차의 센싱과 컴퓨터 비전 기술 (출처: MSD)

자율주행 기술은 무인 자동차에 필수적인 기술로 센싱 기술, 텔레매틱스 기술 및 빅데이터 분석 기술 등 다양한 기반 기술을 통해 이루어지고 있다. 이 분야의 선도 기업은 구글사로 'Self-Driving Project'라는 이름으로 자율주행 자동차 프로젝트를 수행하고 있다. 구글의 무인 자동차는 자동차 지붕위에 초당 10회 회전하며 360도를 탐지하는 레이저 레인지 파인더, 앞뒤 차량 간의 거리를 측정하기 위하여 범퍼에 부착된 레이더, 자동차의 현재 위치와 진행방향을 인지하기 위한 센서, 앞 차의 속도를 측정하기 위한 레이더를 부착하고 있다. 세계 주요 자동차 회사들은 2020~2025년을 목표로 무인 자동차를 개발하고 있다. 무인 자동차의 안전성을 위하여 필수적으로 확보되어야 할 사항이 전자기기의 오류 방지와 해킹으로부터의 보안이다. 특히, 해킹 문제가 완전히 해결되지 않고서는 달리는 자동차의 통제불능 상황이 발생하게 된다. 미래의 자동차는 운전시 편의성과 안전성을 지원하기 위하여 자동차에 다양한 센서, ICT 기기, 전자 부품을 장착하여 더 이상 기계적 자동차가 아니다. 이에 따라 자동차의 ICT 부품의 비중이 더욱 증가할 전망이다.

10.4.4 스마트 공장

산업인터넷과 인더스트리 4.0

IoT의 활용 분야 중 가장 큰 부분을 차지하는 것 중 하나가 제조업 분야이다. 시스코사에 의하면 향후 10년간 사물인터넷으로 창출될 가치 중 27%가 제조업에서 발생할 것으로 전망되고 있다. 기존 제조 산업에 IoT 기술을 융합함으로써 제품 생산 가격이 낮아지고 소비자의 개인 성향에 맞는 제품을 더 저렴하고 빨리 생산할 수 있으며(다품종 소량생산), 네트워크를 통하여 생산 공정을 원격제어하고 원료의 조달과 물류까지 통합 관리할 수 있게 된다. GE사는 이러한 개념을 산업인터넷(Industrial Internet)이라 규정하고 적극적 개발과 적용에 몰입하고 있다. 또한, GDP의 24%가 제조업에서 나오는 제조업 강국인 독일은 2011년 '하이테크 비전 2020'에서 IoT 기술을 적용하는 스마트 공장(Smart Factory) 개념을 통하여 인더스트리 4.0이라 부르는 제4차 산업혁명을 주창하였다. 그림 10-19에서 보듯이 1차 산업혁명은 증기기관을 통하여 18세기 중엽에서 19세기 초반 영국을 중심으로 시작되었다. 2차 산업혁명은 20세기 초 미국을 중심으로 전기에너지와 컨베이어 시스템을 통해 시작되면서 대량생산과 생산성 혁신이 가능하게 되었다. 3차 산업혁명은 1970년대 전후 컴퓨터에 의한 자동화 및 로봇에 의한 제조 방식을 의미하며 4차 산업혁명은 IoT를 이용한 차세대 제조 방식을 의미한다. 인더스트리 4.0은 자동화 장치와 스마트 로봇을 이용한 자동생산은 물론 사물인터넷, 빅데이터, 클라우드 컴퓨팅을 이용하여 공장, 생산 장비, 원료, 생산 프로세스, 인력 간의 정보 공유와 통합을 통해 효율적이고 유연한 생산 시스템을 구축할 수 있다. 이러한 제조업의 혁신적 변화는 미국, 독일뿐만 아니라 제조업이 발달한 일본, 한국, 중국에서도 적극적으로 추진되고 있다.

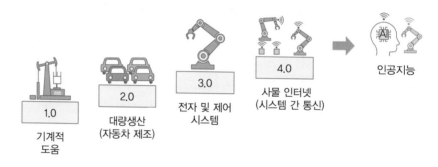

그림 10-19 인더스트리 4.0의 발전 과정

스마트 공장의 발전

인더스트리 4.0은 스마트 공장의 실현을 목표하고 있다. 스마트 공장은 제조공정에서 원료, 기계, 설비, 제품 등이 서로 정보를 주고받으며 가장 최적의 방식으로 제품생산을 수행하는 시스템이다. 인더스트리 4.0은 제품의 제조 과정뿐 아니라 제품의 기획과 설계, 생산을 위한 준비과정 등 다양한 엔지니어링 활동을 포함한다. 여기서 실제 제품을 생산하는 물리적 공장과 생산을 기획하고 준비하는 가상의 디지털 공장이 융합되어야 한다. 따라서 인더스트리 4.0은 가상물리시스템(CPS: Cyber Physics System) 개념에 기반하고 있다고 한다. CPS(가상물리시스템)이란 물리적인 프로세스와 컴퓨팅의 통합이라 할 수 있다. CPS에서는 모든 물리적인 과정이 사이버 환경에서도 운영되어야 하고 새로운 생산방식과 프로세스의 재정의가 유연하게 가능해야 한다. 인더스트리 4.0은 기계와 설비 사이에 정보를 주고받으며 원료를 이용하여 생산 활동이 스스로 수행되고 센서를 탑재한 기계와 설비들은 어떤 제품을 생산하고 가장 효율적인 생산 방식과 저렴한 생산원가를 추구할 수 있다. 독일은 인더스트리 4.0을 2030년 경에 달성할 것을 목표로 하고 있다.

인더스트리 4.0을 통해 얻을 수 있는 이점은 다음과 같다. 디지털 사이버공장을 통하여 제품의 설계에서 생산까지 모든 과정을 시뮬레이션 해 봄으로써 착오를 줄이고 효율성을 높일 수 있다. 컴퓨터를 통해 구축된 가상세계를 통해 빠른 시간 내에 가능한 모든 결정과 검증을 수행할 수 있다. 또한 스마트 공장의 유연한 시스템은 다양한 고객들을 위해 다양한 제품을 생산할 수 있다. 인더스트리 4.0은 빠른 제품 개발 시간을 가능케 하고 제품의 원가를 낮출 수 있다. 동시에 에너지 소비량을 절감하고 더 친환경적인 공장 운영을 가능케 해 준다. 뿐만 아니라 공장의 기계와 설비에 센서를 부착하여 항상 고장을 점검하고 예측하여 미리 대비하는 것이 가능하다.

주요 개념 요약(괄호 넣기)

01 (   )은 인간 중심의 컴퓨팅 기술로써 컴퓨터와 센서가 현실 세계의 곳곳에 존재하나 사용자는 그 존재를 인식하지 못하고 언제, 어디서나 시간적 및 공간적 구애를 받지 않고 자연스럽게 서비스 받을 수 있는 컴퓨팅 환경을 뜻한다.

02 (   )이란 세상의 모든 사물을 무선 인터넷을 이용하여 연결하고 사물 간에 정보를 교환하고 상호 소통하는 인프라와 서비스를 의미한다.

03 사물인터넷과 유사한 개념 중 하나인 (   )은 사람이 직접 제어하지 않은 상태에서 사물 또는 지능화된 기기들 간의 상호 소통을 의미한다. 사물인터넷은 인간을 중심으로 하는 환경에 초점을 맞춘 반면 해당 개념은 통신 주체가 사물 중심이다.

04 Wi-Fi의 기술적 한계를 극복하고 IoT 기술의 확장을 위하여 (   )과 (   ) 등 근거리 무선통신 기술이 이용되고 있다. 이들은 고정되어 있는 액세스 포인트 영역에 이동형 물체가 일정 거리 안으로 다가오면 상호 통신이 가능하게 된다.

05 클라우드 컴퓨팅은 분산 기억장치, 빠르고 저렴한 프로세서, 고속 인터넷, 자원의 자동관리 등 여러 가지 기술과 개념으로부터 출현한 결과물이지만 특히 (   ) 개념에 기반하고 있다. 이는 클라우드 컴퓨팅 사이트가 보유하고 있는 하드웨어 자원을 이용자의 필요에 따라 소프트웨어적으로 하나 이상의 가상 기기로 분리하여 제공하는 개념이다.

06 클라우드 컴퓨팅의 서비스 모델은 이용자의 관점에 따라 세 가지로 구분될 수 있다. 이 중 PaaS는 운영체제, 프로그래밍 실행환경, 데이터베이스 시스템, 웹 서버와 같은 플랫폼 서비스로 (   )에게 제공되는 서비스다.

07 (   )란 시계, 안경, 의복 등과 같이 착용할 수 있는 형태의 컴퓨터를 의미한다. 사용자가 신체에 부착하여 사용하며 인간의 능력을 증가시키는 기능을 수행한다.

08 (   )이란 인터넷이나 통신 네트워크를 통하여 가정의 모든 장치가 상호 연결되어 사물이 다른 사물이나 서버와 정보를 주고받고 사용자와 소통하고 때로는 스스로 판단하고 동작하는 시스템을 의미한다.

09 (　　　　)는 도시 내의 모든 사물이 네트워크에 의해 연결되어 사람과 사람, 사람과 사물, 사물과 사물 간의 상호 정보 유통이 가능한 도시를 목적으로 한다.

10 인더스트리 4.0은 (　　　　) 개념에 기반하고 있다. 이는 물리적인 프로세스와 컴퓨팅의 통합으로 볼 수 있으며 모든 물리적인 과정이 사이버 환경에서도 운영되어야 하고 새로운 생산방식과 프로세스의 재정의가 유연하게 가능해야 한다는 특징이 있다.

주요 개념 확인(단답식)

01 유비쿼터스 컴퓨팅에서는 모든 컴퓨터와 사물 및 인간이 유비쿼터스 네트워크에 의해 연결되어 있으나, 이러한 것들이 밖으로 드러나 보이지 않아서 사용자가 의식하지 않은 상태로 서비스를 제공받는 속성을 가진다. 이러한 특성을 바탕으로 앨런 케이는 유비쿼터스 컴퓨팅을 어떤 기술이라고 불렀는가?

02 IoT를 실현하기 위하여 요구되는 3가지 핵심요소는 무엇인가?

03 사물인터넷에서 작은 크기의 사물을 인터넷에 연결할 때 해결해야 할 주요 기술적 문제점은 무엇인가?

04 운영체제 레벨의 가상화를 이용하면 기억장치나 처리장치를 여러 개의 독립적인 시스템으로 분리하여 운용할 수 있으며, 이러한 자원은 사용자의 필요와 요구에 따라 유연하게 증가 또는 감소시킬 수 있다. 이러한 기능을 무엇이라고 부르는가?

05 클라우드 컴퓨팅은 모든 것을 서비스로 생각하는 개념에 기반을 두고 있다. 이용자 관점에 따라 나눈 3가지 서비스 모델은 무엇인가?

06 사설 클라우드 방식과 공공 클라우드 방식을 혼합한 방식으로 기업의 중요한 데이터는 사설 클라우드에, 응용 소프트웨어는 공공 클라우드에 저장함으로써 민감한 데이터가 유출되거나 오용되는 것을 방지할 수 있는 방식은 무엇인가?

07 IoT 헬스케어 시스템에서 사용자의 생체정보를 수집하는 데 사용되는 주요 장치는 무엇인가? 일반적으로 밴드나 렌즈 형태의 웨어러블 기기이거나 초소형으로 제작된 캡슐 형태로 존재한다.

08 스마트홈은 사용자의 스마트폰이나 웨어러블 장치를 통해 원격으로 제어할 수 있게 해 준다. 스마트홈 시스템에서 특정 지역의 위치정보를 중심으로 활동반경을 설정하며 사용자가 특정 위치에 도착하거나 벗어나는 것을 인지할 수 있도록 하는 기술은 무엇인가?

09 자동차 산업에 ICT 기술과 정보 통신 기술이 적용되면서 자동차는 스마트카로 발전하게 되었다. 인터넷 및 네트워크에 연결된 차량, 즉 스마트카의 연결성을 의미하는 다른 용어는?

10 인더스트리 4.0의 목표 중 하나로 원료, 기계, 설비, 제품이 정보를 주고받으며 최적의 방식으로 작동하는 시스템은 무엇인가?

사고 능력 함양(객관식)

01 유비쿼터스 환경에 대한 설명으로 옳지 않은 것은?

    a. 컴퓨터들이 모든 곳에 편재되어 있다.

    b. 사용자의 개인 정보 공유를 요구한다.

    c. 네트워크로 연결되어 있다.

    d. 사용자가 필요로 하는 정보나 서비스를 장소나 시간의 제약 없이 이용할 수 있다.

02 사물인터넷이라는 용어가 처음 나온 것은 1999년이지만 사물인터넷의 개념이 일반화되고 확산된 것은 2009년경이다. 사물인터넷 개념으로 발전하게 된 배경으로 옳지 않은 것은?

    a. 무선인터넷 기술의 발전   b. 클라우드 컴퓨팅

    c. 가상현실 기술의 발전   d. 스마트폰의 확산

03 다음 중 유비쿼터스 환경에서 중요한 요소와 거리가 먼 것은 무엇인가?

    a. 저비용   b. 고속인터넷 연결

    c. 개인정보보호   d. 신뢰성

04 사물인터넷의 3가지 핵심요소에 대한 설명으로 옳지 않은 것은?

    a. 센서: 인간의 신경계와 같은 역할을 담당한다.

    b. 액추에이터: 상황에 맞추어 물체를 이동하거나 회전시키는 모터, on/off 등의 기능을 수행한다.

    c. 연결 네트워크: 사물들을 연결하기 위한 개방형 프레임워크가 요구된다.

    d. 서비스 인터페이스: 외부 침입으로부터 보안을 유지해준다.

05 사물인터넷의 활용분야를 짝지은 것으로 적절한 것은?

    a. 개인 영역 – 도시의 대기오염 데이터와 같은 기후 및 환경 관련 데이터를 제공한다.

    b. 산업 영역 – 웨어러블 기기를 이용하여 애완동물 관리에 활용한다.

    c. 제조업 영역 – 기계 설비에 다양한 센서들을 부착하여 기계의 상태를 감지하고 원격으로 제어한다.

    d. 인프라 영역 – 스마트 관개 시스템을 도입하여 농업 생산량을 증대시킨다.

06 클라우드 컴퓨팅의 이점과 가장 관련이 적은 것은?

   a. 신속성   b. 경제성   c. 신뢰성   d. 편리성

07 웨어러블 컴퓨터의 특성이 아닌 것은?

   a. 안전성   b. 사회성   c. 항시성   d. 친밀성

08 스마트 시티에 대한 설명으로 적절하지 않은 것은?

   a. 스마트 시티는 도시 내의 모든 사물이 네트워크에 의해 연결되어 사람과 사물 간의 상호 정보 유통이 가능한 도시를 목적으로 한다.

   b. 스마트 시티는 정보통신 인프라와 유비쿼터스 정보 서비스를 이용하여 도시 공간에 융합하여 도시 생활의 편의성을 증대시키는 체계적인 도시 관리를 의미한다.

   c. 스마트 플랫폼을 통해 데이터를 수집, 저장, 분석하여 한정된 도시 자원의 최적 분배를 지원한다.

   d. 스마트 시티가 추구하는 도시 문제 해결 방법은 사물 간의 네트워크 구축을 통해 정보를 수집하고 분석하여 이용자 중심의 서비스를 제공하는 것이다.

09 다음 중 스마트카에 요구되는 기반 기술로 옳지 않은 것은?

   a. 웨어러블   b. 임베디드 컴퓨팅

   c. 사용자 인터페이스   d. 텔레매틱스

10 다음 중 산업 인터넷과 인더스트리 4.0에 관한 설명으로 올바른 것은?

   a. 산업 인터넷은 IoT 기술이 적용되지 않는 전통적 제조 방식을 의미한다.

   b. 인더스트리 4.0은 컴퓨터에 의한 자동화만을 포함하는 3차 산업혁명의 연장선에 있다.

   c. 인더스트리 4.0은 사물인터넷, 빅데이터, 클라우드 컴퓨팅을 활용하여 공장 및 생산 시스템의 효율성과 유연성을 향상시킨다.

   d. 제조업 분야는 IoT의 활용 분야 중 가장 작은 부분을 차지하고 있다.

보충 과제(주관식)

01 사물인터넷의 3가지 핵심요소를 기술하고 각각에 대하여 간단히 설명하라. 이 중 연결 네트워크가 지난 10년 동안 어떻게 발전해 왔으며 앞으로 10년간 어떤 방식으로 발전해 나갈지 알아보자.

02 클라우드 컴퓨팅의 서비스 모델 3가지를 설명하고 각 모델의 사례들을 조사해보라.

03 인더스트리 4.0의 개념을 설명하고 인더스트리 1.0, 인더스트리 2.0, 인더스트리 3.0의 발전 과정에서 각 시대별로 어떻게 발전했는지 설명하라.

04 스마트홈의 활용 분야를 설명하고 스마트홈 시스템이 어떻게 구성되는지 설명하라. 현재 어떠한 스마트홈 플랫폼이 있는지 찾아보고 각 플랫폼이 시장에서 어떻게 받아들여지고 있는지 비교하라.

05 스마트 시티의 활용 분야를 설명하고 각 활용에서 어떤 효과를 얻을 수 있는지 설명하라. 또한 현재 실현되고 있는 세계 도시들의 스마트 시티 사례들을 찾아보아라.

11

디지털 라이프의 발전

단원개요 ●

컴퓨터와 정보통신 기술은 인간의 삶의 양식을 바꾸어 놓았다. 이미 컴퓨터는 가정, 엔터테인먼트, 건강, 개인의 경제 활동 등 우리의 생활에 밀접하게 작용하고 있다. 이 장에서는 디지털 라이프의 활용 분야 중 개인이나 기업의 금융서비스를 위한 핀테크와 개인이 즐길 수 있는 디지털 미디어 방송과 인터넷 TV(IPTV)에 대하여 소개한다. 또한, 최근 들어 많은 관심을 끌고 있는 사용자 인터페이스(HCI)와 감성컴퓨팅 기술에 대하여 설명한다.

11.1 디지털 라이프의 개요

디지털 라이프의 개념

컴퓨터는 우리 삶에서 어떠한 편리성, 유익함과 즐거움을 가져다주는가? 지금까지 대부분의 컴퓨터 활용은 기업, 비즈니스, 공장, 사무처리, 군사적 영역, 교통 등의 사무 및 산업 응용 분야에 집중되어 있다. 그러나 앞으로는 컴퓨터와 IT기술이 우리의 가정, 여가 활동, 건강 등 개인의 삶의 영역에서의 활용이 확산되어 나가리라 전망된다. 디지털 기술이 인간의 일상생활과 직결되는 활용을 디지털 라이프(Digital Life)라 부른다.

디지털 라이프의 예를 보면, 멀티미디어 엔터테인먼트, 지능형 로봇, 원격진료, 원격교육, 무인 방범 및 방재, 효율적인 에너지 관리, 텔레매틱스(Telematics), 내비게이터 등 많은 예가 있다. 또한, 디지털TV, 오디오/비디오, 냉장고, 게임기, 전자레인지, 세탁기와 같은 가전제품 대부분이 인터넷에 연결되어 정보가전으로 진화할 것으로 예상된다. 최근, 모바일 기기를 통한 무선인터넷의 데이터 전송속도가 급격히 증가하는 현실에서 인터넷망은 가전기기와 가정의 장비들을 제어하는 인프라의 역할을 담당한다. 디지털 TV나 PC가 정보가

전, 가정의 장치 및 센서들을 통제하기 위한 관문의 역할을 수행하며, 이들 기기에 장착된 각종 센서들이 주변 상황을 인식(Context awareness)하는 기능을 수행하여 컴퓨터에 정보를 제공한다.

이제, 몇 가지 예를 살펴보자. 그림 11-1은 우리가 일상생활에서 흔히 사용하는 애플사의 아이폰, 카 내비게이션, 닌텐도(Nintendo)사의 게임기 스위치(Switch)를 보여주고 있다. 아이폰은 휴대폰, MP3 플레이어 외에 인터넷 기능을 가지고 있고 터치스크린 방식의 사용자 인터페이스를 지원하는 스마트폰이다. 스위치는 가정용 게임기로 센서를 통해 사용자의 동작을 감지해서 게임에 반영하는 기능을 제공하며 조작이 간단한 특징을 가지고 있다.

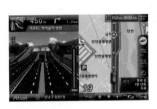

(a) iPhone　　　　　　(b) 카 내비게이션　　　　　(c) 닌텐도사의 스위치(Switch)

그림 11-1 개인의 삶 속에서 컴퓨터의 활용 예 (출처: Apple, Atlan, Nintendo)

디지털 라이프의 사례

블록체인(Blockchain)은 중앙 통제 없이 암호화와 합의 알고리즘을 활용하여 여러 참여자 간에 거래 정보를 안전하게 기록하고 공유하는 시스템이다. 블록체인을 기반으로 한 가상화폐(Virtual Currency)는 디지털 자산으로, 중앙은행이나 정부와는 독립적으로 운영된다. 이를 통해 가상화폐는 금융 거래뿐만 아니라 다양한 디지털 자산 거래에 사용되고 있으며, 새로운 경제 생태계를 형성하는 핵심 역할을 하고 있다.

이러한 기술은 예술 분야에서도 혁신을 가져오고 있다. 가상화폐를 사용하여 디지털 예술 작품을 구매하고 소유할 수 있는 메타버스 플랫폼들이 등장하고 있다. 이러한 플랫폼은 블록체인을 활용하여 예술 작품의 소유권을 확인하고 신뢰성 있도록 거래를 기록한다. 이것은 예술가와 작품 소유자에게 새로운 수익 모델을 제공하며, 디지털 아트 시장을 확장하고 미술 시장을 혁신하고 있다. 블록체인과 가상화폐를 통한 예술 작품의 소유와 거래는 예술과 기술이 만나는 새로운 가능성을 탐구하는 새로운 분야 중 하나이다.

(a) 가상화폐 비트코인　　　　　　(b) 가상공간에서 거래되는 미술작품 그림

그림 11-2 가상화폐와 예술품 거래 (출처: 비트코인, 열매컴퍼니)

11.2 금융서비스와 핀테크

우리사회는 사람과 사람, 사람과 사물 간에 인터넷, SNS, 모바일 기기 등을 통하여 상호 연결되는 사회로 빠르게 변모하고 있다. 이러한 초연결 사회라는 환경에서 기존의 금융서 비스는 IT기술을 기반으로 핀테크라는 분야로 발전하고 있다. 이절에서는 핀테크의 발전 과 활용분야에 대하여 알아본다.

11.2.1 초연결사회에서 핀테크 기술의 발전

초연결사회와 핀테크 기술

최근 우리사회는 사물인터넷, 모바일 기기 및 사물인터넷으로 인하여 초연결사회로 변모하 고 있으며, 더 나아가 센서, GPS, 비콘, IoT, 클라우드 컴퓨팅을 통하여 세상 모든 객체들 간의 연결성이 더욱 확산되는 추세로 발전하고 있다. 우리가 사는 세계는 15~20년 전에 비하여 훨씬 연결된 사회(Connected society)가 되었고 과거에 비해 훨씬 저렴한 저장장 치, 컴퓨팅 파워와 데이터 분석 기능이 가능하게 되었다. 핀테크는 이러한 객체(인간, 사물 또는 프로세스)들 간의 연결성을 이용하고 인터넷 상에 존재하는 정보를 활용하여 지금까 지보다 한 단계 발전한 금융서비스를 목표로 하고 있다.

2023년 현재, 지금까지의 인터넷은 금융서비스 이래로 가장 대중화된 양상을 보이고 있 다. 하물며, 전통적으로 금융서비스는 은행과 같은 금융기관을 중심으로 구축된 인프라 를 통하여 중앙집권적이고 대형화된 방식으로 서비스를 제공하여 왔다. 그러나 초연결사회에서는 굳이 은행과 같은 금융기관을 통하지 않고서도 다양한 금융서비스를 더 효율적이고 저렴하며 편리한 방식으로 일반 고객에게 제공할 수 있게 되었다. 초연결사회에서 핀테크는 수요와 공급을 P2P(Person-to-Person) 방식으로 상호 연결해 주는 네트워크 혁명에 기반을 두고 있다. 또한 SNS, 모바일 기기, 인터넷 등을 통하여 획득되는 개인의 프로파일, 신용과 관련된 정보, 인간관계, 직업 활동, SNS 활동, 리뷰, 검색 추이 등 수많은 데이터가 빅데이터 형태로 축적되어 왔다. 빅데이터 분석 기능을 적절히 이용하여 초연결사회에서 기존에 가능하지 않았던 다양한 금융서비스가 가능하게 되었다.

핀테크의 의미

핀테크는 'Financial'과 'Technology'의 합성어로 최근 몇 년간 중요성과 사회적 요구가 급성장하기 시작하였다. 보스턴컨설팅그룹(BCG)이 발표한 보고서에 따르면 글로벌 핀테크 시장이 2023년 2,450억 달러에서 2030년에는 1조5000억 달러로 증가할 것으로 예상하고 있다. 핀테크 산업은 헬스케어 산업 다음으로 우리 사회를 변화시킬 가장 중요한 기술로서 새로운 시장을 창출할 것으로 기대된다. 나아가 핀테크는 기존의 전통적 금융산업을 해체하거나 새로운 방향으로 변화시킬 수 있는 기술적 및 상황적 기반을 가지고 있다.

핀테크가 급성장하게 된 요인으로 세 가지를 들 수 있다. 첫째, 핀테크는 기존 금융서비스의 비용을 낮출 수 있고 더욱 양질의 금융서비스를 제공할 수 있게 해준다. 예를 들어 대여의 경우 기존의 금융서비스는 5~7%의 비용을 발생시키나 핀테크는 이를 2% 수준으로 낮출 수 있다. 둘째, 핀테크는 빅데이터 분석 기법과 머신러닝 기법을 이용하여 더 발전한 위험도 평가를 수행할 수 있다. 크라우드펀딩에서는 'Wisdom of crowds' 개념을 이용한다. 셋째, 핀테크는 새로운 이용자들에게 더 다양하고 안정적이며 공정한 방식으로 금융서비스를 제공한다. 기존의 금융서비스에서는 금융기관의 평가에 따라 경우에 따라 편파적인 대우를 받을 수 있으나 핀테크는 모든 이용자들을 객관적으로 평가하여 자금의 흐름을 가장 효율적인 방식으로 운영하는 플랫폼을 구축하고 있다.

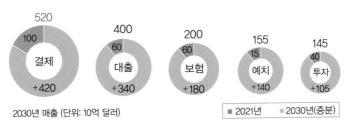

그림 11-3 주요 영역별 핀테크 시장 전망 (출처 : Fintech News America)

11.2.2 핀테크의 영역

핀테크는 대출, 송금, 해외 송금, 자산관리, 간편결제서비스, 크라우드 펀딩, 크립토커런시 등의 영역을 포함한다. 그림 11-4는 주요 영역별 글로벌 핀테크 시장 전망을 보여주고 있다. 골드만삭스에 따르면 핀테크 산업이 점유할 수 있는 세계 금융시장의 규모는 최대 4.7조 달러에 달한다. 연결성과 빅데이터의 발전으로 인하여 전통적 금융기업들이 핀테크 기업과 경쟁하여 생존하기 위해서는 전통적인 금융기업도 변화하지 않으면 안 되는 상황이 되었다. 핀테크 기업은 전통적 금융기업보다 훨씬 저렴한 비용으로 수요와 공급을 연결해 줄 수 있으므로 높은 경쟁력을 가질 수 있고 수요자와 공급자 모두에게 그 이익을 제공할 수 있게 된다. 송금수수료, 계좌관리 비용, 트레이딩 비용 및 인건비가 절약될 수 있고 자금의 이동과 활용이 더 효율적일 수 있게 된다.

그림 11-4 핀테크의 각종 영역

핀테크를 통한 대출(Loan)의 경우를 생각해보자. 기존의 금융서비스에서는 고객이 금융기관에 돈을 맡기고 금융기관은 돈을 빌리려는 사람의 신용을 평가하여 일정액의 자금을 빌려주는 방식을 따른다. 핀테크 기업에서는 물리적 금융기관을 통하지 않고 대출자(Lender)와 차입자(Borrower)를 직접 연결해주는 역할을 수행한다. 그림 11-5에서 보듯이 대출자 세 사람이 각각 100, 150, 100달러씩 빌려줄 경우 핀테크 기업은 이를 적당한 크기로 분할하여 여러 차입자에게 나누어 빌려주게 된다. 참여자는 누가 빌려주었는지 누구에게 빌려주었는지 알지 못하며 이러한 분할 방식을 통하여 위험성을 줄일 수 있다. 이러한 중개 역할을 핀테크 기업이 자동으로 처리하기 때문에 복잡한 관리 문제를 해결할 수 있고 자금의 대여 시 빅데이터 분석을 통하여 차입자의 신용과 상황을 분석하여 가장 적절한 방식으로 자금의 흐름을 관리하게 된다.

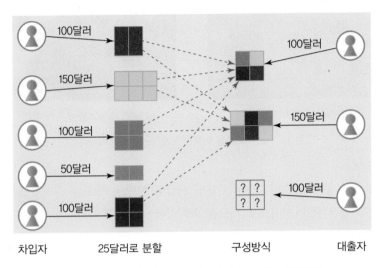

그림 11-5 핀테크를 이용한 차입자와 대출자 간의 대여 개념

해외로 송금할 때에도 A국의 고객이 B국으로 송금하는 경우 B국에서 A국으로 송금하려는 고객을 찾아 상호 연계하여 핀테크 기업이 중개해 주는 역할을 담당하여 전통적 금융기업이 부가하는 환전 수수료를 대폭 절약할 수 있게 된다. 이것은 초연결사회에서 고객들이 상호 연결되어 있고 고객들의 다양한 정보를 통해서 고객을 신용과 상황을 평가할 수 있는 데이터가 존재하기 때문에 가능한 일이다.

핀테크 기술이 가장 자주 적용되는 영역으로 간편결제서비스를 들 수 있다. 간편결제서비스는 1998년 페이팔(PayPal)이 신용카드 등록을 통한 간편결제서비스를 지원함으로써 시작되었다. 최근에는 애플페이, 알리페이, 삼성페이 등 많은 간편결제서비스 방식이 출현하여 기존에 온라인 방식 외에도 오프라인 방식을 지원하게 되었다. 오프라인 방식은 오프라인 매장에서 물건이나 서비스를 구입한 후 스마트폰을 매장의 단말기에 갖다 대어 스마트폰에 미리 등록되어 있는 신용카드를 선택하여 즉시 결제하는 방식이다. 단말기로는 기존의 자기식 단말기나 NFC 단말기를 이용한다(그림 11-6 참조). 스마트폰을 이용하여 대금 결제 외에도 자금이체, 티켓팅, 요금 지불 등 다양한 업무를 수행할 수 있다.

(a) Square를 이용한 결제   (b) NFC 단말기를 이용한 결제

그림 11-6 스마트폰을 이용한 오프라인 간편결제서비스

인터넷 플랫폼을 통해 다수의 개인으로부터 자금을 모으는 행위를 크라우드펀딩이라 한다. 크라우드펀딩은 P2P 방식으로 새로운 아이디어, 사업, 프로젝트에 대한 투자를 직접 일반 투자자와 아이디어 제공자를 연결함으로써 다수의 투자자를 모을 수 있고 분산투자를 통하여 투자자의 위험부담을 줄일 수 있다. 기존에는 벤처 캐피탈이나 엔젤을 통하여 벤처 기업이나 새로운 아이디어에 대한 투자가 이루어졌으나 초연결사회에서는 크라우드펀딩 기업이 투자자와 기업을 벤처캐피탈보다 좋은 조건으로 직접 연결해준다.

11.3 빅데이터와 데이터 분석

최근 우리 사회는 인터넷의 활용이 급증하고 모바일 사회로 변화하면서 매 순간 인터넷 사이트, 스마트폰, SNS, 소셜 미디어, 센서 및 다양한 소스를 통하여 수많은 양의 데이터(빅데이터)가 생성된다. 이절에서는 이러한 빅데이터의 특성을 알아보고 빅데이터를 분석하는데 필요한 기술과 활용분야를 살펴본다.

11.3.1 빅데이터의 소개

과거에는 인간의 삶과 기업활동의 자취에 대한 데이터가 별 쓸모없이 사라져버리는 경우가 많았지만 이제는 데이터를 활용하여 기업, 정부, 개인이 상황을 파악하고 의사 결정하며, 미래를 예측하는데 매우 중요한 역할을 하게 되었다. ICT 세상에서 앞으로 남은 가장 중요한 기술이 데이터 기술(DT: Data Technology)이라고 많은 전문가들이 이야기하고 있다.

빅데이터의 특성

빅데이터의 특성을 일반적으로 3V, 즉 데이터양(Volume), 다양성(Variety) 및 속도 (Velocity) 혹은 10V로 표현한다(그림 11-7 참조). 빅데이터는 기존의 기술로는 관리할 수 없는 엄청난 양의 데이터를 가지고 있다. 데이터 양의 단위가 수십 테라바이트(1 TB = 10^{12} 바이트)를 넘어서 수 페타바이트(1 PB = 10^{15} 바이트)에 이르고 앞으로는 수 엑사바이트(1 EB = 10^{18} 바이트)에 도달할 수 있는 정도의 크기이다. 또한, 빅데이터는 다양한 형태의 데이터로 구성되어 있다. 기업의 판매 데이터나 재고 데이터는 물론 인터넷상의 텍스트 데이터, SNS에서 발생하는 데이터, 이미지, 동영상과 같은 소셜 미디어, 위치정보와 관련된 데이터, 센서로부터 생성되는 데이터 등 매우 다양한 형태를 갖는다.

그림 11-7 빅데이터의 특성 10Vs

빅데이터가 관심을 갖게된 이유와 배경은 첫째, 인터넷과 모바일 인터넷, 소셜 미디어, SNS, GPS 등 센서, IoT 기술의 발전 등에 힘입어 엄청난 양의 데이터가 매 순간 생성되고 쌓이게 되었다. 수많은 사람들이 본인이 인식하거나 그렇지 못한 상황에서 매일의 삶과 생활을 통해 생성되는 데이터가 축적되어 의미를 내포하는 데이터의 역할을 하게 되었다. 둘째, 인터넷 속도의 증가로 이러한 데이터가 생성되는 즉시 메모리 장치에 축적될 수 있고 또한 활용될 수 있는 데이터 통신 인프라가 구축되었다. 마지막으로 프로세서의 가격 하락과 처리 속도의 가파른 증가는 엄청난 양의 축적된 데이터를 거의 실시간에 분석하고 활용할 수 있는 여건을 마련하게 되었다. 메모리 가격의 하락과 용량의 증가도 빅데이터 활용을 용이하게 하고 있으며 클라우드 컴퓨팅 기술은 더욱 빅데이터 활용에 기여하고 있다.

최근 들어 빅데이터가 많은 관심을 갖는 이슈가 되었고 CISCO사의 보고서에 의하면 2021년 전 세계 모바일 이용자수가 전 세계 인구의 71%인 55억 명이 되며 향후 모바일 트래픽이 5년간 7배 증가할 것으로 예측되고 있다. 모바일 사회가 되면서 수많은 다양한 데이터가 매 순간 생성되게 되었다. CISCO사는 이렇게 생성된 빅데이터를 세상을 변화시키는 10가지 기술 중의 하나로 선정하였으며 그 중요성을 'The New Oil'이라는 용어로 표현하였다.

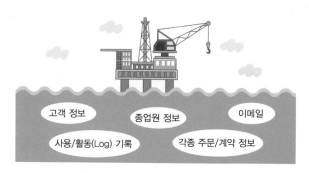

그림 11-8 데이터는 새로운 오일이다

빅데이터 기술

다양한 소스를 통해 생성된 빅데이터를 효율적으로 저장하고 처리하기 위하여 가장 자주 이용되는 기술이 하둡(Hadoop) 기술이다. 하둡은 오픈소스로 공개된 대규모 분산처리 기술로 빅데이터 처리에 요구되는 대량의 비구조화 데이터 처리 성능이 뛰어나고 비용이 저렴하며 스케일 아웃 개념으로 용량 증가에 대응하기 쉬운 장점을 가지고 있다. 하둡은 원래 구글사가 2004년 발표한 대형 클러스터에 의한 데이터 처리 단순화를 지원하는 '맵리듀스(MapReduce)' 개념에 기반하여 개발된 오픈소스 소프트웨어 프레임워크로 아파치 소프트웨어 재단에서 개발을 관리하고 있다. 맵리듀스는 분산처리 방식을 따르고 있고 고성능 서버를 이용하지 않고 가격대비 성능이 우수한 일반 프로세서들로 클러스터를 구성하여 분산처리 하는 개념이다. 하둡은 대규모 비구조화 데이터 처리 프레임워크의 실질적인 표준으로 크라우데라, IBM, MaPR 테크놀로지 등의 다양한 소프트웨어 배포판이 존재한다. 하둡은 야후, 페이스북, 트위터, AOL, 넷플릭스에서 먼저 이용해 왔으며 이제는 실질적인 표준으로 자리 잡았다. 하둡은 데이터의 일관성, 확장성, 장애 허용성을 지원하기 때문에 기업의 빅데이터 활용에 적합하다.

하둡은 대용량의 데이터를 분산하여 저장하는 HDFS(Hadoop Distributed File System) 분산 파일시스템과 대량의 데이터를 효율적으로 분산처리할 수 있는 프레임워크인 하둡 맵리듀스(Hadoop MapReduce), 그리고 HBase라는 거대 데이터 테이블로 구성되어 있다(그림 11-9 참조). 비구조화 데이터는 관계형 데이터와 다른 특성을 가지고 있어 관계형 데이터의 SQL 표준질의어 대신에 NoSQL('Not only SQL')데이터 베이스의 처리를 요구한다. NoSQL 데이터베이스는 엄청난 양의 데이터 처리에 적합한 분산처리 방식을 따르며 스케일 아웃이 가능하여 대량의 데이터 발생으로 인한 성능저하를 잘 관리할 수 있는 장점을 가지고 있다.

그림 11-9 오픈소스 하둡의 구성 (출처: blogs.sisco.com/datacenter)

11.3.2 빅데이터 분석과 활용

빅데이터의 처리

RDBMS는 일반적인 기업의 데이터 업무처리에는 적합하지만 비구조적 데이터로 구성된 빅데이터 영역에서는 이상적인 데이터베이스 처리시스템이라 할 수 없다. 빅데이터 분석에서는 구체적인 활용 요구가 발생하기 전까지는 무엇이 중요한지 알 수 없다. 따라서, 비구조적 데이터에 스키마를 미리 지정해 둔다는 것은 비현실적이다. 또한 비구조적 데이터베이스는 분산되어 저장되고 처리되므로 항상 데이터간의 일관성을 유지하기 어렵게 된다. 이러한 이유로 NoSQL 데이터베이스가 따로 개발되어 사용되고 있다. 예를 들어, 오라클(Oracle)사는 'Oracle NoSQL Database 11g'라는 NoSQL 데이터베이스 시스템을 개발하였고 아마존사의 '다이나모(Dynamo)'와 페이스북의 '카산드라'가 이에 속한다. 결론적으로 하둡과 NoSQL 데이터베이스는 빅데이터의 분석을 위해 가장 핵심적인 역할을 하는 기반이다.

빅데이터 분석 기술

빅데이터에서 유용한 의미를 이끌어내기 위하여 다양한 분석 기술이 이용되고 잇다. 분석 기술은 기계학습이나 데이터 마이닝 기술을 적용한다. 기계학습 기술은 인공지능 기술의 하나로 인간의 자연스러운 학습 능력을 컴퓨터를 통하여 구현하는 것이다. 빅데이터를 분석하여 그 데이터로부터 유용한 규칙, 지식 표현, 판단 기준 등을 도출하는 것이다. 음성이나 화상 인식, 스팸메일의 필터링, 추천엔진, 일기 예보, 유전자 분석 등의 분야에 기계 학습 기술이 이용될 수 있다. 데이터 마이닝은 대량의 데이터를 분석하여 데이터 속에 내재되어 있는 변수 사이의 상호관계를 규명하여 일정한 패턴을 찾아내는 기법이다. 클러스터링, 신경망 네트워크, 회귀 분석, 결정 트리 및 연관 분석 등의 방법을 이용하여 빅데이터 내에 내재하는 규칙과 패턴을 찾아내게 된다. 이외에도 자연어 처리 기술은 대용량 소셜 미디어의 텍스트 데이터로부터 유용한 정보를 추출하는 텍스트 마이닝에 필수적인 기술이다. 문장내의 품사들 간의 관련성에서 언어의 의미를 찾아내는 시맨틱 검색 기술과 다양한 통계 분석 기술도 빅데이터로부터 의미있는 지식이나 결과를 도출하는데 유용한 기술이다.

빅데이터의 활용

빅데이터의 활용 분야는 매우 광범위하고 다양하다. 빅데이터는 검색엔진, 패턴 인식, 번역 서비스, 음성 인식 서비스 등의 분야에서 유용하게 쓰인다. 또한, 아마존이나 이베이와 같은 전자상거래에서 추천 시스템을 이용한 상품과 서비스의 추천, 재무 및 고객 서비스 분야에서 쓰이고 특히 사용자 행동 분석을 통한 사용자 경험의 향상에 도움을 준다. 빅데이터는 데이터 분석을 통한 게임 서비스에도 유용하게 쓰인다. 빅데이터 분석을 통해 게임에서 이탈률, 바이럴 계수 및 사용자 1인당 매출 등의 지표를 언어 게임 비즈니스 모델에 적용한다. 이외에도 에너지 소비패턴 분석, 고객의 구매행동 예측 및 마케팅, 행동 타게팅 광고, 위치정보를 이용한 마케팅, 신용카드의 부정 검출, 고장 예측, 감기 예측, 주식 시장 예측 분야에도 중요한 역할을 수행한다.

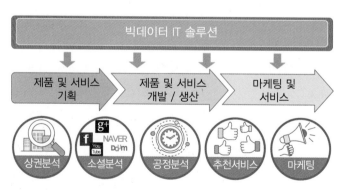

그림 11-10 빅데이터의 활용

11.4 디지털 방송과 IPTV

그동안 사람들이 많이 애용하던 TV시청이 이제는 가정에서뿐만 아니라 인터넷 환경이나 자동차 내에서도 이루어지고 있다. TV방송의 서비스 형태는 방송국에서 신호를 전송하는 매체에 따라 전통적인 지상파 방송, 유선 케이블 방송, 위성방송 3가지로 구분되며 최근 인터넷망으로 전송되는 IPTV와 모바일 환경에서 서비스되는 DMB 방송이 있다. 이 절에서는 이러한 디지털 방송 서비스의 특징을 살펴본다.

11.4.1 디지털 방송과 HDTV

디지털 방송의 서비스 방식

예전의 아날로그 TV방송은 방송국에서 시청자에게 프로그램을 일방적으로 보내주어 상호작용성(Interactivity)을 지원하지 못하는 한계성이 있고, 음질과 화질도 떨어지는 문제점이 있었다. 이에 비해, 디지털 TV방송은 시청자가 원하는 더욱 다양하고 개인화된 방송을 지원하고 상호작용성(양방향성)을 지원할 수 있는 장점을 지니고 있다. 디지털 TV방송으로의 전환과 함께 고화질 디지털 방송을 실현할 수 있는 LCD 및 PDP 디스플레이 기술의 발전도 매우 빠른 속도로 진행되어 왔다. 미국은 2009년 2월부터 아날로그 TV 방식이 전면 중단되고 디지털 TV방송으로 완전히 전환되었으며, 우리나라도 2012년 12월 TV 프로그램의 아날로그 송출이 전면 중단되었다.

디지털 방송은 1980년대 출현한 기술로 시청자에게 더욱 선명한 화질의 TV화면을 제공한다는 취지에서 출발하였다. 종전의 아날로그 TV에 비해 잡음과 신호 오류를 줄이고 전송 시 높은 압축률로 인하여 방송의 화질과 음질을 획기적으로 향상시켰다. 일반적으로 디지털 방송 서비스는 그림 11-11에서 보듯이 TV 전송방식(Carrier)에 따라, 지상파 방송, 케이블 TV, 위성방송, 인터넷 TV(IPTV), 모바일 방송(예, DMB, DVB-H) 으로 구분할 수 있다. 디지털 TV는 비디오 신호를 MPEG-2 표준으로 압축하여 더욱 많은 정보량을 전송할 수 있다. 따라서, 디지털 TV에서는 하나의 채널을 세분화하여 여러 가지 프로그램을 동시에 전송할 수 있으므로 매우 많은 수의 채널로 서비스가 가능해 졌다.

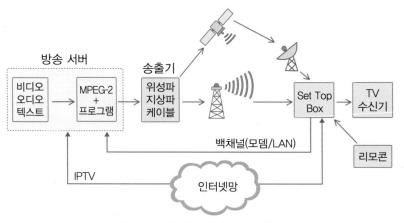

그림 11-11 디지털 방송의 송수신 개념도

고화질 TV

디지털 방송 서비스의 발전에 비례하여 TV 화면의 해상도도 많은 진전이 있었다. 디지털 TV의 화질은 TV화면의 해상도에 따라 SD(Standard Definition; 표준 방식), HD(High Definition; 고화질 방식), UHD(Ultra HD; 초고화질 방식) 등으로 구분할 수 있다. 본격적인 디지털 방송 서비스에서는 이전의 SDTV 화면보다 4배 이상의 선명한 화질을 제공하는 HDTV 방식의 화면을 제공하였다. HDTV에서는 1080라인의 해상도를 지원하고 가로세로 비율도 기존의 4:3에서 16:9로 확장되어 대다수의 극장영화도 화면에서 잘리는 부분없이 제대로 볼 수 있다.

최근 TV 화면의 해상도는 더욱 발전하여 그동안의 HD방송보다 4배 더 선명한 UDH 방송이 2014년부터 시작하여 2017년에는 모든 방송에서 본격적으로 서비스를 제공하고 있다. 현재 적용중인 4K UHD TV에서는 3840×2160의 해상도를 지원하며, 궁극적으로 목표하고 있는 UHD 규격은 7680×4320 해상도를 지원하며 8K UHD라고 불린다. 차세대 방송 규격에서는 가정에서 70mm 영화보다 좋은 화질과 음질을 제공하는 것을 목표로 하고 있다. 그림 11-12는 SDTV, full HDTV 및 UHD TV(ultra HDTV) 간의 해상도를 비교한 것이다.

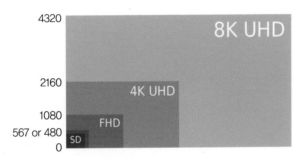

그림 11-12 SDTV, full HDTV, UHD TV의 비교 (출처: wikipedia)

데이터 방송

디지털 TV 기술은 다채널화 및 고화질을 목표로 기술발전이 전개되어 왔는데, 한편으로는 기존의 동영상 신호 이외에 디지털 데이터의 전송이 가능하다는 점 때문에 데이터방송 서비스가 등장하였다. 국내에서 데이터방송 서비스는 2003년 6월부터 시작되었으며 전파를 통해 수신 받은 디지털 데이터는 컴퓨터 기능이 내장된 셋탑박스에서 이를 해석하고 실행하여 다양한 서비스를 제공한다. 데이터방송은 시청자가 방송내용을 선택할 수 있고 응답을 백채널(Back Channel)을 통해서 방송국에 보낼 수 있다는 특징 때문에 인터랙티브 방송 또는 iTV(Interactive TV)라고 불리기도 한다.

이와 같이 데이터방송은 상호작용성을 지원함으로써 사용자가 전자상거래, 홈쇼핑 기능을 수행할 수 있는 장점이 있다. 뿐만 아니라, PC 등 디지털화 된 다른 통신미디어와 접속이 가능하여 인터넷상의 콘텐츠를 공유할 수 있고 시청자가 TV를 통해 각종 생활정보를 볼 수 있는 데이터방송 서비스가 가능하다. 데이터방송 채널의 대표적인 서비스 장르는 쇼핑, 홈뱅킹 외에도 게임, 뉴스, 날씨, 퀴즈, 교통정보 등이 있다.

11.4.2 IPTV 서비스

IPTV(Internet Protocol Television; 인터넷 TV)란 인터넷 프로토콜을 이용하는 인터넷 망을 통하여 텔레비전 프로그램과 비디오를 전송하는 기술로, 실시간 방송 및 VOD(Video On Demand) 서비스가 가능하다. 그림 11-13에서 보듯이 사용자는 셋톱박스를 통해 IPTV를 시청할 뿐 아니라 전화 및 인터넷 사용도 가능하며, 인터넷망을 이용함으로써 사용자와 방송국 간에 양방향 TV 서비스가 용이하게 구현된다. 또한, 모바일 IPTV나 OTT(Over the Top) 서비스와 같은 IPTV로부터 파생된 서비스도 이용할 수 있다.

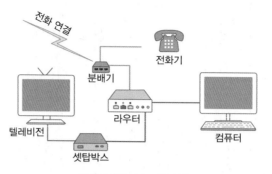

전화 연결

전화기

분배기

라우터

텔레비전

컴퓨터

셋탑박스

그림 11-13 IPTV의 구성

IPTV는 방송과 통신을 융합하는 서비스로 주로 대형 통신업체들에 의하여 제공된다. 통신업체들은 광통신망을 기반으로 전용 네트워크를 구축하여 서비스를 제공하며, IPTV를 지원하는 인터넷망은 일반 공공망(Public Network)과는 달리 서비스 가입자만 프로그램을 시청할 수 있다. IPTV 서비스는 일종의 폐쇄망(Closed Network)으로 사용자의 프로그램 선택 등과 같은 이용기록을 모니터하고 이러한 정보를 타겟 광고의 용도로 이용할 수 있다. IPTV가 인터넷망을 가지고 있는 통신업체만 서비스가 가능한 반면, OTT 서비스는 다른 업체의 인터넷망을 이용하여 콘텐츠를 송신하므로 통신업체가 아니더라도 누구나 서비스를 수행할 수 있다.

IPTV는 멀티캐스트를 사용하여 데이터를 특정 그룹에 방송하듯이 전송하므로 서버 부담이 적다. 그러나 UHD급 화질을 위해서는 500Mbps 이상의 인터넷 전송 속도가 필요하며, IPTV 시청과 동시에 다른 인터넷 서비스를 이용하려면 최소 50Mbps 이상의 회선이 필요하다. 국내에서는 2006년부터 IPTV 시범사업이 시작되어 KT, SKB, LG U+ 등이 IPTV 서비스를 제공했다. 현재 국내의 IPTV 시장은 지속적으로 성장하고 있으며, 2022년 상반기에는 2천만 명을 돌파하는 가입자수를 기록하였다.

11.5 HCI와 감성컴퓨팅

우리의 생활에서 컴퓨터 및 IT 기기를 사용할 때 늘 접하는 것은 기기의 인터페이스를 통해 입력하거나 출력을 받고 이들 기기를 제어하게 된다. 이 절에서는 이러한 사용자 인터페이스를 설계하고 이에 필요한 인터랙션 처리 기술을 다루는 HCI 분야와 인간의 감정까지 인식하고 처리하는 감성컴퓨팅에 대해 알아보자.

11.5.1 HCI 소개

초창기에는 컴퓨터나 IT기기의 성능이 더 우선시 되었지만 이제는 사용 편리성이나 사용자 경험에 대한 만족도가 더 중요해지고 있다. 최근의 IT기기의 사용자 인터페이스(User Interface)는 시각, 청각, 촉각 등 다양한 형태로 필요한 정보를 입력하여 원하는 정보를 얻으며 이들 기기를 제어하는 상호작용을 하도록 하고 있으며 이 과정에 사용자의 경험(User Experience)을 잘 반영하도록 추구하고 있다.

이와 같은 인간과 컴퓨터간의 상호작용에 대한 연구를 HCI(Human Computer Interaction) 분야에서 하고 있다. HCI 분야의 최대 학회인 ACM SIGCHI에서는 "HCI는 컴퓨터가 인간과 상호작용할 수 있도록 컴퓨터 시스템을 디자인, 평가, 완성하는 과정을 다루며 이 과정을 둘러싼 중요 현상들을 연구하는 학문이다"라고 정의하고 있다. 궁극적으로 사람과 컴퓨터 시스템이 조화를 이루어 사용자에게 최적의 경험을 제공하는 것이 목표이다. 이를 위해 HCI 분야 연구에서는 인터페이스 프로토타입을 설계하여 유용성 및 사용성 분석을 하며, 이들 인터랙션에 필요한 기술을 연구개발하고 있다.

1968년 엥겔바트(Douglas Engelbart)는 최초의 마우스와 이메일, 온라인 편집시스템 등 사용자 인터페이스에 관한 연구를 발표하여 HCI 분야의 선구자로 존경받고 있다. 그 이후 1970년대 제록스(Xerox)사 연구소에서 사용자 중심의 개인컴퓨터 시스템을 개발하면서 사용자 인터페이스에 대한 관심이 본격적으로 시작되었다. 이 때 연구하였던 기술이 후일 개인용 컴퓨터의 윈도우 등 그래픽 인터페이스(GUI)에 많이 적용된 것이다. 이와 같이 초기에는 입력기나 화면 디스플레이의 설계 등 하드웨어 중심적인 연구에서 최근에는 인간의 정보처리 및 인지과정을 연구하며 사용자 경험을 극대화 하고 인간의 감성까지 인지하는 연구로 발전하고 있다.

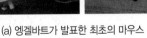

(a) 엥겔바트가 발표한 최초의 마우스　　　　　(b) Xerox Star 8010 시스템

그림 11-14 초창기 HCI 분야 연구 결과

11.5.2 인터페이스 기술

인터페이스 기술의 발전

초창기 컴퓨터에서는 마그네틱 테잎이나 펀치카드 등이 사용되었지만, 1970~80년대에는 워크스테이션과 개인용 컴퓨터의 개발로 인하여 키보드에서 문자로 명령어를 입력하고 화면에서 즉각적인 결과를 보는 형태인 CUI(Command User Interface)가 주축을 이루었다. 1990년대 윈도우 시스템이 널리 보급되면서 이후 대부분의 컴퓨터는 그래픽 방식의 GUI(Graphic User Interface)를 채택하고 있다. 그림으로 구성된 윈도우 화면에 각종 요소들을 아이콘으로 표시하고 명령어를 외울 필요 없이 마우스로 조작하여 프로그램을 실행 하는 방식으로 현재 IT기기 사용자들이 많이 익숙해져 있다.

최근에는 이러한 인터페이스 기술이 더욱 발전하여 그래픽뿐만 아니라 음성이라든지 촉각, 동작, 표정 등 사람의 자연스러운 행동을 인식하여 인터랙션을 처리해 주는 NUI(Natural User Interface) 기술이 많은 주목을 받고 있다. NUI의 궁극적인 목표는 영화 '마이너리티 리포트'나 '아이언맨'에서 보듯이 사람끼리 의사소통 할 때처럼 자연스러운 상호작용을 지원하는 것이다. 즉, 말하고 동작하고 표정 등의 인식이 인간 수준에 가깝게 표현되도록 입력, 출력, 제어 기술에 대한 발전을 추구하는 것이다.

음성인식 및 합성(Voice Recognition Speech Synthesis) 기술

음성인식 기능은 요리를 할 때와 같이 두 손을 다 사용하여 키보드 입력이 어려운 상황이거나, 모바일기기 혹은 내비게이션 등과 같이 움직이며 IT기기를 사용하는 상황에 매우 긴요하게 필요로 한다. 최근에는 단순히 음성을 인식하는 수준을 넘어서 자연어 처리 기능을 연동한 의미추출 기능까지 적용하여 인식률을 높이고 있다. 이미 아이폰에서는 시리(Siri)라는 음성인식 프로그램이 애용되고 있으며, 안드로이드 스마트폰에서 구글 토크(Google Talk)가 널리 사용되고 있다. 한편 음성합성(Text-to-Speech or Speech Synthesis) 기술은 글을 말로 바꾸는 기술로 아직은 기계적인 목소리에 대한 거부감 때문에 자동응답이나 시각장애인용 시스템 등 제한된 영역에서 이용되고 있다.

동작인식 인터페이스(Gesture Interface)

사람 몸의 움직임이나 손가락의 움직임을 인식하여 사용자의 의도를 입력하는 인터페이스로서 최근 활발히 개발되어 관련 제품들이 선보이고 있다. 닌텐도(Nintendo)사의 게임 리모콘인 Wii에서는 사용자가 리모콘을 흔드는 동작을 중력센서로 감지하여 여러 가지 게임을 할 수 있도록 하였다. 마이크로소프트의 키넥트(Kinect)는 대표적인 동작인식 카메라로서 원래 게임기인 Xbox용으로 만들었지만 컴퓨터나 모바일 기기에서도 Kinect SDK를 이용하여 손쉽게 다양한 어플리케이션을 개발할 수 있다. 키넥트에서는 사람의 관절모형(skeleton)의 움직임을 인식하여 원하는 정보를 입력하게 되어있다. 한편 영화 '마이너리티 리포트'에서처럼 손가락을 움직이거나, 펼치거나, 집는 등의 제스처를 통해 원하는 정보를 입력하는 립모션(Leap Motion)이라는 인터페이스 기기도 주목을 받고 있으며, 인텔사에서도 사람의 동작을 트래킹하여 정확히 인식할 수 있는 '리얼센스(Real Sense) 3D 카메라'를 발표하였다.

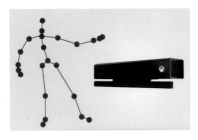

(a) 마이크로소프트 Kinect

(b) Leap Motion 콘트롤러

그림 11-15 동작인식 인터페이스 기기

생체측정 인터페이스(Biometric Interface)

최근에는 인간의 생체정보까지 인지하여 더욱 다양한 입력이 가능하도록 하는 인터페이스 기술이 개발되고 있다. 이미 얼굴인식(Face Recognition)을 통하여 누구인지 구분하고 표정까지 읽어 내는 연구가 활발히 진행되고 있으며, 눈동자인식(Eye tracking)을 통해 눈동자가 화면상에서 응시하는 위치를 추적하여 마우스 대신 커서를 제어하는 데에도 활용되며, 사용성 평가에 이용되어 웹페이지에서 위치에 따른 광고 단가를 결정하기도 한다. 더 나아가 뇌파의 신호를 부위별로 감지하여 인터랙션을 수행하고자 하는 뇌파제어 인터페이스(BCI; Brain Computer Interface) 기술도 개발하고 있으며 혈압 및 혈당 등 생체정보를 획득하여 감성컴퓨팅에 이용하고자 새로운 인터페이스 기술을 연구하고 있다.

착용형 인터페이스(Wearable Interface)

사람과 컴퓨터 사이에 좀 더 자연스럽게 인터렉션이 가능하려면 사람의 행동에 제약이 줄어들어야 한다는 측면에서 착용형 인터페이스 기술이 발전하고 있다. 대표적인 착용형 인터페이스 기기로 머리의 HMD(Head Mounted Display)가 있으며 머리의 움직임을 감지하여 그에 맞는 출력을 안경에 디스플레이해 준다. 최근에는 경량화되어 VR(Virtual Reality) 헤드셋이라는 명칭으로 활발히 개발되고 있으며, 한편으로는 안경형태로 유명한 구글 글래스(Google Glass)도 있다. 맥박이나 체온 등 생체 정보를 획득하거나 촉각 등의 감각 표현에 유리하고 이동에도 편리한 손목 밴드나 시계 등 손목 착용형 기기도 많이 개발되고 있다. 또한 섬유의 전도성을 이용하여 의류의 인터페이스화를 시도하는 등 다양한 연구가 진행되고 있다.

(a) HMD와 햅틱 글로브

(b) 스마트 워치

(c) 구글 글래스

그림 11-16 착용형 인터페이스 기기의 사례

11.5.3 감성컴퓨팅

2013년에 상영된 '그녀(Her)'라는 영화에서는 주인공이 컴퓨터 운영체제와 사랑에 빠지는 스토리로 구성되어 있다. 영화에서처럼 IT 기기가 인간의 감정이나 감성을 이해하여 인간과 의사소통할 수 있는 기술이 개발되고 있다. 1990년대부터 시작된 감성컴퓨팅(Affective Computing) 분야는 MIT대학의 피카드(Rosalind W. Picard)교수가 개척하였으며, 인간의 감정(Emotion)이나 관련 현상을 인지하고 이를 이해하여, 인간의 행동이나 감성에 의도적인 영향을 주는 컴퓨팅 기술이라고 할 수 있다. 즉, 하드웨어와 인간과의 감성적인 소통이 가능하도록 하는 인터페이스에 관련된 연구 분야이다. 최근에는 인간의 감성적인 만족도를 높이는 기법으로 주목받고 있으며 지속적인 기술의 발달로 사용자의 감성 차이를 구분할 수 있는 수준까지 이르렀다.

감성컴퓨팅을 위한 감성정보의 감지는 사용자의 신체적 상태나 행동에 대한 데이터를 수집하는 데에서 시작한다. 감정정보로 사용되는 데이터에는 감정적인 음성, 표정, 몸짓 등 행동적인 정보로부터 체온, 혈압, 맥박, 심전도 등 신체적 상태 정보도 있다. 감지된 데이터는 사람의 감성을 인지하고 분석하기 위한 단서로 사용되어 사람의 감정을 이해하는데 활용된다. 이러한 감정분석을 위해서는 음성정보처리, 자연어처리, 영상기반 감정분석, 생체 신호측정, 기계학습 등 다양한 기술을 필요로 하고 있다.

이렇게 분석된 감정정보는 감성컴퓨팅 분야의 다양한 응용서비스가 가능하게 해준다. 대표적인 사례로 MIT 미디어랩(Media Lab)에서는 얼굴의 특징점을 고속으로 측정해서 감정을 추론하도록 하여 스트레스를 자동으로 감지하여 삶의 질을 높이는 소프트웨어를 개발하였다. 또한 Q-Sensors라는 손목밴드를 이용하여 피부 전도율이나 체온 측정을 통해 감정의 고저를 판단하기도 한다. 최근 MIT에서는 '임브레이스(Embrace)'라는 스마트워치를 통하여 사람의 전기적 활동이나 뇌신호까지 포함한 감정정보를 측정하여 질병을 예방하는 헬스케어 서비스를 개발하였다. 또 하나 대표적인 활용분야는 사람의 감정을 이해하고 더 나아가 자신의 감정을 지닌 감성로봇의 개발이다. MIT에서 개발한 휴머노이드 로봇 'Kismet'는 다양한 얼굴표정을 나타낼 수 있으며, 일본 소프트뱅크가 개발한 'Pepper'는 감정을 표현하고, 감정에 따라 행동하며, 자연스러운 대화가 가능하다. 영국 이모쉐이프(EmoShape)사의 'EmoSpark'는 사용자와 상호작용이 지속될 수로 의사소통하는 능력이 향상되는 기능을 지니고 있다.

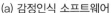
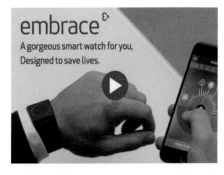

(a) 감정인식 소프트웨어   (b) 감정인식 스마트워치 Embrace

그림 11-17 MIT의 감성컴퓨팅 제품 사례 (출처: Affective사, Indiegogo사)

연습문제

01 지능형 로봇, 원격 진료, 효율적인 에너지 관리 등 디지털 기술이 인간의 일상생활과 직결되는 활용을 (   )라 부른다.

02 핀테크의 한 방식으로, 인터넷 플랫폼을 통해 다수의 개인으로부터 자금을 모으는 행위를 (   )이라 한다.

03 인터넷 활용의 급증으로 매 순간 인터넷, 스마트폰, SNS 및 다양한 소스를 통하여 수많은 양의 (   )가 생성된다.

04 모바일 사회가 되면서 수많은 다양한 데이터가 매 순간 생성되고 있다. CISCO사는 이렇게 생성된 데이터의 중요성을 새로운 자원이라는 의미에서 (   )이라는 용어로 표현하였다.

05 하둡은 대용량의 데이터를 분산하여 저장하는 (   ) 분산 파일 시스템과 대량의 데이터를 효율적으로 분산 처리할 수 있는 (   ) 프레임워크, 그리고 HBase로 구성되어 있다.

06 이전의 아날로그 TV방송은 시청자에게 프로그램을 일방적으로 보내주어 (   )을 지원하지 못하는 한계가 있었지만, 디지털 TV방송은 시청자가 원하는 개인화된 방송을 지원하면서 이를 극복했다.

07 최초의 마우스와 이메일, 온라인 편집시스템 등 사용자 인터페이스에 관한 연구를 진행하여 HCI 분야의 선구자로 평가받는 사람은 (   )이다.

08 그림으로 구성된 윈도우 화면에 각종 요소들을 아이콘으로 표시하고 마우스로 조작하여 프로그램을 실행하는 것으로, 대부분의 컴퓨터가 채택하고 있는 방식은 (   )이다.

09 최근 얼굴인식을 통하여 사람을 구분하고 표정까지 읽어 내는 연구가 활발히 진행되고 있으며, (   )을 통해 눈동자가 화면상에서 마우스 대신 커서를 제어하는 것도 가능해졌다.

10 감성컴퓨팅 분야는 인간의 감정이나 관련 현상을 인지하고 이를 이해하여, 인간의 행동이나 감성에 의도적인 영향을 주는 컴퓨팅 기술이다. 즉, 하드웨어와 인간과의 감성적인 소통이 가능하도록 하는 (   )에 관련된 연구 분야이다.

주요 개념 확인(단답식)

01 중앙 통제 없이 암호화와 합의 알고리즘을 활용하여 여러 참여자 간에 거래 정보를 안전하게 기록하고 공유하는 시스템은 무엇이라고 하는가?

02 대출, 송금, 해외 송금, 자산관리, 간편결제서비스, 크라우드 펀딩 등의 영역을 포함하며, 인터넷상에 존재하는 정보를 활용하는 금융서비스 기술은 무엇인가?

03 3V는 일반적인 빅데이터의 세 가지 특성을 말한다. 3V가 의미하는 세 가지 특성을 적어라.

04 대규모 분산처리 기술로, 다양한 소스를 통해 생성된 빅데이터를 효율적으로 저장하고 처리하기 위해 사용되는 기술은 무엇인가?

05 데이터 마이닝은 데이터를 분석하여 일정한 패턴을 찾아내는 기법이다. 빅데이터 내에 내재하는 규칙과 패턴을 찾아내는 다양한 방법 중에서 2가지 이상 적어라.

06 TV방송의 서비스 형태는 방송국에서 신호를 전송하는 매체에 따라 3가지로 구분된다. 이에 해당하는 3가지의 방송 형태는 무엇인가?

07 데이터 방송(인터랙티브 방송)에서 시청자가 방송 내용을 선택하고 해당 응답을 방송국에 보내기 위해 거치는 채널을 무엇이라고 하는가?

08 IT 기기의 사용자 인터페이스가 다양한 형태로 원하는 정보를 얻는 과정에서 사용자 맞춤화를 위해 가장 중요시하는 것은 무엇인가?

09 사용자의 인터페이스를 설계하고 이에 필요한 인터랙션 처리 기술을 다루는 HCI 분야의 다양한 인터페이스 기술을 2개 이상 적어라.

10 감성컴퓨팅에서 사용되는 감정정보에는 다양한 종류가 존재한다. 행동적 정보와 신체적 정보에 각각 사용되는 데이터 종류를 2가지 이상 적어라.

01 핀테크(Fintech)는 금융 서비스를 혁신적인 기술을 통해 제공하는 새로운 경향을 의미한다. 다음 중 핀테크의 특징으로 옳은 것은?

    a. 기존 금융서비스의 비용을 증가시키고 양질의 서비스를 제공한다.

    b. 빅데이터 분석과 머신러닝 기술을 활용하여 위험도 평가를 수행할 수 없다.

    c. 모든 이용자들을 객관적으로 평가하여 자금의 흐름을 효율적으로 운영하는 플랫폼을 구축한다.

    d. 기존 금융기관의 평가에 의존하여 편파적인 대우를 제공한다.

02 빅데이터는 우리가 매일 사용하는 컴퓨터, 모바일 기기에서 흐르는 방대한 데이터로 구성된 정보의 바다를 가리킨다. 이 빅데이터의 특성을 설명한 것으로 가장 옳은 것은?

    a. 주로 수 테라바이트($1TB = 10^{12}$바이트)를 넘어선 크기를 가지고 있다.

    b. 다양성은 주로 텍스트 데이터에 국한되어 있다.

    c. 기존 기술로도 쉽게 관리하고 분석할 수 있는 양의 데이터를 가지고 있다.

    d. 주로 실시간으로 생성되는 데이터보다는 정적인 데이터를 다룬다.

03 빅데이터의 특성은 일반적으로 3V로 표현하며, 최근에는 그 의미가 10V로 확장되었다. 다음 중 10V에 대한 설명으로 옳지 않은 것은?

    a. 시각화(Visualization)   b. 입증성(Verification)

    c. 가변성(Variability)   d. 타당성(Validity)

04 빅데이터에서 유용한 의미를 이끌어내기 위하여 다양한 분석 기술이 이용되고 있다. 다음 중 기계학습과 데이터 마이닝에 대한 비교 설명 중 옳은 것은?

    a. 기계학습은 대량의 데이터에서 내재된 변수 사이의 상호관계를 규명하여 패턴을 찾아내는 기술이며, 데이터 마이닝은 인간의 학습 능력을 컴퓨터에 구현하는 기술이다.

    b. 기계학습은 데이터를 분석하여 내재된 규칙과 패턴을 찾아내는 기술이며, 데이터 마이닝은 대량의 데이터를 분석하여 의미 있는 정보를 찾아내는 기술이다.

    c. 기계학습은 대량의 데이터로부터 인간의 학습 능력을 모델링하는 기술이며, 데이터 마이닝은 데이터에 내재된 변수 사이의 상호관계를 규명하여 패턴을 찾아내는 기술이다.

    d. 기계학습은 데이터 속에 내재된 규칙과 패턴을 찾아내는 기술이며, 데이터 마이닝은 대량의 데이터에 내재된 변수 사이의 상호관계를 규명하여 패턴을 찾아내는 기술이다.

05 다양한 소스를 통해 생성된 빅데이터를 효율적으로 다루기 위해서 여러 가지 기술이 존재한다. 다음 빅데이터 기술에 관한 설명 중 옳은 것은?

    a. 하둡은 대규모 분산 처리 기술로, 빅데이터 처리에 요구되는 대량의 비구조화 데이터를 효율적으로 저장하고 처리할 수 있다.

b. 맵리듀스는 고성능 서버를 이용하여 데이터 처리를 단순화하는 오픈소스 소프트웨어이다.

c. 하둡은 대용량의 데이터를 중앙 집중식으로 처리하여 일관성과 확장성을 제공한다.

d. NoSQL 데이터베이스는 SQL 표준 질의어를 사용하여 관계형 데이터를 처리하며 대용량의 데이터 발생에 효율적으로 대응할 수 있다.

06 디지털 방송은 디지털 데이터를 이용하는 방식으로 텔레비전 채널뿐 아니라 라디오 주파수 대역까지 다양하게 이용된다. 디지털 TV 방송의 특징에 관한 설명 중 옳은 것은?

a. 상호작용성을 지원하지 못하고 화질과 음질이 떨어지는 문제점이 있다.

b. 2009년 미국에서 전면 중단되고, 다른 국가에서는 아직 디지털 TV 방송이 계속되고 있다.

c. 비디오 신호를 MPEG-2 표준으로 압축하여 더 많은 정보량을 전송할 수 있다.

d. 아날로그 TV에 비해 잡음과 신호 오류를 늘리고 방송의 화질과 음질을 저하시킨다.

07 IPTV는 광대역 연결 상에서 인터넷 프로토콜을 사용하여 소비자에게 서비스를 제공한다. IPTV에 관한 설명 중 옳은 것은?

a. 모든 인터넷 서비스 제공자가 제공할 수 있는 서비스로, 사용자의 위치나 회선 속도에 상관없이 누구나 이용할 수 있다.

b. UHD급 화질을 위해서는 50Mbps 이상의 인터넷 전송 속도가 필요하며, 동시에 인터넷을 사용하려면 500Mbps 이상의 속도가 필요하다.

c. 멀티캐스트를 사용하여 데이터를 특정 그룹에 방송하듯이 전송하며, 서버 부담이 크다.

d. 서비스는 주로 대형 통신업체들에 의해서 제공되며, 국내에서는 2022년 상반기에 2천만 명을 돌파하는 가입자 수를 기록하였다.

08 HCI(Human Computer Interaction) 분야는 사용자의 인터페이스를 설계하고 이에 필요한 인터랙션 처리 기술을 다룬다. HCI에 대한 다음 설명 중 옳은 것은?

a. 촉각의 형태로 필요한 정보를 입력하여 인간과 컴퓨터 간의 상호작용을 연구한다.

b. 인간과 컴퓨터 간의 상호작용에 대한 연구를 다루는 학문으로, 사용자 경험을 최대화하기 위한 연구를 중점적으로 수행한다.

c. 주로 하드웨어 디자인과 제조 기술에 집중하며 소프트웨어는 덜 중요시 여긴다.

d. 초기 연구는 인간의 감성과 감정까지 인식하는 기술에 중점을 두고 있었다.

09 인터페이스의 기술에는 다양한 종류가 존재한다. 그 중 동작인식 인터페이스와 생체측정 인터페이스에 관한 다음 비교 설명 중 옳은 것은?

a. 동작인식 인터페이스는 주로 얼굴인식 기술을 사용하여 사용자의 표정을 분석하고, 생체측정 인터페이스는 손가락의 동작을 감지하여 제스처를 입력한다.

b. 동작인식 인터페이스는 몸의 움직임이나 손가락의 동작을 감지하여 의도를 입력하며, 생체측정

인터페이스는 얼굴 표정이나 뇌파 신호를 이용하여 상호작용을 수행한다.

    c. 동작인식 인터페이스는 사용자의 눈동자 움직임을 추적하여 커서를 제어하며, 생체측정 인터페이스는 뇌파를 분석하여 사용자의 감정을 이해한다.

    d. 동작인식 인터페이스는 손목 밴드를 통해 피부 전도율이나 체온을 측정하여 감정의 고저를 판단하며, 생체측정 인터페이스는 사용자 몸의 움직임을 감지하여 의도를 입력한다.

10 다음 중 감성컴퓨팅 기술에 관한 다음 중 올바른 설명은?

    a. 사용자의 감정을 무시하고 컴퓨터와의 효율적인 통신을 위한 기술이다.

    b. 음성, 표정, 몸짓 등 다양한 행동 정보를 기반으로 사용자의 감정을 이해하고 분석한다.

    c. 오직 음성 정보만을 사용하여 사용자의 감정을 판단하는 기술이다.

    d. 단순히 사용자의 행동을 기록하는 기술이며, 감정과는 관련이 없다.

보충 과제(주관식)

01 현재 시장에 매우 다양한 간편결제서비스들이 존재한다. 각 간편결제서비스 방식의 장단점을 조사하고 비교하라.

02 빅데이터를 효율적으로 저장하고 처리하기 위한 핵심 기술인 하둡(Hadoop) 기술이 무엇인지 설명하라. 오픈소스 하둡이 어떻게 구성되어 있는지 설명하고 각 구성요소의 기능이 무엇인지 설명하라.

03 최근에는 다양한 웨어러블 기기가 선보이고 있다. 이러한 기기에 적용되는 웨어러블 인터페이스에 대하여 다양한 사례를 찾아서 장단점을 논하라.

04 인간의 감성을 인지하기 위하여 감정인식을 위한 생체정보 측정 기술이 발전하고 있다. 다양한 생체정보 측정기술의 사례를 조사하라.

PART **IV**

정보화 사회의 발전

12 디지털 콘텐츠 기술과 산업

과거에는 컴퓨터나 네트워크 장비 등의 하드웨어 산업이 정보산업의 중심이었으나 최근에는 정보산업의 중심이 소프트웨어 산업 및 디지털 콘텐츠 산업으로 전환되고 있다. 특히, 디지털 콘텐츠 산업이 21세기 고부가가치 산업으로 인식되면서 선진국들을 중심으로 디지털 산업에 적극적으로 투자하며 육성하고 있다. 디지털 콘텐츠 산업은 제조 산업은 물론 다른 서비스 산업과 상이한 특성을 가지고 있다.

이 장에서는 먼저, 디지털 콘텐츠의 개념과 디지털 콘텐츠 산업의 특징 및 구성요소를 설명한다. 다음으로, 게임 분야, 디지털 방송 및 영상 분야, 교육 및 출판 분야 등 각 분야별 디지털 콘텐츠의 특성을 살펴본다. 마지막으로, 디지털 콘텐츠 산업의 동향 및 향후 추세에 대해 몇 가지 이슈를 소개한다.

12.1 디지털 콘텐츠의 소개

디지털 콘텐츠 산업은 디지털 콘텐츠를 기획, 제작, 유통, 소비하는 산업을 의미한다. 세계 주요국은 디지털 콘텐츠 산업을 21세기의 새로운 성장 동력으로 육성하고 있다. 이 절에서는 디지털 콘텐츠의 개념과 특징을 설명한다. 그리고 디지털 콘텐츠 산업의 구성과 디지털 콘텐츠 유통을 위한 저작권보호 기술을 소개한다.

12.1.1 디지털 콘텐츠의 개념

애플사 사례 – "콘텐츠를 알아야 미래가 있다"

애플사는 애플PC의 판매부진으로 적자에 시달리던 2001년 MP3 플레이어인 아이팟(iPod)을 출시하였다. 당시 MP3 플레이어의 세계 시장 1위는 우리나라의 아이리버가 차지하고 있었지만 2003년 아이튠즈(iTunes) 서비스를 시작하면서 인터넷으로 연결하여 콘텐츠까지 판매한다는 전략이 성공하여 iPod가 세계시장을 석권하였다. 한편, 애플사의 회장인 스티브잡스(Steve Jobs)는 1996년 회장으로 재취임하기 전 Pixar Systems사를 설립하여 '토이스토리', '벅스라이프', '몬스터주식회사' 등을 제작하여 디지털 영화 시장에서 큰 성공을 거두었다. 애플사는 이 경험을 바탕으로 디지털 영화 시장에 진출하려고 계획하고 있다. 디지털 음악시장에서 팟캐스팅(PodCasting)으로 콘텐츠를 공급하듯이 영화 콘텐츠를 공급할 플랫폼을 기획하고 있는 것이다.

2007년 1월 애플사는 더 이상 컴퓨터 제조회사가 아니라고 선언하였다. 그림 12-1(a)는 회사의 명칭을 'Apple Computer, Inc.'에서 'Computer'라는 글자를 지우고 'Apple Inc.'로 바꾼다고 발표하는 모습이다. 곧이어 2008년 1월 스티브 잡스는 그림 12-1(b)에서 보듯이 영화 콘텐츠 사업을 본격화하겠다고 발표하였다. 즉, 애플사는 개인용 미디어 플랫폼을 생산하고 이를 기반으로 구축해 놓은 온라인 플랫폼에서 콘텐츠를 서비스하는 기업을 목표로 하고 있다. 현재까지도 애플은 스트리밍 서비스인 Apple TV+를 통해 오리지널 콘텐츠를 제공하고 있으며, 디지털 엔터테인먼트 분야에서 계속해서 성장하고 있다. 애플의 이러한 전략은 21세기 정보산업에서 디지털 콘텐츠가 중요한 역할을 차지하리라는 것을 쉽게 예상할 수 있다.

(a) 2007년 1월 회사면에서 'Cimputer' 삭제   (b) 2008년 1월 영화콘텐츠 사업분야 진출

그림 12-1 Apple사 회장 스티브 잡스의 MacWorld에서의 발표 모습

디지털 콘텐츠의 정의

일반적으로 콘텐츠라 하면 출판, 음악, 영화, 방송, 게임 등 광범위한 분야에서 사용되는 정보의 내용물을 의미하는 것으로, 문자, 소리, 화상, 영상 등의 형태로 이루어져 있다. 한편, 디지털 콘텐츠는 이러한 콘텐츠를 디지털화한 것을 의미하며, 디지털 콘텐츠 산업은 디지털 콘텐츠를 제작, 유통, 소비하는 모든 산업을 말한다. 즉, 디지털 콘텐츠는 부호, 문자,

음성, 음향 및 영상 등의 자료 또는 정보로써 그 보존 및 이용에 효용을 높일 수 있도록 디지털 형태로 제작 또는 처리한 것이라고 정의할 수 있다.

그림 12-2는 콘텐츠와 디지털 콘텐츠, 디지털 콘텐츠 산업과의 관계를 정리하여 보여주고 있다. 디지털 콘텐츠에는 디지털 영상, 디지털 음악, 전자출판 등 기존 분야의 콘텐츠를 디지털화한 것도 있지만 게임이나 정보콘텐츠, 가상현실 등 디지털 환경에서 디지털 방식으로 제작한 새로운 형식의 콘텐츠도 있다. 디지털 콘텐츠는 저작도구나 컴퓨터 프로그램을 통하여 디지털 형태로 가공 및 처리하여 제작하며, 최종 사용자가 접할 수 있도록 사용자를 고려하여 작성한다. 이렇듯 디지털 콘텐츠 산업이란 이를 기획하고 제작하는 과정부터 시작하여 콘텐츠 서비스, 유통, 관리 등을 행하여 부가가치를 창출하는 산업을 말한다.

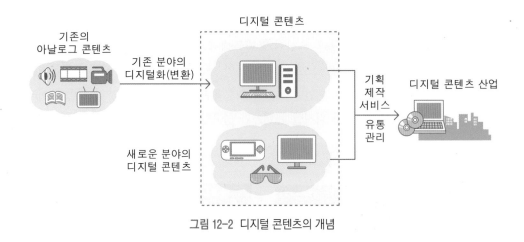

그림 12-2 디지털 콘텐츠의 개념

12.1.2 디지털 콘텐츠 산업의 특성

세계 주요 국가들은 디지털 콘텐츠 산업을 21세기에 크게 성장할 새로운 산업 분야로 육성하고 있다. 우리나라도 디지털 콘텐츠 산업을 10대 신성장 동력산업으로 설정하고, 전 세계 시장의 10% 점유와 세계 5대 디지털 콘텐츠 강국으로 성장하려는 목표를 수립하였다.

디지털 콘텐츠 산업과 가치 사슬

디지털 콘텐츠 산업은 디지털 콘텐츠의 기획, 제작, 유통, 소비 및 이와 관련된 각종 서비스 산업을 포함하며, 궁극적으로 디지털 플랫폼에서 멀티미디어 콘텐츠의 서비스를 행하는 산업이다. 디지털 콘텐츠는 영화나 방송의 내용이 PC 및 휴대폰으로 쉽게 재생되듯이 단일 미디어 시장으로 국한되지 않고 미디어 융합적인 성격으로 나타난다. 그림 12-3은 디지털 콘텐츠 산업의 가치 사슬을 보여주고 있다. 우선 디지털 콘텐츠를 기획하여 제작하는 단계가 있고, 콘텐츠를 미디어 플랫폼에서 고객에게 서비스하는 단계와 이를 다시 유통하고 관리하는 단계가 있다. 마지막으로 디지털 콘텐츠를 서비스하고 유통하기 위한 플랫폼을 구축하거나 솔루션을 개발하는 단계의 산업이 있다.

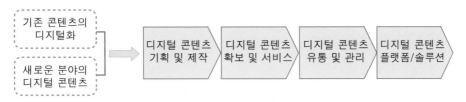

그림 12-3 디지털 콘텐츠 산업의 가치사슬

디지털 콘텐츠 산업은 콘텐츠 확보에서부터 플랫폼 기술이나 디자인까지 요구되는 복합적인 산업으로 지식기반 사회에서 핵심 산업으로 부각되고 있으며 기존의 콘텐츠 산업보다 더 많은 부가가치를 창출할 수 있다. 이러한 디지털 콘텐츠 산업이 제대로 성공하려면 콘텐츠 자체의 내용도 중요하지만 '서비스 모델'에 따라 성패가 크게 영향을 받는다.

예를 들어, 최근에는 방송 콘텐츠를 TV 방송에만 국한하지 않고 모바일 TV, IPTV 등 다양한 플랫폼을 고려하여 서비스하는 모델로 제작함으로써 부가가치를 더 높이고 있다. 또 다른 대표적인 경우로는 앞에서 소개한 애플사의 사례가 있다. 아이튠즈를 통하여 아이팟에 디지털 음악을 공급하고 있고, 애플TV 단말기를 통해 디지털 영화를 보급할 계획을 수립하였으며, 아이폰을 통해 각종 모바일 환경의 콘텐츠를 공급하고 있다. 2006년 아이튠즈는 전 세계 온라인 음악시장의 80% 정도를 점유하였으며, 아이팟 단말기는 MP3 단말기 시장의 70%를 점유하였다. 최근, 애플은 스트리밍 서비스인 Apple TV+를 출시하여 오리지널 콘텐츠를 제공하고 있으며, 이를 통해 TV 콘텐츠 시장에서도 큰 역할을 하고 있다.

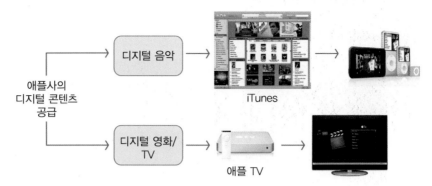

그림 12-4 애플사의 디지털 콘텐츠 서비스 모델

디지털 콘텐츠 산업의 특징

기존의 콘텐츠 산업은 미디어 영역별로 구분되어 미디어에 종속적으로 제작하고 서비스하는 구조였으나, 디지털 콘텐츠는 미디어로부터 독립적인 경향이라는 것이 디지털 콘텐츠 산업의 가장 큰 특징이다. 즉, 디지털 콘텐츠의 서비스가 하나의 미디어에 국한되지 않고 미디어 간의 장벽이 점차 낮아진다는 것이다. 예를 들어, TV 드라마를 PC에서 다운로드 받아 보거나 스트리밍 방식으로 직접 시청할 수도 있으며, 모바일 환경에서는 VOD 서비스를 통해 외국에서도 우리나라 TV 드라마를 시청할 수 있다.

디지털 콘텐츠에 대한 미디어 간의 장벽이 낮아짐에 따라 콘텐츠의 재사용이 쉬워지고 미디어 융합적인 성격의 디지털 콘텐츠도 제작되고 있다. 앞의 예에서와 같이 디지털 영화는 TV나 PC 또는 모바일 환경에서 별다른 변환과정이 없이 서비스가 가능해졌으며, 대중가요 역시 음반 대신 디지털 음악으로 제작됨으로써 디지털 환경의 여러 미디어에서 곧바로 감상할 수 있다. 한편, 최근에는 콘텐츠의 재사용뿐 아니라 콘텐츠 자체의 융합화도 이루어지고 있다. 기획 단계에서부터 하나의 시나리오를 기반으로 하여 극장영화, 게임, 만화, 음반 등을 같이 제작하여 동시에 출시를 하는 경우처럼 디지털 콘텐츠 자체가 미디어의 구분이 없어지고 있다. 이와 같이 디지털 콘텐츠 산업에서는 미디어 플랫폼의 다각화로 다양한 수익모델을 창출할 수 있다.

디지털 콘텐츠 산업의 또 하나의 큰 특징은 하나의 콘텐츠로 다양한 미디어에서 서비스하는 것을 넘어서 다양한 사업 분야로까지 전개해 나갈 수 있다는 것이다. 이를 보통 원소스-멀티유스(One Source Multi-Use)라고 한다. 하나의 소설이 영화로 제작되고, 영화 상영 후 비디오로 판매되고, 영화 흥행에 따라서 영화 속 등장인물에 대한 캐릭터 상품들이 판매되며, 소설 속 줄거리에 따라 다양한 파생상품을 만들어 판매를 한다. 하나의 콘텐츠 소스로부터 다양한 판매상품에 사용한다는 의미로 원소스-멀티유스라고 부른다. 그림 12-5는 원소스-멀티유스의 대표적인 사례를 보여주고 있다. '스타워즈'는 흥행에 대성공한 영화로 디지털 영상기법으로 각종 신기한 장면을 실감나게 제작한 사례로 유명하다.

| 영화(스타워즈 Ⅳ) | DVD | 게임 | 장난감 |

| 영화(스타워즈 Ⅱ) | 책 | 레고 | 로봇 |

그림 12-5 스타워즈 영화의 원소스-멀티유스 사례

디지털 콘텐츠 산업의 요소기술

앞 절에서 언급한 바 있는 디지털 콘텐츠 산업의 가치사슬을 필요 기술에 따라 구분해 보면 그림 12-6과 같이 디지털 콘텐츠의 제작에서 서비스 단계까지의 산업에 필요한 기술과 디지털 콘텐츠의 유통 및 관리를 위한 솔루션 산업에 필요한 기술로 나눌 수 있다.

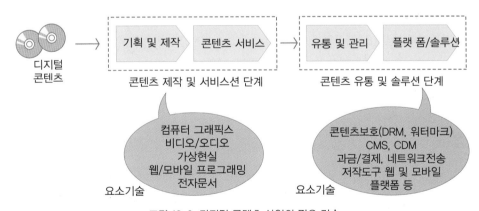

그림 12-6 디지털 콘텐츠 산업의 필요 기술

디지털 콘텐츠의 제작 및 서비스 산업은 콘텐츠를 설계하고 스토리를 만드는 기획 단계에서부터 실제 디지털 콘텐츠를 제작하는 과정, 그리고 확보된 디지털 콘텐츠를 서비스하는 과정이 포함된다. 디지털 콘텐츠를 제작하고 서비스하는 과정에서는 각종 멀티미디어 요소기술 및 통합기술이 요구된다. 콘텐츠의 종류에 따라 컴퓨터 그래픽스 제작, 애니메이션 제작 및 처리, 비디오 및 오디오 처리, 영상처리, 가상현실, 웹 및 모바일 프로그래밍, TV 콘텐츠 제작, 전자문서 제작 등의 기술이 필요하다.

디지털 콘텐츠 산업에는 콘텐츠를 제작하는 과정뿐만 아니라 이를 유통하고 관리하는 과정도 포함된다. 디지털 콘텐츠의 유통 및 관리를 위한 산업에는 DRM(Digital Rights Management)이나 워터마크 등 디지털 콘텐츠의 저작권 보호 및 관리 기술, 과금 및 결제 등 상거래 지원 기술, 콘텐츠 관리 및 전송 기술, 콘텐츠의 검색이나 저장 기술들이 필요하다. 한편, 디지털 콘텐츠의 저작도구와 서비스 플랫폼에 관련된 다양한 솔루션 기술이 필요하다. 디지털 콘텐츠를 서비스하는 플랫폼에는 웹 및 모바일 환경을 비롯하여 디지털 TV, IPTV, 각종 멀티미디어 단말기 등 다양한 환경이 존재한다.

12.1.3 콘텐츠의 유통을 위한 디지털 저작권 관리

기존의 음반이나 비디오테이프의 경우에는 반복적으로 사용하면 품질이 떨어지지만 디지털 콘텐츠는 무한 반복하여 사용해도 품질이 떨어지지 않는다는 특징이 있다. 또한 디지털 파일은 복사나 수정이 용이하고 더 나아가 네트워크를 통해 대량으로 유통시키는 것이 가능하다. 이러한 특징은 디지털 콘텐츠 유통을 위하여 복제를 하여도 품질에 손실이 없고 재가공이 쉬우며 네트워크를 통해 사용자들의 접근이 용이하다는 장점이 된다. 반면에 이와 같은 장점으로 인한 부작용으로는 불법복제가 쉬워 지적재산권에 대한 피해가 증가한다는 사실이다. 콘텐츠 제공자나 원 저작자에게 피해가 되며, 이는 앞의 사례에서와 같이 디지털 콘텐츠에 대한 분쟁으로 연결되고 결국 시장이 활성화되는 데 걸림돌로 작용한다. 따라서 디지털 콘텐츠의 유통을 위하여 저작권 보호기술과 제도적 장치가 필요하다.

디지털 저작권 관리(DRM: Digital Rights Management)

디지털 콘텐츠의 저작권 관리를 의미하는 DRM은 각종 디지털 콘텐츠를 생성하고 이용하는 유통의 전 과정에서 불법복제로부터 저작권자의 권리를 보호하고 디지털 콘텐츠 유통 산업의 활성화를 목적으로 하는 기술 및 서비스를 의미한다. 한번 암호를 풀면 누구나 해독된 콘텐츠를 사용할 수 있는 보안기술과 비교하여 DRM은 더 포괄적인 개념으로 사용자에게 주어진 권한에 따라 콘텐츠의 이용을 통제하는 기술이다. 그림 12-7에서는 DRM 보호를 받는 콘텐츠는 자물쇠를 채워놓고 사용권을 허락받는 것에 비유하고 있으며, DRM free 모델은 누구나 마음대로 사용할 권한을 주는 것이므로 자물쇠가 없는 경우에 비유하고 있다.

(a) DRM 보호 모델   (b) DRM free 모델

그림 12-7 디지털 저작권 관리(DRM)의 개념

디지털 저작권을 보호하는 방식에는 수동적인 보호 방식과 능동적인 보호 방식이 있다. 수동적인 보호 방식은 사용자로 하여금 법적, 도덕적 자각심을 유도하여 스스로 불법행위를 자제하는 효과를 기대하는 방식으로 크리에이티브 커먼즈 라이선스나 디지털 워터마킹 등이 대표적인 기술이다. 능동적인 보호 방식은 암호화 기술을 적용하여 사용권한에 따라 사용자의 디지털 콘텐츠의 접근을 차단하거나 제어하는 방식으로, 기술적인 특성에 따라 복제방지 방식, 접근제어 방식, 사용제어 방식으로 구분된다.

크리에이티브 커먼즈 라이선스(CCL: Creative Commons License)

디지털 저작물에 지적재산권 사용허가 범위를 표시하자는 크리에이티브 커먼즈 라이선스가 수동적 입장의 저작권 보호방식으로 대표적인 경우이다. CCL은 자신의 저작물에 대하여 저작자표시 의무, 비영리 사용제한, 변경 금지, 동일조건 변경허락 등 '이용방법 및 조건'을 콘텐츠에 표시할 수 있도록 표 12-1에서와 같은 아이콘을 제시하고 있다. 결국 저작자들이 자신의 콘텐츠에 이용범위를 설정함으로써 여러 사람이 혼동하지 않고 콘텐츠를 공유할 수 있는 여건을 제공해 준다. 특히 여러 사람이 콘텐츠를 제작하거나 블로깅을 할 때 남의 콘텐츠를 활용하는 경우에 적용하면 저작권 침해 문제를 많이 방지할 수 있다는 전망이다.

표 12-1 크리에이티브 커먼즈 라이선스의 구성요소 (참조: CCL Korea)

	종류	의미
CCL 구성요소 및 의미	(i) 저작자표시	저작물의 원작품이나 복제물을 공표하거나 이용하려면 반드시 저작자의 성명을 표시해야 한다.
	($) 비영리	저작물을 영리 목적으로 이용할 수 없다. 영리 목적으로 이용하려면 저작자와 별도 계약이 필요하다.
	(=) 변경 금지	저작물을 이용한 2차 저작물은 물론 저작물의 내용, 형식 등의 단순 변경도 금지한다.
	(C) 동일조건 변경허락	2차 저작물의 작성을 허용하되 원 저작물과 동일한 내용의 라이선스를 적용해야 한다.
표시사례	(cc) (i) BY (cc) (i)($)(C) BY NC SA (cc) (i)(C) BY SA	저작자가 원하는 조건만 표시

디지털 워터마킹 및 디지털 핑거프린팅

디지털 워터마킹(Watermarking)은 인간이 쉽게 감지할 수 없는 표식을 문서, 그래픽, 오디오, 비디오 등의 멀티미디어 콘텐츠 내에 삽입하여 불법복제를 방지하자는 기술이다. 지폐나 중요 서류의 위조를 막기 위하여 물에 젖은 상태에서 인쇄한 표식을 의미하는 워터마크에서 유래한 기술로 디지털 콘텐츠에 저작권자 또는 판매권자의 정보를 다양한 방법으로 삽입한다. 지적재산권 분쟁이 일어날 경우 원본의 출처를 확인할 수 있으며, 전자상거래나 각종 증명서 발급에도 많이 활용되고 있다. 그림 12-8은 가시적인 워터마크가 삽입된 콘텐츠의 예를 보여준다.

한편, 디지털 핑거프린팅(Fingerprinting)은 저작자나 판매자 정보가 아니라 디지털 콘텐츠를 구매하는 사용자의 정보를 콘텐츠에 삽입하는 기술이다. 인간이 감지하기 어려운 표식을 한다는 점에서는 워터마킹과 유사한 기술이지만 유통과정에서 불법으로 배포되는 것을 추적하여 방지할 수 있다는 점에서 차이가 있다. 물건이 유통될 때 만진 사람의 지문이 상품에 찍힌다는 점에서 핑거프린트라는 이름이 유래되었다.

그림 12-8 가시적인 워터마크가 적용된 예 (출처: Watermark Factory)

적극적 보호 방식의 DRM 기술

단순히 지적재산권을 표시하는 것에서 더 나아가 적극적으로 보호를 하여 불법사용을 통제하는 기술은 복제방지 기술, 접근제어 기술, 사용제어 기술로 구분할 수 있다. 복제방지 기술은 주로 디지털 콘텐츠를 저장매체 혹은 재생장치에 연동된 암호 키를 사용하여 암호화하여 다른 장치에서 사용할 수 없도록 하거나 복제된 콘텐츠를 사용할 수 없도록 한다. 경우에 따라서는 암호 키가 없으면 복제 자체를 할 수 없도록 한다. 그러나 다양한 형태의 복제행위를 방지하는 데에는 한계가 있으며 유통모델과의 연동도 불가능하다는 제약점이 있다.

두 번째로, 디지털 콘텐츠를 사용하기 위한 접근을 제어하는 방식이 있다. 유료 방송 채널을 보호하고 사용료를 징수하는 CAS(Conditional Access System)가 대표적인 기술이다. 디지털 콘텐츠에 대해 정당한 사용권을 가진 사용자만이 접근을 할 수 있도록 접근권한을 제어해 주는 기술로 주로 방송콘텐츠의 수신권한 통제에 적용되고 있다.

마지막으로, 지적재산권 관리를 위한 방법을 통칭하여 DRM 기술이라 할 수 있지만 협의의 DRM 기술로써 디지털 콘텐츠의 사용을 제어하는 기술이 있다. 단순히 복제방지를 위한 보안기술은 한 번 암호를 풀면 누구나 암호가 해독된 콘텐츠를 사용할 수 있지만 협의의 DRM은 다른 사용자가 별도의 권한을 허락받아야만 콘텐츠를 이용할 수 있도록 하는 기술이다. 즉, DRM 서비스는 허가된 사용권한에 따라 디지털 콘텐츠의 사용을 통제하여 콘텐츠의 생성에서부터 이용까지의 전체 유통과정에서 다양한 형태의 요금을 부과할 수 있다.

12.2 디지털 콘텐츠의 분야별 특성

앞 절에서는 디지털 콘텐츠 산업을 콘텐츠의 제작에서 유통까지의 가치사슬 관점에서 설명하였다. 이 절에서는 진행과정이 아니라 디지털 콘텐츠를 종류별로 구분하여 각 디지털 콘텐츠 분야별로 특징 및 해당 시장의 동향을 살펴보자.

12.2.1 디지털 콘텐츠 시장의 동향

세계 디지털 콘텐츠 산업의 규모를 살펴보면, 2020년에는 코로나19로 인한 야외활동 제한으로 인해 디지털 콘텐츠 유통업체와 제작자의 매출액 타격에도 불구하고 전년 대비 13.9% 증가한 2조 5,160억 달러를 기록했다. 향후에는 기술 투자 및 서비스 확대 추세에 따라 2025년까지 12.0% 성장한 4조 4,270억 달러에 이를 것이라고 예측되고 있다.

그림 12-9는 국내 콘텐츠 산업의 분야별 비중을 보여주고 있다. 한국콘텐츠진흥원 자료에 따르면 출판, 만화, 음악, 게임, 영화, 애니메이션, 방송, 광고, 캐릭터, 지식정보, 콘텐츠솔루션으로 구분한 유형별로 2022년 국내 콘텐츠 산업의 시장 비중을 보여주고 있다. 2022년도에 국내 시장에서 출판이 11.9%, 애니메이션, 광고, 캐릭터, 지식정보가 각각 9.9%, 영화가 8.9%, 콘텐츠솔루션이 7.9%를 차지하고 있다.

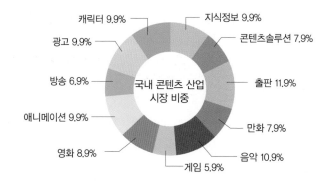

그림 12-9 디지털 콘텐츠 산업별 국내 시장 비중 (출처: 한국콘텐츠진흥원, 2022)

12.2.2 게임

게임 산업은 최근 시장의 성장세가 주춤하는 경향이 있지만 그동안 디지털 콘텐츠 산업의 중심으로 성장해왔다. 특히 PC게임이나 온라인게임은 학생들은 물론이고 일반 사회인까지도 게임에 몰두하여 사회적인 영향을 미치기도 한다. 게임을 산업 유형별로 구분해 보면 콘솔게임, 아케이드게임, PC게임, 온라인게임 등이 있으며, 모바일게임과 TV게임 등 신종 미디어에서의 게임 분야도 대두되고 있다. 플레이 성격에 따라 구분하는 게임 장르에는 롤플레잉(RPG), 시뮬레이션, 어드벤쳐, 액션, 대전게임, 보드게임 등이 있다.

콘솔(Console)게임

콘솔게임이란 PC가 아닌 전용게임기 등의 별도 기기에 TV나 모니터를 연결시켜 작동하는 게임이다. 게임전용으로 최적화되어 있으므로 대체로 그래픽 화면의 품질이 우수하고 긴박감 넘치는 다양한 인터페이스를 제공한다. 최근 게임용 기기로 마이크로소프트사에서는 XBOX를 출시하였고, 소니사에서는 자사 게임기의 새로운 버전인 PlayStation3을 출시하였다. 닌텐도사에서는 실제로 사용자의 동작을 따라 하는 스포츠게임으로 화제를 몰고 온 게임기인 Wii를 출시하여 콘솔게임 시장에서 본격적인 경쟁 구도를 형성하였다.

(a) XBOX   (b) Play Station   (c) Wii

그림 12-10 콘솔 형태의 게임기기

아케이드게임 및 PC게임

아케이드게임은 오락실, 게임센터, 테마파크 등 특정한 공간에서 모니터를 포함한 전용게임 장비로 즐기는 게임이다. 게임 소프트웨어만 판매하는 것이 아니라 고가의 게임장비를 판매하므로 대량판매가 아니더라도 이익이 많이 나는 구조를 가지고 있다. 최근 아케이드게임은 놀이공원이나 테마파크 위주로 성장하고 있으며, 게임장에서는 경마게임 등 성인용 게임이 주류를 이루는 추세이다.

한편, PC게임은 CD 또는 DVD 형태로 출시되어 사용자가 구입한 CD를 개인용 컴퓨터에 설치하여 실행하는 게임이다. 주로 컴퓨터를 상대로 혼자서 즐기는 유형의 게임이 주류를 이루는데, 이와 같이 네트워크가 필요 없는 독립형 PC게임은 사양화 추세에 있다.

온라인게임

온라인게임은 네트워크상에서 사용자가 서버에 접속하여 다수의 사용자가 같이 즐기는 게임이다. 여러 사용자가 접속하여 진행하므로 MUD(Multi User Dungeon)라고 부르기도 한다. 다양한 장르의 게임이 존재하지만 주로 RPG(Role Playing Game) 형태의 게임이나 액션게임이 주류를 이루고 있다. 최근에는 매우 많은 사용자가 접속하는 MMORPG(Massively Multiplayer Online RPG) 유형과 사용자의 1인칭 시점에서 화면을 보여주며 게임을 진행하는 FPS(First Person Shooting) 유형의 게임이 주목을 받고 있다.

12.2.3 디지털 방송 및 디지털 영상

2002년 디지털 위성 방송이 서비스된 이후 지상파 방송과 유선방송이 디지털로 전환하였고 2008년부터는 인터넷망을 이용하는 방송으로 IPTV 서비스가 시작되었다.

디지털 데이터 방송

디지털방송에서는 단순히 비디오 화면만 디지털화한 것뿐 아니라 소위 데이터 방송까지도 가능하여 프로그램 가이드, 게임, 일기예보, TV 쇼핑 등의 데이터 콘텐츠 서비스까지 실시하고 있다. 데이터 방송 콘텐츠의 유형은 TV에서 비디오 화면과 관련된 내용을 부가적으로 보여주는 비디오 연동형 콘텐츠와 배경에 비디오가 없이 화면 전체를 데이터 콘텐츠로 구성하는 독립형 콘텐츠로 구분된다. 그림 12-11은 프로그램 가이드와 연동형 및 독립형 데이터 방송의 사례를 보여주고 있다.

(a) 프로그램 가이드   (b) 비디오 연동형 방송   (c) 독립형 데이터 방송: 게임

그림 12-11 데이터 방송의 예 (출처: 보라존)

인터넷 방송 및 IPTV

데스크탑 컴퓨터에서 인터넷의 스트리밍 기술을 활용하여 방송 콘텐츠를 송신하거나 시청하는 환경을 인터넷 방송 또는 웹방송이라 한다. 기존의 방송국이나 주요 사이트에서 자신들의 방송콘텐츠를 인터넷 사용자들에게 제공하는 것이 주요 목적이며, 일반 개인이 기존의 방송사와는 상관없이 방송제작 시스템을 갖추어 방송을 실행하기도 한다. 지나간 방송콘텐츠를 VOD 방식으로 받아 보기도 하고, 실시간 스트리밍 방식으로 실황 방송을 서비스하기도 한다.

한편, IPTV 방송은 초고속통신망으로 연결된 인터넷을 통해 PC가 아니라 TV 모니터에서 방송을 시청하는 서비스로 2007년부터 시범서비스를 실시하였다. 초고속인터넷 서비스 가입자가 IPTV용 셋톱박스를 설치하여 인터넷망과 TV를 연결하면 비디오 방송 콘텐츠 및 데이터 방송 콘텐츠를 서비스받을 수 있다. 현재 국내에서는 하나로통신, KT 등이 서비스를 실시하고 있다. 방송통신융합에 따른 법제도 미비와 콘텐츠 부족으로 아직 활성화되어 있지 않지만 앞으로 IPTV 화면을 통해 다양한 유형의 양방향 방송서비스가 실시될 것으로 기대된다.

OTT 서비스

OTT(Over-The-Top)는 인터넷을 통해 다양한 콘텐츠를 제공하는 기술과 서비스를 말한다. OTT는 기존의 방송 플랫폼과는 달리 인터넷을 통해 콘텐츠를 제공하기 때문에 별도의 케이블 또는 위성 TV 구독이 필요하지 않다는 특징을 가지고 있다. 이를 통해 사용자는 데스크탑 컴퓨터, 스마트폰, 스마트 TV 등 다양한 디바이스에서 콘텐츠를 시청하거나 스트리밍할 수 있다. 주로 영화, 드라마, 스포츠, 다큐멘터리, 애니메이션 등 다양한 장르의 콘텐츠를 제공하며, 사용자는 구독 서비스를 통해 원하는 콘텐츠를 선택하고 시청하는 방식이다. 대표적인 OTT 서비스로는 넷플릭스(Netflix), 디즈니플러스(Disney+), 애플TV 등이 있다.

(a) Netflix   (b) Disney+   (c) Apple TN

그림 12-12 대표적인 OTT 서비스 플랫폼

OTT는 인터넷 연결이 가능한 곳에서 언제든지 콘텐츠를 시청할 수 있어 휴대성이 뛰어나고, 사용자의 시청 기록을 분석하여 개인화된 콘텐츠 추천을 제공한다. OTT 서비스는 점차 더 많은 사용자들에게 인기를 얻고 있으며, 기존의 방송 플랫폼과 경쟁하고 있다. 사용자들은 다양한 콘텐츠를 선택하고 개인화된 시청 경험을 즐길 수 있으며, 이러한 이유로 OTT 시장은 계속해서 성장할 것으로 예상된다.

디지털 영상 콘텐츠

디지털 영상은 주로 컴퓨터 그래픽스 기술을 활용하여 제작된 영상 콘텐츠로 극장뿐 아니라 네트워크, DVD, CD 등의 디지털 미디어를 통해 유통되고 있다. 영상물 전체를 컴퓨터 그래픽스로 제작한 3D 애니메이션 영화와 일반 영화용 특수효과 애니메이션으로 구분된다. 최초의 컴퓨터 그래픽스 애니메이션 영화는 1982년에 제작된 'TRON'으로 당시에 큰 반응을 얻었으며, 영화 전체가 3D 컴퓨터 그래픽스로 제작된 최초의 장편 애니메이션 영화는 1995년에 픽사(Pixar)에서 선보인 '토이스토리'로 인형 및 사람의 동작까지도 컴퓨터로 생성되었다. 이후 픽사에서는 'Bugs Life', '몬스터 주식회사', '니모를 찾아서' 등을 제작하였고 경쟁사인 드림워크(Dreamworks)사에서는 '개미', '슈렉', '빙하시대' 등을 3D 애니메이션 영화로 제작하였다.

(a) 트론   (b) 토이스토리   (c) 몬스터주식회사   (d) 슈렉

그림 12-13 3D 애니메이션 영화

1977년 개봉된 '스타워즈'의 우주선 전쟁장면은 컴퓨터 그래픽스로 제작된 특수효과로 유명하였으며, 이후 '쥬라기공원'의 공룡들, '터미네이터'에서 액체변신 로봇인간, '반지의제왕'에서 골룸 및 괴물들은 모두 컴퓨터 그래픽스로 제작된 대표적인 장면들이다. 요즘은 컴퓨터 그래픽스 기술이 매우 발달하여 각종 특수효과를 일반사람들이 구분하지 못할 정도이며 대다수의 영화제작에 적용하고 있다. 우리나라에서도 1994년 최초로 국내기술에 의해

제작된 '구미호'를 시작으로 디지털 영상물에 다양한 특수효과가 제작되고 있으며, 최근 사례로는 '괴물'이나 '디워'에서 괴물의 모습을 디지털 영상으로 제작하였다.

(a) 쥬라기 공원　　　　　(b) 구미호　　　　　(c) 디워

그림 12-14 특수효과로 제작된 디지털 영상물

12.2.4 e-러닝 및 전자책

e-러닝 산업 및 콘텐츠

e-러닝이란 인터넷을 기반으로 하여 학습자 중심의 수준별 맞춤형 학습을 할 수 있는 시스템을 말한다. 원격교육과는 교사와 학생이 공간적으로 떨어져 있거나 다른 시간대에 이루어진다는 점에서 비슷하지만 인터넷 이외에 인쇄물, 라디오, TV 등 각종 전자매체를 활용한다는 점에서 인터넷을 기반으로 하는 e-러닝과는 차이가 있다. 한편 온라인교육, 사이버교육, 웹기반 교육이라는 용어는 개념상에 큰 차이가 없어서 점차 e-러닝이란 용어로 통합되어 가는 추세이다.

e-러닝 산업은 세부적으로 콘텐츠산업, 솔루션산업, 서비스산업으로 구분된다. 콘텐츠산업은 학습자에게 알맞게 지식이나 정보를 가공하여 e-러닝 교육용 콘텐츠를 제작하는 산업을 말하며, 솔루션산업은 네트워크 환경의 하드웨어 및 소프트웨어 플랫폼, 저작도구, 관리도구 등을 개발하는 영역이며, 서비스산업은 콘텐츠를 학습자에게 제공해주는 산업을 말한다. e-러닝 콘텐츠는 웹페이지, 동영상, 오디오, 아바타 등 다양한 멀티미디어 요소를 사용하여 교육효과를 높이고 있다. 그러나 현재 많이 사용되는 e-러닝 콘텐츠들이 인터넷 동영상 서비스에 치중된 경향이 있어서 일반 사용자들이 e-러닝 개념에 대해 혼동할 우려가 있다. 보다 다양한 멀티미디어 기법을 활용하여 학습자 상호작용을 극대화함으로써 자기주도적 학습환경을 제공할 수 있는 진정한 e-러닝 콘텐츠가 개발되기를 많은 사람들이 기대하고 있다.

최근에는 모바일 환경이나 디지털 방송 환경이 급속히 발전함에 따라 이들 다양한 매체에서 e-러닝 시장이 확대되고 있다. 모바일 환경에서의 e-러닝을 m-러닝이라 하며, 디지털방송에서는 t-러닝, 유비쿼터스 환경에서의 u-러닝으로까지 발전하고 있다. 그림 12-15는 국내 기업의 사례로 수험생 대상의 학원사이트와 일반인 대상의 교육사이트를 보여주고 있다.

(a) 크레듀 e-러닝 사이트

(b) 메가스터디 e-러닝 사이트

그림 12-15 주요 e-러닝 사이트

전자책

전자책은 디지털음악과 디지털영화와 함께 대표적인 디지털 엔터테인먼트 콘텐츠로써 종이책과 유사한 인터페이스를 제공하는 디지털 콘텐츠를 말한다. 즉, 도서나 간행물 등의 저작물을 종이책 대신 디지털 파일로 글을 읽는 서적으로 e-Book이라고도 한다. 전자책은 일반적으로 인터넷 언어를 이용해 만든 디지털화된 책으로 PC나 전용단말기에서 뷰어를 이용하여 내용을 보거나 들을 수 있다. 현재 유통되고 있는 전자책 콘텐츠는 HTML 또는 XML 기반이거나, PDF, Flash 등의 형식으로 제작되어 서비스되고 있다.

전자책 관련 산업은 콘텐츠 서비스 시장과 단말기 및 솔루션 시장으로 구분된다. 저작권 보호 등 전자책 유통구조가 취약하여 콘텐츠 확보의 어려움으로 인해 콘텐츠 서비스 시장은 아직 크게 성장하지 못하고 있는 상황이다. 초기의 전자책 시장에서는 각국의 디지털 도서관 구축 프로젝트가 시장 활성화에 큰 기여를 하였다.

전자책 단말기의 경우 데스크탑에서는 PC가 주로 이용되고 있으며 휴대용 단말기로는 PDA와 전용단말기가 시장에서 경쟁을 하고 있으나 최근 새로운 전용단말기가 출시되어 전자책 단말기 시장이 활성화되고 있다. 한편, 휴대폰에서도 전자책 서비스를 하고 있으며 이 경우 u-Book이라고도 부른다.

전자책 전용단말기에서 뷰어 기능이나 전자책 관리기능도 중요하지만 무엇보다도 고해상도의 가독성 높은 화면기술이 매우 중요하다. 최근 미국의 Electronic Ink사에서는 그림 12-16에서 보는 바와 같이 플라스틱 필름과 같이 휘어지는 화면에 종이 수준의 해상도를 표현하는 것이 목표인 e-Ink라는 디스플레이 기술을 개발하였다. 이와 같이 다양한 디스플레이 기술이 발전하면 전자책 단말기 시장을 포함하여 전자책 시장 전체가 크게 성장할 것으로 예상하고 있다. 2007년 말 아마존사에서 킨들(Kindle)이라는 전차책을 출시하여 많은 괌심을 모으며 본격적인 전자책 시장이 개척되었다. e-Ink 기술을 적용한 전자책 전용 단말기에 이동통신을 이용한 무선인터넷 기능을 탑재하여 사용자가 원하는 전자책을 다운로드받도록 하였다. 이후 2009년 애플사에서 아이패드(iPad)를 출시하고, 구글사에서 넥서스(Nexus)를 출시하는 등 태블릿PC가 널리 보급되면서 전자책 시장은 더욱 성장하고 있다.

(a) Sony사 전자책 단말기   (b) Amazone사의 전자책 '킨들'

그림 12-16 전자책 단말기

12.2.5 디지털 음악과 온라인 정보콘텐츠

디지털 음악

인터넷이 발전하면서 기존의 오프라인 미디어 시장에 가장 큰 영향을 미친 분야가 음악 산업이다. 음악 산업의 유통을 위한 매체로 레코드, 카세트테이프, CD 등이 사용되었으나 최근에는 이들 오프라인 매체보다는 인터넷을 기반으로 하여 디지털 음악을 다운로드 또는 스트리밍 방식으로 실행하는 온라인 서비스가 더 큰 비중을 차지하고 있다. 디지털 음악의 판매 방식으로는 아이튠즈(iTunes)처럼 다운로드하는 곡당 금액을 지불하는 방식, 랩소디(Rhapsody)의 경우와 같이 회원가입 후 정액제로 지불하는 방식, 냅스터(Napster)와 같이 광고기반으로 무료 음악을 서비스하는 방식 등이 있다. 최근에는 벨소리나 통화음 등 모바일 콘텐츠 시장도 주요 시장으로 부상하였다.

국내의 디지털 음악 콘텐츠 유통 시장은 무료 다운로드로 인한 저작권 침해가 가장 큰 장애요소로 작용하고 있다. 국내에서 소리바다로 대표되는 디지털 음악 P2P(Peer-to-Peer) 파일공유 서비스가 2006년 저작권 침해가 된다는 판결을 받았다. 이후 유료고객을 확보하고 DRM 기능을 탑재하여 유료 서비스를 하고 있지만 아직 DRM 서비스 방식에 대해 분쟁의 여지가 남아 있다. 이로 인하여 국내의 디지털 음악 시장은 휴대폰의 벨소리나 노래방 서비스 등의 모바일 시장이 훨씬 활성화되어 있다.

한편, 미국에서는 팟캐스팅(PodCasting)이란 개념이 정립되었듯이 단말기와 디지털 음악 콘텐츠를 연계하는 비즈니스 모델이 발전하였다. 애플사의 아이팟과 아이튠즈에서 시작하여 아이폰까지, 노키아사의 뮤직폰, 소니 워크맨의 뮤직폰 등이 콘텐츠와의 연계 모델을 바탕으로 디지털 음악 서비스를 하고 있다.

온라인 정보콘텐츠

온라인 정보콘텐츠를 광의로 해석하면 웹에 존재하는 모든 콘텐츠로 각종 생활 정보까지 포함할 수 있지만, 디지털 콘텐츠 산업의 한 분야로써 정보콘텐츠는 전문화되어 유료로 서비스되는 정보콘텐츠를 의미한다. 정보콘텐츠 산업은 표 12-2에서 보듯이 신문잡지, 금융경제, 생활정보, 오락정보, 의료건강, 법률, 위치기반정보 등 7개 분야로 구분된다. 정보콘텐츠 시장에서 가장 큰 비중은 금융이나 증권 등 경제 분야의 콘텐츠 서비스이며, 웹진이나 인터넷 신문 등에서 각종 뉴스를 제공하는 종합정보 콘텐츠와 여행, 패션, 날씨, 취업, 육아, 운세 등 생활정보 및 오락정보 콘텐츠 서비스가 꾸준히 성장하고 있다. 최근에는 모바일 환경의 발전에 따라 위치기반정보의 서비스도 큰 폭으로 성장하고 있다.

표 12-2 국내 정보콘텐츠 시장의 분류 (출처: 한국소프트웨어진흥원, 2006)

분류	정의
신문/잡지	기사가 업데이트 서비스되는 모든 인터넷 간행물 (웹진 포함)
금융/경제	온라인에서 제공되는 증권, 부동산, 은행, 대출 등 경제관련 정보 서비스
생활정보	여성, 육아, 패션, 컴퓨터, 여행, 취업, 날씨 등 실생활 관련 정보 서비스
오락정보	영화/연예/공연, 스포츠, 퀴즈/경품, 운세, 취미 등 오락성 정보 서비스
의료(건강)	온라인으로 제공되는 의학, 약학, 한방, 민간요법 등 건강관련 정보 서비스
법률정보	온라인으로 제공되는 법률관련 정보 서비스
위치기반정보	위치확인 정보 및 이와 연동된 정보 서비스

12.3 문화콘텐츠 – 문화와 디지털 콘텐츠

우리나라 정부에서 선정한 '국가 6대 핵심기술' 중의 하나인 CT(Culture Technology)는 문화와 기술이 결합된 새로운 기술분야로 문화콘텐츠 기술 또는 문화산업 기술이라고 불린다. 외국에서는 CT를 'Creative Technology' 또는 'Entertainment Technology'라는 명칭으로 부르고 있다.

12.3.1 문화콘텐츠와 문화기술(CT) 산업

문화 콘텐츠 사례

미국 MIT 미디어랩에서는 첨단 기술을 동원한 오페라를 무대에 올리겠다고 준비하고 있다. 다양한 디지털 기기가 동원될 계획으로 공학 전문가와 함께 저명한 예술가, 작가, 조명 전문가가 한 팀이 되어 공연을 준비하고 있다. 무대 중앙에 스스로 소리를 내는 음악장치가 설치되고 로봇이 공연을 주도하며 자연스러운 소리를 재생하는 첨단 멀티미디어 기기가 적용될 것이다. 그림 12–17(a)는 MIT 미디어랩에서 준비 중인 '디지털 퍼포먼스'의 모형을 보여주고 있다. 그림 12–17(b)는 미술과 과학의 만남으로 일본 도쿄 인터커뮤니케이션 센터(ICC)에서 전시 중인 '입체유화'로 특수 컴퓨터 프로그램으로 디자인한 뒤 3D 입체 프린터로 출력한 것이다. 이웃한 동그라미가 서로 위아래로 엇갈려 지나가도록 보인다.

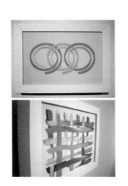

(a) MIT 미디어랩, 미래의 오페라 공연모형   (b) 3D 프린터로 만든 입체유화

그림 12-17 예술과 과학의 만남 (출처: MIT, ICC)

문화콘텐츠란 일반적인 디지털 콘텐츠에서 더 나아가 예술, 디자인, 인문사회학 등의 문화적 요소를 창의성과 기술을 바탕으로 디지털화한 콘텐츠를 말한다. 창의력과 상상력을 바

탕으로 기획되는 문화콘텐츠에는 생활양식, 예술, 문학, 전통문화, 역사기록 등 다양한 문화적 요소가 포함된다. 문화콘텐츠의 분야에는 애니메이션, 영화, 게임, 캐릭터, 음악, 출판, 만화, 방송 등 기존의 디지털 콘텐츠 분야뿐 아니라 공연, 전시, 디자인, 패션, 문화재, 생활문화 등 유무형의 문화 분야까지 포함하고 있다.

최근에는 미디어아트와 전시기술이 융합되어 공공장소 디스플레이, 디지털 사이니지, 공연, 예술 전시회 등 다양한 분야에 적용되고 있다. 대표적인 사례로 최근 LA 국제공항을 대대적으로 리모델링하면서 여행객 대합실의 최첨단 디스플레이장치에 여행객 정보를 접목한 미디어아트 콘텐츠를 전시하고 있다. 그림 12-18(a)에서 보듯이 사진 왼편의 멀티스크린에서는 환영 메시지를 대화식 멀티미디어 콘텐츠로 구성하여 전시하고 있고, 중앙의 시계탑과 오른쪽의 스토리보드에는 수많은 여행객의 빅데이터를 분석하여 관련된 여행 정보를 보여주고 있다. 한편 디지털 사이니지 분야에서는 공공시설물이나 대형 디스플레이에 대화식 멀티미디어 콘텐츠로 광고를 전시하는 기술개발이 활발히 이루어지고 있다. 더 나아가 전시공간을 하나의 벽면에 국한하지 않고 하나 혹은 여러 개의 건물 외벽에 멀티미디어 콘텐츠를 전시하기도 하는 미디어파사드라는 융합기술도 많은 주목을 받고 있다. 그림 12-18(b)는 호주 시드니의 오페라하우스의 외벽에 적용한 미디어파사드의 사례를 보여주고 있다.

(a) LA 국제공항 여객 대합실   (b) 시드니 오페라하우스에서 미디어파사드

그림 12-18 미디어아트와 융합된 전시기술 사례

문화기술(CT: Culture Technology)

문화콘텐츠산업 또는 문화기술산업은 문화콘텐츠를 기획하여 제작하고 유통하는 서비스 산업을 말한다. 문화콘텐츠 상품을 구상하고 원형을 창작하는 기획단계, 콘텐츠를 적절한 미디어에 맞게 개발하고 제작하는 상품화 단계, 이를 전달하고 마케팅을 수행하는 유통 단계로 구분된다. 한편, 문화기술산업의 핵심기술을 분야별로 구분해 보면 CT 기반기술,

CT 응용기술, CT 공공기술로 구분할 수 있다.

CT 기반기술로는 기획단계의 창작기술, 상품화단계에서의 표현기술, 유통 및 서비스 기술이 적용된다. 창작기술은 문화콘텐츠 제작의 초기단계에서 창의력과 상상력을 바탕으로 효과적인 원천소스를 확보하여 콘텐츠의 품질을 향상시키는 기술이다. 최근에는 각본이나 시나리오를 표현하는 스토리텔링 기술이 많은 주목을 받고 있다. 문화콘텐츠의 표현기술은 일반적인 디지털화 기술뿐만 아니라 인간의 오감을 기술적으로 재현하기 위하여 감성 및 재현 기술을 요구하고 있다. 유통 및 서비스 기술은 일반적인 디지털 콘텐츠 서비스 기술과 유사하다. 저작권보호를 위한 DRM 기술, 유통을 위한 압축 및 패키징 기술, 전송 기술, 과금 기술, 사용자 환경을 위한 양방향 인터페이스 기술 등 다양한 서비스 기술이 필요하다.

CT 응용기술은 애니메이션, 방송, 음악, 게임, 영화 등 콘텐츠 장르별로 특화된 기술을 말하며, CT 공공기술에는 문화산업의 공공성을 강화하기 위하여 문화유산의 디지털 복원과 관련한 '문화유산기술'과 장애인 및 문화소외계층을 위한 '문화복지기술'이 포함된다.

12.3.2 디지털 문화재

문화유산을 복원하는 기술이란 현재 존재하는 유무형의 문화재와 기억 속에 존재하는 무형의 문화재를 디지털 기술로 가시화하여 디지털 문화원형으로 복원하는 기술을 말한다. 디지털화된 문화원형을 기반으로 디지털 문화재를 재현하여 체험할 수 있게 개발하는 원천기술과 이를 바탕으로 다양한 소비자 수요에 맞는 문화유산 상품을 개발하는 경우까지 포함할 수 있다. 디지털 문화재로 복원되는 문화원형에는 건축물과 같은 유형의 문화재도 있지만 전설, 행사의례, 의복이나 민속놀이 등 무형의 문화재도 포함된다. 그림 12-19에서 (a)는 고려시대의 전통복식을 복원한 경우이며, (b)는 전래설화에 나오는 내용을 캐릭터로 표현하여 복원한 경우이다. (c)는 조선시대 임금의 행사의례를 애니메이션으로 복원해 놓은 문화원형으로 영화 '왕의남자'에서 실제로 이를 참조하여 영화를 제작하였다.

(a) 고려복식 복원   (b) 전래설화 복원   (c) 의례절차 복원 '디지털 한양'

그림 12-19 디지털 문화재 원형복원 (출처: 한국콘텐츠진흥원)

디지털 문화재 기술을 구분해보면 우선 유무형의 문화유산을 발굴하여 디지털로 측정하는 기술과 측정된 디지털 데이터를 기반으로 문화재를 복원하는 기술이 필요하다. 그리고 첨단 IT기술에 인문, 사회, 역사, 예술지식을 기반으로 하여 문화유산을 재현하고 실제 체험해보는 기술과 디지털 박물관 등의 형태로 볼 수 있게 하는 전시 기술이 필요하다.

디지털 문화재 복원기술은 문화유산이 현존하는 것과 현존하지 않는 것에 따라 적용되는 기술이 다르다. 석굴암이나 운주사 석불, 다비드 조각상 등 현존하는 문화유산은 실측하거나 3D 스캔 기술을 이용하여 가상공간으로 구축한다. 그림 12-20(a)는 '미켈란젤로 프로젝트'에서 다비드 조각상을 3D 스캐너로 입력하는 장면이다. 여러 가지 이유로 소실되어 현존하지 않는 문화유산은 역사 기록을 바탕으로 3D 모델링 작업을 통해 가상공간에 구축을 하게 된다. 고려시대 몽고군의 침략으로 소실된 경주 황룡사 9층 목탑이 대표적인 사례이며 그림 12-20(b)에서 보듯이 KAIST 문화기술연구센터에서 각종 사료를 바탕으로 하고 3D 모델링 기술을 이용하여 복원을 하였다. 한편 불완전하게 남아있는 문화유산은 스캐닝기술과 모델링 기술을 적절히 배합하여 가상공간에 디지털자료로 복원하면 된다. 대표적인 사례로 로마의 유적들을 가상공간에 원상태로 복원하자는 '로마 리본(Rome Reborn)' 프로젝트가 있다(그림 12-20(c) 참조).

(a) 미켈란젤로 프로젝트   (b) 경주 황룡사 9층목탑 복원   (c) 로마 리본(Rome Reborn) 프로젝트

그림 12-20 문화유산 복원 사례

연습문제

01 디지털 콘텐츠 산업이 제대로 성공하려면 콘텐츠 자체의 내용도 중요하지만 (   )에 따라 성패가 크게 영향을 받는다.

02 (   )은 저작자나 판매자 정보가 아니라 디지털 콘텐츠를 구매하는 사용자의 정보를 콘텐츠에 삽입하는 기술이다.

03 (   )이란 PC가 아닌 전용게임기 등의 별도 기기에 TV나 모니터를 연결시켜 작동하는 게임이다.

04 최근에는 1인칭 시점에서 화면을 보여주며 게임을 진행하는 (   ) 유형의 게임이 주목을 받고 있다.

05 (   ) 방송은 초고속통신망으로 연결된 인터넷을 통해 PC가 아니라 TV 모니터에서 방송을 시청하는 서비스이다.

06 (   )이란 인터넷을 기반으로 하여 학습자 중심의 수준별 맞춤형 학습을 할 수 있는 시스템을 말한다.

07 우리나라 정부에서 선정한 '국가 6대 핵심기술' 중의 하나인 (   )는 문화와 기술이 결합된 새로운 기술 분야이다. 이는 문화 예술, 콘텐츠 제작, 디지털 기술, 인공지능 등 다양한 분야를 통합하여 국가의 문화 산업을 발전시키는데 도움이 된다.

08 (   ) 분야에서는 공공시설물이나 대형 디스플레이에 대화식 멀티미디어 콘텐츠로 광고를 전시하고 있다. 더 나아가 전시공간을 하나 혹은 여러 개의 건물 외벽에 멀티미디어 콘텐츠를 전시하기도 하는 (   )라는 융합기술도 많은 주목을 받고 있다.

01 하나의 콘텐츠로 다양한 미디어에서 서비스하는 것을 넘어서 다양한 사업 분야로까지 전개해 나갈 수 있다는 것을 의미하는 단어는 무엇인가?

02 각종 디지털 콘텐츠를 생성하고 이용하는 유통의 전 과정에서 불법복제로부터 저작권자의 권리를 보호하고 디지털 콘텐츠 유통 산업의 활성화를 목적으로 하는 기술 및 서비스를 의미하는 단어는 무엇인가?

03 자신의 저작물에 대하여 저작자표시 의무, 비영리 사용제한, 변경 금지, 동일조건 변경 허락 등 '이용방법 및 조건'을 콘텐츠에 표시할 수 있도록 아이콘으로 제시하는 방식을 무엇이라 하는가?

04 인간이 쉽게 감지할 수 없는 표식을 문서, 그래픽, 오디오, 비디오 등의 멀티미디어 콘텐츠 내에 삽입하여 불법복제를 방지하자는 기술은 무엇인가?

05 디지털 콘텐츠를 사용하기 위한 접근을 제어하는 방식으로 유료 방송 채널을 보호하고 사용료를 징수하는 기술의 명칭은?

06 CD 또는 DVD 형태로 출시되어 사용자가 구입한 CD를 개인용 컴퓨터에 설치하여 실행하는 게임을 무엇이라고 하는가?

07 디지털 엔터테인먼트 콘텐츠로써 종이책과 유사한 인터페이스를 제공하는 디지털 콘텐츠는 무엇인가?

08 일반적인 디지털 콘텐츠에서 더 나아가 예술, 디자인, 인문사회학 등의 문화적 요소를 창의성과 기술을 바탕으로 디지털화한 콘텐츠는 무엇인가?

01 디지털 콘텐츠에 관련한 설명과 거리가 먼 것은?
    a. 콘텐츠를 기획하고 제작하는 과정부터 유통, 관리 등을 행하여 부가가치를 창출하는 산업을 말한다.
    b. 최종 사용자가 접할 수 있도록 사용자를 고려하여 작성한다.
    c. 단일 미디어 시장으로 국한되지 않고 미디어 융합적인 성격으로 나타난다.
    d. 미디어로부터 종속적인 경향을 가진다.

02 디지털 콘텐츠의 장점에 대한 설명으로 틀린 것은?

    a. 무한 반복하여 사용해도 품질이 떨어지지 않는다는 장점이 있다.

    b. 네트워크를 통해 대량으로 유통시키는 것이 가능하다는 장점이 있다.

    c. 네트워크를 통해 사용자들의 접근이 용이해 누구든지 복제가 가능하다는 장점이 있다.

    d. 재가공이 쉽다는 장점이 있다.

03 크리에이티브 커먼즈 라이선스의 구성요소로 옳지 않은 것은?

    a. 저작자 표시   b. 비영리

    c. 단순 변경 허용   d. 동일조건 변경 허락

04 디지털 저작권 관리에 대한 설명과 관련성이 적은 것은?

    a. 한번 암호를 풀면 누구나 해독된 콘텐츠를 사용할 수 있는 보안기술과 비교하여 DRM은 더 포괄적인 개념으로 사용자에게 주어진 권한에 따라 콘텐츠의 이용을 통제하는 기술이다.

    b. 디지털 핑거 프린팅은 인간이 감지하기 어려운 표식을 삽입하지 않는다는 점에서 디지털 워터마킹과 차이가 있다.

    c. 디지털 워터마킹은 지적재산권 분쟁이 일어날 경우 원본의 출처를 확인할 수 있다.

    d. 크리에이티브 커먼즈 라이선스는 저작자들이 자신의 콘텐츠에 이용범위를 설정함으로써 여러 사람이 혼동하지 않고 콘텐츠를 공유할 수 있는 여건을 제공해 준다.

05 게임 산업은 최근 시장의 성장세가 주춤하는 경향이 있지만 그동안 디지털 콘텐츠 산업의 중심으로 성장해왔다. 게임에 대한 설명으로 옳지 않은 것은?

    a. 콘솔 게임은 대체로 화면의 품질이 우수하고 긴박감 넘치는 다양한 인터페이스를 제공한다.

    b. 아케이드 게임은 대량판매가 아니더라도 이익이 많이 나는 구조를 가지고 있다.

    c. PC 게임은 다수의 사용자가 같이 즐기는 유형의 게임이 주류를 이룬다.

    d. 온라인 게임은 최근 MMORPG 유형의 게임이 주목을 받고 있다.

06 2002년 디지털 위성 방송이 서비스된 이후 지상파 방송과 유선방송이 디지털로 전환하였다. 디지털 방송에 대한 설명으로 옳지 않은 것은?

    a. 디지털 방송에서는 프로그램 가이드, 게임, 일기예보, TV 쇼핑 등의 데이터 콘텐츠 서비스까지 실시하고 있다.

    b. 웹방송에서는 지나간 방송 콘텐츠는 다시 시청하지 못한다.

    c. 초고속인터넷 서비스 가입자가 IPTV용 셋톱박스를 설치하여 인터넷망과 TV를 연결하면 비디오 방송 콘텐츠 및 데이터 방송 콘텐츠를 서비스 받을 수 있다.

    d. 데이터 방송 콘텐츠의 유형은 비디오 연동형 콘텐츠 독립형 콘텐츠로 구분된다.

07 온라인교육, 사이버교육, 웹기반 교육이라는 용어는 점차 e-러닝이란 용어로 통합되어 가는 추세이다. e-러닝 산업에 대한 설명으로 관련성이 낮은 것은?

    a. e-러닝에서 솔루션산업은 콘텐츠를 학습자에게 제공해주는 산업을 말한다.

    b. e-러닝은 원격교육과 교사와 학생이 공간적으로 떨어져 있거나 다른 시간대에 이루어진다는 점에서 비슷하다.

    c. e-러닝에서 콘텐츠산업은 학습자에게 알맞게 지식이나 정보를 가공하여 e-러닝 교육용 콘텐츠를 제작하는 산업을 말한다.

    d. 모바일 환경에서의 e-러닝을 m-러닝이라 한다.

08 다음 중 문화콘텐츠와 가장 관련성이 적은 것은?

    a. 디지털 문화재   b. 미디어 아트

    c. 스마트팜   d. 미디어파사드

보충 과제(주관식)

01 닌텐도사에서는 사용자의 동작을 따라 하는 스포츠 게임으로 관심을 모으고 있는 게임기 Wii를 출시하였다. 리모컨을 손에 들고 운동하듯이 움직이면 실행되는 Wii 게임을 조사하여 열거하고 리모컨의 작동원리를 추정하라.

02 현재 인터넷 환경에서 다양한 방송 서비스가 시행되고 있다. 그중에서 인터넷 방송(또는 웹 방송)과 IPTV의 대표적인 사례를 조사하고 두 방식의 차이점을 설명하라.

03 인터넷이나 IT기술을 이용하여 실시하는 교육 환경 중에서 사이버 대학과 e-러닝, 원격교육의 공통점과 차이점을 조사하여 기술하라.

04 각 국가에서 향후의 핵심기술로 문화기술(CT)을 포함하여 정책을 수립하고 있다. 미래의 기술로써 문화산업 기술을 중요시하는 이유가 무엇인지 논하라

05 디지털 콘텐츠 동향을 조사하고 앞으로의 발전 방향에 대해 본인의 생각을 기술하라.

단원개요 ●━━━━━━━━━━━━━━━━━━━━━━━━━━━━━━━━━━━━━━

IT기술은 우리 사회 모든 분야에 지대한 영향을 미치고 있으며, 앞으로 이러한 현상은 더욱 심화될 것으로 예상된다. 이제, 미래사회의 IT 발전 방향을 알아보고, 미래의 사회에 어떤 영향을 초래할지 생각해보자. 그리고 정보산업의 주요한 발전 방향에 대하여 알아보자. 또한 미래의 컴퓨팅 기술을 하드웨어, 사용자 인터페이스, 인터넷 기술의 발전측면에서 이해하고, 차세대 컴퓨팅 기술의 활용을 설명한다.

━━●

13.1 정보화사회의 발전

지식기반사회에서 IT기술의 발전은 미래의 비즈니스, 경제, 사회변화에 광범위하고 글로벌하게 작용한다. 이 절에서는 미래사회의 IT 발전의 추세를 이해하고 IT기술이 우리 사회를 어떻게 변화시켜 나가는지 알아보자. 또한 IT기술과 인터넷의 발전이 비즈니스와 일상생활에 미치는 영향과 앞으로 정보산업의 발전방향에 대하여 설명한다.

13.1.1 미래의 정보화사회

IT기술은 21세기에 직업, 서비스, 여가활동의 원동력으로 작용할 것임에 의심의 여지가 없다. 미국의 저명한 철학자 바이넘(Terry Bynum)은 "컴퓨터 기술은 인류 역사상 개발된 가장 영향력 있고 융통성 있는 기술이다."라고 언급하였다. 그는 "컴퓨터 기술을 흔히 '기술적 혁명'이라고 하지만, 그것은 우리의 가치관을 바꾼다는 측면에서 '사회적 혁명' 또는 '윤리적 혁명'이다"라고 이야기하였다.

컴퓨터와 정보통신기술은 실로 기업, 산업, 교육, 금융, 유통, 행정, 가정생활, 통신, 엔터테인먼트 등 거의 모든 분야에서 유용하게 쓰이고 있다. 이 절에서는 IT기술의 발전에서 발생하는 특기할 사항들에 대하여 설명한다.

무선인터넷 인프라의 급성장

1980년대 초 이후 인터넷 호스트 수가 폭발적으로 증가하였고, 인터넷을 오가는 데이터 트래픽도 매년 두 배씩 증가하였다. 이러한 기하급수적 성장을 수용하기 위하여 인터넷의 데이터 전송 속도 또한 기하급수적으로 증가하였다. 또한 인터넷 이용자의 이동성(Mobile trend)을 지원하기 위하여 무선인터넷(Wireless)의 데이터 전송 속도도 기하급수적으로 빨라질 것으로 예상된다. 머지않은 장래에 초고속 광케이블을 이용하면 실질적으로 무한 대의 대역폭을 가진 인터넷망이 현실화될 것이며, 인터넷 서비스가 PC를 벗어나 TV, 책 상, 냉장고 등 다양한 물체로부터 가능하게 될 것이다. 이러한 환경에서 사용자는 종래의 인터넷을 이용한 서비스, 예를 들면 정보검색, 인터넷 쇼핑, 인터넷 전화, TV 프로그램과 비디오 보기, 인터넷 게임 등의 활동은 물론이고, 높은 대역폭을 이용하여 비디오 컨퍼런 싱이나 재택작업 등을 활발히 수행할 것이다. 그림 13-1은 의자에 앉아 있는 사람들이 앞 에 있는 화면을 바라보면서 비디오 컨퍼런싱을 하는 장면이다.

그림 13-1 인터넷을 이용한 비디오 컨퍼런싱 (출처: Cisco Systems)

m-커머스와 디지털 라이프

무선인터넷의 데이터 전송 속도가 빨라지면서 모바일 인터넷 서비스의 활용 분야가 확대될 것으로 예상된다. 특히, 매년 급격한 속도로 증가하고 있는 e-커머스 외에 무선인터넷 서 비스를 이용한 m-커머스(Mobile Commerce)가 활성화되고 있다.

컴퓨터와 인터넷 기술의 발전은 우리의 일상생활에도 큰 영향을 미치게 될 것이다. 가정에 있는 모든 가전기기와 장비들을 무선인터넷을 이용하여 외부에서 제어하거나 통신할 수 있게 될 것이고, 가정의 일상적인 일들을 대신해주는 지능형 로봇이나 장애자를 도와주는 로봇들로 일반화될 것으로 예측된다. 특히, RFID칩, 센서 기술, 사물인터넷(IoT: Internet of Things) 기술이 발전하면서 스마트 헬스가 인간의 삶의 질을 높여줄 것이다.

우리 사회는 앞으로 사물인터넷 사회로 변모해 나갈 것으로 예상된다. 사물인터넷 사회에서는 모든 사물에 센서를 부착하여 실제사회와 가상세계를 통합하는 형태가 될 것이다. 따라서 시공간의 개념이 사라져 언제, 어디서나 다양한 무선 네트워크를 통해 모든 단말기를 이용해서 사용자에게 서비스할 수 있는 환경을 제공하게 될 것이다. 모바일 단말기가 경량화, 소형화되는 추세이고 배터리의 문제점도 해결될 것으로 기대되며, 이용자는 보다 편리한 사용자 인터페이스를 통해 사물인터넷 환경에서 원하는 일을 수행할 수 있게 될 것이다. 그림 13-2는 사물에 부착된 센서들을 통해 발전해나갈 스마트 사회의 모습을 보여주고 있다.

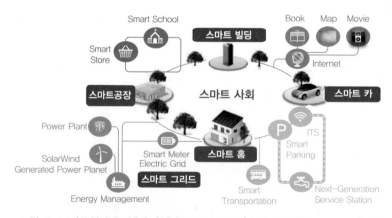

그림 13-2 사물인터넷 기술을 활용한 스마트 사회 (출처: http://kr.renesas.com)

21세기 IT기술의 발전 방향

이제, 21세기의 IT기술의 발전 방향과 추세를 알아보자. IT기술은 지속적으로 빠른 프로세서의 속도, 대용량 메모리칩의 개발, 무한에 가까운 광케이블의 대역폭 등 모든 면에서 발전이 가속화될 것이다. 하드웨어의 성능이나 인터넷의 데이터 전송 속도는 IT 활용에 더 이상 걸림돌이 되지 않을 것이다. 또한 언제, 어디서나 존재하는 컴퓨터들이 상호 연결되어 디지털 환경에서 사람과 사물 간에 상호작용을 가능하게 할 것이다. 1980년대 시작된 컴퓨터의 연결은 e-메일을 통하여 비즈니스 및 학술 환경에서 사람들을 연결시켜 주었다. 1990년대에는 e-메일, 웹브라우저 및 협업수단을 이용하여 더 많은 비즈니스와 사람들이 상호 연결되게 되었다. 그리고 2000년대부터는 인간, 사물, 센서 등 모든 객체들을 통합하여 물리적 세계와 디지털 세계를 연결하게 된다. 이러한 환경에서 현 위치와 상황을 인식하는 모바일 단말기를 이용하여 인간과 비즈니스 활동에 유용하게 정보를 활용할 수 있다.

2000년 이전까지는 하나의 컴퓨터가 다양한 소프트웨어와 IT 서비스를 기업, 비즈니스, 또는 개인이 원하는 대로 모두 지원하는 방향으로 발전하였다. 그러나 앞으로는 컴퓨터마다 특정한 영역에 맞게 전문화되어, 기업이나 개인이 필요로 하는 서비스를 마치 특정 유틸리티를 이용하는 것처럼 발전할 것이다. 인터넷에 접속하여 사용자가 필요로 하는 소프트웨어나 콘텐츠를 이용하고 전기나 수도요금처럼 요금을 쓴 만큼만 지불하면 된다. 이러한 정보의 유틸리티 패러다임(Utility Paradigm)은 규모의 경제(중복성, 정보요구의 피크처리, 기술과 지식) 측면이나 경쟁력 측면에서보다 바람직한 방식이다. 소프트웨어가 제품이 아닌 클라우드 서비스를 통한 서비스(SaaS: Software as a Service)가 되는 세상으로 변화하고 있다.

13.1.2 정보산업의 발전 방향

하드웨어 성능의 기하급수적 발전

컴퓨터 하드웨어의 성능은 기하급수적(Exponentially)으로 증가하였고 앞으로도 이러한 트렌드는 계속될 것이다. 무어의 법칙에 의하면 프로세서의 성능은 10년에 1,000배씩 증가하였고, 메모리의 경우도 플래시 메모리칩의 용량은 해마다 두 배씩 증가하였으며, 하드디스크의 용량도 기하급수적으로 증가하였다. 컴퓨터의 성능이 가파르게 증가하는 데 비해 가격은 오히려 해마다 내려가고 있다. 1963년의 IBM 7094 메인프레임 컴퓨터의 처리속도는 0.5MHz, 주메모리는 144KByte, 가격은 1,000만 달러인 데 비하여, 2023년 무렵의 노트북 컴퓨터의 처리속도는 2.5GHz, 주메모리는 16GByte, 가격은 불과 1,000달러에 지나지 않았다. 즉, 1963년의 컴퓨터에 비해 2023년의 노트북은 처리속도는 5,000배, 주메모리 용량은 약 10만배가 되었지만, 가격은 1만분의 1로 하락하였다. 앞으로도 우리 사회는 더 빠른 컴퓨터를 필요로 할 것이고 그에 따라 더 많은 컴퓨팅 수요가 요구될 것으로 예상된다.

인터넷 서비스의 비즈니스 모델

한편, 인터넷이 세계적인 현상이 된 1980년대 초 이후 인터넷도 기하급수적으로 발전하고 있다. 이 기하급수적 성장을 수용하기 위하여 인터넷의 데이터 전송 속도도 길더에 의하면 6개월에 두 배씩 증가하였다. Ethernet LAN의 개발자 메칼프(Robert Metcalfe)는 "네트워크의 가치는 이용자 수의 제곱에 비례한다(Metcalfe's Law)."고 하였다. 이러한 이유에서 인터넷 경제(Internet Economy)라는 용어가 나왔고, 미래에도 인터넷을 기반으로 한 e-커머스 산업이 지속적인 발전을 거듭할 것으로 기대된다.

전문가들에 의하면 앞으로의 IT 산업은 컴퓨터 하드웨어 및 소프트웨어의 성능보다 IT기술의 활용방식과 비즈니스 모델을 제시하고 고객의 요구를 이해하고 새로운 활용을 제시하는 방향으로 발전할 것이다.

바이오/나노 기술과의 융합

몇 년 이내에 컴퓨터와 바이오 기술 또는 마이크로 기술 및 나노 기술과의 융합으로 탄생된 기술을 이용한 새로운 응용 분야가 창출될 것으로 기대된다. 마이크로 기술은 몇 백만분의 1m 수준의 크기를, 나노 기술은 몇 10억분의 1m 정도의 크기를 의미한다. 나노 기계는 양자물리학, 생물물리학, 분자생물학을 이용하여 원자들로 구성된 기계이다. 마이크로 기술은 MEMS(Microelectromechanical Systems), 마이크로센서(Microsensors), 바이오MEMS 등에 적용되었고, 나노 기술은 양자컴퓨터의 개발에 적용되고 있다. 그림 13-3(a)는 바이오MEMS와 나노 기술을 이용한 예이고, 그림 13-3(b)는 바이오칩이 인간의 뇌에 이식된 것을 보여주고 있다. 모바일 기술의 발전으로 웨어러블 컴퓨터가 출현하였으나 앞으로는 몸속에 컴퓨터를 '내장(embed)'하는 시대가 올 것이다.

(a) 바이오MEMS와 나노 기술

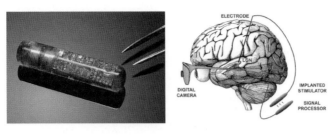

(b) 바이오칩과 인간의 뇌에 이식된 칩

그림 13-3 IT기술과 바이오/나노 기술의 융합 (출처: Advanced Electronic Security)

소프트웨어 융합기술

IT기술이 기존 전통산업 분야와 융합하여 적용될 때 고부가 가치를 창출할 수 있을 것으로 기대된다. 최근 선진국이나 우리나라는 중국, 인도, 동남아시아 국가에 비해 제조업 분야의 경쟁력에서 큰 위협을 받고 있다. 이러한 분위기 속에서 IT기술을 기존 전통산업에 접목하는 것은 전통산업 분야에 새로운 경쟁력을 부여할 수 있을 것이다. 특히, 자동차, 조선, 국방, 금융, 에너지, 농업, 물류, 건설, 의료, 통신기기 분야와 IT기술의 융합은 많은 고부가가치 상품을 창출할 수 있을 것으로 기대된다. 예를 들어, 미 최정예 전투기 F-22 가 기능의 80%를 소프트웨어에 의존하고 있으며, 고급차 중의 하나인 BMW 역시 개발비의 40%를 소프트웨어에 투자하고 있다. 이뿐 아니라, 정보통신, 가전, 교통, 유통, 의료, 제조업 등 우리나라 산업 전반에 걸쳐 개발원가에서 소프트웨어가 차지하는 평균 비율은 이미 40%를 넘었다. 이렇게 소프트웨어의 기술은 산업 전반에 대한 경쟁력을 좌우한다.

13.2 미래의 컴퓨팅 기술

컴퓨터와 IT기술은 세월의 흐름에 따라 더 빠른 속도로 발전해 왔다. 차세대 컴퓨터의 요소기술을 프로세서, 기억장치, 입출력장치, HCI 기술, 인터넷 기술 영역에서 살펴보자. 또한 이러한 기술의 발전이 모바일 컴퓨팅 환경, 초연결사회, 위치기반 서비스, 디지털 라이프에서 어떻게 활용되는지 설명한다.

13.2.1 차세대 컴퓨팅의 요소기술

1950년대 컴퓨터 이론가 폰 노이만은 "기술발전의 지속적인 '가속화'로 인하여 인류 역사는 필연적으로 특이점(Singular Point)이 발생할 것이며, 그 이후 인간의 역사는 지금까지 경험해 온 것과는 전혀 다르게 발전해 나갈 것이다."라고 예견하였다. 폰 노이만은 여기서 '가속'과 '특이점'이라는 두 가지 중요한 개념을 언급하였다. '가속'이라는 개념은 인간의 발전이 선형적이지 않고 기하급수적이라는 것이고, '특이점'은 기하급수적 증가가 최초의 예측을 뛰어넘는 속성을 지닌다는 것이다. 처음에는 더디게 증가하여 크게 눈에 띄지 않지만, 곡선의 무릎에 해당하는 특이점을 넘어서면서 폭발적으로 증가하여 완전히 새로운 변화를 초래한다는 것이다.

컴퓨터 프로세서와 메모리의 성능을 보면 이러한 기하급수적 성장 개념과 '특이점' 개념의 신빙성이 어느 정도 증명되고 있다. 최근 개발된 IBM의 Blue Gene 컴퓨터는 100만 개의 마이크로프로세서들로 구성되어 있으며, 초당 1000조 개의 명령문을 처리할 수 있는 능력을 가지고 있다. 이것은 오늘날 PC의 처리속도에 비해 200만 배나 빠른 것이다. 이는 인간의 두뇌를 모방하기 위하여 필요한 10^{16}의 1/10에 해당된다. 커츠웨일에 의하면 2035년까지 인간 지능을 완벽히 모방하는 데 필요한 하드웨어와 소프트웨어를 갖춘 컴퓨터가 출현하여 더 이상 컴퓨터 지능과 생물학적 인간의 지능을 구별할 수 없게 될 것이라고 예측된다.

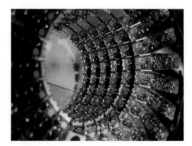

그림 13-4 IBM의 Blue Gene 컴퓨터 (출처: IBM, Cnet)

미래의 프로세서

기존의 컴퓨터는 정보를 처리, 저장, 전송하는 데 트랜지스터 회로에서 전기(또는 전자)를 사용했으나 광학컴퓨터(Optical Computer)는 빛(또는 광양자)을 이용하여 정보를 처리하고 전송하는 광학 트랜지스터를 사용한다. 광학컴퓨터의 개발은 아직 초기 단계에 있으며 로봇의 시각 등 일부 제한된 분야에서만 이용할 수 있으나, 앞으로 기술이 발전하면서 범용의 광학컴퓨터는 기존의 실리콘 컴퓨터에 비해 수백 배 이상 빠르게 정보를 처리할 수 있게 될 것이다. 한편, 양자컴퓨터(Quantum Computer)는 양자물리학과 양자역학에 기반하여 프로세서를 설계하고, 정보는 양자비트(qubit: quantum bit)로 저장되며 양자비트가 양자처리장치(Quantum Mechanism)에 의해 처리된다. 양자컴퓨터도 아직은 초기 연구 단계에 있으나 앞으로 개발된다면 기존의 컴퓨터에 비해 기하급수적으로 빠른 컴퓨터가 될 것이다.

미래의 기억장치와 입출력 장치

시게이트 테크놀로지(Seagate Technology)사에 의하면 최근 컴퓨터 하드디스크의 용량은 해마다 40%씩 증가하고 있다. 히타치(Hitachi)사가 제작한 3.5인치 하드디스크는 1조바이트(TB)의 디스크 용량을 지원하고 있다. DRAM과 플래시 메모리칩의 용량도 매년 두 배씩 증가하고 있으며, 최근에는 고용량의 DVD도 개발되었다. Blu-ray 디스크는 기존의 DVD가 4.7GB~8.5GB의 메모리 용량을 갖고 있는 데 비해 그의 5~6배에 해당하는 25GB~50GB의 용량을 가진다. 또한 차세대 DVD로 맥스웰사의 HDV(Holographic Versatile Disc)와 3D 광 데이터저장장치(3D Optical Data Storage)가 개발 중에 있다.

최근 능동형 유기발광다이오드(AMOLED) 기술을 이용한 디스플레이가 개발되어 디지털 TV, 휴대폰, MP3 플레이어 등에 쓰이고 있다. AMOLED 디스플레이는 기존의 디스플레이 장치에 비해 얇게 제작이 가능하고 선명도가 높으며 전력소모량이 낮다는 장점이 있다. 이외에도 플렉서블 디스플레이(Flexible Display) 또는 두루마리형 디스플레이(Rollable Display)와 3차원 디스플레이(3D Display)도 개발되고 있다. 그림 13-5는 플렉서블 디스플레이 기술로 개발한 e-Paper로 전자책(e-Book) 단말기로 이용되기에 적합하다.

그림 13-5 플렉서블 디스플레이 e-Paper (출처: Flickr)

미래의 사용자 인터페이스

인간-컴퓨터 상호작용(HCI: Human-Computer Interaction) 기술은 인간이 컴퓨터를 보다 편리하게 이용할 수 있도록 하기 위한 것으로 미래의 정보화사회에서 매우 핵심적인 기술 요소로 작용할 것이다. 최근에 애플사의 아이폰을 비롯한 많은 모바일 단말기에서 이용되고 있는 터치스크린(Touch-Screen) 방식과 스마트폰이나 e-Book단말기에서 이용되는 펜을 이용한 스케치기반 인터페이스(Sketch-based Interface)도 성공적인 사용자 인터페이스를 제공하고 있다. 그림 13-6(a)는 일반적인 터치스크린 방식의 사용자 인터페이스이고, 그림 13-6(b)는 촉각을 이용한 터치스크린 인터페이스를 보여주고 있다.

(a) 터치스크린   (b) 촉각 터치스크린

그림 13-6 터치스크린 기법을 이용한 사용자 인터페이스
(출처: Multi Touch Technology, Univ. of Southern California)

최근에는 터치 기술 대신 제스처를 인식하는 기술이 개발되어 노터치(No touch) 방식의 사용자 인터페이스가 적용되고 있다. 과거 게임에서 이용되던 제스처 인식이 앞으로 증강현실(AR)을 비롯한 다양한 영역에서 활용될 수 있을 것이다. 그림 13-7(a)는 Leap Motion사의 제스처 인식을 보여주고 있고 그림 13-7(b)는 Google사가 개발한 프로젝트 솔리(Soli)이다. 프로젝트 솔리는 레이다가 손가락 동작을 인식하는 기술로 웨어러블 장치, 사물인터넷, 커넥티드 자동차에서 유용하게 활용될 수 있다.

(a) Leep Motion사의 제스처

(b) Google의 프로젝트 솔리(Soil)

그림 13-7 제스처 기술을 이용한 사용자 인터페이스

미래에는 키보드가 없는 컴퓨터가 출현할 것으로 예상된다. 사람의 오감을 인지하고 이를 컴퓨터와 통신을 통해 전송하는 방식, 사람의 감성을 인지하고 반응하는 감성 컴퓨터, 뇌파로 가전기기를 작동하는 방식 등 다양한 방식의 사용자 인터페이스가 실용화될 것으로 예상된다. 또한 촉각의 활용을 위해서 촉각피드백(Haptic Feedback)을 주는 장치도 개발되어 사용되고 있다. 그림 13-8(a)는 사람의 뇌파로 작동하는 컴퓨터이고, 그림 13-8(b)는 촉각장치의 활용 예를 보여주고 있다.

(a) 뇌파를 이용한 컴퓨터 인터페이스

(b) 촉각장치(Haptic device)의 활용 예

그림 13-8 미래의 컴퓨터 사용자 인터페이스 (출처: Carnegie-Mellon Univ.)

13.2.2 차세대 컴퓨팅 기술의 활용

우리사회는 모바일 컴퓨팅에서 모든 사물이 연결된 초연결사회(Hyper-connected Society)로 변화하고 있다. 초연결사회에서는 사물인터넷 기술이 가정, 산업현장, 공장, 헬스케어, 도시, 교통, 에너지, 환경, 농업, 자동차 등 다양한 영역에 적용되고 빅데이터 분석을 통하여 보다 스마트한 사회로 발전해 나갈 것이다.

4차 산업혁명과 사회의 변화

우리 사회는 정보혁명에 의한 3차 산업혁명을 거쳐 이제 4차 산업혁명을 맞이하고 있다. 2016년 초 다보스 세계경제포럼(WEF: World Economic Forum)의 보고서에 의하면 4차 산업혁명은 3차 산업혁명보다 훨씬 빠른 속도로 진행될 것으로 우리사회에 더욱 광범위하게 영향을 미칠 것으로 예측하고 있다. 이러한 트렌드를 앞서가는 국가와 기업이 절대적 경쟁력을 장악할 것으로 예상하고 있다. 4차 산업혁명은 산업인터넷(IoT) 기술은 물론 바이오산업 기술, 증강현실 및 인공지능 기술이 중요한 역할을 담당할 것이다. 4차 산업혁명으로 인하여 향후 5년간 약 710만 개의 일자리가 사라지고 200만 개의 일자리가 새로운 일자리가 창출될 것으로 보고서는 예측하고 있다. 2015~2017년 기간 중에는 모바일 인터넷, 클라우드 컴퓨팅, 저렴한 컴퓨팅 파워, 대용량 스토리지(빅데이터) 기술이 중요한 역할을 할 것으로 예상되지만 2018년 이후에는 로봇기술과 사물인터넷 기술이 더 중요한 역할을 차지할 것으로 예상되고 있다. 그림 13-9는 2015~2025년 기간에 우리사회에 가장 많은 영향을 끼칠 기술을 비교하여 보여주고 있다. 새로운 일자리도 이러한 기술 영역을 중심으로 창출될 것이다.

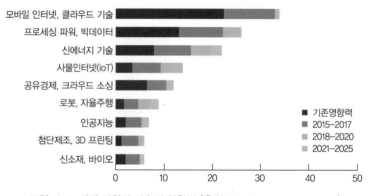

그림 13-9 미래 사회의 기술적 영향력 (출처: World economic Forum)

지능형 로봇의 활용

컴퓨터 기술의 발전으로 현대사회의 많은 공장들이 자동화되어 생산성 향상을 이루었고, 생산 현장에서 로봇을 이용함으로써 생산성 향상뿐만 아니라 사람이 수행하기 어렵거나 위험한 일을 로봇이 대신하게 되었다. 또한 사무실에서 사무자동화 소프트웨어를 이용하여 업무 생산성을 지속적으로 향상시켜 왔다. 이에 비해, 가정에서는 아직 대부분의 일상적인 작업이 사람에 의해 직접 수행되고 있다. 인건비의 상승과 더불어 미래의 가정에서는 인간의 노동력을 절약할 수 있는 지능형 로봇의 이용이 활발해질 것으로 기대된다. 이러한 로봇들은 규모가 비교적 작고 가격이 저렴하여 집안의 청소, 잔디 깎기, 보안 등의 일을 사람을 대신하여 수행한다. 이러한 지능형 로봇이 인간의 모습과는 전혀 다르게 보이기도 하지만(예, iRobot 사의 Roomba), 때로는 인간의 모습과 유사한 휴머노이드(Humanoid) 로봇도 존재한다. 그림 13-10은 혼다(Honda)에서 지난 20년간 개발해온 아시모(ASIMO) 휴머노이드 로봇의 발전 역사를 보여주고 있다. 이외에도 마이크로 로봇이 의료 현장에서 수술을 위해 쓰이거나 장애인을 위해 로봇이 활용되면 큰 도움이 될 수 있다.

그림 13-10 ASIMO 휴머노이드 로봇의 20년 발전 과정 (출처: Honda)

연습문제

주요 개념 요약(괄호 넣기)

01 기존 컴퓨터는 정보를 처리, 저장, 전송하는 데 트랜지스터 회로에서 (   )를 사용했으나, 광학 컴퓨터는 (   )을 이용하여 정보를 처리하고 전송하는 광학 트랜지스터를 사용한다.

02 안경, 시계, 의복 등과 같이 착용할 수 있는 형태로 된 컴퓨터를 (   ) 컴퓨터라고 하는데, 앞으로는 몸속에 컴퓨터를 내장하는 시대가 올 것으로 예상된다.

03 1950년대 컴퓨터 이론가 폰 노이만은 "기술발전의 지속적인 '가속화'로 인하여 인류 역사는 필연적으로 (   )이 발생할 것이며, 그 이후 인간의 역사는 지금까지 경험해 온 것과는 전혀 다르게 발전해 나갈 것이다."라고 예견하였다.

04 우리 사회는 모바일 컴퓨팅에서 모든 사물이 연결된 (   )사회로 변화하고 있다. 이 사회에서는 사물인터넷 기술이 가정, 산업현장, 공장, 헬스케어, 도시, 교통, 에너지, 환경, 농업, 자동차 등 다양한 영역에 적용되고 빅데이터 분석을 통하여 보다 스마트한 사회로 발전해 나갈 것이다.

주요 개념 확인(단답식)

01 모든 사물에 센서를 부착하여 실제 사회와 가상세계를 통합하는 형태의 사회는 무엇이라고 하는가?

02 양자물리학과 영자역학에 기반하여 프로세서가 설계된 컴퓨터는 무엇인가?

03 터치 기술 대신 제스처 및 손가락 동작을 인식하는 기술로, 웨어러블 장치, 사물인터넷, 커넥티드 자동차에서 유용하게 활용될 수 있는 사용자 인터페이스 이름은 무엇인가?

04 지능형 로봇 중에서 인간의 모습과 유사하게 제작한 로봇을 무엇이라고 부르는가?

01 다음 중 미래의 컴퓨팅 환경과 가장 관련이 적은 것은?

    a. m-커머스   b. 워크스테이션   c. 스마트 헬스   d. 사물인터넷

02 "네트워크의 가치가 이용자 수의 제곱에 비례한다."고 주장한 사람은?

    a. 무어   b. 조지 길더   c. 팀 버너스 리   d. 메칼프

03 다음 중 멀티모달 인터페이스와 가장 관련성이 적은 것은?

    a. 메뉴 방식   b. 음성 인식   c. 제스처 인식   d. 스케치 인식

04 다음의 기술 중에서 미래의 컴퓨팅 기술로 간주하기에 거리가 먼 것은?

    a. 빠른 처리속도   b. 양자 컴퓨터   c. 광학 문자 인식   d. 플렉서블 디스플레이

01 뇌-컴퓨터 인터페이스 기술은 어떻게 뇌파를 읽어 들여 컴퓨터 명령으로 변환하는지 설명하고, 이 기술이 의료, 휴먼-로봇 상호작용, 또는 장애인 보조 기기 분야에서 어떻게 적용되고 있는지 예시를 들어 설명하라.

02 제스처 인식 기술은 어떻게 카메라나 센서를 사용하여 사용자의 제스처를 감지하고 해석하는지 설명하고, 미래에 제스처 인식 기술이 어떻게 발전하고 새로운 기술과 융합될 것으로 예상되는지에 대해 서술하라.

03 이미지나 비디오와 같은 미디어 정보를 검색하기 위한 내용기반 정보검색 기술의 발전과 활용에 대하여 조사하고 앞으로의 발전 추이를 예측해 보라.

04 4차 산업혁명으로 인해 어떤 일자리가 창출될지 생각하여 기술하라.

찾아보기

저자 소개

임순범

- 서울대학교 계산통계학과 졸업
  한국과학기술원(KAIST) 전산학과(공학박사)
  현재 숙명여자대학교 IT공학과 교수

- 주요 경력
  - 휴먼컴퓨터 창업/연구소장
  - 삼보컴퓨터 프린터개발부 부장
  - 건국대학교 컴퓨터과학과 교수
  - University of Colorado 교환교수
  - 한국멀티미디어학회 회장, 명예회장
  - 한국전자출판학회 회장, 명예회장
  - 한국정보과학회 부회장
  - ISO/IEC SC34 국제표준제정위원회 WG2 분과위원장
  - 2021년 정보문화유공 녹조근정훈장 수상

- 관심분야: 컴퓨터그래픽스, 전자출판, 모바일 멀티미디어, 웹3D, HCI

이상환

- 서울대학교 계산통계학과 졸업
  University of Minnesota, Twin Cities(공학박사)
  현재 국민대학교 소프트웨어학부 교수

- 주요 경력
  - 국민대학교 SW중심대학 사업단장
  - 한국컴퓨터통신연구회(OSIA) 부회장
  - 한국정보과학회 부회장
  - 한국통신학회 상임이사
  - IBM T.J. Watson Research Center Advisory Software Engineer
  - 현대전자산업주식회사 과장

- 관심분야: 컴퓨터 네트워크, 소셜 네트워크 서비스, 블록체인